日本帝国期東アジア史

奥保喜 著

清水書院

はじめに

本書は、その題名のように日本が帝国であった時代の東アジアの歴史を詳細に叙述したものであります。近代の東アジア史は、いわゆる「歴史認識」問題に直結し、様々な見解がぶつかり合うものです。そうした論争の渦中にある「一つ一つのできごと」を、正しく理解しようと努めるものであります。その方法は、冷戦が終結する一九九〇年頃から「平成」のおわる二〇一九年までの三〇年間に出版された日本人学者の書物（翻訳書をふくむ）を突き合わせることです。それによって、一つ一つのできごとを客観的に記述し、問題点を摘出しようとしました。

日本帝国期東アジア史　目次

第一部　十九世紀末〜二十世紀初頭

第一部

十九世紀末～二十世紀初頭

一章　十九世紀末

一　朝鮮の開国と近代化の挫折

日清修好条規と日本の台湾出兵

一八六八年に成立した日本の明治政府は、一八七〇年に使節団を清の天津《てんしん》に派遣し、条約締結交渉を清にもちかけた。もっとも目前に解決すべき緊急の課題があったためではない。当時の日本にとって重要な課題は西洋諸国との条約改正であって、それとのかかわりで、清朝と西洋的な国際関係をむすんだ方が有利だとみただけである。

対する清朝側は、同年北洋大臣に就任した李鴻章《りこうしょう》が日本との交渉を担当するが、彼は、日本は「自強」しているがために軍事的脅威になりうるから敵にまわしてはならない。暴虐無比の西洋列強も条約を守っていさえすればおとなしくなったから、西洋を模倣する日本も条約をむすべばその脅威は顕在化しなくてすむだろう、と考えた［この段落は岡本 二〇一五 一七八〜一八〇頁そのまま］。

そして一八七一年九月、日本の大蔵卿の伊達宗城《だてむねなり》と清の北洋大臣李鴻章のあいだで日清修好条規が調印された。この条約は次のようなことを定めていた。

(1) 相互不可侵（第一条）

(2) 第三国から不当な取り扱いをうけたときは助け合う（第二条）

(3) たがいの首都に大臣を派遣して駐在させる（第四条）

(4) 両国の開港場には、たがいに領事を置いて自国民の管理をおこない、財産に関する自国民どうしの裁判を担当させる（第八条）

(5) 刑事案件の場合、その事件の発生した国の官吏が逮捕し、領事とともに裁く（第一三条）

条約の第一条の相互不可侵の原文には、「両国に属したる邦土は、各礼をもって相待ち、いささかも侵越することなく、永久安全を得せしむべし」、とある。しかし「属したる邦土」、漢文では「所属邦土」とは、清朝側の解釈では朝貢国もふくむ。朝貢すれば儀礼上、臣礼をとるので上下の関係になる。上位の中国は「上邦」「上国」といい、朝貢した側は「属国」「属邦」と称した。これに対し日本側は、西洋的観念に立って、「所属邦土」は清朝の「朝貢国」「属国」をふくまない、と解釈した。

のち森有礼《ありのり》・李鴻章会談で李は次のように言っている。「日清修好条規にいう「所属邦土」の文言のうち、「土」という字は中国の諸省を指します。これは内地・内属であり、税金を徴収し、政治を管轄します。「邦」という字は朝鮮などの国を指します。こちらは外藩・外属であり、徴税や政治はその国にまかせてきました。歴代このようであり、別に清朝からはじまったことではありません」[岡本 二〇一七 八五頁]。

日清修好条規は、日清関係の平等互恵を定めた点が一つの特徴である。すなわち、制限的な領事裁判権を相互に承認し、海関税率を最低限に定め、最恵国の規定がない。

日清修好条規調印の二ヵ月後の一八七一年十一月、琉球の宮古島島民五四名が台湾に漂着、先住民（生《せい》蛮《ばん》、漢族移住前からの住民）に殺害された。琉球は日清間でその帰属が係争中であった。

それからほぼ一年後の一八七二年十月、明治政府は琉球国を廃して琉球藩とし、中央政府の管轄とした。また同月、琉球の外交権を外務省に移した。

そして日本は琉球の人びとを日本人とし、彼らが清朝の領土で殺されたのだからという理由で、七三年六月に清朝にその責任を問詰した。だが清朝は、先住民は統治外にある民（「化外《けがい（かがい）》の民」、皇帝に教化されていない民）であることを理由に、事件の責任を取ろうとしなかった。

そこで明治政府は一八七四年一月の閣議で、「化外」を国際法上の「無主の地」とみなすべきだとして、よって日本の藩属たる琉球人民の殺害に報復すべきは日本帝国の義務であるとする台湾蛮地処分要略を決定した。そして翌二月、兵員三千六百余名、軍艦四隻を派遣し、事件の起きた台湾南端の先住民の地域を占領した。日本の台湾出兵である。

日本の台湾出兵は日清修好条規で取りきめた「邦土」不可侵を破るものだとして、清は日本を激しく非難した。駐清英国公使のあっせんによって日清間の交渉がはじまった。この交渉が決裂にいたらなかったのは、軍備の整わない清朝が、戦争だけは避けるべく譲歩、妥協したからである。

十月に日清間の和議（日清互換条款）が成立、日本は戦費の一四分の一にあたる償金五〇万両を得、十二月に撤兵した。また日清互換条款で、清は琉球島民である被害者を「日本国属民」と認めた。すなわち琉球人を日本人と認めた。

日本は琉球の内地化をさらに進め、一八七五年には軍隊を那覇に駐屯させ、清との関係を廃絶することを琉球藩に要求した。これに対しては、地元の士族層を中心とする反対運動が起きたが、政府は軍隊と警官を動員してこれを押さえ、一八七九年三月、琉球藩を廃して沖縄県を設置した。

一八七二年から七九年の日本政府の一連の琉球措置を琉球処分というが、それは清朝当局者に大きな衝撃をあたえた。その理由は琉球そのものではなく、属国が外国に奪われて「冊封体制」が突き崩されたことにあった。

朝鮮の鎖国政策

清の宗主権下にあった朝鮮（李氏朝鮮）は、外国との通商を禁止する鎖国をしていた。もっとも、清を中心とした冊封体制の枠内で清、日本やベトナムとの限られた国交はあった。

日本と朝鮮の国交は対馬藩と東萊《とうらい》府のあいだでおこなわれた。対馬藩からは、毎年の定期的使節と臨時の使節が東萊府の釜山《ふざん(プサン)》の草梁《そうりょう》に設けられた倭館《わかん》（朝鮮側があたえた対馬藩の屋敷）に派遣されてきた。これらの使節は東萊府使（使は地方長官）などにあてた書契《しょけい》（外交文書）を呈し、礼物《れいぶつ(れいもつ)》を献上した。臨時使節は、将軍家および対馬藩主の慶弔の通知、朝鮮国王の死去の弔意及び新国王の祝賀などを使命として派遣された。対馬藩からの定期・臨時使節はあわせて年数回であった。この対馬藩の使節の倭館での外交活動にともなって、朝鮮政府の統制下に交易もおこなわれた。

朝鮮では、一八六三年十二月に国王哲宗が死去した。哲宗の王子はみな若死にしていたので、哲宗の遠縁にあたる李熙《りき》が高宗（位一八六三～一九〇七）として国王に即位した。しかしわずか一二歳であるため、父の李是応《りかおう》が摂政となって実権をにぎった。李是応には大院君《だいいんくん(たいいんくん)》の尊称があたえられた。

大院君は、強硬な鎖国維持政策をとった。その鎖国維持政策は、清との宗属関係、日本との「交隣関係」(朝鮮の用語)以外は外交関係をむすばず、従来の外交体制を維持しようとするものであった。また大院君政権は、思想統制策として「邪教」、「邪説」をしりぞけて「正学」である朱子学を擁護する「衛正斥邪《せきじゃ》」政策を推進し、東学や天主教(カトリック)をきびしく弾圧した。

衛正斥邪は、李朝後期(明清交代後)の朝鮮の体制的思想で、朱子学以外の儒教の潮流および仏教を邪学としてしりぞけた。明が滅んだことで、三綱(社会の三つの大綱)五倫(人として守るべき五つの道)の礼がおこなわれているのは自国朝鮮だけであるとした。清は朝鮮の宗主国だが、文化的には夷狄であり、朝鮮が小中華であるとした。そして近代に入ると、「貨殖」(財産をふやすこと)におぼれた西洋を洋夷、西洋化した日本を倭夷とした。

衛正斥邪思想の本質は、朝鮮王朝の統治体制を固守し、国内外の情勢に即応する一切の変革を拒否するものであり、抵抗の思想ではあるが変革の思想ではなかった[原田『朝鮮を知る事典』の項目「衛正斥邪」]。

大院君が弾圧した東学は、一八六〇年に天の啓示をうけた崔済愚《さいせいぐ》が、民間信仰を基礎に儒・仏・道を折衷して創始した独自の宗教である。東学という名は西学(キリスト教)に対決する東方、すなわち朝鮮の学を意味する。基本宗旨は「人乃天《だい》」(人すなわち天)の思想である。天とは宇宙万物の本源であるが、人はそれぞれ内に有する神霊なる心の修養につとめることによって天心に感応し、天と融合・一体化できる。東学の創教によって開闢《かいびゃく》した後天の世には、天霊の直接降臨により天心一如が実現し、すべての人を神仙とした地上天国の建設が可能であるという。具体的な修養方法は二一文字の呪文を唱え、霊符を飲むことであった［吉野『朝鮮を知る辞典』項目「東学党」］。東学は人心をとらえて広がり、政府は東学を危険視して六三年に崔済愚を逮捕し、翌年異端の罪で処刑した。

同じく大院君が弾圧した天主教の朝鮮教団は、当時パリ外国伝道会に所属し、したがってフランス人宣教師がしばしば朝鮮に潜入した。外国人宣教師の潜入を知った大院君は、天主教は異端であると公布し、一八六六年二月にフランス人宣教師一二名中九名、および多数の信者を処刑するという大弾圧を天主教に対して加えた。

欧米艦隊の撃退

フランス人宣教師処刑の報復として、六六年八月、フランス極東艦隊司令長官ローズの率いる軍艦三隻が漢江河口に至り、軽量の水雷砲艦と砲艦（小型の軍艦）を遡行させて首都漢城（現ソウル）を偵察させた。その結果、艦隊で漢城を攻撃するのは無理と判断した。そこで漢城封鎖作戦をとり、同年九月、軍艦七隻総兵力一〇〇〇人で、宣教師殺害に対する賠償、首謀大臣の処罰、通商条約締結、を要求して漢江の河口にある江華島に侵攻した。江華府を占領したフランス極東艦隊は、江華島を根拠地として一ヵ月間も漢城への侵攻を陸海路で試みたが、いずれも抵抗にあって失敗し、十月、封鎖を解いて清国と日本の基地に退去した。

同時期の一八六六年七月、アメリカの武装商船シャーマン号（排水量一八七トン、主要大砲二門）が大同江河口に達し、米国国旗をかかげ、通商をもとめてこの内陸河川を遡行して平壌《へいじょう(ピョンヤン)》府下流に達した。そのとき上流地方の豪雨で大同江は大増水していたが、それをシャーマン号は平常の水量と見誤って遡行を継続した。平城府長官は退去を要求したがシャーマン号はそれに従わず、平城に行くことに固執し、また砲撃や朝鮮人の拉致をおこなった。だが豪雨による増水が減水に転じたため、シャーマン号は航行不能となった。動きが取れなくなったシャーマン号は朝鮮軍の火攻めにあって焼かれ、乗組員二四人全員が死亡した。シャーマン号を焼打ちしたのは軍であって「軍民」［糟谷 一九九六 二四頁］や「民衆」［長田 二〇一三 一二頁］ではない。

そして一八七〇年、米国務長官は、駐清アメリカ公使ローに朝鮮開国交渉を命じた。そこでローは、一八七一年五月二十三日、軍艦五隻、総兵力一二〇〇人余からなる米国アジア艦隊を率いて仁川《じんせん》(インチョン)の東海上に投錨した。この艦隊の旗艦コロラド号は三四二五トンであった。朝鮮は、フランス艦隊の江華島攻撃ののち、同島の本土とのあいだの江華水路沿いの五ヵ所に砲台を築き、防御を固めていた。

五月三十一日に現れた朝鮮の官憲に対して、ロー公使は米側使節の目的が国交の樹立と沿岸部の海図作成にあることを伝えた。江華水路には暗礁などを示す海図がなく、水深も不明であったのでまず海図作成が必要だった。そこで六月一日、二隻の軍艦、パロス号（四二〇トン）とモノカシー号（一三七〇トン）が江華水路の調査に出発した。この二隻が水路に入ると、砲台（要塞）からの砲撃がおこなわれた。

この砲撃による損害は軽微であったが、ロー公使は砲撃へのペナルティとして砲台の破壊をきめた。そして六月一〇～一一日、パロス号とモノカシー号は江華水路の三つの砲台を占領した。朝鮮側は火打ち式の旧式銃であり、近代的ライフルで武装した米陸戦隊の敵ではなかった。それでも一つの砲台では猛烈な反撃をうけ、米側にも三名の死者が出た（朝鮮側の戦死者は五三名）。朝鮮政府は交渉拒否を続けたので、ロー公使は七月二日に交渉呼びかけを打ち切り、米アジア艦隊は朝鮮から退去した。

日朝関係の行きづまり

一八六八年十二月に成立した明治政府は、新政権樹立の通告と近代的な国際関係の樹立をもとめる書契をもった対馬藩の使節を釜山に派遣した。しかし朝鮮側の東莱府使は、その国書のなかに中華王朝皇帝のみに許されている称号である「皇」、中華皇帝の詔勅を意味する「勅」、といった文字がはいっていることを理由にうけ取りを拒否した。日本はその後も幾度も国書を送ったが、朝鮮側はそのつどうけ取りを拒否した(書契問題)。

一八七一年七月に実施した廃藩置県によって対馬藩は廃止され、対馬は長崎県の一部となった。対馬藩主がもっていた対朝鮮外交権は政府に接収された。

そして七二年九月、日本は釜山の草梁倭館を接収して大日本公館と改名し、外務省に直接管理させることにした。草梁倭館は、いわば「朝鮮の出島」で、面積は六万坪あり、その中に対馬藩士や商人が生活し、外に出ることは禁じられていた。

日本側の措置に対して朝鮮側の東莱府使は激怒し、十月、大日本公館への食糧などの供給を停止、日本人商人による貿易活動の停止をした。こうした日朝間の交渉の行きづまりは、その打開をめざすいわゆる「征韓論」を日本政府内に台頭させた。

一八七三年、日本政府内では西郷隆盛《さいごうたかもり》らが征韓論を主張した。それに対し木戸孝允《たかよし》、大久保利通《としみち》らが外政より内治優先を唱えて反対した。この対立で敗れた西郷らは、七三年十月、辞職した(明治六年の政変、明六政変)。

一八七三年、高宗が成人し親政をはじめると、大院君は実権を奪われ、妃の閔妃《びんひ(びんぴ)》とその一族(閔氏)が政権をにぎった。閔氏政権の成立によっても日朝関係は好転しなかった。

江華島事件

一八七五年、東莱府の官僚と外務省理事官森山茂とのあいだで初めての政府間交渉がもたれたが、やはり書契に使用される文字や森山の洋服着用問題で進展しなかった。そこで森山は、同年四月、測量や航路研究を名目として朝鮮近海に軍艦を派遣し、軍事的威圧を加える案を外務卿手島宗則《むねのり》に提出した。太政大臣三条実美《さねとみ》がこれを批判し、この案は採択されなかった。そこで手島外務卿は、三条太政大臣、岩倉右大臣の承認をえて海軍大輔《たいふ》川村純義《すみよし》(海軍卿欠員)と相談し、軍艦春日丸、雲揚号、第二丁卯《ていう》の三隻を朝鮮近海に派遣することを確定した。

春日は外輪船で排水量一〇一五トンであるが、雲揚、第二丁卯二隻は砲艦(小型の軍艦で喫水線が浅い)であり、雲揚号は木造で排水量二四五トン、第二丁卯は排水量二三六トンである。

ちなみにペリー率いる米艦隊浦賀来航時の旗艦ミシシッピ号は、排水量約三二〇〇トンである。春日丸は釜山までは行ったが江華島事件には関与していないのだから、黒船来航のイメージでもって江華島事件を語る[小島・丸山 一九八六 四〇頁]のは、船の違いの大きさからみて妥当でない。すなわち、雲揚号の起こした事件は日本の武力挑発であり、米国・ペリー艦隊のおこなった砲艦外交と同じだとする史観は疑問である[杉本 二〇〇二 一五四頁]。

雲揚、第二丁卯は、沿岸測量を任務とされて七五年五月から六月にかけて釜山に入港した。沿岸測量は、近い将来朝鮮との和親条約を締結する際、重要案件となる朝鮮の開港場所をあらかじめ研究しておくことが目的であった［杉本 二〇〇二 一五三頁］。朝鮮側の軍艦派遣理由の問い合わせに対して森山理事官は、「理事官の使命延滞するがため、督促の意味をもって来航した」、と答えた。釜山港内において両艦は空砲による射撃をおこなったが、これは威圧行為であったとされる。

雲揚号は、七五年六月二十日に釜山を出港して六月二十九日まで朝鮮東岸を測量し、一旦釜山に帰港した。その間、慶尚道迎日湾で三士官が薪水をもとめて朝鮮側に無断で上陸し、そのため雲揚号艦長井上良馨《りょうけん》と朝鮮地方官との面談があったが、そこで抗議されることはなかった。また釜山の大日本公館にも、東莱府から質問はあったが抗議はなかった。すなわち朝鮮政府は、日本軍艦の無断測量を即攘夷の対象としてはいなかった。

七五年八月、日本政府は、朝鮮半島西岸を清国牛荘（営口）まで測量せよ、と雲揚号に命じた。以下の記述は七五年九月二十九日付の艦長井上良馨の報告による。井上艦長の報告には、十月八日付の「第二報告」もあるが、最近新たに発見された九月二十九日付の「第一報告」の方が正確だと現在考えられている。「第一報告」による事件の推移は次の如し。

雲揚号は、九月十九日午後四時、仁川府済物浦《さいもっぽ》（浦《ほ》は入り江、湾）の月尾島の沖に投錨、停泊した。そして翌日の九月二十日、艦長井上ほか二〇名が付属のカッター・ボート（端艇）に乗り、「測量および諸事検捜かつ当国官吏に面会万事尋問をなさんと」、江華島に向け進む。第二砲台（日本側呼称）のある頂山島を通過して、江華島東南端、江華水路入口の第三砲台（草芝鎮《そうしちん》南方の砲台）の前に来たとき、この砲台への上陸を意図したが、いまだ日が高いのでいま少し奥に進み、帰路に上陸することに決した。そして砲台前を通り過ぎようとしたとき、同砲台から大小砲を乱射された。持参の小銃で応戦したが、益なしとして雲揚号へ全員無事帰還した。

朝鮮側が砲撃を開始したとき、カッター・ボートは漢江につながる内水である江華水道にはいっていた。すなわち朝鮮の領土を侵犯していた。一方、本船の雲揚号は江華島沖、すなわち朝鮮の領海に留まっていた。国際法上、領海は領土および内水路面から三キロ以内の海面であり、そこでは外国船は「無害航行」であれば自由航行権を認められていた。

九月二十一日、艦長井上は、「このまま捨て置くときは国辱と相成り、かつ軍艦の職務を欠くべきなり。よって本日かの砲台に罪を攻めんとす」、とした。「このまま捨て置く」とは朝鮮側の砲撃に対して何の対処もしないことであり、それは「国辱」だとみなしたのだった。雲揚号は、帆柱に国旗を掲げ、第二砲台の前を通り過ぎ、江華島の第三砲台近くに投錨した。そして先に第一発を撃った。第三砲台からも砲撃があり、両者のあいだで約二時間の砲撃戦がおこなわれた。砲台の備砲は口径一二センチ以下、有効距離七〇〇メートル内外にすぎず、一発を除き近弾ばかりであった。これに反して雲揚号の大砲の口径は二〇センチ、四〇センチで着々と命中した［田保橋 一九四〇 三九九頁］。

日本側は上陸戦も企図したが、海流が激しく上陸に不適な地形であったため、砲台の破壊を目で確認のうえ抜錨。次いで第二砲台下に投錨して第二砲台に上陸し、陣地を焼き払う。再び鷹島の近くに投錨して停泊。

九月二十二日、雲揚号は陸戦隊を第一砲台のある永宗島に上陸させ、五〇〇人余が立てこもる城郭を攻略し、同島を占領した。ここでの陸戦では、日本側負傷者二名、朝鮮側死者三五名、捕獲して戦利品とし雲揚に積み込んだ砲は三八門であった。

以上が井上による江華島事件の報告である。

日朝修好条規

日本は一八七四年に台湾に出兵したが、清は、日本は台湾から撤退したのちは朝鮮に武力行使をする恐れがある、と朝鮮政府に伝えた。この通告を一つの原因として、朝鮮政府は日朝交渉において軟化し、一八七五年十一月十五日、日本外務省の書契を受理する方針を決定した。そして日本政府は、江華島事件を問責するとして、特命全権大使の朝鮮への派遣を決定した。全権大使となったのは黒田清隆《きよたか》、副全権大使となったのは井上馨《かおる》であった。両名に太政大臣三条実美が一八七五年十二月にあたえた訓令は、江華島事件において日本国旗がうけた汚辱に関して相当な賠償を要求すべきである。しかし和約をむすぶことを主とし、朝鮮側が「和交」を修め、貿易を広めるもとめにしたがうときは、これをもって雲揚艦の賠償とみなして承諾すること、としている。

日進艦など三隻の軍艦、三隻の輸送船、総員八〇〇人余を率いて黒田全権は一八七六年一月六日品川を出発し、釜山を経由して二月十日江華島に上陸した。日進艦は排水量一四六八トン、砲一〇門を装備した機帆船である。そして翌日の二月十一日正午、日本の艦隊は紀元節の祝砲と示威を兼ねて皇礼砲を発射した。この間、交渉不調のときは二個大隊を増派する態勢も整えた。随行した軍艦の戦力からみて、江華島事件のときとはことなり、日本は砲艦外交をおこなったといえよう。

日朝間の本交渉が、一八七六年二月十一日から二十日まで四回にわたって江華府においておこなわれた。二月十一日の第一回条約交渉での江華島事件に対する両国代表の言い分は次のとおり〔田保橋 一九四〇 四五七〜四五八頁〕。

日本側黒田全権

・雲揚号は日章旗をかかげていた

・日本政府は事前に釜山公館を通じて日本国旗を朝鮮国に公然通告してある

・しかるにこれを沿海各所に通告していないのは朝鮮側の怠慢である

朝鮮側接見大官

・雲揚号は何の予報もなく突然京畿《けいき》（首都に近い地域）の要衝に出現した

・防守の将が日本国軍艦であることを知らずに発砲したのはやむをえないことである

・なぜなら、日本国旗章を受領したのは事実であるが、外務卿書契受理（十一月十五日）前のことであるから、これを沿海地方に公布しないのは当然である

江華島事件に関する雲揚号艦長の報告、条約交渉における日朝双方の主張の三つはかみ合っていない。問題は最初の発砲と日本国旗の掲揚の二点であろう。最初に発砲したのは江華水路入り口にある草芝鎮南方の砲台で、江華水路に入った雲揚号の端艇に対してであった。雲揚号が領海を通航しているあいだは朝鮮側が攻撃する法的根拠はない。だが江華水路は内水面であるから、そこへの侵攻が攻撃の対象となるのは国際法上もっともである。もっとも内水面に侵入したという自覚が雲揚号艦長にはなかったし、国際法を意識しもしなかった。森有礼に言わせれば、公法はこれを遵守する国にもちいるのであって、朝鮮のご

とくこれを嫌悪する国にもちいるべきではない〔渡辺 二〇一四 九六頁〕。
雲揚号は国旗をかかげていたが、その内水面に入った端艇は国旗をかかげていなかった〔大江 一九九八 四九頁〕。江華島事件が起きた七五年九月の時点では、江華府が日本国旗を知らないのは朝鮮側の主張のとおりである。

一八七六年二月二十六日、日本側提案の原案を一部修正した日朝修好条規（江華条約）が調印された。日朝修好条規本規定（全一二条）は次のとおり。

第一条　朝鮮は自主の国で日本と平等の権利を有する
第二条　相互に首都に公使を随時駐在させる。公使は留帯するもただちに帰国するもどちらでもよい
第五条　釜山ほか京畿、忠清、全羅、慶尚、咸鏡《かんきょう》五道中、二港の開港（のち済物浦（京畿道）と元山津（津は港、咸鏡道）に決定）
第七条　日本が朝鮮沿岸を測量する自由
第八条　領事による居留民の管理
第九条　通商をおのおの人民にまかせ自由貿易をおこなう
第一〇条　開港における領事裁判権

修好条規本規定で、日本側提出の原案に朝鮮側が異論を唱え修正したのは第二条と第五条だけで、第一、第三、第六、第七、第八、第九、第一三の七ヵ条にいたってはまったく論議にのぼらなかった〔田保橋 一九四〇 四九〇〜四九一頁〕。第二条は、日本側原案では常駐だったが、朝鮮側の要求で随時とした。第五条では、日本は咸鏡道永興を取り下げ、朝鮮側は京畿・忠清・全羅不開港を撤回するという相互譲歩

した。

第一条の「自主」の解釈は日朝でことなる。「自主」という漢語は、当時の国際法で「独立(independence)」の翻訳であり、日本側は朝鮮の清からの「独立」と解釈した。ところが「自主」は、自らつかさどる、という一般的な意味でも通じる。清朝と朝貢関係にある国は、国内政治、対外関係とも「自主」でやっていた。そのため清朝は朝鮮を自らの朝貢国、属国とみなしつづけたし、朝鮮政府も従来の対外関係がこれで変化したとは思わなかった［岡本 二〇一五 八九頁］。日朝の交渉で第一条が論議にのぼらなかったゆえんである。

第九条は従前倭館を中心としておこなわれた各種貿易に関する規定を全部撤廃し、日朝両国商人が官憲の干渉をうけることなく、各自任意に取引できることを規定したものである。

第一〇条の領事裁判権は、日朝修好条規の不平等条約的性格を示すものだが、従来とも日本人の違法行為は釜山で対馬藩が裁く慣例となっていたので、朝鮮側から異議は出なかった。すなわち、朝鮮は開国しただけでなく不平等条約を「押しつけられた」とされるが［武田編 二〇〇〇 二二七頁］、不平等条約うけ入れは強制されたものではなかった。

日朝修好条規本規定第一一条にもとづいて、同年七月に日朝修好条規付録、日朝通商章程（日本国人民貿易規則）が調印され、付属文書も交換された。

日朝修好条規付録

第四条　開港場から四キロ以内への内地通商権

第七条　開港場において日本人は自国貨幣を使用でき、朝鮮銅貨を運輸できる

付録付属文書　日朝間の貿易は無関税

付録付属文書の無関税は、一見平等にみえるが、貿易に関して先行する日本に有利であった。領事裁判権に関する本規定第八条、第一〇条は、日本が欧米諸国から強要された不平等条約の条項であるが、付録文書の条項はそれらの不平等条約にもない条項であり、より過酷な不平等条約を日本は朝鮮に「押しつけた」といわれるが［武田編 二〇〇〇 二二七頁］、これまた「押しつけた」わけではない。

朝鮮の開化政策への転換

朝鮮政府は、一八八〇年五～八月、金弘集を正使（主任の使者）とする一行を日本へ派遣した。一行は日本や世界の事情をくわしく見聞し、また駐日清国公使から、彼の指示でその書記官が朝鮮に対する清国の外交指針としてまとめた『朝鮮策略』を贈られた。『朝鮮策略』は、ロシアの脅威をふせぐ策として、「清と親しみ、日本とむすび、米国とつらなる」外交方針を採用すること。そして外交通商、西洋の学問・技術の学習、洋式軍備の導入、産業開発により自強をはかることを朝鮮に勧めたものであった。

金弘集一行の見聞と金が高宗に献上した『朝鮮策略』は、高宗とその政府に大きな影響をあたえ、閔妃一族の政権は同年末より近代的軍備・技術・制度の導入をはかる開化政策への転換を開始した。そして同八〇年十二月、清の洋務運動の推進機関である総理各国事務衙門をモデルとして、統理機務衙門という新しい機構をつくった。統理機務衙門の統理は全体をまとめてすべること、機務は秘密の政務、衙門は官庁の意味である。統理機務衙門という機構は、事大司（清に関することを担当）、交隣司（日本に関することを担当）、軍務司、辺政司、通商司、機械司、戦艦司など一二司から成り（司は下位の役所）、外交と開化政策を管掌するものであった。

朝鮮政府はまず軍制の改革に着手し、一八八一年五月、約八〇人からなる別技軍という洋式軍隊が創設され（同年中に三〇〇人に拡張）、その指導は日本公使館付武官の堀本礼造にゆだねられた。

一方、近代文物を視察させるために、一八八一年五月から八月にかけて日本に政府使節団が派遣され、官庁、学校、軍隊などを分担視察した。清にも、八一年九月に使節団が洋務運動の成果を学びに天津の機器局に派遣され、新式兵器の製造技術、および軍事技術の学習がはかられている。両使節団の派遣は、朝鮮における開化風潮を盛り上げる画期となった。

日本の指導者は朝鮮の開化政策を支援しているわけだが、それは、遅れた非近代的な朝鮮は弱体であり、弱体な朝鮮は西洋列強の支配をうけることになって日本の安全が脅かされる。それゆえ明治維新同様の自強政策こそ朝鮮に必要だ、と考えたからである［マーク・ピーティー 一九九六 四九頁］。

開化政策への転換が進むなかで開化派の勢力が成長した。そして閔氏政権が開化政策へ転換した一八八〇年以降、開化派は政権上層部に進出した。すなわち、金玉均、金弘集、金充植らが外交、開化政策の担い手として重用された。

日本は一八七九年に琉球藩を廃して沖縄県を置いたが、このことは清の直隷総督兼北洋大臣・李鴻章に心配をもたらした。琉球王国という属国がなくなっただけでなく、同じことが朝鮮で起こると清朝にとって大きな脅威となるだろうからである［吉澤 二〇一〇 一九八～一九九頁］。李鴻章にとって、日本は「北京に近い朝鮮半島や、経済中心地の江南をふくむ東南沿海に脅威を及ぼす第一の敵国」であり、「北京の防衛には、東三省の保全が必要であり、それには朝鮮半島を保持しなくてはならない」と李鴻章は考えた［井上編 二〇一三 四三頁］。日本だけでなく、清もまた朝鮮を自国の安全保障にとっての重要地域とみなしていたのである。したがって、朝鮮をめぐる日清の対立には地政学的根拠がある。

朝鮮が琉球の二の舞になることへの危惧から出てきたのが、朝鮮と西洋諸国との条約締結という清の提案であった。朝鮮が列強と条約をむすべば、日本は列強との関係をはばかって、軽々しく朝鮮に手出しできなくなろう、という企図による［岡本 二〇一五 一九〇頁］。清政府は李鴻章に朝鮮政府を説得することを命じた。

朝鮮政府は、李の説得に応じただけでなく、八二年一月、李に交渉をひそかに委任した。

そして一八八二年五月、清の仲介により朝米修好通商条約が調印された（修好とは国と国とが親しく交際すること）。そして六月に朝英、朝独間にも修好通商条約がむすばれた。これら条約は、居留地設定、領事裁判権、最恵国待遇をふくみ、関税率を必需品は一割以下、奢侈品は三割以下として関税自主権を認めない、不平等条約である。不平等条約とは、当事国の権利、義務関係が平等でない条約のことで、領事裁判権、片務的最恵国待遇、関税自主権の欠如などを内容とする［広辞苑 項目「不平等条約」］。これらのどの条約の場合も、調印後、朝鮮国王（高宗）は朝鮮は清の属邦であることを声明した。

東アジア在留のイギリス商人たちは、関税率の高さを理由に朝鮮との修好通商条約に反対した。そのためイギリスは朝英修好通商条約を批准せず、ドイツもこれに同調した。

壬午軍乱

朝鮮では、新式軍隊の別技軍に比べて旧式部隊は冷遇された。そして一八八二年、一三ヵ月も未払いであった俸給米が六月になってようやく旧式部隊の兵士に支払われたが、支給を担当した役所の倉庫係は米に糠《ぬか》をまぜて支給し、そのあまりを着服した。これに激怒し騒ぎ出した兵士に対し、役所は中心人物を捕えて死刑に処そうとした。そこで七月二十三日、首都漢城の兵士が暴動を起こした。

同七月二十三日、暴動兵士たちは閔妃の政敵で守旧派の大院君に庇護をもとめ、彼にそそのかされて閔氏一族の邸宅を襲った。また日本公使館を襲撃して焼き払い、別技軍の日本人軍事教官堀本ら七人を殺害した。日本の花房義質《はなぶさよしもと》公使は難を逃れ、日本に脱出する。翌七月二十四日、暴動兵士らは下層民を加えて勢力を増し、王宮を襲って閔氏一族の重臣を殺した。閔妃は王宮を脱出して地方に逃れた。閔氏政権は暴動をおさえることができず瓦解したが、この七月の暴動は、この年の干支《えと》から壬午《じんご》軍乱と呼ばれる（壬午事変ともいう）。

壬午軍乱が反日暴動となったのは、日本人商人の朝鮮米買付けにより米価が高騰し、民衆を困窮させたからである、とする説があるが［古川 一九九一 一五〇頁、川島・服部 二〇〇七 五六頁］、これは正しいだろうか。まず暴動の中心は旧軍兵士であって民衆ではなく、それは軍人暴動であった［原田『朝鮮を知る事典』項目「壬午軍乱」］。反日の理由は、新式軍隊の創設が日本軍人の指導下におこなわれたからである。また兵士の日本公使館襲撃は七月二十三日であって、その日は漢城の民衆は行動に加わっていない。加わったのは翌二十四日である。したがって壬午軍乱を民衆の反日暴動とする叙述は、暴動の反日側面の強調しすぎである。

壬午軍乱は、大院君が暴動を利用して閔氏政権を倒したクーデタであった。国王高宗は大院君に全権をゆだねた。大院君は、統理機務衙門や別技軍を廃止して旧制の復活をおこなった。

事件の報告をうけた日本政府は、七月三十一日、緊急閣議を開き処理方針を決定した。そして政府は、全権委員に任命した花房公使に対して、八月二日の「訓令」および六日の四条の「追加訓令」をあたえた。「訓令」の内容は、事件関係での謝罪と賠償、犯人および政府関係者処罰であったし、「追加訓令」の四条は咸興《かんこう》、大邱《だいきゅう》、楊花津（漢城南方の漢江沿い）の開市、日本の公使館員と領事館員の旅行権獲得、通商条約上の権益拡大、などであった。

花房公使は、軍艦四隻、輸送船三隻、陸兵一個大隊をともなって八月十三日に仁川に到着した。八月十六日、日本軍は漢城にはいり、八月二十日、花房は二個中隊を率いて王宮に向かい、王宮内で大院君に対し日本政府の要求を提示した。

他方清は、天津にいた金充植、魚充中が開化政策の前途を心配して清に出兵を要請すると、日本の勢力拡大を阻止するため、藩属国を保護するという名目をかかげて出兵を決定した。すでに馬建忠《ばけんちゅう》が八月十日に軍艦三隻とともに来朝しており、さらに増派された三〇〇〇人の清兵が同八月二十日に馬山浦《ばさん(マサン)ほ》に着いた。

八月二十三日、花房と日本軍は優勢な清の兵力の前に漢城を退出し、代わって同日に馬建忠と清軍が漢城にはいった。馬建忠は、二十六日、大院君を捕えて天津へ送り、閔氏政権を復活させた。

清と朝鮮は宗属関係にあったが、それまで三〇〇年間、清が実力で朝鮮の内政に干渉することはなかった。大院君の政権奪取は国内事項であるのに清があえてこれに干渉したのは、日本側に介入の意思があれば介入するのに十分な口実となる事件だったので、それを先制しておさえようとしたものである。しかし、日本政府の要求をみる限り、日本側に介入の意思はなかったといえる。

八月三十日、日朝間で済物浦条約（善後条約六款）がむすばれ、反乱首謀者の処刑、賠償金支払い、公使館警備のための若干の日本兵の駐兵権、日本への謝罪、が定められた。また同時に日朝修好条規続約（二款）が調印された。済物浦条約は花房公使への政府の「訓令」を、日朝修好条規続約は「追加訓令」をそれぞれ満たすものである。

日本では、一八八二年八月、山県有朋（参議院議長）が陸海軍の増強をもとめる意見書を出し、岩倉具視（右大臣）が海軍の拡張をもとめる意見書を九月に政府に提出した。また天皇も十二月に勅語をもって軍備拡大をうながしたので、日本政府は軍備拡張に乗り出した。壬午軍乱を契機として日本は軍備を拡張しはじめたのであり、その仮想敵国は清であった。

甲申政変

一八八二年八月、高宗は開国・開化を国是とすること、および西洋の技術、軍備、制度を学ぶべきこと、を明示した教書をくだし、開化政策の継続を表明した。一方、八二年九月、清の光緒帝《こうしょ(こうちょ)》は大院君の保定（河北省）拘留と将兵三〇〇〇人の漢城駐留の命令をくだした。

朝鮮の一八八四年までの開国開化政策を具体的にみる。まず一八八二年九月、清国朝鮮商民水陸貿易章程が締結された。章程は前文において朝鮮は清の「属邦」であることが明記され、北洋大臣と朝鮮国王を対等の地位に置いて北洋大臣の勢力が朝鮮に及ぶようにした。章程によって、両国は従来の朝貢貿易と国境貿易に加えた開港場での貿易をおこなうことになった。そして清にのみ領事裁判権を認め、清商人は漢城に店舗を営むことと朝鮮内地で物資を仕入れ購入する権利をあたえられる、といった不平等条項が押しつけられた。

前記のようにイギリスとドイツは調印した修好通商条約を批准しなかった。そこであらためて両国と朝鮮との交渉がなされ、一八八三年十一月に新条約が調印され批准された。この条約には、関税率は最高で二割とすること、および朝鮮全土への内地通商権が盛り込まれた。そして翌一八八四年、イタリア（六月）、ロシア（七月）、フランス各国との修好通商条約がこれにならってむすばれ、日本とアメリカも最恵国待遇によりイギリス、ドイツがえた貿易上の特権にあずかった。ただし、朝鮮にやって来た商人は清国人と日本人だけであった。

こうして開港場と国内市場の開放、関税自主権喪失、領事裁判権（治外法権）、という欧米諸国がアヘン戦争以来清、日本に押しつけたポート・システムと呼ばれる体制に朝鮮もまた組み込まれたのである。

近代的朝鮮軍隊の養成は袁世凱《えんせいがい》があたり、八四年までに彼のもとで二〇〇〇人の新式陸軍が誕生し、旧式軍隊は廃止された。新式陸軍の鉄砲は清から提供された。八二年十二月、李鴻章推薦外交顧問として馬建常（馬建忠の兄）とドイツ人メレンドルフが来朝した。八三年に海関が創設されたが、清の海関の下部機関とされ、メレンドルフがその長官に就任した。八三年四月に清から工匠四名を招き兵器製造のための機器廠（機械・器具の工場）が設けられ、兵器製造技術の教育をおこなった。このように、朝鮮の開国近代化政策は清の領導（治め導く）のもとに進められ、朝鮮に対する清の支配力は強まった。

清の宗主権強化が進むなかで、朝鮮の政界は親清派である事大派と開化派である独立派に分かれた。前者の中心は反日、清国依存へと転じた閔氏一族である。開化派には、清との宗属関係の廃棄にまではいたらずに近代化をはかる金弘集、金充足、魚充中らの穏健開化派と、清との宗属関係の断絶、日本をモデルとした近代化をはかる金玉均、朴泳孝《ぼくえいこう》、洪英植らの急進開化派があった。急進改革派は、日本に接近して国内改革をはかろうとした。
一八八四年六月に勃発した清仏戦争（翌年六月までつづく）で、清の朝鮮駐留軍の半数一五〇〇人が北京周辺の防備を固めるため本国の奉天省へ移動し、また清の敗北がつづいたのを好機と見た急進開化派は、閔氏政権打倒のクーデタを計画した。
一八八四年十二月四日、急進開化派はクーデタを起こした（甲申政変）。クーデタ参加者は、高宗と閔妃を事大派から隔離し、高宗に清軍の反乱と偽って日本公使館に援助を要請させ、その要請をうけて出動した公使館守備の日本軍一五〇人とともに王宮を制圧し、閔氏政権の六大臣（事大派の要人たち）を殺害した。
クーデタ参加者は、十二月五日、大院君の一族の李戴元《りたいげん》を首相、洪英植を副首相にした大院君一派と急進開化派の連立政府をつくり、六日に次のような内容の新しい政綱を発表した。
⑴ 大院君の帰国と対清朝貢の廃止
⑵ 門閥を廃止して人民の平等の権利を制定し、才能による人材登用
⑶ 税制改革（地租法の改正、貪官汚吏の中間収奪排除）
⑷ 財政官庁の一元化
⑸ 内閣中心政治の実施
しかし十二月六日午後、閔妃側と連絡をとった在朝清軍を指揮する立場にある袁世凱が清軍一五〇〇人を出動させ、一五〇人しかいない日本軍は撃退されて、日本人居留民とともに仁川から日本へ引き揚げた。竹添《たけぞえ》進一郎公使は仁川にとどまった。孤立無援となった急進開化派は国外亡命したり、殺害または処

刑された。こうして甲申政変は失敗し、朝鮮国内では急進改革派は消滅した。このとき日本軍人と日本人居留民は三〇余名が殺害され、公使館も焼失した。

失敗したとはいえ、甲申政変は国政全般にわたり自主的な富国強兵をめざす初めての試みであったとか［上原ほか 一九九〇 三五頁］、近代国家をめざす進歩的なものと評価される［水野 二〇一七 一六四頁］。また韓国の国定高等学校教科書は、甲申政変は、対外面では中国に対する伝統的な外交関係を清算しようとし、内政では専制君主制を立憲君主制に変えようとし、社会面では封建的身分制度を打破しようとした最初の試みであると記述している［新版韓国の歴史 二〇〇〇 三三八頁］。

甲申政変では公使館警備の日本軍が事件に関与したわけだが、日本政府は竹添公使が金玉均らと通謀した事実はなく、保護をもとめた国王の要請にしたがって王宮にはいったにすぎない、と主張した。そして八四年十二月三十日、特派全権大使井上馨外務卿が護衛兵二個大隊をともなって仁川に上陸し、全権大臣金弘集とのあいだで交渉して、八五年一月九日、次の五ヵ条からなる漢城条約が調印された。

一、国書をもってする日本国への謝意表明
二、被害をうけた日本人の遺族、負傷者、および被害貨物への賠償
三、磯林真三《しんぞう》大尉を殺害した犯人の処罰
四、日本公使館再建費用の交付
五、日本護衛兵の営舎を壬午続約第五款に照らして建設

漢城条約は日本の要求を清が指導する朝鮮側がほとんど認めたものである。力が勝ると通らぬ道理も通ることになる［古川 一九九一 一五六頁］といった護衛兵の武力によって朝鮮側が譲歩したとする見解が

あるが、そうではなかろう。清・李鴻章が、日本との戦争になり、フランスが日本に加勢することを恐れたことが原因であろう。なぜならフランスは、一八六六年の仏宣教師殺害に対して決着をつけていなかったからである［渡辺 二〇一四 二〇〇頁］。

一方、一八八五年四月、天津で日本を代表する参議宮内卿伊藤博文と北洋大臣李鴻章の間で和議の条約がむすばれた。この天津条約は次の三項からなる。

第一項 両国軍は四ヵ月以内に朝鮮から撤兵すること

第二項 軍事教官を派遣しないこと

第三項 今後同国に出兵する場合はたがいに事前に通告し、ことがおさまればただちに撤兵すること

重要なのは第三項で、一方の出兵は他方の知るところとなり、その反発を覚悟しなければならない。武力発動に相互の抑止をかけたわけである［岡本 二〇一五 一九五頁］。実際、相互抑止は日清戦争までの一〇年間機能しつづけた。

日本の軍事費は、清との対立のなかで一八八二年から九〇年までに倍増し、歳出総額に占める軍事費の割合は一七％から三一％に増加した。その間に軍制の改革も進み、八六年にはドイツの参謀メッケルの招聘によってドイツ式に改められ、八八年には従来の鎮台（陸軍の軍団、全国に六鎮）を廃して師団編成とした。そして兵力は近衛師団をふくむ七個師団となった。

英露の朝鮮進出の動き

甲申政変ののち、ふたたび閔氏政権が復活した。そして朝鮮国王高宗は清の影響下からの脱却を模索し

た。その場合高宗は、列国間の朝鮮における勢力均衡の形成による朝鮮の独立をめざした。そこで朝鮮は一八八四年末からロシアに接近し、朝鮮とロシアのあいだで、朝鮮がロシアに軍事教官の派遣を要請する見返りとして朝鮮北東部の不凍港・永興湾の使用をロシアに許す、という朝露密約の交渉がなされた。

一八八五年三月にロシアがアフガニスタンに侵攻し、ために英露関係が緊迫し、イギリス艦隊はロシアの基地ウラジオストクに対抗する基地を確保するため、八五年四月、朝鮮政府の意向を無視して軍艦三隻でもって巨文島を占領した。巨文島は済州島と全羅南道のあいだの済州海峡にある。

日本国内では、世界規模の英露対立が極東に波及し、イギリスの巨文島占拠に対抗してロシアが朝鮮に南下するのではないか、という不安が高まった。その結果、日本政府の朝鮮政策の第一目標が清勢力の拡大阻止からロシアの朝鮮への進出阻止へと転換した［大谷 二〇一四 一七頁］。

そこで日本は、一八八五年六月、外相井上馨が清に対し、次の三ヵ条をふくむ朝鮮弁法八ヵ条で日清共同による朝鮮保護を提案した。

第一条　朝鮮に対する政策はすべて李鴻章と井上が秘密に協議したうえ、李が施行する。

第二条　朝鮮国王に政務をとらせないこと。

第三条　政務を委任する人物の進退について国王は李の承諾をえること（のちに「李は井上の意見をもとめること」を追加）。

この井上の提案を李鴻章は拒否した。

この朝鮮弁法八ヵ条には、二つの問題がふくまれている［古川 一九九一 一八八頁］。①日本自身が朝鮮の内政に干渉し、朝鮮の自主独立を否定する意図を初めて示した。②清に対して朝鮮政策での日本の同意を強要している。

朝露密約を推進したのは、清が朝鮮に送り込んだメレンドルフであった。彼は朝鮮に対する清朝の干渉を行き過ぎとみていた［岡本 二〇一五 三二頁］。八五年七月、密約交渉が発覚すると、李鴻章はただちに朝鮮政府にメレンドルフを解任させるとともに、密約交渉の中断をもとめた。また八五年十月、大院君を帰国させて高宗と閔氏一族に圧力を加える一方、袁世凱を駐箚《ちゅうさつ》朝鮮総理交渉時宜として漢城に駐在させた。他方イギリスは、ロシア極東艦隊が永興湾を根拠地にするとみて、対抗上から巨文島を占領しつづけた。

この朝露密約事件は、八六年九月、李鴻章が駐清ロシア公使と交渉し、朝鮮の領土を占領しないという保証をロシアからえることによって決着をみた。イギリスも、八七年三月に巨文島から撤退した。

清の対朝鮮貿易は急速に拡大し、朝鮮の日清両国からの輸入額の割合は、一八八五年には八二対一八であったが九二年には五一対四九となって伯仲した。輸入品はおもにイギリス製織維品であった。

首相山県有朋は、一八九〇年十二月に開かれた第一回帝国議会における施政方針演説のなかで、一国の独立を維持するには「主権線」を守るだけでなく、「利益線」を保護しなければならないことを強調した。この演説は、山県が三月に閣僚に提示した外交政略論にもとづくものであり、その要点は次のとおり。

(1) 利益線とは主権線（国土）の安危と緊密に関係する隣接区域で、国家はみなその利益線をもつ。列国の際《きわ》に立ちて国家の独立を維持せんとすれば、必ず進んで利益線を防護しなければならない

(2) 日本の利益線は朝鮮である

(3) シベリア鉄道が完成すればロシアの勢力が朝鮮に及び、朝鮮の独立を維持する何らの保障もなく、

(4)日本の利益線に向かってもっとも急激なる「刺衝」（突き刺すこと）となる問題の解決（朝鮮の独立維持）は朝鮮の永世中立化にある

(5)利益線を保護する外交に対して不可欠なものは、第一に兵備、第二に教育である

この主張のなかの(1)がいう普遍的理論は正しいのだろうか。それとも侵略の論理だろうか。どの列国も利益線を保持しているだろうか。アメリカはカリブ海地域を利益線としてカリブ海政策を展開し、イギリスはベルギーを利益線として「大陸派遣軍」を常備している。利益線論は一列国となった日本の安全保障の理論として正しいのではなかろうか。利益線という考え方は帝国主義的な対外膨張の野心を端的に示すもの［井上 二〇〇三 二九頁］といった見方は疑問である。

(4)でいう永世中立化とは、その国が他国と軍事同盟をむすばないことを前提として、その国の独立・永世中立化を永世中立条約によって他国が保障することであり、この場合の他国とは日・清・英・露である。

二 日清戦争

東学農民戦争と日清の出兵

一八九二年末、朝鮮の東学は教祖崔済愚の罪名取消しと教団の合法化を要求する教祖伸冤《しんえん》運動を開始し

た（「伸冤」は冤罪を晴らすという意味）。翌一八九三年にもこの運動はつづき、集会や座り込みなどの行動がなされた。その際「斥倭洋」が唱えられた。

一八九四年二月、全羅道古阜《こふ》郡で、郡守の規定外の税取立てといった暴政に抗議して農民が蜂起し、東学の地方幹部全琫準《ぜんほうじゅん》を指導者とした農民の反乱がはじまった。

この反乱の当時の呼称は東学党の乱であるが、多くの朝鮮史研究者は甲午農民戦争と表現する。東学党の乱と呼ぶことは、農民戦争の本質をたんなる宗教反乱ないしは宗教戦争に矮小化するものであるから、正しい呼び方でないと主張される［大江 一九九八 二八二頁］。だが筆者は農民戦争を組織し戦っているのは東学であるのだから、名称からそれをはずすのはふさわしくないと考える。そして宗教的要素の重要さから東学農民戦争と呼ぶ研究者も現れている［中塚・井上・朴 二〇一三 四三頁］。筆者はこちらの呼称を良しとして使用する。

この農民蜂起はいっときおさまったが、四月末にふたたび起こり、全羅道や忠清道の東学農民の参加によって総勢六、七千に拡大した。農民軍は、「逐滅《ちくめつ》倭夷」（日本勢力を追い払い滅ぼす）、「尽滅権貴」（閔氏政権をすっかり滅ぼす）の綱領をかかげた。

九三年までの綱領は「斥倭洋」であったのが、ここでは攻撃の対象が「逐滅倭夷」となって日本だけに限られた。なぜそうなったのかは不明である。

東学農民軍は、五月十一日に地方官軍、五月二十七日には中央政府軍を破った。そして五月三十一日、東学農民軍約五〇〇〇人が全羅道の首府全州を占領した。すると朝鮮政府は清に援兵を要請することを決議し、六月三日、清軍の出兵を袁世凱に要請した。これをうけて六月四日、清は朝鮮に派兵した。

日本政府は、朝鮮政府が清に派兵要請をおこなうことを六月二日に日本公使館から知らされると、同二日の閣議において、公使館および居留民を保護するためという理由で、一個混成旅団の朝鮮出兵を決定した（旅団は連隊の上、師団の下に位置する部隊編成単位）。

混成旅団は歩兵一旅団に必要な他の兵種を加えて編成した独立部隊のことで、二〜三個連隊で編成され、兵員数は五〇〇〇〜七〇〇〇である。このときの一個混成旅団は、歩兵二個連隊（合計三二〇〇人）のほかに砲兵、工兵、衛生隊などからなり、兵力は約七〇〇〇であった。

六月五日、日本は大本営を設置した。大本営とは、戦時または事変（宣戦布告なき戦争）の際に設置される最高統帥機関で、実質的には陸軍の参謀本部が大本営陸軍部に、海軍の軍令部が大本営海軍部に改編される。だが日清戦争のときの大本営には、伊藤博文総理、山県有朋陸相、陸奥宗光《むつむねみつ》外相も列席し、事実上伊藤と陸奥がリーダーシップをもった［岡崎 二〇〇九 四五〇頁］。

清は、天津条約の規定にしたがって、事前の六月六日に日本に出兵を通告した。清の通告には、「属邦を保護する旧例」によるとあり、清の出兵は伝統的な宗属関係の実践であった。六月七日、日本も清に出兵を通告した。その際日本は済物浦条約に定める在外公館の保護規定を出兵の法的根拠とした。

そして六月八日から十二日にかけて、清軍の第一次派兵部隊（歩兵二四〇〇名余）が黄海に面した港町の牙山《がざん》に上陸し、牙山付近に駐屯した。牙山は漢城と農民軍の本拠地全州の中間にある。六月十日、帰国中であった駐朝鮮公使の大鳥圭介《けいすけ》が、海軍陸戦隊四〇〇人を率いて漢城に帰任し、六月十二〜十六日、日本軍の混成旅団の第一次輸送部隊四二〇〇人余が漢城近くの仁川に上陸した。

これに先立つ六月一日に、一六〇〇名の朝鮮中央政府軍が全州城外に到着、城内に砲撃を加えた。これに対し農民軍は二度政府軍陣地を攻撃したが、多数の犠牲者を出して撃退された。こののち政府軍代表と農民軍指導者の全琫準が交渉し、農民軍は二七ヵ条の弊政（悪政）改革請願を国王に上達することを条件に、六月十日、全州から撤退した。二七ヵ条請願はおもに次のような内容である。

(1)悪質な地方官の処罰
(2)身分制度の廃棄
(3)既往の負債の免除
(4)門閥を打破し人材本位に登用する
(5)外国商人による内地行商の禁止
(6)土地を均等に分配する

これがいわゆる「全州和約」というものである。それは政府軍代表が農民軍の請願内容を承認したものではなく、請願を国王に伝えることを約束しただけである。したがって全州和約という表現は正しくない。

日本の撤兵拒否

六月十三日、駐日清公使は伊藤首相と会談し、日清両軍の共同撤兵を提案した。同日、日本陸軍一大隊（一〇〇〇人）が漢城に到着して海軍陸戦隊と交代した。六月十四日、朝鮮政府は日清に対して両国軍の撤退をもとめた。

日本では、六月十五日、伊藤首相の提案により、閣議が清の共同撤兵案に対する対案として次の二項の提案を決定した。

第一項　両国共同による反乱の鎮定。

第二項　日清両国の委員からなる常設委員会を置き、まず次の四事項を目的として取り調べること。

一、財政を調査すること

一、中央・地方官吏を淘汰すること

一、必要な警備兵をつくり国内の安寧を保持せしめること

一、歳入より歳出を省略せしめ、剰余をもって利子となし、できるだけ国債を募集せしめ、その金額をもって道路その他国益上利便をあたえるに足るもののために支出させること

対案第二項の理由として閣議決定は、東学党の乱はおさまっても根本的改革なしでは朝鮮の秩序平和は維持できずに日・清・韓間の葛藤を生じる。したがって朝鮮の内政改革は東洋大局の平和を維持するための「急務中の急務」である、としている。内政改革なしでは朝鮮の秩序維持はありえないとする日本の主張は、それ自体としては正しいだろう。

朝鮮の共同内政改革の提案は、日本が開戦の口実をつくり出すため［宮地正人 二〇〇九 二九七頁］、あるいは駐兵をつづけるための口実とするため［松丸ほか編 二〇〇二 三七頁］であるとする見解があるが、それらはその見解の根拠が何であるかを示していない。

そしてこの六月十五日の閣議は、陸奥外相の提案で、こうした共同改革案を提出するからには次の決意をしておかねばならない、とした。

⑴朝鮮の内政改革について清と協議を開始したのちは、その結局（結末）をみるまでは撤兵しない

⑵清が日本の意見に賛同しない場合は日本独自で内政改革をおこなわせること
この決意決定によって対清協調の伊藤提案は武力衝突を高めるものへと変わり、日本は清との戦争に向かった。

そして陸海軍は六月二十一日までに共同で作戦大方針をきめていた。その要点は、黄海、渤海の制海権をにぎり、秋までに陸軍主力を渤海湾北岸に輸送して、北京周辺での直隷決戦をおこなう、というものであった。

六月二十一日、清政府は日本の提案を全面的に拒否し、次のように回答してきた。

⑴内乱はすでに平定されているから共同鎮定の必要はない
⑵内政改革は朝鮮政府が自主的におこなうべきこと、まして朝鮮を独立国と認めている日本に内政干渉の権利はない
⑶内乱鎮定後の撤兵を取りきめている天津条約にしたがい日本は撤兵すべきである

二十二日、日本は、これを一々論駆し、最後に日本は断じて現在朝鮮に駐在する軍隊を撤去することはできない、とむすぶいわゆる「第一次絶交書」を手渡した。

六月二十三日、日本の大本営は混成旅団の残部である第二次輸送部隊に出発命令を出し、この輸送部隊は二十七日に仁川に到着、二十八日に上陸を完成した。第二次輸送部隊の兵力は三七〇〇名余であった。

六月二十三日、日本は単独で朝鮮内政改革にあたることを閣議決定した。六月二十九日には、混成旅団の大半は漢城とその郊外の龍山に集結し、一部は仁川に配置された。こうして漢城・仁川地区を制圧したうえで、七月六日、日本公使大鳥圭介は内政改革案を朝鮮政府に提示した。他方、牙山駐屯の清軍の一部

は、六月下旬、全羅道に南下して農民軍の鎮圧にあたったが、農民軍は姿を隠して清軍との衝突を避けた。

列強の反応と日清の開戦決定

六月三十日、ロシア駐日公使は、朝鮮政府の依頼によるロシア皇帝の勧告という形で、日本に対し、内乱はすでに鎮定されたのだから日本軍が清軍と同時に撤退すること、を勧告した。これに対する七月二日付の日本政府の公式回答は、いまだ乱は鎮定されていない、と情勢認識の相違を指摘し、また日本に領土的野心はなく、ひたすら朝鮮の独立のための改革要求であり、その目安がつけば撤兵するとして、ロシアの勧告を拒否した。七月十三日、ロシア公使は、日本に朝鮮侵略の意図はなく、秩序回復後は撤兵するという日本政府の宣言にロシア政府は満足するものである、と陸奥外相に伝え、ロシアはそれ以上の行動はとらなかった。

アメリカは、七月九日、日本の行動に不満を表明し、日本が朝鮮の独立、主権を重んじることを望むと言ってきた。これに対し日本政府は、日本軍を撤退させることはアジアの平和維持にとってためにはならないと答え、アメリカはそれ以上関与することはなかった。

イギリスは、七月二日、日本に清との話し合いを勧告した。それに応じて七月七日と九日に日清は話し合った。そして日本は、撤兵もふくめ協議対象とし、同時に朝鮮の政治や通商に対し清と同等の権利・特権をもとめた。清は日本側の要求に応じず、話し合うとしても撤兵が先だと強硬な態度を示したため、話し合いは物別れにおわった。そこで日本政府は、七月十二日、清によるイギリスの調停拒否は問題の解決を遠ざけたものであり、今後起きる事態に対する責任は清国政府にあるとする、いわゆる「第二次絶交書」を通知した。この通知を七月十四日にうけた清皇帝は激怒し、対日開戦を決意した。

七月十六日に日英通商条約が締結されたことでイギリスの中立的立場を確認した日本政府は、翌十七日の大本営御前会議で清との開戦を決定した。十七日の時点で、ソウル周辺には清国兵二〇〇〇名の駐留に対して日本兵は八〇〇〇名と優位に立っており、清軍の増員が到着する前に戦端を開こうとする算段であった。

十六日の条約調印時にイギリス側は日本に対して戦争回避を暗にもとめており、いまだイギリスの立場に予断は許されなかった。しかしイギリスは、七月二十三日、日清開戦があっても日本が上海とその周辺で戦闘行為をおこなわない旨の確約をもとめ、日本はそれに応じた。これでイギリスが戦争に介入しないことが判明した。

フランスは、駐清公使が、日清の衝突は好ましくはないと考えているが、フランスの朝鮮における関心事はただひとつ、宣教師の安全である、と日本の駐清公使小村寿太郎に伝えた。要するにフランスは、日清開戦となったら同国宣教師の安全だけは確保してほしい、と日本に伝えたのである［渡辺 二〇一四 二七八頁］。

こうして日本にとって、清との対決において列強の干渉をうける恐れはなくなった。

日清戦争のはじまり

一八九四年七月三日、日本の大鳥公使は朝鮮政府に次の五ヵ条からなる内政改革案を提示した。

第一条　中央政府の制度並びに地方制度を改正し、並びに優れた人材を採用すること
第二条　財政を知り資源を開発すること
第三条　法律を整頓し、裁判法を改正すること
第四条　国内の民乱を鎮定し安寧を保持するに必要なる兵備を設けること
第五条　教育の制度を確立すること

そして朝鮮の内政改革についての協議が、一八九四年七月十日から朝鮮政府とのあいだではじめられた。だが、清の後援をえており、日清交戦の場合は清が勝利すると思っている高宗と韓国宮廷は、強硬に改革に反対した。七月十六日、朝鮮政府は日本の改革案に対し日本軍の撤兵が実施の前提であると回答し、日朝協議は決裂した。こうなると、日本として唯一の突破口はクーデタで日本と協力する政府をつくることしかない［岡崎 二〇〇九 三七六頁］。そして日本は大院君かつぎ出し工作をおこなう。

清陸軍は漢城の日本軍を挟撃する作戦計画を立て、七月十日までに平壌への動員、集中をおこない、牙山の部隊と平壌に集中しつつある奉天軍の部隊の両方を漢城に向け発進させた。

七月十八日、清軍約三〇〇〇人が翌日天津を出発の予定、という電報が天津の日本軍から大本営にはいった。翌十九日、日本政府は清国政府に対し「二十四日を過ぎても回答せずに兵員を増派するならば我が国に対する「脅迫」とみなす」という最後通牒を送りつけた。

国際法では「脅迫」とは「挑発」を構成し、先制攻撃と等価である。ある軍事手段を「脅迫」だと外国に警告することは、その軍事手段が実行された場合には「攻撃」と認め自衛戦争に出るという意味である［中嶋編 二〇〇六 二九～三〇頁］、［別宮 二〇一〇 六二頁］。

同七月十九日、指示をもとめる大鳥公使に対して陸奥外相は、「公使が自ら正当と認める手段をとるべし」、ただし「我兵を以て漢城を囲むことは」禁止すると回答し、同時に、清軍の増派は「兵力を以て我に向て敵対するものと認定」し、対抗手段をとるようもとめた。欧米列強が不審に思う朝鮮王宮占領は禁止し、清国軍との開戦を承認した決定的な電報である〔原田 二〇〇八 三一頁〕。

七月二十日、日本は朝鮮政府に対し、清との臣属関係の廃棄と清軍の撤兵を七月二十二日を期限として要求した。だが朝鮮側の期限までの回答はなかった。

七月二十三日明け方、日本側は領土を寸土も奪わないと確約することで大院君の説得に成功し、同日、大鳥公使と大島旅団長の事前のはからいにもとづき、漢城郊外の龍山に駐屯していた日本軍一連隊が漢城にはいり、その一部は西門を打ち破って王宮に進入して高宗を拘束した。抵抗した王宮守備兵から七〇余命の死傷者が出た。そして日本軍制圧下の王宮で高宗をして大院君を執政に任じさせ、政務を統轄させた。親清派の閔氏政権の追放をはかったのである。七月二十五日、大院君は朝清商民水陸貿易章程を廃棄することを清に通告し、清・朝鮮間の宗属関係を否定した。これによって清と日本の軍事衝突は決定的になった。また大院君は駐留する清軍の駆除を日本に依頼した。

七月二十三日、清国陸兵の増派を阻止する海上封鎖の任務を帯びて、連合艦隊が朝鮮半島の京畿湾に向けて佐世保を出航した。連合艦隊は、七月二十五日に朝鮮半島西岸群山沖に到着した。この北方には清軍が駐屯する牙山港があり、その沖合の偵察に第一遊撃隊の吉野、秋津州《あきつしま》、浪速が向かった。

そして同二十五日、第一遊撃隊は清の北洋艦隊の軍艦の済遠、広乙《こうおつ》に牙山湾で遭遇し、交戦した（豊島《ほうとう》沖《おき》海戦）。この海戦で先に発砲したのは、日本側は北洋艦隊、清側は日本艦隊だ、と主張した。日本側の主張によれば、日本側はまだ平和の時期であるから、海軍の普通礼式（礼砲）にしたがってすれ違うつもりでいたのに、済遠が突然吉野に発砲し、日本艦隊も応戦した。どちらが最初に砲撃したか真相は不明である。

秋津洲が広乙を追い込んで座礁させた。そして吉野が済遠を追走していると、そこに護衛され一一〇〇名の兵士を牙山に輸送中のイギリス国旗をかかげた清の輸送船高陞《こうしょう》号が現れた。済遠は逃げ切って黄海に出て威海衛方面に退却した。

高陞号には浪速の艦長東郷平八郎大佐が対処した。高陞号では清国兵が反乱を起こして船を乗っ取り、イギリス人船長らは海に飛び込み、三名が浪速に救出された。東郷艦長は十分な警告を高陞号にあたえたが、それでも高陞号が降伏しないので撃沈し、一一〇〇人の清国兵が海に投げ出された。浪速乗組員は海面に浮かぶ清国兵を攻撃して九〇〇名近くが死亡した。残る二〇〇名は陸地にたどり着くか、通行船舶に救助された［ウィキペディア 項目「豊島沖海戦」］。

この高陞号事件に関して、イギリス外相は日本政府の責任を追及し、イギリス東洋艦隊司令官は連合艦隊司令長官に抗議し、イギリスの対日世論も険悪化した。だが八月三日、日本海軍の行動に国際法上の正当性を認める見解をケンブリッジ大学教授がタイムズ紙に掲載し、八月六日にも国際法の権威が同様に国際法上正当であるとの解説をした。この二つの記事でイギリスの世論は一転して沈静化した。

一方、清軍の駆除を依頼された漢城駐屯の日本軍（一混成旅団）は、七月二十五日に出発して南進し、七月二十九日、牙山の東北二〇キロの忠清道成歓で清軍を破った（成歓の戦い）。日本軍は追撃して七月三十日に牙山に達し無血入城した。成歓の戦い後、清軍約三〇〇〇名は日本軍との戦闘を避けながら北上し、平城に到着した。日本軍は、漢城に帰還して北方の清軍に対峙するため、七月三十一日に牙山を出発し、八月五日に駐屯地の龍山に帰着した。こうして日本軍は緒戦において優位に立った。

七月三十一日、清国の総理衙門は小村寿太郎駐清公使に国交断絶を通告。八月一日、日清両国は宣戦布告した。なお当時は、宣戦布告前の攻撃は国際法上違法ではなかった。列国は局外中立を宣言した。

日本は朝鮮政府とのあいだに日朝暫定合同条款を八月二十日に、日朝両国盟約を八月二十六日に締結した。前者の内容は、朝鮮内政改革の施行、漢城—釜山、漢城—仁川間鉄道の建設、王宮占領事件の不問、王宮警備の日本軍の撤収、などである。後者はその目的を「清兵を朝鮮国の境外に撤退せしめ」ることとし、「日本国は清国に対し攻守の戦争に任じ、朝鮮国は日兵の進退およびその糧食準備のため及ぶだけ便宜を与うべし」、としている。

全州を撤退した全羅道の農民軍は、各邑に執綱所という自治機関を設置し、奴婢を解放し、両班・良人間の差別をなくす措置をとるとともに、腐敗した地方官・郷吏や横暴な両班を処置し、軍需にあてるために小作料を押収した。そして十月中旬、全羅道の全琫準の率いる東学農民軍は再蜂起した。日本軍と朝鮮政府軍は共同してその鎮圧にあたり、翌年一月までに農民軍を鎮定し、全琫準も逮捕されて死刑に処せられた。

日本の勝利

日清戦争に動員された日本陸軍は常備七個師団を基幹とする約二四万人である。これに対し清国陸軍は約九八万人いたが、広大な各地に分散しており、交通不便なため（鉄道はほとんどない）集中して使用することはできなかった。それに、日本陸軍に対抗できる清国陸軍は北洋軍と奉天省練軍の約三万五〇〇〇であり、その他は素質劣悪、装備不良で近代戦を戦える部隊ではなかった［黒野 二〇〇四 四七頁］。

他方海軍では、日本海軍は軍艦三一隻、水雷艇二四隻で、清国北洋艦隊は軍艦二二隻、水雷艇一二隻を保有していた。したがって日本は陸軍での優勢を見込めたが、海軍の勝敗は不透明であった。

日本は、朝鮮国内を占領し鴨緑江を越えて満洲に侵入するという目的で、第五師団に第一師団を加えて第一軍を編成することを一八九四年八月十四日に決定した。第五師団本体は八月下旬に漢城付近に集結した。そして九月一日に大将山県有朋率いる第一軍が結成され、九月十五日、平壌の戦いで日本軍約一万が清国軍一万五〇〇〇を破り、翌日平壌を占領した。清国軍の戦死者はおよそ二〇〇〇名、六〇〇余名が捕虜となり、残りは遁走した。日本側は戦死者一八〇名、負傷者五〇六名であった。この一戦で清の勢力は朝鮮から追い出された。

そして九月十七日、黄海海戦が戦われた。この海戦は、日本一二隻、清国一四隻の艦船で戦い、大口径砲は清国二一門に対し日本一一門で日本連合艦隊は北洋艦隊に対し劣勢であったが、艦の平均速力は清側の一四ノットに対し一六ノット、小口径速射砲は清側の六門に対し六七門と日本側が優勢であった。戦闘では北洋艦隊が横に広がって艦首を日本側に向ける単横陣を敷いたのに対し、日本艦隊は高速を利して終始単縦陣を崩さず北洋艦隊の周囲を駆けめぐる形となった。それで日本艦隊は北洋艦隊の片側に集中攻撃をかけることができたのに対して、北洋艦隊は砲の方向が重複し、またそのつど艦首を日本側に向けようとして陣形を崩した。小口径速射砲は、清側の厚い鋼板を貫徹した砲弾は一発もなかったが、甲板に砲弾の雨を降らし、火災によって戦闘能力を奪った［岡崎 二〇〇九 四三九〜四四〇頁］。結果、北洋艦隊が五隻撃沈、三隻大破で敗北したのに対し、日本は二隻大破で撃沈された艦はなかった。

黄海海戦の勝利で黄海の制海権をえたので、日本側は大同江以北、遼東半島への陸軍兵力と物資の輸送が可能となり、朝鮮半島を北上した第一軍は十月にはいり十七日鴨緑江左岸（朝鮮側）の義州を占領した。

そして十月二十五～二十六日に鴨緑江を越えて満洲へ侵攻し（鴨緑江渡河作戦）、五五〇〇の兵が守る水口鎮を攻略し、一万八〇〇〇が守っていたが遁走した九連城《くれんじょう》を占領した。さらに第一軍は三十日に鳳凰城、十一月五日に遼東半島つけ根の大狐山を陥落させた。

この間、旅順占領を目的とした第一師団、第二師団、第六師団からなる大山巌《いわお》指揮下の第二軍が九月二十一日に編成され、第二軍は十月二十四日に遼東半島中部の花園口に上陸し、十一月七日に大連、二十一日に旅順を陥落させた。その後十二月には第一軍が海城を攻略し、翌年一～二月の清軍の四回の攻撃から海城を守った。

次いで第一師団を加えて三個師団編成となった第一軍は、遼河平原掃討作戦をおこない、営口（三月六日）、牛荘城（三月四日）、田荘台（三月九日）を攻略した。この作戦は日清戦争で最大の作戦となり、日本軍は一〇〇〇名近い死傷者と約一万二〇〇〇名の凍傷者を出した。

決戦場に予定された直隷平野に陸軍部隊を上陸させるには、渤海湾の制海権を獲得する必要があり、そのためには北洋艦隊の残りが集結した山東半島北岸の威海衛を攻略しなければならない。そこで伊藤首相は威海衛の攻撃と台湾の占領を提言し、十二月十四日、大本営は旅順攻略をおえた第二軍に対岸の山東省・威海衛攻略を命じた。九五年一月末、第二軍は山東半島東端の栄城湾に上陸し、威海衛の砲台を占領した。そして海軍が二月初旬、水雷攻撃で北洋艦隊の大部分を撃破したため、二月十二日、北洋艦隊は降伏した。

下関講和条約

次いで日本軍は、直隷での決戦の準備に取りかかった。近衛師団は四月十一日までに、第四師団も四月十三日までに日本を出帆し、これら約三万五〇〇〇の兵員は四月十八日までに大連港に到着した。この時点で金州湾（遼東半島先端）と大連湾内の輸送船中に第二軍所属の近衛、第二、第四と第一軍所属の第一、第三の六個師団が集結した（第五師団は満洲の占領地域を警護）。

一八九五年一月二十七日、日本では大本営御前会議が開かれて、遼東半島の広範な範囲と台湾の割譲を要求する条約案を決定した。占領しつつあった遼東半島の割譲を要求したのは陸軍で、海軍はまだ占領していない台湾割譲を主張し、国内世論でも大陸や台湾についての過大な土地割譲要求が噴出していた［大谷 二〇一四 二一四頁］。

他方清側では、北洋艦隊が二月十二日に壊滅したため、皇帝と主戦派は二月二十二日に御前会議を開き講和問題を議論せざるをえなくなった。領土割譲に応じて講和するか、領土割譲を拒否して遷都をしてでも戦争を継続すべきかで議論がつづいた。そして三月二日、北洋大臣李鴻章の領土割譲やむなしの上奏が認められ、李は領土割譲、賠償金支払い、朝鮮独立承認、の三条件で講和交渉に臨むことになった。

三月十九日、李鴻章が全権として講和会談のため下関に来た。そして三月三十日に二十一日間の休戦を取りきめた休戦協定がむすばれた。その直前の三月二十六日、日本軍は台湾近海の澎湖《ほうこ》諸島を占領した。

一八九五年四月十七日、講和条約（下関条約）が調印された。条約は一一ヵ条から成り立っているが、主要なものは次のとおり。

一条　清国は朝鮮国の完全無欠なる独立自主の国たることを確認する

二条　遼東半島、台湾、澎湖諸島の日本への割譲

四条　清国は賠償金として二億両を日本に払う

五条　割与された土地の住人は自由に所有不動産を売却できる

六条一　紗市《さし》（現荊州市《けいしゅうし》の一部）、重慶、蘇州、杭州を開港し

　　二　日本船舶が内陸河川に沿ってこれら各港までさかのぼることができる

　　三　日本国民は開市場、開港場において自由に各種の製造業に従事できる

七条　清国領土内の日本軍の三ヵ月以内の引揚げ

八条　賠償金支払いの担保として威海衛の占領

賠償金二億両は清朝の年間収入の四倍に相当する巨額なものであり、財政難に苦しむ清政府には調達できるものではなく、結局は露・仏・英・独などから関税や塩税、鉱山、鉄道などを担保に借款することとなった。そのため清の税関は賠償金支払い機関となり、財政や経済は外国の銀行にコントロールされることとなる。一方、日本にとっての二億両、およそ三億円は戦前の歳入一億円の三倍にあたり、戦費二億円の一・五倍にあたるものである。

甲午改革

日清戦争は一八九四年七月二十五日にはじまったが、既述のように、その直前の七月六日、日本政府は具体的な内政改革を朝鮮政府に勧告した。この勧告は漢城勤務の内田康哉《こうさい》領事の意見書をうけて作成されたものだが、意見書は次のように述べた〔杉本 二〇〇二 一六六～一六九頁〕。

(1) 朝鮮をめぐる国際緊張は朝鮮に自立し、国民に信頼された政府ができなければ解消しない。

(2) 独立を維持するだけの国力を養うには国政の大改革が必要であるが、現在の政府がそれを実施することは不可能である。

(3) したがって日本が朝鮮政府を補佐する以外にない。内政に干渉するのは、いままで独立国として認めてきたにもかかわらず、その権利を侵害することになるがやむをえない。

この内田領事の意見書に日本政府の公式の主張がうかがえる。

七月二十七日、金弘集を首相とし、穏健改革派の金充植、魚允中らが加わった金弘集政権が成立し、甲午改革が開始された。

一八九四年十月に元勲の井上馨が日本公使として朝鮮に着任した。井上は、十一月に反日的で保守的な大院君を摂政から罷免させ、閔妃が政治に介入することを禁じた。そして亡命先から帰国した急進改革派で親日派の朴泳孝をふくむ政権を十二月中旬に成立させた。以後九五年七月まで朴泳孝が改革を主導した。改革はその後も九六年二月の国王の露館播遷《はせん》によって金弘集政権が倒されるまでつづくが、金弘集政権による諸改革のことを甲午改革という。

甲午改革の内容は次のとおり。

政治制度　王室と政府の分離、内閣制度を設けての国王専制の制限、科挙を廃止し新しい官吏任用制度を実施する近代的官僚制の採用、裁判所を設けて司法権の行政権からの分離
経済制度　財政面では租税の地税、戸税への統合と徭役の廃止、および租税の金納化と地税の一元化（用役提供の廃止）。新式貨幣の発行、徴税機構の地方行政機構からの分離、度量衡の統一
地方制度　従来の八道が二三府に改変され、各邑は一律に郡と改められた
教育制度　近代的学校制度の実施や留学生の派遣
社会制度　両班と平民の身分差別の撤廃、奴婢制度廃止・人身売買禁止、賤民の解放、などをおこない身分制度を廃止した。また未亡人の再婚の自由、早婚の禁止などの家族制度の改革
清からの独立政策　太陽暦に改め清年号の使用をやめ、一三九二年（李氏朝鮮建国年）を元年とする「開国（建国の意）紀年」を採用することで清への宗属関係の廃止を明確にした。また法律、勅令にもちいる文字も漢文からハングルを主とするものに代え、王室の尊称を格上げして主上（国王）殿下を大君主陛下、王妃殿下を王后陛下とした。これで朝鮮の君主は清や日本の皇帝と同格になった。

一八八四年の急進改革派の改革（甲申政変）が構想倒れにおわったのとは違って、甲午改革は政治、経済、社会、文化の全般に及ぶ広範なものであり、近代社会の形成を促進する端緒をつくり出す役割をになった、とされる［糟谷ほか 二〇一六 六四頁］。

三　日清戦争後

三国干渉と台湾制圧

遼東半島の日本への割譲は満洲に利害関係のあるロシアを刺激し［高校教科書『詳説日本史改訂版』二六九頁］、日清戦争直後の一八九五年の四月二十三日、ロシアの提議にもとづいてロシア、ドイツ、フランスがともに日本に遼東半島の放棄を要求してきた。その理由としてこれら三国があげたのは、「遼東半島を日本にて領有することは、清国の首都を危うくするのみならず、これと同時に朝鮮国の独立を有名無実となすものにして、右は将来永く、極東永久の平和に対して障害をあたえる」ということであった。

そしてもし日本が拒否すれば三国の海軍が行動を起こすと伝えた。ロシアは前年から軍艦を極東に集結しており、日本近海の三国の艦隊は総勢約一二万トンであった。これに対し日本海軍は八万トンで、三国の要求を拒否して対抗するには劣勢であった。

そこで日本は、イギリス、アメリカの支援をえて露独仏三国を牽制しようとしたが、支援はえられなかった。イギリスは極東でロシアと戦う準備はできていなかったし、三国の要求がただちにイギリスの権益にとって脅威とは考えなかった。アメリカも日本の遼東半島獲得がロシアの南下を阻止するという効用のあることは認めていたが、軍事的対決の危険を冒してまで日本を支援するつもりはなかった［黒野 二〇

〇四 六〇頁〕。日本は屈し、五月五日、三国に要求受諾を伝えた。そして遼東半島還付条約が十一月に日清間でむすばれ、遼東半島は清に返還された。このできごとを三国干渉と呼ぶ。

ロシアが日本に遼東半島の返還を要求したのは、ロシアが満洲への進出をねらっていたので、日本の満洲進出に脅威を感じたからであったとされる〔京大 新編西洋史辞典 項目「三国干渉」〕。ベルリン会議によってバルカン進出をはばまれ、中央アジアでイギリスと対峙したロシアは、東アジアへの進出をはかっていた。そのためのシベリア鉄道の建設に、東側はウラジオストクから一八九一年に、西側はウラルのチェリャビンスクから一八九二年に着手していた。

ドイツが三国干渉に参加したのは、ロシアの勢力が東方に向けられれば、露仏同盟（一八九一～九四年成立）からの圧力が減じるからである。

遼東半島を返還させられたとはいえ、日本は台湾などの初めての海外領土を獲得し、世界分割の動きに加わって帝国への道を歩みはじめた。アメリカがスペインを破ってフィリピンを獲得し、帝国への道を歩みはじめる三年前のことである。

そしてフィリピン住民がアメリカ占領軍に抵抗したように、台湾住民も日本の占領に抵抗した。それは、下関条約調印の翌月末、すなわち一八九五年五月二十三日に清の高官を中心に台湾の官民が、日本の領有に反対して「すべての国務を公民によって選挙せられたる官吏をもって運営する」「台湾民主国独立宣言」を発することではじまった。台湾民主国の総統には台湾巡撫の唐景崧《とうけいすう》が就任した。日本軍は五月二十九日に台湾上陸を開始し、唐景崧は厦門へ逃亡、日本軍はたやすく台北をはじめ北部を制圧した。だが六月十九日からの南進作戦は義勇軍の強い抵抗にあった。台湾民主国が崩壊したのは十月で、中・南部の制圧に日本は陸軍二個師団半、約五万の兵力を投入しなければならなかった。

旧式の銃や竹槍で近代的日本軍と戦った台湾住民側の戦死者と殺戮された者は多く、一万四〇〇〇人と推定されている［伊藤 一九九三 七五頁］。

日本側の戦死・戦病者は約五〇〇〇人とされるが［宮地正人編 二〇〇八 四〇四頁］、この五〇〇〇人という数字は何を根拠にしているかは不明である。これに対し日本軍は、戦死者は二七八人、負傷者は六五三人と発表している［伊藤 一九九三 七五頁］。なお中国の高等学校歴史教科書『中国現代史』は、日本軍の戦死・戦傷者数を三万余としている。

台湾民主国の崩壊後も台湾住民のゲリラ戦がおこなわれた。そこで日本は一八九八年十一月に匪徒刑罰令を布告し、ゲリラ（「土匪」、「匪徒」）に対して厳罰で臨んだ。翌年の一年間における同刑罰令による処刑者は一〇〇〇人を超え、一九〇二年までに処刑された「土匪」は三万二〇〇〇人にも達したとされる［伊藤 一九九三 八七頁］。これは当時の台湾人口の一％を超えているが、やはりこの数字の根拠が不明である。

閔妃殺害事件

日本が一八九五年五月の三国干渉でロシアに屈したことで、李氏朝鮮では親日派勢力が弱まって親露派勢力が強まった。そして九五年七月、閔妃勢力はロシア公使支援下に親日派政権を排除し、親露派政権を立てた。

日本人教官が訓練した朝鮮軍訓練隊（二大隊八〇〇人）が、米国人指揮の侍衛隊（貴人のそば近く仕えて護衛する部隊）の成長と政府の親露反日政策により近々解散させられる、という噂が流れた。危機感をもった訓練隊幹部は、田舎に隠棲中で閔妃一族の復活に不満をかこっていた大院君に接近した〔杉山 二〇〇二 一七八頁〕。

日本公使として九五年九月一日に着任した三浦梧楼《ごろう》は、漢城駐在日本軍守備隊長らと謀り、閔妃を殺害し大院君をかつぎ出して親日政権をつくる陰謀を計画した。

十月七日、訓練隊の解散と武装解除の通告がなされた。訓練隊が解散されるとクーデタは困難になる。そこで十月八日、大院君を擁する訓練隊、三浦の命をうけた日本軍公使館守備隊、公使館員、居留日本人「壮士」、親日派、が侍衛隊の抵抗を排して王宮を制圧した。壮士の一群はひそかに閔妃をもとめて探しまわり、見つけて斬殺し、公使館警部の指示で遺体を松林に運び焼き捨てた（閔妃殺害事件〔乙未《いつみ》事変〕）。その際閔妃の死体を凌辱したという記述があるが〔『朝鮮を知る事典』の項目「閔妃殺害事件」、『日本史辞典』の項目「閔妃殺害事件」〕、そんなことがありえただろうか。

大院君が権力に復帰し、第四次金弘集政権が成立した。三浦の陰謀はうまくいき、政変は成功したかに見えた。

閔妃殺害に日本政府は関与しなかった。そして三浦公使は、朝鮮軍隊の内紛であり日本人は関与していないと言い張ったが、二人の西洋人（アメリカ人軍事教官とロシア人技師）が現場の王宮にいて成り行きを目撃しており、国際問題となった。事件に日本公使が関与したことで、列国公使は日本を非難した。日本政府は政務長官小村寿太郎を派遣して事件の経緯を把握し、その結果、三浦は公使を解任され、日本に召喚された直後に逮捕された。関与が疑われた五〇名近い日本人が朝鮮から退去することを命じられた。

また日本政府は、朝鮮からの軍隊の撤退と内政に干渉しないことを表明した。一方朝鮮では、元軍部次官の将軍李周会が自首して出た。そこで逮捕された嫌疑者三〇余人の裁判は、李周会のほか朝鮮人二名に死刑判決をくだし、この三名は処刑された。

三浦公使らは、広島地方裁判所および軍法会議で裁判にかけられたが、朝鮮側裁判で暗殺犯人が確定したこともあって、翌年一月、いずれも証拠不十分として免訴処分とされた。

金弘集首相は大院君を排除して危機を乗り切った。そして彼の政権は甲午改革をつづけ、小学校の設置、郵政制度の施行、太陽暦の採用といった改革を進め、さらに九五年十二月に断髪令を公布した。伝統的儒学者たち（衛正斥邪派）は、断髪令は親からうけた身体髪膚《しんたいはっぷ》を傷つけ、朝鮮伝統の礼を毀損するものだと反発した。

一八九六年一月、衛正斥邪派在地両班の指導下に［武田編 二〇〇〇 三四八頁］「初期義兵」といわれる反乱がはじまり、十月までつづいた。義兵を構成したのは、両班の家僕、農民、地方兵などであった［糟谷『朝鮮を知る事典』の項目「義兵闘争」］。反乱の原因として閔妃（国母）殺害と断髪令の実施を強調する見解が多いが［上原ほか 一九九〇 五〇頁、中村 一九九〇 七〇頁、大谷 二〇一四 一三六頁］、初期義兵の直接の原因は社会改革の一環として出された断髪令である［水野 二〇一七 一七二頁］。

そして九六年二月、ロシア公使ウェーベルは、反乱鎮圧のため政府軍が大量に出動して漢城の警備が手薄になったのに乗じて、仁川に停泊中のロシア軍艦の水兵約一二〇名を公使館護衛の名目で漢城に入れ、高宗をロシア公使館に移した（露館播遷《はせん》（播遷とは遠国にさまようこと））。同時に親露派の要人たちは金弘集、魚充中ら三人の親日派要人を殺害した。高宗はロシア公使館内から新政府の組閣をおこない、親露派政権が成立した。

ここに開化派は一掃され、甲午改革に逆行する動きが現れた。九六年四月に観察使、郡守の手に徴税権が完全に回復し、六月には改革前のように郡守が管内の裁判権をにぎるようになった。八月、二三府制は一三道制に変わるとともに、道への中央からの官の派遣数は減少した。九月、大院君が万機を親裁するとされて政府の権限が弱められた。こうして改革前の地方行政体制への復帰、君主権の拡大と政府権限の縮小が進んだ。

露清密約と日露の協定

清朝は、日本に対抗するためロシアと組む方針をとり、一八九六年初め、領土が日本に侵略された場合ロシアは清側に加担して戦う、という約束をロシアからえるための協議をロシアとはじめた。ロシアは見返りとしてシベリア鉄道の清領土通過を望み、清はそれをうけ入れることにした。そして清は、九六年五月、ロシア皇帝ニコライ二世の戴冠式に、李鴻章を本来の目的を隠したまま特命大使として参列させた。そして戴冠式の数日後の六月初頭、李鴻章とロシア外相ロバノフとのあいだで以下の六ヵ条からなる露清密約（露清同盟条約、李鴻章・ロバノフ条約）がむすばれた。

第一条　ロシア、清、および朝鮮に対する日本の侵略に対してロシアと清は共同で軍事行動をおこなう

第二条　両国が共同行動した場合、敵国との単独講和をむすばない

第三条　開戦した場合、清国の一切の港は必要あればロシアに開放される

第四条　ロシア陸軍が日本の侵攻に対処するために、ロシアが北満洲を横断してウラジオストクに向か

う鉄道を敷設することに清は同意する
第五条　戦時には、ロシア軍は前記鉄道を兵士や糧食、武器の輸送のために自由に使用することができるが、平時には、兵や糧食を通過輸送することはできるが、運行上の必要以外には途中停車は許されない
第六条　省略

こうしてロシアは清と対日軍事同盟を秘密裏にむすんだのである。

ニコライ二世の戴冠式には、日本からの特使山県有朋と朝鮮の使節も参加していた。そしてロシアは、朝鮮国使節とのあいだにも秘密協定をむすび、⑴ロシア軍隊による国王の保護、⑵軍事教官と財務顧問の派遣、⑶対日債務支払いに対する借款引受け、⑷露朝両国を連絡する電信架設、といった内容の五ヵ条を受諾させた。そしてこの取りきめにもとづいてロシアは、九六年十月に軍事顧問を派遣して政府軍を訓練し、翌年には財政顧問も派遣して朝鮮での勢力を拡大した。

日露の関係では、すでにニコライ二世の戴冠式の前月である九六年五月に、駐清公使小村寿太郎とロシア公使ウェーベルとのあいだで次の四条からなる小村・ウェーベル協定がむすばれていた。

第一条　朝鮮国王の還宮、日本は日本壮士の厳重な取締りをおこなう
第二条　寛大温和な人物を閣僚に任命することを朝鮮国王に勧告する
第三条　釜山・漢城間の日本電信線保護の護衛兵は憲兵に代え、憲兵隊の総数は二〇〇人以下とする
第四条　日本は日本人居留民保護のため、ロシアは公使館・領事館保護のため、それぞれ漢城に二中隊、釜山、元山に各一中隊を置くこと。一中隊は二〇〇人以下とする

そして戴冠式の際に、山県とロバノフ外相のあいだで、以下の四ヵ条からの山県・ロバノフ協定がむすばれた。
第一条　両国合意のもとで朝鮮国への財政援助をおこなう
第二条　軍隊警察組織を朝鮮に一任する
第三条　日本に現行の電信線保持を認め、ロシアには漢城以北の電信架設権を認める
第四条（省略）
この山県・ロバノフ協定には次の二条の秘密協定があった。
第一条　朝鮮の秩序が乱れたときは両国合意のもとでの派兵を認め、両軍のあいだに中立地帯を設ける
第二条　朝鮮国が自国の軍隊をもつまでは両国同数の軍隊を駐留させる権利を有する
そして九七年二月、高宗はロシア公使館から一年ぶりに王宮に帰り、十月、国号を明の皇帝から許可をえてつけられた「朝鮮」から「大韓」に改めて皇帝に即位し（大韓帝国の成立）、清からの独立を明示した。

清国利権の争奪

ロシアは、前記のように、露清同盟条約によって北満洲を横断する鉄道の敷設権を獲得したが、この東清鉄道を建設するため露清銀行が設立され、そこが出資した東清鉄道株式会社が一八九六年十二月に設立された。そしてマンチュリ（満洲里）からハルビンを経由して沿海州のボグラニチナヤに至る東清鉄道の建設がはじまる。

ドイツは、一八九六年十二月に膠州湾の租借を清に要求して拒否されたが、翌九七年十一月、山東省でドイツ人宣教師二名が殺された事件を理由にして、膠州湾を占領し青島《チンタオ》砲台を奪取した。日清戦争後の列強による利権獲得のための軍事行動の嚆矢《こうし》である。そして九八年三月六日、ドイツは膠州湾を九九年間租借することと、膠州湾から済南への鉄道（膠済鉄道）敷設権、および同鉄道沿線三〇里内の鉱山採掘権を獲得する条約を清とむすんだ。租借とは、ある国が他の国の領土を期限付きで借りうけることだが、租借国がその領土を自国の領土のようにほぼ完全に支配する。この租借方式は他の帝国主義国が模倣するところとなった。

ドイツの膠州湾占領に対抗してロシアの艦隊が九七年十二月に旅順にはいり、九八年三月二十七日、清に旅順・大連租借条約をむすばせた。この条約は、三国干渉により日本に返還させた旅順（軍港）と大連（商港）をふくむ遼東半島南部の二五年間の租借権とともに、ハルビン～大連間の鉄道（南満洲鉄道）敷設権をロシアにあたえた。これでロシアは念願の極東における不凍港をえた。ハルビン～大連間の鉄道は一九〇一年に完成し、支線として東清鉄道の一部となった。租借した遼東半島南部をロシアは「山海関の東」という意味で関東州と命名した。

九八年四月、フランスが広州湾を占領し、五月にはイギリスが威海衛を占領した。そしてイギリスは、七月に清と威海衛租借協約をむすんで威海衛の租借権を得、八月に香港島対岸の九竜半島の租借権を獲得した。英清間の威海衛租借協約に「旅順港がロシアの占領下にあるあいだイギリスは威海衛を租借する」とあるように、イギリスの目的はロシア勢力の南下に対抗することであった。またイギリスは、九八年に蘇州～杭州間、天津～鎮江間という大運河沿いの鉄道、および九竜（香港北部）～広州間の鉄道（九広鉄道）の敷設権をえた。そしてフランスの方は、九九年十一月の清仏条約で広州湾の九九年間の租借権、ベトナムから雲南の昆明への鉄道（滇越《てんえつ》鉄道）敷設権と、雲南、広東、広西三省の鉱山採掘権を獲得した。

またイギリスは九九年に長江流域の不割譲を清に約束させた。フランスは広西省と海南島の不割譲を約束させた。そして日本が九八年四月に福建沿海の不割譲を清に認めさせている。日本がそうしたのは、台湾の対岸にある福建省を日本の台湾防衛にとって重要な地域と考えたからである［衛藤 二〇〇四 七六頁］。

また英独露三国は、清国でのたがいの利益・勢力範囲に関する取りきめをむすんだ。まず九八年九月、英独間に利益範囲に関する協定がむすばれ、利益範囲をイギリスは長江流域、ドイツは黄河流域とし、天津・山東間の鉄道はドイツの、山東・鎮江間の鉄道はイギリスの敷設権を認め合った。翌年英露間に鉄道敷設権をめぐる協定がむすばれ、イギリスの長江流域、ロシアの長城以北を認め合った。さらに一九〇〇年十月には、英独は権益の保護と、ドイツが長江流域をイギリスの勢力範囲とすることを認める英独協定（揚子江協定）をむすんだ。

こうして清の大半の地域が列強の勢力範囲に分けられた。各国の勢力範囲はロシアが満洲、ドイツが山東省、イギリスが長江流域、フランスが雲南省、広西省、広東省西半である。

日本が福建省を勢力範囲としたとされるが、日本は軍事的にも経済的にも福建に進出したわけではなく、不割譲を清に約束させただけであるので勢力範囲という表現は妥当とは思えない。勢力範囲という概念は不明確であり、不割譲約定の地域を勢力範囲とすることには歴史的に疑義が呈されてきた。のちにパリ講和会議で中国代表が定義した勢力範囲は、「特殊な領土的利益もしくは優越、または排他的通商および投資の特権を享有する」ということであった［貴志ほか編 二〇〇九 一七一〜一七二頁］。日本にとって福建省はこの定義にあてはまらないであろう。

したがって、清との戦いで勝利したにもかかわらず、日本は列強の清国利権争奪に加わることができなかった。「ただ手をこまねいて傍観しているよりほかになかった」［半藤 二〇一二 二二頁］。こういうわけで、日本の高校教科書などが掲載する、福建省を日本の勢力範囲とする東アジアにおける列強の勢力圏の地図は誤った印象をあたえるものであろう。

他方、ロシア軍の占領下にある満洲は、ロシアの勢力範囲という以上のものであったといえる。当時満洲に住んでいたイギリス人商人はロシアが満洲を実質的に併合していると語り、イギリス人宣教師たちも、満洲とは名前だけで、ことごとくロシアのものと明言したといわれる［ジョンストン 二〇〇五上 四三頁］。

イギリス、フランス、アメリカの租界は一八四五年以後上海などに設けられていたが、ドイツ、ロシア、日本の租界も一九世紀末に設定された。ドイツが一八九五年十月に天津や漢口に、ロシアが一八九六年に漢口に設定した。そして日本も、一八九六年十月に締結された日清航海条約付属議定書にもとづいて、天津、漢口、厦門などに租界を設置した。

また上海では、共同租界を管轄する市参事会が独自の界標を立て、守衛によってこれを監視するという租界拡大の実力行使をおこない、一八九三年に清側とそれを追認する合意が成立した。さらに一八九八年から翌年にかけて再度の租界拡張交渉がおこなわれ、上海租界の面積は一七七九エーカーから五五八三エーカーへと三倍余りに拡大した［この段落は宮田 二〇一四 六一〜六二頁による］。

ロシアの朝鮮からの後退と日本の軍拡

親露派政権のもとにある朝鮮では、一八九六〜九七年にロシアをはじめアメリカ、イギリス、ドイツ、フランスが鉄道敷設権や鉱山採掘権、森林伐採権といった利権を獲得した。鉄道敷設権のうち、京仁《けいじん》（京《けい》城《じょう》（漢城のこと）〜仁川）鉄道はアメリカ企業に（九六年三月）、京義（京城〜義州）鉄道はフランス企業に譲渡され、鉱山採掘権と森林伐採権はロシアとアメリカにゆずられた。日本も、九八年に京釜（京城〜釜山）鉄道の敷設権をえた。

朝鮮では、九六年七月に開化派官僚が中心になって創立した独立協会による反露闘争が、一八九八年二月からはじまり、これに押された政府は、ロシアに対し軍事・財政顧問を継続雇用しないことを通告した。その結果、三月二十三日、ロシア人顧問は引き揚げ、ロシアの勢力は韓国（正式名称は大韓帝国）から撤退した。だがその数日後に前述のようにロシアが旅順、大連を租借した。これでロシアは旅順とウラジオストクに確固とした拠点をもち、朝鮮半島はロシアの陸海軍によって首根っこを押さえられた状態となった。

一八九八年四月、日本とロシアは西徳次郎外相とロシア公使ローゼンのあいだで西・ローゼン協定をむすんだ。これは韓国に関する次の三条からなる。

第一条　日露両国は韓国の主権および完全な独立を確認し韓国の内政に干渉しない

第二条　韓国が日本またはロシアに対し勧告および助言をもとめるときは、また韓国の要請で軍事・財政顧問を任命するときはあらかじめ相互に協商する（協議して取りはからう）

第三条　ロシアは日韓両国における商工業上の関係の発達を妨げない

第三条でロシアは日本の経済的優越を認めたがその理由は何か。韓国でのロシアの勢力が後退したことによるとも、旅順、大連の租借権獲得に対する日本の抗議をかわすためともいわれる。この協定によって、日本側はロシアの旅順・大連租借を黙認することになり、また十月に京仁鉄道敷設権のアメリカ企業からの買収に成功した。

その後九九年三月、ロシアが馬山浦に武装兵を上陸させ、同地の租借と対岸の巨済島の不割譲を韓国に要求した（馬山浦事件）。ロシアの太平洋艦隊の二つの基地、ウラジオストクと旅順を中継する基地を欲したのであり、満洲を勢力範囲としたロシアの軍事力が直接韓国に迫ってきたのである。日本の参謀本部は、馬山浦のロシアが予定した土地を商人名義で買占めることで、ロシアのくわだてを阻止した。

日本は、ロシアによる三国干渉によって遼東半島の返還を余儀なくされたが、この事態は日本国内においてロシアへの報復の主張を強くまねいた。それは「臥薪嘗胆《がしんしょうたん》」の標語に代表され、この国論を背景に日本政府は軍備拡大に努めた。一八九六（明治二九）年に帝国議会を通った十ヵ年計画（一八九六〜一九〇五年度）は、富国強兵に総額七億八一〇〇万円をあて（一八九五年の国家予算は八五三二万円）、そのうち軍備拡張のためのものは約三億円であった。そして清から獲得した賠償金の総額三億六四六〇万円（利子をふくむ）のうち、一億九六〇五万円が陸海軍の拡張費にまわされている。

その結果、陸軍は七個師団から一三個師団に拡張され、戦時の動員力は六〇万となった。海軍の方は、すでに建造中の富士級甲鉄戦艦四隻と一万トン級の装甲巡洋艦六隻が一九〇二年までに建造され、六六艦隊（戦艦六隻、装甲巡洋艦六隻）となった。

日清戦争後、朝鮮の輸出額の八〜九割、輸入額の六〜七割を日本が占めた。穀物の対日輸出がさらに増大し、日本人商人は内陸に定住して高利貸をさかんにおこなった。また日本製綿布の輸入が増大し、イギリス製品および朝鮮の在来綿布の販路を奪った。そして朝鮮綿布の解体が進んだ。

財政、金融の面でも、朝鮮海関税の取り扱い銀行である第一銀行を通じて日本の影響力が強まった。一九〇二年、第一銀行は第一銀行券を発行し、朝鮮国内に流通させた。

韓国の独立の危機が深まるなかで、韓国皇帝と宮中勢力は皇帝権力を強化して独立を維持しようとはかった。一八九九年八月に発布された大韓国国制は、韓国の政治は万世不変の専制政治であり、皇帝は陸海軍の統率・編成、法律と官制の制定、勅令の発布、文武官の任免など、無限の君権を享有すると規定した［この段落はほとんど糟谷　一九九六　六九頁そのまま］。

清の新軍創設と戊戌の新法

清朝による近代的陸軍の建設が開始された。すでに一八八五年に、直隷総督兼北洋大臣の李鴻章が、北洋武備学堂を天津に開設して近代的な将校育成教育をはじめていた。そこではドイツの退役軍人が多く教官に採用され、ドイツへの留学生も出している。日清戦争中の一八九四年末、戦争で李鴻章が率いた従来の陸軍（淮軍《わいぐん》）の無能が明らかになると、清朝は西洋式の陸軍として「定武軍」（一〇営四七五〇人、営は大隊に相当）を天津郊外に創設した。この事業を推進したのは栄禄《えいろく》ら中央官僚であった。

そして戦争がおわると、定武軍の訓練は袁世凱にまかされた。袁は定武軍を七〇〇〇人にふやし、定武軍の名を「新建陸軍」と改めた。定武軍で袁を補佐する有能な幹部は、北洋武備学堂が提供した。ドイツ留学組の段祺瑞《だんきずい》をはじめ、馮国璋《ふうこくしょう》、王士珍らであり、彼らはこのとき袁の部下となった。同じときに、両江総督の張之洞《ちょうしどう》もドイツから指導者を招き、北洋武備学堂出身の学生を集めて「自強軍」（約二〇〇〇人）を編成した。この新建陸軍と自強軍が清朝の「新軍」のはじまりである。「新軍」とは、洋式訓練をうけ近代装備をもった清末の軍隊のことである。自強軍は最終的には袁世凱の手に渡って新建陸軍に吸収された。

日清戦争での敗北は、とくに若い士大夫《したいふ》（官僚。知識人でもある）に強い衝撃をあたえ、彼ら開明的な支配層の清国強化をめざすナショナリズムが高揚した。これは変法《へんぽう》自強運動（略して変法運動）と呼ばれ、日本の立憲君主制をモデルとして国制改革（変法）を実現しようとする運動であった。

先導者の康有為《こうゆうい》やその弟子の梁啓超《りょうけいちょう》らは、下関条約が締結された直後の一八九五年四月、北京に集まった科挙受験生に呼びかけ、講和拒否、遷都による徹底抗戦、変法、の三項目を訴える上書（意見を官や貴人に提出する書状）を連名で清朝廷に提出した。この上書は皇帝には届かなかったが、譚嗣同《たんしどう》、梁啓超らは学会を組織し（政治団体は禁止されているので学会とした）、新聞、雑誌を発行して欧米や日本の政治・教育制度、思想、などを紹介する啓蒙活動を展開した。

彼ら変法派は、孔子は国制改革のために魯国の歴史である『春秋』を書いたとみなす公羊《くよう》学派に属し、康有為は、孔子はいにしえの聖人（周公）に仮託して改革を実行しようとした改革者であったとし、そこに変法論の理論的根拠を置いた。このように改革が依拠する思想は、あくまでも中国的なものであった。

一方清の朝廷では、一八九七年、摂政として権勢をふるってきた西太后《せいたいごう(せいたいこう)》が政務の第一線から退き、光緒《こうしょ》帝《てい》（位一八七四〜一九〇八）《(こうちょてい)》の親政がはじまった。反主流の少壮官僚たちが若い皇帝のまわりに集まったが、西太后は李鴻章、甥で側近の栄禄ら保守的な官僚とむすんで隠然たる勢力をもっていた。

日清戦争後の帝国主義国進出の圧迫から、中国の自強をもとめた光緒帝は、翌九八年六月、康有為、譚嗣同、梁啓超ら変法派をもちいた新政をはじめた。そこでは、光緒帝が康有為からアイデアをえて、制度局の設置（憲法制定、国会開設の準備をめざす）、科挙の改正、近代的学校の設立（官僚など養成のため）、不用官庁の廃合、洋式軍隊の組織、実業の奨励、新聞の発行、翻訳局の設置など、変法に関する上諭（勅令）を次々に発布した。この年の干支にちなんで戊戌《ぼじゅつ》の新法という。

しかし官僚たちは、西太后の勢威のまえに変法の詔勅を無視した。高官人事の権限をもつ西太后は、光緒帝の親政開始直後に栄禄を直隷総督（北洋大臣を兼ねる）の地位に任じて北洋（奉天、直隷（河北）、山東三省の総称）の軍隊を掌握していた。変法派の譚嗣同は栄禄の直隷総督就任でその部下となったが、九月十八日、かつて変法の学会にも参加したことのある袁世凱に、その指揮下の新建陸軍を動かし、栄禄殺害と西太后軟禁に加担することを要請した。袁は提案に対してあいまいな態度をとり、二十日天津に赴き上司の栄禄に通報した。二十一日、西太后は光緒帝を幽閉し、変法派は失脚した（戊戌の政変）。

譚嗣同らは逮捕されて処刑され、康有為と梁啓超は日本に亡命した。改革はすべて中止された。唯一残されたのは京師《けいし》大学堂（北京大学の前身）だけであった。新政は約一〇〇日間にわたって改革の上諭を連発しただけでおわったのであり、中国の国家近代化の最初の試みは挫折した。

戊戌変法の失敗後、日本に亡命した者たちは処刑された譚嗣同ら六人を「維新六君子」とたたえ、一年後に追悼の催しを横浜で開いた。これが中国最初の近代的な「記念」行事となった。このような「烈士記念」とともに「国恥記念」も現れた。日本語では「記念」という言葉は過去の肯定的なできごとを顕彰する意味あいが強い。それに対し中国の「記念」は、自国が他者から強いられた屈従を思い返し、雪辱を期すというものであった。「国恥記念」という政治文化は清末社会に完全に定着する［この段落は小野寺 二〇一七による］。

四　義和団事件

「仇教」運動はじまる

清国では、朝廷が一八五八年の天津条約でキリスト教の内地布教を認めたことから、多くのキリスト教宣教師が来て活動し、その数は十九世紀末には二〇〇〇人にもなった。中国人信者も多数生まれた。

宣教師たちは、教会の治外法権的地位を利用して布教活動に利益誘導的手法をもちいた。その結果、罪を犯して刑を逃れるために、紛争の相手に報復するために、訴訟に勝つために、労役や雑税の負担を免れるために、あるいは地域社会の各種の負担から逃れるために、キリスト教徒となり教会に庇護をもとめる者も多かった［この段落は堀川編 一九九五 六五五頁そのまま］。

ことに問題となったのは、宣教師や教会が信者と非信者間の訴訟に介入して信者に有利に解決したことである。これは、外来の事物に対する反発もあって、非信者のあいだにキリスト教や西洋人に対する憎悪を高めた。また教会が信徒に村の宗教的儀式への参加を禁じたことも、そうした憎悪をまねいた要因であった。

そこで、キリスト教宣教師・信徒への迫害、教会焼き討ちなど、仇教《きゅうきょう》運動といわれるキリスト教排撃運動が清国各地で起きた。仇教運動は、中国文明の西洋文明への民衆レベルにおける反抗であった。そして仇教運動がとくに目立ったのが山東省や直隷省であった。

山東省では、呪術をおこない拳法を修得する大刀会《だいとう》という軍事的秘密結社が一八九五年春に現れた。大刀会は「会」、すなわち非合法集団である。山東省単県の大刀会は、九六年六月に教会やキリスト教徒の住居を破壊した。また九七年十一月には、山東省鉅野《きょや》県で二人のドイツ人神父を殺害する、ドイツ人宣教師殺害事件を起こしている。

山東省での一八九八年中頃からのドイツの膠済鉄道建設は、交通労働者の失業をもたらし、また同年七〜八月には、黄河の氾濫によって山東の農地が破壊され、多くの流民《りゅうみん(るみん)》、飢民が発生した。

一八九八年四月以後、「義和拳」と呼ばれる集団が山東省に登場し、仇教運動に加わった。義和拳のメンバーは、義和拳と呼ぶ拳法および棒術の習練と、関羽、孫悟空、岳飛をふくむ道教などの神々や英雄、義人を自身に降臨させてその化身となることで、刀剣や鉄砲に傷つかない超能力をもちえると信じた。軍事的宗教組織であるという点では、義和拳と大刀会は類似していたが、自身と神の一体化をはかるところに義和拳の特異性がある。

一八九八年十月三日、義和拳の指導者趙三多《ちょうさんた》は山東省冠県の蔣家荘《しょうか》(村)で決起集会を開き、「助清滅洋」のスローガンをかかげた。そして十月二十五日、イエズス会宣教師のレミ・イゾレは、その日の日記に義和拳は団旗に「扶清滅洋」(清朝を助け、洋を滅ぼせ)のスローガンを書いてあった、と記した。この日記が有名なスローガン「扶清滅洋」の出現を初めて伝える記録である。

山東の農民は黄河の氾濫とともに干ばつにも苦しめられた。一八九九年には、大干ばつで春から秋にかけて一度も雨が降らず麦が大凶作となり、さらに八月には虫害が発生し、作物のほとんどが食い荒らされた。翌一九〇〇年にも一月から夏まで干ばつで雨がまったく降らなかった。そうした状況下で義和拳の活動が活発になる。

一八九九年四月、冠県の近くの恩県で義和拳の演技練習が盛行し、付近の平原県でも義和拳の修練がおこなわれ、教会の公産や教会指導者の休憩所が襲われはじめた。恩県の知県（県長官）の要請で出動した正規軍は、朱紅灯を総大将とする義和拳に打ち破られた。

一八九九年七月六日、光緒帝は義和拳を民団、すなわち政府公認の民間の義勇軍として認めている。

九九年十月九日、山東の義和拳は平原県のキリスト教徒部落を襲い、鎮圧に来た清朝正規軍の一部隊、すなわち官兵と十月十一日、十八日と二度の戦いをまじえた。一度目の戦いでは朱紅灯の率いる義和拳部隊が勝利し、二度目の戦いについては、平原県知県の記述は正規軍側が勝利したとしている（平原の戦い）。

この平原の戦いの処理にあたったのは山東巡撫の毓賢《いくけん》で、彼は十月下旬頃に義和拳の活動を正当と認め、その集団を団練（伝統的な民間の自警組織）として公認した。七月六日の皇帝の決定に沿った行動であった。これで義和拳は匪賊（拳匪《けんぴ》）ではなく官に認められた自警組織、すなわち「義和団」となった。

九九年十一月十五日、朱紅灯らの義和拳部隊が茌平《しへい》県の張荘教会堂を襲撃し、破壊、略奪した。教会側も銃撃で応戦し、五名の死傷者を出した。十一月二十一日、清政府は山東の仇教運動取締りを指令した。そして十二月五日、アメリカ公使が排外運動を助長する毓賢の更迭をもとめると、十二月六日、清朝は山東巡撫を袁世凱に代えた。

十二月三十日、イギリス人牧師が山東省で殺害された。義和団による最初の外国人の被害者である。そこで翌一九〇〇年一月四日、イギリス公使は仏・独・米公使とともに清朝政府に厳重に抗議した。

一九〇〇年一月十一日、西太后は上諭を出し、そのなかで「会」にもいろいろあろう、善良な村民が拳法を習うのは自衛のためだからよろしい、とした。これに反発した北京列国（英・仏・米・独）公使団は、一月二十七日、上諭は「会」を公認したもので、いまや会党のキリスト教迫害は公然たるものがある、すみやかに弾圧、禁止せよと要求した（第一回共同要請）。三月一日、朝廷は拳法の学習を厳禁し、三月二日、英・仏・米・伊の列国公使団は、外国人に暴行をくり返している義和拳と大刀会の厳禁の上諭を要求する第二回共同要請をおこなった。

連合軍の第一次出兵（北京公使館保護）

一九〇〇年春、義和団は直隷（現在の河北省と北京、天津）に「進出」した。ここでの「進出」の意味は、山東の義和団員が直隷に移動したという意味ではなく、「村の義和団化」といわれる現象が起きたことである。すなわち河北の村々が、他地区の義和団指導者を招き、あるいは指導者がやって来て、諸神を降臨させる壇を設けた（設壇）。そして村の若者が義和拳の訓練を開始した。義和団は「壇」を中心とした組織で、一村、あるいは隣村をふくむ数村のまとまりだった［この段落、ここまでは佐藤 一九九九 六七六頁による］。指導者のうち著名な者は、各地を自由に往来する半プロであった［小林 一九八六 四六頁］。

一九〇〇年四月六日、英・米・独・仏の四公使が、二ヵ月以内に清朝が義和拳を鎮圧しなければ代わってこれを鎮圧すると通告し、英・独・仏・米は、四月十二日、戦艦を大沽《ターク－》（天津の外港塘沽《タンクー》と河口をはさんで相対する）に集結させて陸戦隊の上陸を開始した。大沽は天津の東六〇キロにあり、北京方面を守る軍事上の要衝で砲台が置かれていた。

四月二十二日、義和団が初めて北京に現れたが、清政府はそれを強く取り締まることはなかった。

五月十二日、北京から七〇キロほど南西の淶水《しょうすい》県で義和団が「キリスト教徒六一名」を虐殺した。淶水県は盧保線（盧溝橋～保定）の沿線にある。この虐殺情報は五月十七日に公使館に伝わった。そこで北京列国公使は一九〇〇年五月二十日に第一回公使会議をおこない、翌日、清朝政府に対して三度目の義和団鎮圧要請をした。この公使会議には日本公使も列席しており、初めて日本が清に対する共同要請に名をつらねた。五月二十四日にもたらされた回答は、軍隊による義和団鎮圧の措置は十分とっているから動揺はまもなく沈静化するだろう、というものであった。

しかし、その日に淶水県へ義和団鎮圧に赴いた清国軍の高級武官とその率いる兵七〇人が殺害されたことが伝わり、清政府の説明とちがい、事態が深刻であることが明白になった。清政府の回答を不満として第二回公使会議が五月二十六日に開かれ、会議は清政府にもう一度かけあうことにし、それに満足がいかない場合には護衛兵を招致することを決定した。清政府は五月二十七日に状況を説明し、冷静な対応をもとめた。そして五月二十七日の第三回公使会議は、その回答に一応満足することを確認した。

ところが同じ五月二十七日、義和団員は盧保線の瑠璃《るり》河《が》駅と淶水県の隣の涿州《たくしゅう》県の鉄橋を焼打ちし、盧保線を不通にした。そして同日、涿州県の義和団員が蜂起して県城を占領した。

翌五月二十八日、義和団は瑠璃河から盧溝橋にいたる鉄道を破壊し、北京郊外の長辛店、盧溝橋、豊台《ほうたい》の停車場《(ほうだい)》を襲撃した。そのため一時北京・天津間の鉄道（京津線）が不通となり、その際にベルギー、イタリア、フランスの鉄道技師が巻き込まれ、北京や天津に逃げ込むという事件が起こった。これによって北京に危機が迫っていることを理解した北京列国公使団は、同五月二十八日の夜の会議で、公使館護衛部隊の派遣を満場一致で決定し、この決定をただちに清政府に伝えた。

そして五月三十一日、天津周辺にいた各国の艦隊から英・仏・露・米・日・伊・独・墺八ヵ国の陸戦隊員総計四三五人が天津に上陸し、五月三十一日午後から六月三日にかけて直隷総督が仕立てた特別列車に乗って北京にはいった（連合軍の第一次出兵）。一八九八年九月末の清政府と列国との取りきめで、自国公使館並びに自国民保護のために海軍陸戦隊を各公使館三〇名まで招致できることになっている。列国の出兵はこの取りきめにもとづくものであった。

この第一次出兵は義和団の反発をまねいた［三石 一九九六 一九七頁］。六月三日、義和団は北京・天津間の鉄道を破壊しはじめた。その動機は、連合軍のさらなる出兵をはばむことであったとされる。

一方、大沽沖の列国軍艦の指揮官たちは、六月五日、第一回列国海軍指揮官会議を開き、今後共同で義和団にあたることを確認した。

連合軍の第二次出兵（シーモアの連合軍）

六月七日から北京市街地（城内）に現れていた義和団が南西門外で狼藉をはじめたところ、それを見た清国軍は、六月八日、鉄道の保護を放棄して撤退し、義和団による激しい鉄道破壊行為が野放しにくり広げられた。それにより北京の鉄道は壊滅的な打撃をうけ、北京と天津をむすぶ京津線の交通は切断された。この八日のできごとで、清国政府に義和団鎮圧の意志も力もないことが明白になった［斉藤 二〇〇六 三二頁］。さらに六月十日、電柱が倒され、電線が切断されたため北京・天津間の電信が不通になった。また同十日には北京で日本公使館書記の杉山彬《あきら》を清軍の部隊が襲い殺害した。

六月九日夜、イギリスのマクドナルド公使は援軍派兵の準備を急がせる電報を、天津領事とイギリス東洋艦隊司令長官シーモアに打電した。それを見たシーモアは、同日深夜、ただちに北京に向けて進軍することをきめた［この段落は斉藤 二〇〇六 三四頁による］。

六月十日早朝、シーモア総督は自国部隊とともに大沽港から上陸し、七時半に天津に到着すると、英・独・露・仏・米・日・伊・墺八ヵ国による二〇〇〇人の陸戦隊を編成し、直隷総督に用意させた特別列車で九時半に北京に向けて天津駅を発進した。連合軍の第一次出兵は条約上の根拠があったが、この第二次出兵はそうではない。

六月十二日、義和団は北京市街地で本格的な破壊活動をはじめ、清朝軍機大臣の承認のもと、義和団員が続々と北京に押し寄せ、「滅洋」の旗をかかげて「洋」の字をかかげる店舗を襲った。六月十三日、北京の公使館のある地域で、列国陸戦隊が初めて義和団に向けて発砲し、義和団とのあいだで臨戦状態となった。

天津でも義和団は六月十四日から活動をはじめ、三つの教会を焼打ちし、そのあと租界を防衛していた外国兵と戦闘になり、四〇〇余の死傷者を出した。また天津の義和団は、洋灯（ランプ）、洋傘を壊し、洋貨局、洋薬局の名前を「広貨局」、「広薬局」に変えさせた［佐藤 一九九九 七〇七頁］。

シーモアの連合軍による第二次出兵に対して、義和団側は鉄道破壊をおこなった。そのためシーモア軍の天津からの行軍は鉄道を修理しつつの前進で、二四時間の行軍で五キロしか進まない日もあった。また途中の落岱《らくたい》と廊坊で、十一日、十四日と合計一三〇〇人の義和団員に襲撃され、三七〇人を殺害したが、身動きが取れなくなった。そして六月十三日を最後に通信も断たれた。

そこで六月十四日、列国海軍司令官は、シーモア軍救援のためには大沽砲台を落とす必要があると結論し、十六日の朝、十七日早朝を期限に大沽砲台を明け渡せという最後通牒を天津の直隷総督と大沽砲台司令官に通告した。大沽砲台は首都北京の海防の拠点である。

六月十七日、引き渡し期限直前の午前一時頃、大沽砲台は列国海軍を砲撃し、列国海軍もこれに応戦した。ここに清国軍と列国連合軍は完全な交戦状態に陥った。そして数時間の交戦で大沽砲台は陥落した。大沽砲台明け渡しの最後通牒が、列国と清の戦争のきっかけになったのである。

大沽砲台が陥落した六月十七日、天津の清国軍は午後四時頃、水師営砲台から天津の外国人居留地（租界）に対する砲撃をはじめた。前日に義和団による外国人居留地並びに鉄道に対する攻撃があったが、天津での清国正規軍による攻撃はこれが初めてである。翌六月十八日、清兵は水師営砲台と天津城から居留地を砲撃し、居留地に迫った。

六月十六〜十九日、清朝は御前会議を開いて列国との戦争の可否について協議した。参加者は満洲人からなる主戦派と漢人からなる不戦派に分かれて対立した。どちらも清国の現在の財力、兵力では戦えぬことは、はっきりと認識していた。それでも戦うべきだとする主戦派の中心は西太后で、彼女は大沽砲台の列国海軍への砲撃が起きた十七日の第二回御前会議の場で、「今日、戦端は彼より開く、国家の滅亡は目前にある。もし、拱手（手を組んで何もせぬこと）して譲歩せんか、われ死しても列祖まみゆる面目なし。等しく滅びるなら、一戦して亡びるほうが、なおまさらずや」と言った。西太后が戦争を決意したのはこの十七日とみなされている。

六月十八日、シーモア軍に対しても清国軍からの初めての攻撃があり、翌十九日、シーモア軍は列車を捨て、徒歩で天津への撤退を開始した。清朝廷は、同六月十九日、公使館の安全を守れないという理由で、二四時間期限で公使館の北京からの退去を命じた。

六月二〇日、清朝と交渉しようと赴いたドイツ駐華公使ケテラルが、清官兵によって狙撃、殺害された。そして同日午後三時半過ぎ、それまで護衛していた清国軍によって公使館攻撃が開始された。

北京の義和団も列国公使館地域を攻撃した。列国は北京の公使館地域に共同の防御陣地を築いた。防御陣地は二キロ四方で、そのなかに二八〇〇人の兵士、一二〇〇人の大使館員、商社員、その家族が立てこもり［三野ほか　一九九五　書名不明　一六八頁］、連合軍による救出を待った。さらに防衛陣地には、難を逃れようと中国人キリスト教徒も大勢やってきた。

連合軍の第三次出兵（北清事変）

六月二十一日、清朝皇帝は「宣戦上諭」を出した。この上諭には次のような指摘がある。

・朝廷が少し大目にみると、洋人の凶悪でよこしまな行動はますますひどくなり、小にしては一般の人びとを虐げ、大にしては神聖なものを辱めた。これが義勇の者が教会を焼きキリスト教徒を殺した理由である。

・洋人は昨日我に大沽砲台より退出し、彼らの管理に帰せしむよう命じ、拒否すれば力をもって奪取すると通牒した。これは洋人から決裂したことである。
・王朝の存続をはかって「蔑みを万古に残すは、なんぞ……雌雄を決するにしかんや」。
・直隷省や山東省などの義兵は三〇万をくだらない。洋人は詐術にたより、我々は天理をたのむ。彼らは武力にたより、我々は人心をたのむ。
・「臣下、庶民よ……一緒になって神と人の恨みを晴らせ」。（結びの言葉）

この結びの言葉は反洋人闘争の「挙国化」を訴えたものである。だが両江（江蘇・江西）総督劉坤一《りゅうこんいち》、湖広（湖北・湖南）総督張之洞という長江中下流域の総督をはじめとする東南（沿海部および長江流域）の総督らは、六月二十七日、列強の上海駐在領事と相互不可侵に合意する東南互保章程をむすんだ。こうして東南の総督は皇帝の命令にそむいて戦争に参加しなかった。

清の宣戦布告に対して、列国のうちイギリスは、当時南アフリカ戦争の最中であるためインドから大量の兵力を派兵できなかったし、アメリカはフィリピンで作戦中であった。強力な陸軍を迅速に派遣することができるのは日本とロシアであるが、ロシアの中国進出を警戒するイギリスは、六月二十三日、日本に出兵を要請した。日本はロシアの反応を気にして躊躇したが、北京の列国公使館がきわめて危険な状況にあったので、露・独・仏も日本の大兵力出兵を支持した。七月三日、五日とイギリスがかさねて要請してきたので、日本政府は七月六日の閣議で第五師団の派遣を決定した。

日本の出兵理由は何か。七月六日の閣議決定は、日本が出兵しなければ「外は列国我に異図ありと疑い、また前年の仇（三国干渉を指す）に報ふと為し、猜忌（そねみきらうこと）永く解けず怨を後来（将来）構ふに至らんことを恐る」としている。これが日本政府がかかげた出兵理由である。

出兵理由は別にあるとする、次のような日本政府に批判的な見解がある。

1　日本は大陸進出の野心をもっていたが、それを露骨にあらわすことなく出兵した［細谷・本間　一九九一　四二頁］。「今日は東邦の覇権を掌握する端緒なり」（桂太郎陸相）。

2　出兵は「列国の伴侶となる保険料」（桂陸相の発言）であり、日本は隣国人民の反帝闘争を弾圧すること、「極東の憲兵」となることを自らの東亜における任務とした［古川　一九九一　二七八頁］。

3　ロシアと対立していた日本は、イギリス、アメリカなどの支持を必要としていたので大軍をくり出した［小島・丸山　一九八六　五四頁］。

ロシアは河北での清軍との戦いに積極的でなく、日本軍が清軍との戦いの主力となった。このことは、日本が反帝国主義運動を抑圧する「極東の憲兵」としての役割をになった、ということになるのだろうか。憲兵は軍隊のひとつの兵科で、その任務は軍隊内の治安維持であり、英語は military police 軍隊警察である。当時極東は列強による帝国主義支配体制下にあった。この帝国主義支配体制という秩序を維持する役割をになうものは警察と呼ばれてよいのであり、日本を「極東の警察官」と呼ぶならまだしも、なぜ「憲兵」でなければならないのか。

一方、満洲では、七月四日、奉天を治める清の正規軍（三〇〇〇人）が義和団とともに奉天の教会を焼打ちし、信者に多数の犠牲者が出た。七月八日、ウィッテが東清鉄道防衛のために軍隊を派遣する命令をもとめ、七月九日、ロシア皇帝が満洲への出兵を命じた。そして七月半ばから下旬にかけてロシアの大軍が満洲にはいった。

六月二十六日、シーモア軍が天津に逃げ帰った。同軍は死者四〇、傷者七〇を出しており、連合軍の第二次出兵は完全な失敗であった。

翌日の六月二十七日、天津で列国軍と義和団・清軍とのあいだで戦闘がはじまり、二十七日には英・独・露の兵約二〇〇〇が機器局を攻撃して占領した。七月五日から停車場が列国軍と義和団・清軍の戦場となり、とくに十一日は激戦であった。そして七月九日から十四日まで八ヵ国連合軍は天津城攻撃をおこない、十四日に天津城と水師営砲台を落とし、天津攻略を完遂した。天津攻略に参加した八ヵ国連合軍は約一万五〇〇〇で、そのうちロシアが約七〇〇〇人、日本が約三八〇〇人、イギリスが約二二〇〇人であった（この段落は［小林　一九八六］による）。

八月五日、連合軍は北京まで約一二〇キロを進む最初の戦闘を、天津の次の駅がある北倉でおこなった（北倉戦）。

八月十四日、連合軍一万五千（うち日本軍七〇〇〇）は北京総攻撃を開始した。連合軍は城門を打ち破って北京城内に進入し、翌一五日に公使館のある地域を制圧した（この公使館地域で戦死した外国人は七五人）。同十五日、光緒帝と西太后は北京を脱出して西安に向かった。北京城内は十六日にほぼ平定された。宮城内外に残された清軍の戦死体は二〇〇〇余であった。連合軍と戦ったのは清軍であって、義和団は一部しか参加していなかった。

北京が陥落するまで連合国が大沽に上陸させた将兵の概数は、全体で四九一〇〇人。国別でみると日本二〇〇〇〇人、ロシア一一五〇〇人、イギリス六一〇〇人、アメリカ四六〇〇人、ドイツ三二〇〇人、フランス三〇〇〇人であった。

北京方面の戦闘はおわったが、満洲でのロシア軍と清国軍の戦闘はつづき、ロシア軍は八月末にチチハル、九月に吉林、十月上旬に奉天を占領し、全満洲を制圧しおえた。このロシアの動きに英独は敏感に反応し、清国保全、門戸開放をうたった揚子江協定を十月十六日にむすび、日本も二十九日にそれに加入した［斉藤 二〇〇六 三一九頁］。ロシアは十一月に東三省管理を決定したが、満洲にはいったロシア軍は最終的には一六万に達している。

他方、十月十七日、連合軍は義和団討伐を開始し、以後、連合軍による各地での義和団鎮圧が翌年までつづいた。

これら、義和団の出現からはじまる一連のできごとを義和団事件（義和団の乱）という。中国では義和団運動としている。義和団事件の最終段階は戦争である（北清事変）。そして戦争において近代兵器をもたない義和団は主役ではなく、死を恐れず戦うことで清国軍を鼓舞するという副次的役割をはたしたにすぎなかった。

北京議定書

十二月二十四日、列国公使団は清に連盟公書一二ヵ条という講和条件の共同案を提示した。列国が清国との個別交渉をおこなわず共同案を作成した背景には、何よりも清国瓜分《かぶん》競争に陥らないという配慮が強く働いていた［斉藤 二〇〇六 三一九頁］。

連盟公書をうけ取った清朝廷は、早くも十二月三十日にそれに同意すると正式回答し、翌一九〇一年の一月十六日に連盟公書受諾宣言議定書が清国全権から各国公使に送られ、ここに和議条約の大枠が定まった。

二月二十三日の公使会議での決定で設置された日・英・独・仏の公使からなる清国財源調査委員会が、四月二十九日にいたり四億五〇〇〇万両が清国の支払能力の限度額であると確定し、この額を賠償金の支払い総額に設定する旨が五月九日に清国側に通達された。清国は二十六日にそれを受諾した。

こうした経緯をへて、一九〇一年九月、列国全権（日本は小村寿太郎）と清国全権李鴻章が、以下のような一二ヵ条からなる北京議定書（辛丑《しんちゅう》和約）に調印した。

第一条　ドイツ公使ケテラル殺害の件に関し、皇帝の大使をドイツに派遣し「惋惜《わんせき》（驚き嘆いて惜しみいたむこと）」の意を示すこと、また公使虐殺の地に清皇帝の惋惜を示す記念碑を建設する

第二条　外国政府、臣民に対する戦争、罪悪の主犯者に死刑や流罪《るざい》の刑罰を科す。外国人が虐殺された各市府において五ヵ年間科挙の停止

第三条　日本公使館員杉山の虐殺に対し名誉ある補償をなすため、特使を派遣し清皇帝の惋惜の意を日本国皇帝に伝える

第四条　外国墓地にして墳墓を破壊されるなどしたものには贖罪の記念碑を建設する

第五条　清国は兵器・弾薬の製造にもちいられる原料の輸入を二年間禁ぜられる

第六条　四億五千万両の賠償金の支払い。年四分の利子を付し、一九四〇年まで三九年年賦

第七条　北京の公使館地域を以後「公使館区域」とし、中国人に居住権をあたえず、公使館警察の管轄下に置き、防衛のため護衛兵を置く権利を認める

第八条　大沽砲台および北京と海浜間の諸砲台を撤去する

第九条　北京〜海浜間の「自由交通を維持するため」要地（廊坊、天津、塘沽、唐山、秦皇島、山海関など一二ヵ所）を占領
第一〇条　排外運動を厳禁する政府方針の布告、これに対する地方官の責任明示
第一一条　列国と通商航海条約の締結
第一二条　総理衙門を外務部と改めて他の六部の上位に置くこと

第一〜四条は、連合国人殺害などに対する謝罪、補償、刑罰、謝罪記念碑の建立、といった清朝にとって屈辱的な見せしめの懲罰である。

第五条と第八条は清の軍事力を制約している。

第六条の賠償金は、三九年賦、年四％の利子付で元利合計九億八千万両となるが、この金額は当時の清朝の歳入の一〇年分に相当した。そして賠償金支払いの担保として関税と塩税の収入をとられた。賠償金の配分率はロシア（約二九％）とドイツ（約二〇％）で半分を占め、フランス（約一六％）とイギリス（一一％）で四分の一を占めた。日本はイギリスの次で約八％（三四八〇万両）でアメリカが約七％であった。

賠償金は各国が実際に支出した費用に応じた割合で配分された。日本が出兵数に比べて少ないのは、輸送運搬に多くの経費がかからなかったからである［斉藤 二〇〇六 三三八頁］。

第九条の駐兵一二箇所は、列強の協議によって増減することができるものである。盧溝橋付近は、イギリスが一度駐兵したことがあったので、日本がその前例を利用して駐兵したのであった［川島 二〇一〇 五四頁］。

アメリカの門戸開放宣言

列強の清国利権争奪が進んだ一八九九年九月、アメリカは国務長官ジョン・ヘイの名で第一回目の門戸開放宣言（正式には「商業上の門戸開放政策に関する宣言」、第一次門戸開放通牒）を出した（通牒は書面での通知）。これは勢力範囲や租借地に反対したのではなく、⑴各国は、清におけるその勢力範囲または租借地において、貿易港または既得の権益には干渉しないこと、⑵勢力範囲内の陸揚げまたは輸送される商品に対しては清国の条約関税率が適用され、関税は清国政府が徴収すること、⑶勢力範囲において関税や港税、鉄道運賃で他国に不利益な待遇をあたえないこと、の三点を提案したものである。この提案に対して各国は条件つき賛成を表明した。

そして義和団事件の最中の一九〇〇年七月、ジョン・ヘイは第二次門戸開放通牒を列国に送った。これには、⑴第一回の宣言の商業上の機会均等を勢力範囲にとどまらず中国全土に適用すること、⑵清の領土的・行政的保全がかかげられた。こうして門戸開放宣言は中国の門戸開放、機会均等、領土保全の三原則を提唱したことになった。三原則は中国に対する通商上の平等な権利と機会をすべての国が認めることを要求し（門戸開放、機会均等）、中国植民地化に反対（領土保全）するものである。

門戸開放宣言は、アメリカが極東に関与することを明示したもので、伝統的な外交政策であるアメリカ大陸以外の国際問題には関与しない、という孤立主義に修正を加えるものであった。

門戸開放政策は領土保全を唱えるが、それは中国に限定されたものであった。なぜなら、アメリカは太平洋地域において第一回宣言の前に、ロシアの旅順、イギリスの威海衛同様の軍港用租借地をすでにハワイとサモアに獲得ずみであったし、ハワイの王国を滅ぼしてハワイを領土化し（一八九八年）、米西戦争に勝ってフィリピンをスペインから獲得していた（一八九八年）。さらに第二回門戸開放宣言のときには、フィリピン人の独立運動を鎮圧している最中であった。

アメリカが中国の独立と領土保全・分割の阻止を主張できたのは、フィリピンの領有によるものであった。植民地の領有が列強の要件である帝国主義の時代にあって、フィリピン領有は、何を主張するにせよ、東アジア国際政治にアメリカが参入するためのクラブ会員証としての意味をもったのである［この段落は和田ほか編 二〇一〇 第二巻 一二七頁による］。

また、門戸開放政策には、アメリカがもっとも進んだ工業諸国を相手に世界のどの地域の市場においても経済競争して勝つことができる、という想定があった。門戸開放は米工業製品が国際的に優位に立つあいだの国益に沿った政策であった。

日本はロシアの満洲占領に対処すべく、一九〇〇年十二月、アメリカ政府に対して、門戸開放政策が宣言した領土保全の原則を遵守するために、日本とともに実力を行使する意向があるかどうかを打診した。これに対して国務長官ヘイは、アメリカは「東アジアにおける自己の主張を貫徹するために他国に対して敵対的な性格を帯びるようないかなる示威的行動をも、単独ないし他国と協同してとる用意を現在もっていない」と回答した［ケナン 一九九一 五八頁］。

一九〇一年九～十一月に列国は北京～外港の駐留部隊以外を撤退させたが、ロシアは満洲から撤兵せず、満洲の軍事占領をつづけた。英・米・日など七ヵ国が門戸開放、領土保全の誓約のもとに厳重に抗議したが、ロシアは、政情不安でまたいつ暴動が起きるかわからないので監視の意味で駐留させている、と応答した。そしてロシアは旅順に強力な要塞を築いて極東艦隊を配置した。

二章　二十世紀初頭

一　日露戦争まで

日英同盟の成立

イギリスの東アジア政策の眼目は、上海を中心とする長江流域の商業的独占をロシアの脅威から守ることである。ためにイギリスは、日本と同じように、極東におけるロシアの南下を恐れていた。

ロシアは、義和団事件の際、一九〇〇年八～十月に満洲全土を占領し支配下に置いた。そして一九〇〇年十一月九日、ロシア軍司令官と奉天巡撫とのあいだで露清密約（旅順協定）が仮調印された。そのおもな内容は、⑴建設中の鉄道保全と満洲の秩序を確保するためロシア軍が駐留する、⑵満洲の清国軍はロシア将軍の下に置き、清国政府は満洲に軍隊を置かない、⑶各都市の秩序監視のためロシア将軍は警備隊を組織する権利をもつ、であった。そして十一月十三日、ロシア政府は一六項目の対清要求を採択し、条約案として清に認めさせることとした。その露清条約の内容の主旨は露清密約と同じである。だが条約案の内容は、ロシアに脅威をおぼえ、日本に期待をもつ清国側から日本に通知された。日本政府は、一九〇一年四月、ロシアにきびしく抗議した。

ここでロシアは急に態度を変えて露清条約を撤回した。外相ラムズドルフが陸相クロパトキンに送った手紙によれば、極東ロシアの陸海軍は相対的には日本より弱体であり、急いで強化しようとしたりすると、日本がロシアの戦闘準備が整う前にただちに戦争をはじめるかもしれない恐れがある、というのが露清条約撤回の真の理由だったようである［この段落は岡崎 一九九八 一三四頁による］。

一九〇一年九〜十一月に列国が清から撤兵したにもかかわらず、ロシア軍だけは満洲駐留をつづけた。日本にとってロシアの満洲長期駐兵は、次には韓国へのロシアの進出を予測させるものであり、それをふせぐ対策案として、日本政府内では伊藤博文、井上馨らのロシアと満洲に関する取りきめを定める日露協商論と、山県有朋、桂太郎首相（任一九〇一年六月〜〇六年）、小村寿太郎外相（任一九〇一年九月〜〇六年）らの対露抑制策としての日英同盟論、という二つの路線が考えられた。協商とは国家間の相互協調関係またはその取りきめである。

伊藤らは、日本が満洲に進出する力はないのだから、満韓交換論による日露提携が現実的政策であるとした。満韓交換論は、ロシアの満洲での特権的地位を認める代わりに日本の朝鮮での特権的地位をロシアに認めさせる、というものである。これに対し山県らは、日本が満洲に何ら権益をもっていない状態で満韓交換論は成立せず、イギリスの軍事力をバックにロシアに対抗するしかないと考えた。

極東における一九〇一年四月のイギリス、ロシア、フランス、日本、それぞれの戦艦・装甲巡洋艦の保有隻数は、英四・二、露五・六、仏一・一、日五・四であった。このようにイギリスは東アジア海域においてロシア・フランスの連合海軍に対し劣勢であった。またインド以東における陸軍の派兵能力においてロシアに劣っていた。こうした軍事力の弱点を補完するために、イギリスは日本との同盟を必要としていた。

一九〇一年八月、桂首相は伊藤をはじめとする元老の承諾をえたうえでイギリスとの交渉をはじめた。そしてイギリスからの同盟条約草案が十一月十六日に示され、同月二十八日、閣議は英国案をほとんど認めた修正案を決定した。首相がこの決定を上奏すると、天皇から決定について在欧中の伊藤をふくめ元老に諮問するよう勅命があった。

他方、九月に欧米漫遊に出発した伊藤は、十一月にロシアにはいり、ペテルブルクで十二月二日と四日に外相ラムズドルフと会談した。そこで提示した伊藤が個人的に考えた協定案は、(1)朝鮮の独立の相互保障、(2)朝鮮の領土を敵対する軍略的目的で使用しない、(3)朝鮮海峡（対馬海峡西水道）の自由航行を危険にさらす軍事的措置を朝鮮沿岸において講じない、(4)日本は朝鮮に対して助言と援助をあたえる「排他的権利」をもつ、であった。これに対しラムズドルフが五日に承認をもとめて皇帝に送った対案は、(1)(2)(3)は伊藤案と同じであるが、(4)が「優越的権利」を認めるとあり、ロシアの朝鮮への介入の権利を残すものであった。六日、伊藤は桂に対して会談の成果を伝え、ロシアと親交的講和をなすべきことを強く勧告した。

こうした経過のなかで日本を日英同盟へと大勢を動かしたのは、〇一年十二月七日の元老会議に提案された小村外相の意見書であったといわれる［古川　一九九一　二九〇頁］。元老会議の列席者は山県有朋、井上馨、西郷従道《つぐみち》、松方正義の元老と政府側の桂小五郎（木戸孝充）、小村寿太郎（外相）である。小村意見書は、まえがきで韓国の運命は我が国の死活問題であり、ロシアが満洲を所有するならば韓国は独立を保てない。交戦以外に韓国に関する我が国の要求を実現するには、イギリスとむすび日英共同の力によるほか良策はない、とした。そのうえで次のように日英同盟と日露協商の日本にとっての得失を比較している。

⑴ 東洋の平和維持。露国の侵略主義は支那全国をも勢力下に置くことを期するゆえに、露国との協約は一時的なものにとどまる。これに対し英国の希望は現状を維持し通商の利益をはかることにあり、ゆえに英国との協約は露国の野心を制し、比較的長つづきする。

⑵ 経済上の利益。満洲と西シベリアは貿易上さして有望の地ではない。日英同盟によって英国から財政上の便宜をえられ、また英の植民地は世界に広がるゆえに通商上の利益も多い。

⑶ 清国における日本の勢力。露国との協約は清国人の感情を害し、通商、工業などでの我国の進出の機会を失わせる。日英協約を成せば清国は我国を一層信頼し、清国における我国の勢力を増進できる。

⑷ 海軍力。日露協商は我国が英国と海軍力の平衡を保つことを必要とさせるが、そうすることは困難。露国とならば容易である。

一九〇一年十二月二十三日、伊藤は日露交渉の打ち切りをロシア政府に伝えた。そして一九〇二年一月三十日、日英両国政府は日英同盟協約に調印した（協約は複数国間での文書交換による約束）。

日英同盟協約は、前文で清帝国（満洲をふくむ）と韓国の領土保全と独立を維持し、両国における各国商工業の機会均等を保証するとした。そのうえで次の六ヵ条と別条を取りきめた。

第一条　両国が清国にもつ利益を相互に認め、イギリスは日本が韓国にもつ政治上並びに経済上格段の

利益を認め、それら利益が侵された場合には、両国いずれもその利益擁護のため必要な措置を取りえることを承認する

第二条　もし一方が第三国と戦う場合には他方は中立を守る

第三条　一方が複数国と戦うときは、他方は援助をあたえて協同戦闘にあたる

第四条　両国はいずれも他の一方と協議をへずに他国と協約に記された利益を害する別約をむすばない

第五条・第六条　省略

別条（海軍事項）

両国海軍の平和時における協力

他方の軍艦が港内に入るときは石炭搭載その他便宜をあたえる

両国は極東でいかなる第三国よりも優勢な海軍を維持しつづけるように努力する

日本がイギリスに認めてもらおうとした韓国における日本の優越権は、日露の衝突を望まないイギリスの反対で実現せず、日本は韓国に政治上並びに経済上格段の利益をもつ、と規定された。そして第三条の規定により、日本は三国干渉のような事態を避けてロシアに対抗できることとなった。またイギリスはついに「光栄ある孤立」を放棄したわけである。

日露交渉

日英同盟の締結はロシアにとって衝撃であり、ロシアは威圧された。そこで一九〇二年四月、一九〇三年九月までに満洲から撤兵するという条約をロシアは清とむすんだ。この満洲撤兵条約の内容は、最初の

六ヵ月以内に奉天省（現遼寧省）の西南部から撤兵し、次の六ヵ月に満洲の中心部である奉天省の残部と吉林省から撤兵し、最後の六ヵ月以内に黒龍江省から撤兵するというものであった。一九〇二年十月、ロシア軍は約束どおり第一次撤兵をおこなった。だが、一九〇三年四月八日に在満主力部隊を移動させる第二次撤兵をしなかった。

この条約違反は、ロシア政府内において日本との対立は避けるべきだとする蔵相ウィッテら穏健派の勢力が後退したため、とされている。そして〇三年四月、ロシアは森林保護を名目として韓国の竜岩浦《りゅうがんほ》（鴨緑江河口、浦《うら》とは湾曲して陸地にはいり込んだ所）を軍事占領した。このロシアの韓国への軍事的進出によって日露関係は緊張した。

ロシアが満洲撤兵をおこなわないことを知ると、一九〇三年四月二十一日、山県、伊藤、桂、小村は京都の山県の別荘で会談をおこない（無隣庵会議、京都会議）、満洲の新事態に対処する次の対露方針四ヵ条が合意された。

1　露国にして、満洲還付条約を履行せず、満洲より撤兵せざるときは、我より進んで露国に抗議すること

2　満洲問題を機として、露国とその交渉を開始し、朝鮮問題を解決すること

3　朝鮮問題に対しては、露国をして我が優越権を認めしめ、一歩も露国に譲歩せざること

4　満洲問題に対しては、我において露国の優越権を認め、これを機として朝鮮問題を根本的に解決すること

撤兵違約から二ヵ月以上経ってもロシアに撤兵の動きはなかった。この事態を憂慮した天皇は、桂首相

と小村外相に御前会議の開催を命じた［片山 二〇一一 一二五頁］。

六月二十三日、対ロシア問題に関する御前会議が元老がすべて参加して開かれ、「満韓に関する日露協商の件」を決定した。この決定は次のように記している。韓国はあたかも「利刃」（よく切れる刃）のごとく大陸より日本の主要部に向かって突き出た半島である。もし他の強国がこの半島を支配するならば日本の安全は脅かされるので、日本はそれを容認することはできない。ロシアは旅順・大連を租借し、満洲占領を継続し進んで韓国境上に向かって施策を試みつつあり、このまま看過するならばロシアの満洲における地歩は動かないものとなるのみならず、その余波は朝鮮半島に及んで韓国政府を意のままに動かすことになる。それゆえ日本の朝鮮半島における勢力と利益は保持できなくなり、その結果日本帝国の存立は危殆に瀕することは疑いをいれない。ロシアとの交渉の機は熟しており、交渉の主眼は韓国の安全をはかり、ついでまた満洲におけるロシアの行動を限り韓国の安全に影響をあたえないようにすることである。

また同御前会議は、日露協商案要領として、露国は韓国における日本の優勢なる利益を承認し、日本は満洲における鉄道経営につき露国の特殊なる利益を承認すること、日本は韓国の内政改革のための助言・援助を専権すること、などの六ヵ条をあげた。こうして会議は対ロシア交渉の基本ラインを決定した。

同〇三年七月から八月にかけて、ロシア側に大きな動きがあった。七月一日、東清鉄道の南満洲支線が完成した。これでバイカル湖の環状部分を除いて、モスクワから旅順までが鉄道でつながった。七月二十日、ロシアは韓国に竜岩浦租借契約をむすばせ、同地に要塞を建設しはじめた。穏健派とされたウィッテ蔵相も七月三十一日に失脚し、皇帝ニコライ二世の専制権力が強まり、宮廷顧問官ベゾブラーゾフらの冒険主義的な宮廷勢力が実権をにぎった。

同〇三年八月、日本の発議で満洲、韓国をめぐる日露交渉がはじまった。八月十二日の日本の提案は、六月の御前会議決定の日露協商案要領と同じ内容であった。ロシアは日本の提案をうけ入れず、十月三日の対案で、満洲は日本の利益範囲外なので交渉の対象としないこと、韓国に関して日本の優越した利益を承認し、その民政を改良するための助言と援助を認める、韓国領土を軍事目的に利用しないこと、などを提示した。

十月八日予定の第三次撤兵期限も過ぎ、十月三十日、日本政府はロシアの対案への修正案を提示し、満洲を日本の利益範囲外とするなら韓国もロシアの利益範囲外として相互に承認すること、日本の韓国への軍事援助を認めること、などを主張した。

十二月十一日になってロシアは第二次対案を提示した。その内容は満洲については一切ふれず、朝鮮の軍事に関する主張は第一次対案と同じ、すなわち韓国領土を軍略上の目的に使用しないこと、などであった。

十二月十六日、日本側は元老（伊藤、井上、松方、大山、山県）と首相、陸・海・外相の会議を開き、外交交渉を継続することとした。十二月後半の日本側の第三次提案は、ロシア側の軍事上の主張の削除を要求したが、ロシア側の態度は変わらなかった。

十二月三十日、日本政府は閣議で「対露交渉決裂の際日本の採るべき対清韓方針」を決定し、清には中立を保たせるようにし、韓国はいかなる場合でも我が国の「権勢の下に置く」とした。

一九〇四年一月十三日、日露交渉において日本は前日の御前会議で決定した最終案（第四次案）をロシアに提示した。これはロシア案の韓国領土の軍略上の利用禁止を削除し、また満洲の領土保全を尊重するという文言を書き込むことをもとめるものであった。「満洲の領土保全」とは、もちろんロシア軍の満洲からの全面撤退を意味する。もはや日本は交渉による解決をあきらめたのである。

ロシア側は回答を遅らせた。ロシア側も日本との戦争は不可避と判断していたが、旅順要塞や旅順軍港ドックの工事などの完了を待って開戦するつもりで、交渉を長引かせようとしていた。そこで一月三十日、日本はロシアに対して二月二日までに回答するようもとめたが、回答はなかった。

日露戦争⑴

一九〇四年二月三日、ロシアの全旅順艦隊が出港したとの電報が日本にはいった。艦が全部港を出るのは臨戦態勢である［岡崎　一九九八　一九四頁］。このときのロシア太平洋艦隊の主力は、旅順艦隊の戦艦七隻、装甲巡洋艦一隻とウラジオストク艦隊の装甲巡洋艦三隻で、合計一一隻である。これに対し日本は戦艦六隻、装甲巡洋艦六隻、合計一二隻であり、ほぼ互角の戦力である（これとは別にヨーロッパから回航中の装甲巡洋艦二隻がまもなく到着）。ロシア側が艦隊を出撃させた以上、先制と集中の利を生かして初動作戦を展開しようとしていた日本軍としては、後手を踏まないためにもただちに開戦しようという雰囲気が支配的になった［山田　二〇〇九　七八頁］。

日本は、二月五日の御前会議で開戦を決定し、六日、ロシアに国交断絶を伝えた。同六日、東郷平八郎大将率いる連合艦隊、および韓国臨時派遣隊の輸送船を護衛する瓜生《うりゅう》 外吉《そときち》中将率いる瓜生戦隊が佐世保を出港した。

連合艦隊は、八日深夜、旅順港外にいたロシア艦隊を駆逐艦により奇襲攻撃して、戦艦二、巡洋艦一に大損害をあたえた。日露戦争の開始である。翌九日、連合艦隊が出撃して旅順艦隊との決戦をもとめたが、ロシアの全艦隊は旅順港内に退避して出てこなかった。同九日、瓜生艦隊が護衛した第一二師団が仁川に上陸し、瓜生艦隊は仁川沖でロシア軍艦二隻（巡洋艦と小型軍艦）を大破し、自沈させた（仁川沖海戦）。上陸した第一二師団は、近衛師団、第一師団との三個師団で第一軍を編成し、鴨緑江に向かうことになっていた。

日本が奇襲により開戦した目的は、旅順艦隊を撃破して海上輸送の安全を確保することで、満洲への兵力、物資の輸送をするためであった。ロシアは、宣戦布告に先立って露艦を襲撃したのは国際法違反であると日本を非難した。ときの外相小村寿太郎は、外交関係を断絶し独立の行動をとることは、開戦をふくむすべての行動を日本がおこなうことであり、国交断絶は宣戦布告をもふくむとし、ゆえに日本の行動は国際法上において非難されるべき点は何もない、と反論した。また、開戦に先立って宣戦布告することが国際的に義務付けられたのは、のちの一九〇七年に第二回ハーグ万国平和会議で成立した「開戦に関する条約」によってである。当時、国際的にも日本海軍の行動は非難されなかった。

二月十日に日本の宣戦の詔勅（みことのり、しょうちょく）が出された。同十日、ロシアも日本に宣戦布告した。日本の宣戦の詔勅は、開戦理由として「韓国の存亡は実に帝国安危」にかかわるところであり、「もし満洲にして露国の領有に帰せん乎、韓国の保全は」ささえもちこたえられなくなる、と主張している。なお清は、ロシアとの対日密約（露清同盟条約）があるにもかかわらず、局外中立を二月十二日に宣言した。

韓国は、交戦国のいずれかに加担すれば独立が脅かされるとみて、一月二十三日に中立を宣言していた。だが開戦と同時（二月八日）に韓国の中立宣言を無視して仁川に上陸した前記の日本陸軍部隊は、二月九日に首都漢城を占領した。二月十二日にロシア公使館は韓国から撤退し、これによって韓国で長らく日本と対峙していたロシアの影響力は激減した。この機をとらえて、二月十三日、日本は議定書案を韓国側に提出した。そして二月の二十三日、韓国政府とのあいだに日韓議定書が調印された。全六条からなるその内容は以下のとおり。

第一条　東洋の平和を確保するため、韓国は施政改善に関して日本の忠告をいれる

第二条　日本は韓国の皇室を安全康寧（やすらかなこと）ならしめる

第三条　日本は韓国の独立および領土保全を保証する

第四条　韓国の危機に際しては、日本は軍略上必要の地点を収容することができる

第五条　両国はこの協約に違反する協約を第三国とむすばない

第六条　未決の細条に関しては両国代表者が臨機応変に協議する

ロシア海軍旅順艦隊に対して日本海軍連合艦隊は閉塞《へいそく》（とじふさぐ）作戦をおこなった。そして旅順艦隊を封じ込めているあいだに、三月十五日、黒木為楨《ためもと》の率いる第一軍の残りの近衛師団と第一師団が仁川に上陸した。第一軍は満洲をめざして北上し、鴨緑江河畔に展開したのは四月二十一日であった。五月一日、鴨緑江を渡河して九連城での最初の陸戦（鴨緑江会戦）に勝利して満洲にはいった。また五月五日、三月中旬に編成された奥保鞏《やすかた》の率いる第二軍が遼東半島に上陸した。第二軍は南山の戦いでロシア軍を破って大連を占領し、そのあと六月に編成された野津道貫《みちつら》の第四軍とともに北上した。第一軍は七月の摩天嶺の戦いをへて遼陽をめざして北上した。

日本は、朝鮮半島全体を軍事占領すると、五月三十一日、対韓施策綱領を閣議決定した。それは、「帝国は韓国に対し政治上および軍事上において保護の実権を収め、経済上において益々我利権の発展を図るべし」とし、その理由として韓国は「独立を支持する能わざるは明瞭」だからだとした。すなわち、独立を維持する能力のないことを、保護権を確立する最大の根拠としたのである。そして日本は、八月六日、日韓議定書第六条にもとづいて新たな協定締結を韓国に申し入れ、八月二十二日、日本は次の全三条からなる第一次日韓協約を韓国政府とむすんだ。

第一条　韓国政府は日本政府の推薦する日本人一名を財務顧問とし、財務に関してはすべてその意見を聞いておこなう

第二条　韓国政府は日本政府の推薦する一名の外国人顧問を傭聘し、外交に関する要務はすべてその意見を聞いておこなう

第三条　韓国政府は外国との条約締結や重要な外交案件の処理に関してあらかじめ日本政府と協議すべきこと

財務顧問、外交顧問のほかにも、日本は軍部顧問、警務顧問、学部参与官などの日本人顧問を傭聘させた。

同八月、日本海軍の連合艦隊は、旅順港からウラジオストクに向けて出撃したロシア太平洋艦隊の主力と黄海で戦って旅順に追い返した（黄海海戦）。このときウラジオストクにいたロシア太平洋艦隊の残部も出撃してきたが、日本の第二艦隊は砲撃戦の末、事実上これを壊滅させた。この蔚山《ウルサン》沖海戦での勝利によって、日本が朝鮮沿岸の制海権を確保した。

相呼応して北上した陸軍の第一・第二・第四軍は、遼陽会戦（〇四年八〜九月）に勝ち、ロシア軍が退却して日本軍が遼陽を占領した。遼陽会戦では日本軍一三万、ロシア軍二二万が激突し、日本軍は死傷者二万三千、ロシア軍は死傷者二万を出した。

旅順攻略のため五月に編成された乃木希典《のぎまれすけ》の率いる第三軍による旅順攻略（〇四年八月〜〇五年一月）も成功し、旅順要塞攻撃とともに旅順港内に隠れていた太平洋艦隊も〇四年に全滅させた。旅順攻略は、ロシアが〇四年五月に編成を発表し、同年十月にバルト海の基地から出航させた第二太平洋艦隊（バルチック艦隊）が到来して旅順艦隊と合流する、という危機を避けるために強行されたこともあって、動員兵力一三万のうち死傷者五万九千の高い損耗率であった。ロシア側は四万七千の兵力で防御し死傷者は二万八千である。

遼陽会戦後、日本陸軍は遼陽の先で冬営し、兵を休養させて翌春の決戦にそなえた。そして翌一九〇五年の二〜三月、全日本陸軍が参加した最大の陸戦が奉天で戦われ、日本はそれに勝利した。この奉天会戦では、日本軍二五万がロシア軍三二万を包囲し、ロシア軍二六万は北方に脱出した。日本軍は備蓄した三三万発の砲弾を打ち尽していて、撤退するロシア軍に何の打撃もあたえられず、敵主力の撃滅ができなかった。日本軍には撤退するロシア軍を追撃する余力はなかったのである。奉天会戦の死傷者は日本軍七万、ロシア軍六万であった。

奉天から後方に撤退したロシア軍は、ハルビンで軍を立て直し増強することをめざした。一方、日本の戦力は限界にきていた。現役兵、予備役兵、後備役（予備役を終えた者の服した兵役）兵のすべてが動員され、戦場での消耗の激しさから補充兵が次々に送り出され、海を渡った総兵力は一〇二万に達した。将校、下士官の消耗率はそれぞれ一〇・七％、一二・三％と高く、補充は不可能であった。

日本は軍事的のみならず、財政的にも長期戦を戦う能力に欠けていた。日露戦争での日本の財政支出は二〇億円にのぼったが、そのうち一二億円は英米を中心とした外債によってまかなわれた。

日露戦争が起こるとアメリカは中立を宣言した。米大統領セオドア・ローズヴェルトは、弱い方の国とみなした日本を支援することによって、アメリカの優越に敵対する日露両国を疲弊させ均衡させたいと思った［ウィリアムズ 一九九一 一〇七頁］。大統領セオドア・ローズヴェルトには、門戸開放主義のために日本と手を組んでロシアと戦うつもりはなかったし、また日本がロシアに代わって東アジアの強国になるのを歓迎するつもりもなかった。彼は東アジアにおいて勢力均衡が維持されることを望んでいた［有賀・宮里 一九九八 七八頁］。

戦争は圧倒的にロシア有利と予想され、開戦と同時に日本国債は暴落すると考えられていたので、日本の戦時国債は初め売れなかった。そこにヤコブ・ヘンリー・シフというユダヤ人の米銀行家が現れて、米国中のユダヤ資本を糾合して日本の戦時国債を購入した。以後シフの応援により日本は三回にわたって約七四二百万ポンド（当時の日本の国家予算の五年分に相当）の戦費調達に成功した。シフの行動は、ロシアの反ユダヤ主義に対する報復の意味があった［この段落は青柳 二〇一七 一〇〇頁ほぼそのまま］。

日露戦争⑵

日本は奉天会戦後の〇五年四月八日の閣議において、⑴「日露戦役中における作戦並び外交歩調一致に関する件」、⑵「韓国に対する保護権確立の件」、⑶日英同盟の継続交渉、を決定した。

(1)は、ロシアが戦争継続の固い意思をもつことを確認し、列強のなかに和平交渉の仲介意思はない。日本は、戦争は長引くものと覚悟し、持久戦の策を講ずるよりほかにない、とした。

(2)の決定は、保護権確立の理由は「由来韓国の外政は東洋禍源の伏在する所なるをもって将来に於ける紛糾再発の端を絶ち以て帝国の自衛を全うせんがため」であるとした。そこで以下に示すような条件での保護条約の締結を目標にかかげた。

第一　韓国の対外関係はすべて日本が担任する

第二　韓国は直接外国と条約を締結しない

第三　韓国と列国との条約の実行は日本がその責に任ずる

第四　日本は韓国に駐箚《ちゅうさつ》官を置き施政を監督する（駐箚とは官吏などが職務上滞在すること）

(3)日英同盟継続に関する決定は、三月二十四日にイギリス外相ランスダウンが林薫《かおる》駐英公使に同盟適用範囲の拡張を伴う改定によって同盟を強化しよう、と提案したことに対する対応であった。

四月二十一日の日本閣議は次のような日露講和条件を決定した。まず日本が要求する絶対条件としては、(1)韓国を日本の自由処分にゆだねることをロシアに約束させること、(2)満洲からの日露両軍の引き揚げ、(3)遼東半島の租借権と東清鉄道のハルビン支線の日本への譲渡、であった。そして付帯条件としては、戦費の賠償、中立港に逃げ込んだロシア艦隊の引き渡し、樺太（サハリン）の割譲、沿海州沿岸の漁業権、の四項目であった。

日本の要求する絶対条件三項目のうち、(1)と(2)は開戦前からの日本の戦争目的であった。この二項目と旅順、大連をふくむ遼東半島の領有の三点は、日清戦争の際に日本の「利益線」韓国の確保とその利益線を守るためのものとされたもの、すなわち日本の自衛上必要とされたものである。

これら二項目に東清鉄道の南支線の獲得が追加された。この追加は何を意味するであろう。それは第一に、日本軍が南満洲を軍事占領したという戦争の結果を反映するものであり、第二に、自衛上の必要を越えて日本が勢力範囲を拡大することを意味する、といえよう。

一九〇五年五月、日本海軍の連合艦隊（主力は戦艦四隻と装甲巡洋艦八隻）は日本海海戦でロシアのバルチック艦隊（第二・第三太平洋艦隊、主力は戦艦八隻と装甲巡洋艦四隻）と戦い、これを全滅させた。連合艦隊が失ったのは水雷艇三隻のみであった。戦闘はほぼ同数の主力艦からなる両艦隊が、並行して進みながら互いに砲火をまじえ、日本側が完勝した。

日本勝利の原因は、発射速度が二倍以上あったこと、砲撃の正確さ、下瀬火薬の破壊力、などによる。発射速度や砲撃の正確さは訓練のたまものであり、日本側水兵の技術力の高さの結果である。下瀬火薬はその爆風と熱によって甲板上の人間の活動を封じ、火災を発生させ、船体は無傷であっても戦闘力をなくしてしまった。

日本政府は、日本海海戦の完勝を戦争を終結させる好機とみ、五月三十一日に高平小五郎駐米公使に訓電して、アメリカ大統領セオドア・ローズヴェルトに日露両国間の講和あっせんを要請した。これに応じてローズヴェルトが駐露大使にロシア皇帝の説得を命じたのち、六月九日、米政府は日露両国に対し講和交渉を正式に提案した。日本海海戦の敗北で戦争継続意欲を失ったロシアもすぐにこれに応じ、日本は十日、ロシアは十二日にこれを受諾した。

ローズヴェルトが調停役を買って出たその動機は何か。戦争がどちらかの完勝におわることなく日露対峙がつづき、ために日本が太平洋方面へ進出するエネルギーを削がれることがアメリカの利益であると考えたことにあったようだ、ともいわれる［細谷・本間 一九九一 四三頁］。
その後七月に日本は樺太占領作戦を進め、同月末までに樺太全土を占領した。以後日露両軍の戦闘はなく、九月一日、休戦協定が調印された。講和条約調印の直前であった。

第二次日英同盟協約とポーツマス条約

日英同盟継続に関する交渉は一九〇五年五月十七日から正式にはじめられ、何回かの話し合いの結果、八月十二日、前文と八ヵ条からなる第二次日英同盟協約が林董駐英公使とランスダウン英外相とのあいだで調印された。

前文（協約の目的）
　東亜およびインドの地域における全局の平和を確保すること
　清の独立および領土保全、列国の商工業の機会均等主義を確保すること
　東亜およびインドにおける両締約国の領土権を保持し特殊利益を防護すること
第一条　日本または英国の前文に記述せる権利と利益が危殆に瀕した場合は、両国政府はそれらを擁護するための措置を協同で考量する
第二条　両締約国の一方が一国または数国から攻撃または侵略された場合は、他の一方は直ちに来りて協同戦闘にあたる
第三条　日本は韓国において卓絶せる利益を有するをもって、英国は日本が韓国に対して指導、監理お

よび保護の措置をとる権利をもつことを認める
第四条　英国はインド国境の安全につながる一切の事項に関し特殊利益を有するをもって、日本は英国がインド領地を擁護するに必要な措置をとる権利を認める
第五条　両締約国は、他の一方と協議をへずして他国と前文の目的に反する協約をむすばないことを約定する
第六〜八条　省略

インドが協定区域にふくめられたのは、海軍を失ったロシアが極東から後退して、代わりに内陸からインドを脅かすことをイギリスが恐れたことによる、とされる。

米大統領セオドア・ローズヴェルトは、日露戦争勃発後の一九〇四年一月、ちょうどアメリカがカリブ海周辺に優越なる利益をもっているように、日本は黄海周辺に優越なる利益をもつべきである、と高平駐米公使に表明し、東アジアにおける日本のモンロー主義への容認姿勢を示した［高原 二〇〇六 一九頁］。そして日露の講和交渉がはじまった翌月の一九〇五年七月、日米は桂首相兼臨時外相とタフト陸軍長官のあいだで覚書を交換することで、次の内容のいわゆる「桂・タフト協定」を成立させた。

(1) 日本はアメリカのフィリピン統治を認め、フィリピンに対して何ら侵略的意図をもたない
(2) 極東における平和維持が日本外交の基本方針であり、そのためには米英政府の好意的な理解が重要である
(3) 日本が韓国の外交権を奪うことは現在の戦争の論理的帰結であり、東アジアの恒久平和に貢献するとみなす

この桂・タフト協定によって、日本はアメリカから韓国支配権の承認をえたかたちとなった。桂・タフト協定は門戸開放の原則をアメリカ自身が無視するものであった、という見方があるが［ダレック 一九九一 六〇頁］、門戸開放の原則は中国に関する原則であることを考えるならば、この見解は見当はずれなものである。

一九〇五年八月十日、日本とロシアは米東海岸のポーツマスで講和会議をはじめた。日本代表は小村寿太郎外相、ロシア代表はウィッテ外相である。九月五日に調印されたポーツマス条約（日露講和条約）は全一五ヵ条からなるが、そのおもな条項は次のとおり。

第二条　ロシア政府は日本の韓国における政治、経済、軍事の優越権をもつことを承認し、日本政府が韓国において必要と認める指導、保護および監理の措置をとることを妨害または干渉しないことを約す

第三条　遼東半島の租借地を除く満洲からの両国軍の撤兵と、上記租借地を除く満洲の全域を清国の排他的な行政に還付すること

第四条　両国は清国が満洲においてとる、すべての諸国に共通する商工業上の一般的措置を妨害しないこと

第五条　清国政府の承認を条件として、遼東半島南部の租借権（露清条約の規定に則って一八九八年から二五年間）を日本に譲渡

第六条　東清鉄道南満洲支線（ポーツマス条約以前はハルビン・旅順間、ポーツマス条約以後は長春・旅順間を指す、のちの南満洲鉄道）の権益および該鉄道に付属する炭鉱を清国政府の承認を以

て日本へ譲渡
第九条　南樺太の日本への譲渡
第一一条　日本海、オホーツク海、ベーリング海にあるロシア領の沿岸での漁業権を日本人にあたえる
追加約款　満洲の鉄道で一キロメートルにつき一五人以内の限度で鉄道守備兵を駐留させることを認め合う

交渉が難航したのは、日本が要求した賠償と領土に関してであった。賠償はロシアが拒否しつづけ、最後に日本は米大統領の忠告をうけ、また戦争継続の困難を悟って放棄した。条約の第四条は日本が満洲の門戸開放を約束したものである。

そして第五条と第六条に関して、同年十二月に日清間に日清満洲善後条約がむすばれて、清政府はこれらの日本への譲渡を承認した。さらにその付属議定書で清は次のことを承認した。

(1) 日本が鉄道守備兵を駐留させる
(2) 日本が戦争中に建設した朝鮮国境の安東（丹東の旧称）と奉天をむすぶ安奉線（軍用のトロッコ輸送の狭い軌道だった）を改修して本格的な鉄道とし、一九二三年まで経営する
(3) 清は東清鉄道南満洲支線と並行する幹線や同線の利益を害する支線を建設しない

十九世紀末の清国利権の争奪の結果、英・仏・独・露四国は軍事基地、鉄道、鉱山採掘といった利権をふくむ勢力範囲を清国に確保したが、いま日本は日露戦争勝利の結果として清国内に勢力範囲を獲得し、清国において上記四国と同等の立場に立った。

他方、日本の日露戦争でのロシアに対する勝利は、欧米列強の侵略に苦しむアジア諸民族のナショナリ

ズム運動に大きな励ましとなった。

一九〇一年のヘイ・ポンスフォート条約によりイギリス海軍はカリブ海から撤退することで英米の友好関係が確立し、一九〇二年には日本がイギリスの同盟国となった。一九〇四年の英仏協商によって英仏のライバル関係は協商関係に変わった。そしてロシアが日本に敗れたことで、ロシアの海軍もまた勢力均衡を変えるような要因ではなくなった。こうして、ドイツ海軍のみがイギリスのライバルとしてただ一つ残ったのである［マクニール 二〇〇二 四一〇頁］。

二　日露戦争後

日本の満洲政策

ポーツマス会議が開かれている一九〇五年九月、アメリカの鉄道王ハリマンが南満洲鉄道の日米共同経営を日本に提案した。元老伊藤博文は、国際団による鉄道管理はロシアの侵略から満洲を保全する唯一の方法であると考えていたし、元老井上馨も、アメリカの参入によって満洲を日露間の緩衝地帯とすることができるとして、ハリマンの計画を支持した。桂太郎首相とほとんどの閣僚も同意した。そこで一九〇五年十月、日本政府は予備協定（桂・ハリマン協定）をむすんだ。

だが、ポーツマス会議をおえてアメリカから帰国した小村寿太郎外相は、満洲を日本の勢力下に置くことが国策の基本であるとみなしていた。そして小村は元老や閣僚の説得に成功し、日本政府は翌年一月に協定を解消した。アメリカ政府はこれに抗議したが、それ以上のことは何もしなかった。

一九〇五年九月、日本は関東州の統治と南満洲の経営を所管する機関として関東総督府を設置した。その長の関東総督は、軍人で、天皇に直属し、駐留軍を指揮するとともに鉄道をはじめ民政全般も監督することになっていた。これは占領時代の軍政を延長するものであり、関東総督に強大な権力をもたせ、軍政を継続させたのは陸軍の首脳たちであった。彼らは軍政をできるだけ長くつづけ、そのあいだに南満洲における日本の勢力を拡大させようと意図していたのであった［古川 一九九一 三三七頁］。だが〇五年十二月の日清満洲善後条約締結ののちも軍政をつづける日本に対して、清だけでなく、英米からも〇六年三月に厳重な抗議がよせられた。

そして日本国内では、満洲政策をめぐって陸軍と外務省が対立した。陸軍は、軍政を存続させ積極的に満洲に軍事拠点を固めて満洲権益の拡大をはかることを主張し、外務省は、門戸開放（ポーツマス条約での約束）という列国との協調路線を主張した。「陸軍が独走傾向を現わし始めたのは日露戦後の満洲政策から」である、といわれる［外務省百年史編纂委員会編 一六九六上 八〇〇頁］。一九〇六年五月、伊藤博文が首相官邸に元老および政府、軍の首脳を招集した「満洲問題に関する協議会」が開かれ、英米両国との関係を重視する伊藤の強いリーダーシップによって、外務省の方針が実行されることになった。

会議での伊藤の発言で注目されるのは次の三点である。(1)満洲経営などを口にすべきではない。満洲はけっして日本の属地ではなく、純然たる清国領土の一部である、(2)現在の日本の政策は露国との戦争で日本を支援した国々を疎隔（親しみを失わせへだてる）する自殺行為である、(3)日本の満洲での行動は中国の人心をついには日本に反抗させるであろう。

この協議会が関東総督府の機関を平時組織に改めるとしたことにもとづいて、一九〇六年九月、関東総督府が廃止されて関東都督府が設置された。都督府では民政と軍政が分離され、政務は外務省の監督をうけることになった。

〇六年七月、清国人にも公開し、株式募集をおこなう南満洲鉄道株式会社(満鉄)の設立が勅令により公布され、〇七年四月、日本軍の満洲からの撤退完了と同時に営業を開始した。満鉄は総裁・副総裁を政府が任命し、資本金の半額は政府が出資し、社債発行に対して政府保証をおこない、政府が経営を監督する。したがって満鉄は一営利会社ではなく、半官半民の国策会社であった。またロシアから譲渡された撫《ぶ》順《じゅん》・煙台炭鉱を満鉄は事業として経営した。

一九〇七年に「独立守備隊」が南満洲鉄道の沿線各地に配置されるが、これと関東州に駐留する師団とが関東軍となる。

日露・日仏協約の成立

外交目標をバルカン半島での南下に向けたロシアは、極東での安定と北満洲での権益保持を望んだ。他方日本は、ロシアとの再戦は避け、ポーツマス条約での成果を確実なものにしたいと望んだ。

そこでロシアと日本は、一九〇七年七月三十日、第一次日露協約をむすんだ。これは公開された条約では日露相互の領土保全、ポーツマス条約の遵守、中国の領土保全・機会均等を約し、秘密条約で満洲南部での日本の、北部でのロシアの特殊権益を相互に承認し、また日本の韓国における自由行動とロシアの外モンゴルでの特殊権益を相互に認めた。

ロシアの政策の変化をみてフランスも政策を変えていき、一九〇七年六月、日仏協約が成立した。これは、日本とフランスは、両国が「主権、保護権または占領権を有する領域に近邇《きんじ》せる(近い)清帝国の諸地方」がそれぞれの勢力圏であることを認める、というものである。すなわち、広東、広西、雲南三省がフランスの、南満洲、東部内モンゴル、福建が日本の勢力圏であることを相互に承認した。

ただし福建省については秘密協定であった。その理由は、福建省が日本の勢力範囲とはみなせなかったからであろう。

海軍の発展と英独建艦競争

日露戦争で日本帝国連合艦隊の旗艦として活躍した戦艦三笠は、一九〇二年にイギリスで建造され、排水量一万五〇〇〇トン、一二インチ相当の主砲(三〇センチ砲)四門を搭載、速力一八ノットであったが、これが当時の新鋭艦の標準であった。

ところが一九〇六年十二月にイギリスが進水させた戦艦ドレッドノート号は、両舷側にあった中口径の副砲を廃し、大口径の主砲を極力増して中心線に置くこととし、世界で初めて一二インチ砲一〇門を装備した。しかも燃料は石油に転換して未曽有の大きさのタービンをそなえることで、巡洋艦並みの速力二一ノットを出せる画期的な戦艦であった(基準排水量一万九〇〇〇トン)。これによりそれまでの戦艦は旧式となり、主要海軍国はドレッドノート級戦艦(ド級戦艦)の建造に着手した。

ここに大艦巨砲主義の時代が開幕した。大艦巨砲主義とは、海戦は砲戦によって決せられるとし、海上決戦の際に巨大な戦艦を艦隊の中核にすえ、それを作戦の中心に置く考えである。

また一二インチ程度の主砲を多くそなえながら装甲を薄くすることで、速力を二五ノット程度まで上げた「巡洋戦艦」と呼ばれる大型艦も、一九〇八年六月にイギリスで進水した。これは敵の巡洋艦を攻撃することを主要任務とするが、戦艦同様の攻撃力と戦艦にまさる速力を活かして艦隊の会戦にも参加できるので、戦艦とともに主力艦として数えられた。この種の軍艦はド級巡洋戦艦といわれる。

近代的な自走魚雷は一八六六年に発明され、そのときの射程距離は二二〇ヤードであったが、十九世紀末に射程距離は急速に伸び、一九〇六年には六五六〇ヤードに達した。また一九〇三年に潜望鏡が発明され、潜水艦は潜航したままで標的を攻撃できるようになった。

一九〇八年、ドイツはド級戦艦への転換と毎年四隻の建艦を決定した。イギリスは一九〇九年には八隻、それ以降、毎年五隻の建造で対抗し、ここに英独建艦競争が本格化した。当時のイギリスはアスキス自由党内閣であるが、自由党にとっても海軍は海洋の自由、ひいては貿易の自由を保障する点で自由主義の原理にかなうものであり、本国と帝国を守る防衛的軍事力として、ド級戦艦建造は積極的にうけ入れられた。

さらに一九一二年には、一月に超ド級戦艦のオライオン（排水量二万二五〇〇トン）、五月に超ド級巡洋戦艦ライオン（排水量二万六三五〇トン）がやはりイギリスで進水した。

列強の戦艦保有数は、一九世紀末ではイギリス三三隻、フランスとロシアは一七隻、イタリア一三隻、アメリカ九隻、ドイツと日本六隻であった。それが一九一〇年になると、イギリス六七隻、ドイツ三七隻、アメリカ三一隻、フランス二五隻、日本一五隻、ロシア一四隻、イタリア一三隻となった。これらの数字は、イギリスとドイツがいかに激しく建艦競争をくり広げたかを示すものであり、またアメリカの海軍増強ぶりも注目される。

日米の軍備拡張⑴　明治四十年帝国国防方針

日本では、一九〇七年四月、陸・海軍間で確定した「国防方針」、「所要兵力」、「用兵綱領」の三部からなる明治四十年帝国国防方針を天皇が裁可した。

この日本最初の国防方針は、第一部「国防方針」において、国家目標を「国権の拡張」と「国利民福《みんぷく》（人民の幸福）の増進」とし、この国家目標にもとづく国家戦略は、日露戦争において「満洲および韓国に扶植した利権」と、「アジアの南方および太平洋の彼岸に皇張（大いに主張）しつつある民力」を擁護し拡張することだ、としている。日露戦争での勝利をへて、日本は国権拡張という帝国主義的目標をもつ国家となった。

この国家戦略をうけて国防方針は、「我が国権を侵害せんとする国に対して少なくとも東亜においては攻勢」を取りうるようにすることとした。ここに国防方針は、日本の国防を従来の守勢戦略から攻勢戦略に転換、それも外地における攻勢戦略へ転換させた［黒川 二〇〇三年 六九〜七〇頁］。そして国防方針は想定敵国としてロシアを第一とし、アメリカ、ドイツ、フランスをこれに次ぐとした。

ロシアを第一の仮想敵国としたのは、ロシアによる復讐戦を恐れていたからである。事実、ロシア政府・軍内部に有力な対日復讐戦争論があり、それを推進していた最大の団体は皇弟ニコライ大公を議長とする国防会議であった。首相ストルイピンもこの立場であった。また、ここに初めてアメリカを想定敵国とする観念が現れた。かくて日露戦争での日本の勝利を機に、日米両国は太平洋をへだてる競争者としての相互認識をもちはじめた［細谷・本間編 一九九一 六頁］。

またこの国防方針は兵備の軍備整備の標準として、陸軍は「露国の極東に使用しうる兵力に対し攻勢をとるを度（目安）とす」とし、海軍は「米国の海軍に対し東洋において攻勢をとるを度とす」と定めた。

そして第二部の「所要兵力」のなかで、このような国防を実現するに必要な兵力を、陸軍は南満洲でロシア軍を撃破するのに必要なものとして常備二五（戦時五〇）個師団とした。これは極東へのロシアの戦時動員最高限度とほぼパリティ（対等）の兵力量である。ただし財政事情から一九個師団を整備し、残りの六個師団の常設は他日財政緩和したときを待って着手するとして先送りされた。

それにしても日露戦争開始前は一三個師団であったのが、戦争をへて一七個師団に増強され、さらに二個師団が追加されたのである。ロシアの極東軍は一九〇六年に集中的に増強されて一四〜一五個師団となり、この水準が維持された。したがって日本陸軍として一九個師団で当面は十分であった。

他方海軍は、東アジアに所在する米・独・仏艦隊を撃破するために、艦齢八年未満かつ最新鋭の戦艦・装甲巡洋艦それぞれ八隻を基幹とする八八艦隊をつくるものとした。しかし財政事情から八八艦隊の建設は思うようには進まないことになる。

第三部「用兵綱領」のなかで、国防方針の海外攻勢戦略はロシアに対する大陸攻勢戦略と、アメリカ、ドイツ、フランスに対する海洋攻勢戦略とされている。大陸攻勢戦略は、韓国縦貫鉄道を南満洲鉄道につないで主幹線として、すみやかに戦力を奉天付近に集中し、ハルビンを攻略して東清鉄道を遮断する。そのあと戦力を転用してウラジオストク要塞を攻略し、戦争を終結させるものとした。海洋攻勢戦略は、アメリカに対してはその極東艦隊を撃滅し、根拠地であるフィリピンを攻略し、来援する主力艦隊を迎撃する構想であり、ドイツ、フランスに対してはその東亜にいる艦隊を撃滅し、ドイツの根拠地である青島、フランスの根拠地であるトンキン、サイゴンを覆滅する構想であった［この段落は黒野 二〇〇二 三四頁の引き写し］。

アメリカと日本の海軍力比はほぼ二対一であり、当時の日本の国力では対米均等の軍備の拡張などは不可能であった。そうした戦力比のなかで日露戦争の功労者秋山真之《さなゆき》らが生み出したのが「対米七割」の思想である。この思想は、「侵攻艦隊は防衛艦隊に対して五割以上の優勢な兵力を必要とする」という命題から導き出されたものである。したがって七割以上の比率を保たねばならず、六割では対米抑止効果が期待できないとしていた。

当時のアメリカ海軍の理論でも、艦隊が根拠地（ハワイ）から一〇〇〇マイル進むごとに実戦力は一割低下するとしたから、日本の海軍力対米七割は認められないのである［麻田貞雄 一九九三 一五〇頁］。この時点でのアメリカの主力艦は戦艦一六隻、装甲巡洋艦九隻であり、その七割が八八艦隊の一六隻にあたる。

日米の軍備拡張(2) アメリカの対日外交

日本が日露戦争に勝利すると、アメリカではカリフォルニアをはじめ太平洋岸諸州で黄禍論が唱えられ、日米戦争を予告する書物が多く刊行された。日本人排斥運動は強まり、一九〇六年十月、サンフランシスコ市は日本人生徒を一般の公立学校から先住民や中国人が通う非白人専用学校に転校させて、白人生徒から隔離する方針をとった。これに対し日本政府は、日本人に対する差別であるとしてアメリカ政府に抗議した（日本人児童隔離問題）。大統領ローズヴェルトは、問題の根源は人種的差別よりも労働問題にあると判断し、隔離教育命令を撤回する代わりに日本政府は移民を厳しく制限する、という条件でカリフォルニア州当局と日本政府を説得した。結果、日本が妥協して、一九〇七年十一月から翌年二月にかけて日米紳士協約がむすばれ、すでにアメリカに定住した者の親族以外の日本人のアメリカへの渡航は認められなくなった。

日本人排斥運動の根源は日本人移民の低賃金が白人労働者の職を奪う、という労働問題であろうか。これは筆者の見解だが、その根源は白人の黄色人種に対する体質化しているともいえる優越感、差別意識にあるのではないのだろうか。黄色人種と対等な立場であることは耐え難い、そういう差別意識が根底にあるのではないか。黄禍論や日米戦争論がアメリカだけでなくヨーロッパ諸国でもしきりに唱えられたのは、そのためであろう。

一八九八年の米西戦争以後の米国海軍の目標はドイツ海軍であり、ドイツの大海軍建設に対抗して戦艦をふやし、一九〇七年頃の米国海軍は世界第二の海軍になっていた。日本を想定敵国として意識したのは、日本が日露戦争に勝利した一九〇五年以降である。

そして米陸海軍統合会議は、一九〇七年に世界中の国に対する仮定の作戦計画をつくっている。それは日本に対する「オレンジ・プラン」（一～六月作成）、ドイツに対する「ブラック・プラン」、ロシアに対する「パープル・プラン」、イギリスに対する「レッド・プラン」などである。日本を仮想敵とするオレンジ・プランは、以後改定をかさねながら太平洋戦争まで継続される。

また同〇七年十二月、米ローズヴェルト大統領は、日本への示威と全世界に対して自国の力を誇示することを意図して［石井 二〇〇〇 二二頁］、全保有戦艦一六隻を基幹とする大艦隊を世界周航（〜〇九年二月）に出発させた。この大艦隊は「ザ・グレート・ホワイト・フリート」と呼ばれた。「ホワイト」なのは、戦艦の船体が白く塗装されているからである。

この白い艦隊派遣の目的についてローズヴェルトは、「その日（日本との戦争の日）はいつかやってくる……。その日をできるだけ遅くすること、その準備をしっかりしておくこと、戦いを恐れない冷酷なまでの強い意志を彼らに示すこと。こうしたことが絶対に必要だと言うのだ。だからこそ白い艦隊を太平洋に派遣し横浜に寄港させることにしたのだ」と親しい友人に語っている［渡辺 二〇一一 五四八頁からの孫引き］。このように白い艦隊派遣の真の目的は日本を威嚇することであり、それによって日本による開戦を遅らせることであった。もし建設中のパナマ運河の開通（一九一四年に実現）以前に日本が戦争をはじめれば、太平洋方面では米海軍が日本海軍に反撃するまでに、日本はフィリピンとハワイの占領をおえ、太平洋の覇権をにぎってしまう、と米海軍首脳らは考えていた。

一九〇八年十月、アメリカ艦隊は横浜に到着し一週間ほど滞在した。その間、大規模な歓迎式典が催されたりして、日本では親米的な雰囲気が巻き起こった。この機会をとらえて、外相小村は高平小五郎駐米大使に日米交渉を指示した。ローズヴェルト大統領の支持をえて、高平と国務長官ルートのあいだで交渉が十一月七日にはじまり、十一月三十日、日米協商に関する交換公文（「高平・ルート協定」）が調印された。五項目からなる高平・ルート協定の骨子は以下のとおり。

第一項　太平洋における両国商業の自由

第二項　太平洋における現状維持および清国における商工業の機会均等
第三項　太平洋における両国領土の尊重
第四項　清国の独立および領土保全並びに商工業の機会均等
第五項　この現状維持または機会均等に対処する両国の意見交換

協定は第三項で日本がアメリカのフィリピン・ハワイ支配を認め、アメリカが日本の台湾支配を認めた。第四項について、ルートは清国の領土および行政的保全を提案したが、日本側が「行政的保全」の保障は租借地や満鉄付属地行政権に抵触するので同意できないと言うと、ルートは日本側の修正案をうけ入れた。このことからアメリカ側は暗黙裡に満洲における日本の特殊権益を認めた、とされる。

この協定は日露戦争後の日米関係の対立解消の一手段となった。しかしこの協定は米上院の批准をへないものであり、そのためローズヴェルト政権を拘束するにとどまった。

第二次・第三次日韓協約

日本が韓国を保護国とすることに対して、アメリカが一九〇五年七月の桂・タフト協定でアメリカのフィリピン支配と引き換えに了解し、イギリスが同年八月の第二次日英同盟協約でイギリスのインド支配と引き換えに了解した。またロシアが、同年九月のポーツマス講和条約で承認した。

こうした状況を背景に、〇五年十月、日本は「韓国保護権確立実行に関する閣議決定」をおこなった。そして十一月に韓国に渡った元老伊藤博文が第二次日韓協約（日韓保護条約と呼ばれる）を韓国側と締結した。この条約は、韓国皇帝の意をうけて前文に「韓国の富強の実を認むる時に至るまで」とある。そして条約の全五条の内容は次のとおり。

第一条　日本国政府が韓国の外国に対する関係および事務を管理指揮する

第二条　日本国政府は韓国と他国の条約を全うする任に当たり、韓国政府は今後日本政府の仲介によらずして条約もしくは国際的約束をしない

第三条　日本政府はその代表として韓国皇帝の御前に一名の統監を置き、統監は外交に関する事項を管理するため漢城に駐在し、皇帝に内謁する権利をもつ

第四条　日韓のあいだの条約や約束は本協約に抵触しないかぎり効力を継続する

第五条　日本国政府は韓国皇室の安寧と尊厳を維持することを保証する

この条約によって韓国は日本の保護国とされ、国際的には国家として認められないことになった。初代韓国統監に伊藤博文が〇五年十二月に就任し、翌〇六年二月に韓国統監府が設置され、三月に伊藤は着任した。保護国化に反対して韓国国内では、おもに南部において儒者を中心に反日「義兵闘争」が散発的だが起きた。

統監府は、皇室と政府の一体化を改めて皇帝権力を弱めること、宮中（皇室）と府中（政府）の分離、をめざした。そうしたなかで、一九〇七年五月、伊藤統監は参政大臣を親日派の李完用に交替させ、六月、法制上の最高政策決定機関とされたが実権のない議政府を廃して内閣制に移行し、総理大臣（李完用が就任）に強大な権限を付与させた。

同じ六月、ロシア皇帝の提唱による第二回万国平和会議がオランダのハーグで開かれると、韓国の高宗はひそかに三人の使者を派遣した。彼らの目的は会議において韓国保護条約の非を訴え、その無効を各国

に認めてもらうことであった。だがロシア人議長は、韓国に外交権がないという理由で高宗の使者の会議への出席を拒否し、高宗の意図は実現しなかった。このハーグ密使事件に対応して、李完用内閣は高宗に退位を迫り、七月十九日、高宗は退位した。そして高宗と閔妃のあいだの子で皇太子であった李拓が、純宗として皇帝に即位した。

そして七月二十四日、統監伊藤博文と内閣総理大臣李完用とのあいだで第三次日韓協約がむすばれた。その内容は以下のとおり。

(1) 韓国政府は施政改善に関し統監の指導をうけること
(2) 法令の制定、重要な行政処分、高等官の任免は統監の承認を必要とすること
(3) 韓国政府には統監の推薦する日本人官吏が任命されること
(4) 韓国政府は統監の同意なしで外国人を傭聘しないこと

さらに付属の秘密覚書によって韓国軍隊の解散が定められた。

第三次日韓協約の結果、日本は韓国の全権を掌握するようになる。

軍隊の解散は、規律を欠く傭兵制を改めて徴兵制にするための過渡的な措置であった。解散させられた兵の一部は「義兵」となり、それにより〇八年から〇九年にかけて反日義兵闘争は最盛期をむかえた。義兵の中心は一般民衆だとするものもあるが［高校世界史教科書　詳説世界史改訂版　二九二頁］、そうではなく、解散させられた韓国軍隊の兵士の参加をえて本格化した［高校教科書　詳説日本史改訂版　二七三頁］のであった。

第三次日韓協約以降の国家機構と地方行政の変化をみると［和田ほか編　二〇一〇　三三六頁による］、

まず政策決定から皇帝は実質的に排除され、大臣の上奏を追認する受動的な裁可機関にすぎなくなった。日本人官吏が急増して内閣・各部の官吏二四三九人中一一二九人（四六％）となり、中央では各部の次官をはじめとする主要ポストに就いて政策決定の実権をにぎった。主要地の財務所長は日本人が占め、地方警察署の幹部の多くが日本人になった。

韓国併合と極東の国際関係

初代韓国統監の伊藤博文は、韓国は保護国で十分であって植民地化（併合）することには反対であったが、一九〇九年四月に併合に賛成した。その理由は、穏健な支配では抵抗がやまないからであったとされる［片山 二〇一一 二〇六頁］。そして伊藤は一九〇九年六月に統監を辞し枢密院議長となった。〇九年七月、日本政府は適当な時期に韓国を併合することを閣議決定した。しかし併合の時期は未定であった。同年十月に伊藤博文がハルビン駅において韓国人安重根によって暗殺された。日本の世論は激昂し、政府の方針も韓国併合の即時実現へと傾いた。

一九〇九年一月のローズヴェルトからタフトへの米大統領の交代によって、カリブ海地域では武力介入というアメリカの政策に変化はなかったが、米極東政策は変化した。両大統領とも中国の門戸開放をかかげてはいたが、ローズヴェルト政権の方は前述のように日本の満洲での特殊権益を黙認したのに対し、タフト政権はそうではなかった。〇九年十一月、米国務長官ノックスが全満洲鉄道の中立化を提案した。これは満洲の全鉄道を国際シンジケートで買収して所有権を清に移し、借款継続中は国際シンジケートが運営するというもので、ドルの力をもってアメリカが満洲に介入しようとするものである。日本の大陸政策とアメリカの門戸開放主義をかかげる極東政策のあつれきと抗争がここにはじまった、といわれる［中村一九九〇 一四〇頁］。

一九一〇年一月、日露両国はノックスの提案に対して不同意を回答した。同時に日露はアメリカの動きに対抗するための話し合いをはじめ、四月には、日本は外モンゴルにおけるロシアの立場を認め、ロシアは朝鮮における日本の立場を認めて韓国併合を承認することになった。

そして第二次日露協約が七月四日に調印された。この第二次日露協約は、ノックス提案の拒否を協定し、両国の満洲権益の確保を確認するものだが、秘密条項で次のことを取りきめた。

⑴満洲での両国の勢力範囲の再確認

⑵各自の勢力範囲において権益を擁護するのに必要な一切の措置を自由にとる権利

⑶在満両国権益の共同防衛

日露と協商関係にある英仏には交渉内容が通知され、このとき以降、外モンゴルがロシアの勢力範囲であることは、日・露・英・仏間では了解されていた。

第二次日露協約の秘密条項の⑵によってロシアの承認をえた日本は、一九一〇年八月二十二日、韓国政府と併合に関する条約をむすび、韓国を併合した。そして各国政府に併合条約と宣言書を通告した。

全八ヵ条からなる韓国併合条約の主要部分は次の二条である。

第一条　韓国皇帝陛下は、韓国全部に関する一切の統治権を完全かつ永久に日本国皇帝陛下に譲与す

第二条　日本国皇帝陛下は、前条にかかげたる譲与を受諾しかつ全然（すべての点で）韓国を日本に併合することを承諾す

日本政府はこのあと「韓国」の名称を廃して「朝鮮」とし、朝鮮を統治する機関として朝鮮総督府を設置した。

保護国化にとどめず併合したのはなぜであろうか。〇九年七月の閣議決定「韓国併合に関する件」は、日本の韓国における「勢力はなお未だ十分に充実するに至ら」ないし、「内外に対し争ふべからざる勢力を樹立する」ことが必要である。「韓国を併合しこれを帝国版図の一部となす」のが「我が実力を確立するため最確実なる方法」である、としている。

韓国内においては義兵による武力闘争などの抵抗がつづいており、日本は韓国を領土に組み込むことで問題の解決をはかろうとした。対外的には、日本は満洲に対するタフト政権の「ドル外交」の波が、米国がかつて日本の立場を承認した韓国にまで及びかねない、との危惧の念をいだくようになり、韓国の併合を急いだともされる［長田 二〇一三 九一頁］。

かくて日本は、十九世紀末から二十世紀初頭にかけて、台湾、南樺太、朝鮮を領土として支配し、南満洲を勢力圏とする帝国へと成長した。また日本は韓国という古い歴史をもつひとつの国家・王朝を併合したわけだが、一九世紀末〜二〇世紀初頭においてそうした併合の事例は、ほかにビルマ王国（英、一八八六年）、アチェ王国（蘭、一九〇三年）がある。

日英同盟の空洞化

一九一〇年夏、アメリカはイギリスに英米間の仲裁裁判条約の締結を申し入れた。今後の両国間の争いをまず仲裁裁判にかけるというこの条約の提起は、とくに極東での英米の密接な協力を希望するアメリカ側の意図にもとづくもので、これにイギリスは好意的にこたえて英米間の交渉が開始された。英政府は、この仲裁裁判との関連で日英同盟の改定を日本政府に提起した。攻守同盟としての日英同盟が、英米の仲裁裁判条約成立でアメリカにはそのまま適用されないことになるからである。日本は同盟の存続を第一に考えて、アメリカを同盟の適用外に置くことを認めた。それは、日本にとって同盟の主要な目的が中国問題での日英の連携を確保することになっていたからである［この段落は和田ほか編 二〇一〇 第二巻 六三～六四頁による］。

一九一一年七月、第三次日英同盟協約が調印された。これは前文で、目的として⑴東アジアとインドにおける平和確保、⑵清の独立および領土保全、並びに列国の商工業に対する機会均等主義を確実にすること、⑶東アジアとインドにおける両締約国の領土権と特殊利益を防護することをかかげ、次の六ヵ条を約定した。

第一条 日本または英国は前文に記述せる権利および利益のいずれか危殆に迫ると認めたときは、両国政府はとるべき措置を協同で考量すべし

第二条 両締約国の一方が一国もしくは数ヵ国により攻撃をうけたにより、または侵略的行動により領土権または特殊利益を守るため交戦したときは、他の一方はただちに来りて参戦して共に戦う

第三条 両締約国は前文に記述せる目的を害する別約をしない

第四条 両締約国の一方が第三国と仲裁裁判条約を締結した場合、その第三国と交戦する義務は適用されない（すなわちアメリカは日英同盟の対象外となる）

第五条（省略）

第六条　有効期間は一〇年

英米仲裁協定が八月に調印されたが、米上院がこれを批准することを拒否した。それに対しイギリスは、アメリカと戦争になるような極東政策を実行することは不本意である、と表明した。こうした経緯が示すことは、日米戦争に際して条約上イギリスは日英同盟上の義務を負うこととなるが、実質的にはアメリカと戦う意志はなく、東アジアにおいて英米の新たな協調関係が成立した反面、日英が離間するはじまりとなった［黒野 二〇〇四 一五〇頁］。

一年後の一九一二年七月、第三次日露協約が締結された。この協約は秘密協約だけからなり、第一回日露協約で定めた満洲の南北分界線を内外モンゴル境界線の終端まで西方に延長し、また内モンゴルを北京の経度をもって東西に勢力分割した。この協約は英仏政府に伝えられ、両国は異存なしとして了承した。

このように、日露の関係は満蒙での勢力範囲を確定して提携が強化されたのに対し、日英同盟は満洲、中国本土において日本が対立しているアメリカが同盟の対象から外されていた。このことは、日露協商が同盟的性格を実質的に帯びたのに対して、日英同盟は協商と変わらない性格のものとなり、日英同盟の空洞化を促進した［黒野 二〇〇四 一五二頁］。

日露戦争での勝利は日本の国際的地位を高めた。日本は世界の大国のひとつとみなされるようになった。それを象徴したのが、一九〇五年末にイギリスとのあいだで相互外交使節を公使から大使に引き上げたのを手始めに、諸大国とのあいだで大使を交換するようになったことである。日本はすでに一八九四年にイギリスとのあいだに、領事裁判権の廃止と関税自主権の部分的回復を内容とする日英通商航海条約をむすび、次いで他の欧米諸国とも同様の条約をむすんだが、一九一一年になって関税自主権の完全な回復を実現することができた。これで日本は、ようやく欧米列強と条約上対等な国家となることができたのである。

三章　中国ナショナリズムと日本の植民地主義

一　光緒新政と革命運動のはじまり

光緒新政(1)

義和団事件で帝国主義列強との戦いに敗れた清朝では、一九〇一年一月、西太后が光緒帝の名において中央大官、地方大官（総督・巡撫）に国家改革に関する意見をもとめる変法預約の詔《みことのり》を発した。多くの上奏文があり、それをうけて国家近代化をめざす改革が西太后政権のもとで開始された。この改革は年号から光緒新政と呼ばれ、清朝を「中華帝国」から西欧的な国民国家に変えることであるとされる［辛亥革命百周年記念論集編集委員会編 二〇一二 一〇六頁］、中国近代化のはじまりである。

新政のおもな内容は次の五つであった。

(1) 軍隊の近代化（新軍改革）
(2) 教育改革、科挙廃止、留学生派遣
(3) 実業振興

(4) 行財政改革

(5) 立憲制へ向けての憲法大綱公布、省議会開設、国会開設の約束

こうした清朝の改革は、変法自強運動がかかげた西欧化の政策と基本的に同じであった。義和団事件での敗北の経験は、西太后ら清朝の守旧派をして、彼らが弾圧した運動と同じ政策を実施させることとなったわけである。以下、上記(1)~(5)の実施とその結果を順に具体的にみていこう。

(1) 軍隊の近代化

清朝の軍隊では、日清戦争以後新軍の建設がはじまった。そして李鴻章死後、一九〇一年十一月に直隷総督兼北洋大臣を継いだ袁世凱は、自分の統率する新軍を「北洋常備軍」と改称した。清朝は〇三年に全国の軍政を刷新し、中央に総理練兵所を設置し、その下部として各省に督練公所を設置して新軍の訓練を監督させた。従来の正規軍である緑営・勇営(郷勇)という旧軍は大幅に削減・改編され、国内治安警察の役割をになうようになった。練兵大臣には慶親王が就任したが、実権は第一次官になった袁世凱がにぎった。

清朝政府は、袁世凱管轄の北洋新軍を中央軍、各省の新軍を地方軍とすることを意図し、〇七年に陸軍三六鎮を定め、清朝滅亡の時点までに全国に新軍を一六鎮(鎮は師団)と一六混成協(協は旅団)を編成した。なかでも袁世凱が管轄する北洋六鎮が練度(練れた度合)、装備ともにもっともすぐれていた。

(2) 教育改革、科挙廃止、留学生派遣

一九〇一年八月、科挙試験が五年間停止とされ、〇五年に科挙廃止が決定された。〇一年、各省に留学生派遣が命じられ、〇三年には留学先で卒業した者に科挙合格者資格をあたえるとした。大量の留学生が

派遣され、とくに日本への留学生が多く、最盛時の〇六年には在日留学生は一万人を超えた。軍事学生の日本留学は一八九八年からはじまり、各地の総督・巡撫は、自己の新軍を強化するために若い学生を軍事士官として派遣した。彼ら軍事留学生は、まず東京の成城学校や参謀本部が一九〇三年に設置した振武学校で予備教育をうけ、そのあと陸軍士官学校に入学した。

また〇一年に県に小学校、府に中学、省に大学をつくることがきまった。北京に京師《けいし》大学堂（のちの北京大学）が開かれたのは一九〇二年である。師範学校や各種実業学校、さらに女子学校、女子師範学校も設置されて、〇八年には各級新型学校の学生数は一三〇万人に達した。留学生派遣、近代的学校制度の導入の結果として、伝統的な士大夫層とはちがった、西欧の学問や軍事を学んだ人びとが中国に生まれてきた。本書では、知識人に限らず、官僚や将校などもふくめて、西洋の学問・思想を学んだ人びとを新知識層と呼ぶことにする。官僚の養成方法が科挙から近代的学校制度へと代えられたことは、伝統的な支配体制の根本的な変革であり、中華文明の自己変革である。

(3) 実業振興

実業振興に関しては、商部（商工業省）の設置（一九〇三年）、企業設立の奨励、商法の制定などがなされ、民間資本による企業設立が進み、民族資本家層が形成された。また清朝は銀行設立と貨幣制度整備を推進した。こうして中国の産業近代化ははじまった。

一八九五年から一九一一年のあいだに四九一の企業が新設され、資本金総額は一億八五〇〇万両にのぼった。そして資本総額に占める民間資本の比率が二二％から七五％に増大し、官民の比率が逆転した。この民間企業の発展はもっぱら紡績、製粉、搾油、マッチなどの軽工業に限定されていた。さらに外国資本の投下速度が早まり、一九一三年の外資総額は中国資本総計の五倍に達した。

一九〇三年に商部が鉄道の民営化を認め、同年から一六年までに一六の民間鉄道会社が設立された。また外国資本ににぎられた鉄道と鉱山の利権を回収し、自力で建設しようとする利権回収運動が、民族資本が発展してきた長江流域と華南を中心に各地で起こり、その結果、川漢線《せんかん》（成都〜漢口）は民営化されて（一九〇七年）民間資本によって建設され、粤漢《えっかん》鉄道（広州〜漢口）敷設権がベルギーから回収されて粤漢鉄道は政府監督の民間事業となった。また山西の鉱山や炭鉱採掘権がイギリスから回収された。

(4) 行財政改革

清朝の伝統的な行財政構造は、中央の各部と各省の総督・巡撫が縦の関係を欠き、それぞれ皇帝に直属するものだが、太平天国の乱（一八五一〜六四年）以降は各省の自立化傾向が生じていた。財政においても各省の自立化が進んで、地方政府が税収のかなりを上納せずに差し押さえるようになった。行財政改革はこうした事態を打破し、中央集権化しようとする意図によるものであったが、総督・巡撫の抵抗が強くて進捗しなかった。

光緒新政(2) 憲法大綱公布・省議会設置・国会開設約束

戊戌変法の失敗後日本に亡命していた康有為、梁啓超らは、清朝打倒という革命論の台頭に対抗して、清朝のもとでの立憲君主制の実現を主張した。一九〇四年、中央官僚で実業界入りした張謇《ちょうけん》は、大日本帝国憲法を朝廷に送って立憲君主制を訴え、張之洞など地方官僚のなかにも立憲実施を上奏する者が現れた。こうして一九〇四年頃から立憲派が形成された。

清朝内部では、日露戦争で日本が勝利すると、清朝も日本にならって立憲君主制へ移行すべきだという動きが生じた。そこで清朝は、海外の事例を参考とするため、一九〇五年十二月に載澤《さいたく》、徐世昌《じょせいしょう》ら五大臣からなる憲政視察団を派遣した。視察団は二つのグループに分かれ、一方は西欧諸国、他方は日本とアメリカを歴訪し、一九〇六年夏に帰国して報告書を提出した。そして同年八月二十七日、清朝は御前会議を開き、議論をたたかわせて立憲制採用を決し、九月一日、西太后は九年後に立憲制を実施する旨の上諭を出すにいたった。

これに呼応して、同〇六年に張謇が予備立憲公会、〇七年に康有為が帝国憲政会、梁啓超が政聞社といったように、立憲派の政治団体が華中、華南に続々と生まれた。これらの組織は新知識層、開明的郷紳、民族資本家を基盤とし、その主張は国会制度と責任内閣制(議院内閣制)にもとづく立憲君主制であった。

一九〇七年九月、中央議会の代行機関としての資政院を北京に設置する旨の詔がくだり、翌月には、総督・巡撫の諮問機関としての各省諮議局の設置が命じられた。そして一九〇八年八月、清朝は九年後の憲法制定・議会招集を定めた。次いで九月、清朝は憲法大綱(根本的な事柄)、議院綱要(綱領となる大切な点)、選挙綱要を公布した。

憲法大綱は皇帝の大権を次のように定めている。

一　大清皇帝は大清帝国を統治し、万世一系、永遠に尊び推戴される。

一　皇帝は立法権をもつ。法律は議院の議決をへても、皇帝が詔により頒布を批准しないならば施行されない。

一　議院を招集・解散などする権限をもつ。
一　百官の人事権は皇帝が掌握し、大臣が輔弼する。議院は関与しえない。
一　陸海軍を統率し、軍制を定める権限をもつ。一切の軍事に議院は関与しえない。
一　宣戦・講和・条約締結および外交官派遣の権限をもつ。国交の事は君上によって親裁され議院の議決を要しない。

かくのごとく憲法大綱における議院の権限は小さく、憲法大綱は大日本帝国憲法と類似しているとは言い難い。

資政院の議員は定数二〇〇名で、一半は諮議局から選ばれ、一半は勅撰で選ばれた。資政院は諮問機関であって議会ではない。

それに対し、各省諮議局は議会であり、省の予算・決算などの議決にあたった。各省の諮議局の定数は、正確な人口調査がなかったので各省の科挙定員とした。その結果、全二二省中、最大数は直隷省の一四〇、最少数は新疆省の三〇であった。有権者は二五歳以上の男子で、かつ、①地方公益事務、②教育(歴)、③科挙資格者、④官僚経験者、⑤財産規定、の五項目のどれか一つを満たしている者に選挙権があたえられた。被選挙権は三〇歳以上で、選挙権と同等の資格を有する男子とされた。これにより、諮議局議員の選挙権・被選挙権をもつ者は従来の郷紳層であった。郷紳は全省範囲で発言力をもつ省紳、一県範囲で発言力をもつ県紳、それ以下の邑紳などに分かれたが、省紳は選挙区的に立候補して諮議局議員になった。諮議局議員の選挙は初選挙・複選挙の二段階で、初選は複選の有権者を選ぶための選挙であった。そして初選挙の実施単位は庁、州、県、複選挙は府、直隷庁、直隷州であった。

そして諮議局選挙が実施された結果、選出された多くの議員は立憲派であった。そこで諮議局の代表は国会の速開と責任内閣の組織を請願し、資政院もこの請願を入れて国会速開を決議したので、政府も屈して国会開設までの年限を三年短縮した。

しかし、清朝自らのこうした立憲制への歩みは、一九一一年に起こった反清朝の革命によって断ち切られることになる。それにしても、立憲制へ向けての改革推進は、「天命」にもとづく伝統的な統治観念から「民意」（議会が代表）にもとづく統治観念への移行をうながした〔辛亥革命百周年記念論集編集委員会編 二〇一二 一〇八頁〕。

なお清朝は十七世紀のシナ征服後、その発祥の地である満洲には軍政を敷き、奉天、吉林、黒龍江の三将軍を置いて統轄したが、一九〇七年、軍政を廃して省制を敷き、東三省の総督のもとに奉天、吉林、黒龍江の三巡撫を置いた。そして初代総督には漢人の徐世昌《じょせいしょう》を任命した。これは、満洲人と漢人とのあいだに存在する障壁を打破する必要性を、宮廷が認識していたことを示す兆候であった、ともいわれる〔ジョンストン 二〇〇五 一〇四頁〕。

また清政府は、一九〇七年八月に上諭をくだし、清初以来の満・漢の通婚禁止の解除、官制上の満・漢の区別の廃止、旗人の一般民籍への編入、旗人と漢人に適用される法律の一元化、などを実施して満漢融和をはかった。

光緒新政は清朝の墓穴を掘ることになった。なぜなら、新軍の軍人、新知識人、民族資本家、といった新政が生み出した社会勢力が清朝を滅ぼす主体となるからである。

革命運動のはじまり(1) 中国同盟会の結成

日清戦争さなかの一八九四年十一月、広東省出身の孫文は清朝打倒をめざす革命団体である興中会を、ハワイで華僑二〇余人を組織して創立した。その創立会議が採択したハワイ興中会章程（規定の箇条書）は、いまや列強が中国を取り囲み、蚕食鯨呑を次から次に模倣し、中国が分割される危機が目前にある、と現状を訴え、会創立の目的はもっぱら中華を振興し、国家を維持することだとした。そして会議の終了後には各会員が、「駆除韃虜《だつりょ》・恢復《かいふく》中華・創立合衆政府」を謳《うた》う宣誓の儀式をおこなっている。

「駆除韃虜」の韃虜とは、北方民族をののしる言葉で、ここでは満洲族を指す。ここで革命派が「打倒清朝」といわずに「駆除韃虜」と表現したのは、満洲民族を遊牧民の禽獣的体質をもった蛮族であると訴え、漢民族のナショナリズムと闘争心をあおろうとしたのである［横山 二〇〇九 四〇〜四一頁］。「恢復中華」の恢復は回復と同じ意味である。「合衆政府」の合衆は「ユナイテッド・ステーツ」すなわち州連邦の訳語である。孫文は連邦制の国家を構想していた。

ハワイ興中会は革命運動の資金調達を目的として結成されたもので、その後加入者は一二〇余人に達した。そして約一万三千元の資金を集めた孫文は、武装蜂起を実行すべく数名の加入者とともに翌年初めに帰国した。

香港にもどった孫文は、九五年一月末に香港興中会を組織する会議を開いた。会議参加者は数十人で、ハワイ興中会と同様の方式で「駆除韃虜・恢復中華・創立合衆政府」を宣誓した。そして興中会は、広東省で一八九五年十月、清朝が日清戦争で混乱したのに乗じて会党（反清秘密結社）を動員した武装蜂起を計画した。だが計画が漏洩したため蜂起は失敗し、孫文らは日本に亡命した（広州起義）。なお「起義」

は日本語ではなく、暴動を起こす側の自己肯定的な用語である。したがってこの語をそのままもちいるのは客観性を欠く。

孫文は興中会の再建を横浜の同志に託したのちイギリスに向かい、ロンドンに一年間滞在し、一八九七年秋日本に来て居をかまえた。

義和団事件（一八九八～一九〇〇年）で清朝が混乱したのに乗じて、興中会は広東省の恵州で一九〇〇年一月に数千人の会党を動員した武装蜂起を敢行した（恵州起義）。だがこれも失敗におわり、孫文らは日本に亡命した。

孫文は一〇年以上にわたって日本に滞在したが、その間、事業に成功した日本人や南洋の華僑から革命資金を調達し、同時に日本の支援者から義援金をうけ取っていた。孫文を支援した日本人の中には、宮崎滔天《とうてん》、平山周《しゅう》、内田良平、北一輝《いっき》らがいる。

反清・反満の革命運動は、義和団事件のあとになって本格化した。その理由として、義和団事件が清朝の無力さを露呈させたこと、事件後のロシアによる満洲の占領などが学生らのナショナリズムを強く刺激したこと、の二点があげられる。さらに革命運動の担い手となる新知識層が形成されてきたからでもあった。

一九〇三年、孫文は「支那保全分割論」を著し、そのなかで清王朝に代わる漢族国家は、満人ら夷狄が阻害しないのであれば、その領域は「中国人の中国」という限られた領域となる。そしてそれは昔から漢民族が中心に住んでいる一八省だけであるといっている。

前述のように満洲を占領したロシアは、約束に反して一九〇三年四月の在満主力部隊を移動させる第二次撤兵をしなかった。そこで中国では「拒俄運動」（俄＝露）が高まった。そして東京の留学生たちは帰国し各地に政治結社をつくった。一九〇三年十一月に黄興（日本に留学）、宋教仁（日本に留学）ら湖南省出身者は華興会をつくり、蔡元培《さいげんばい》（進士）、章炳麟《しょうへいりん》（日本に留学）ら浙江省出身者は一九〇四年冬に光復会をつくった。また湖北省出身者の科学補習所が結成された。

そして一九〇五年八月、孫文は日本の東京で興中会、華興会、光復会、科学補習所の革命四派を合わせ、中国同盟会を結成した。その結成大会は総理（全体を統合して管理する役）に孫文、副総理に黄興、評議部長に汪兆銘《おうちょうめい》（日本留学中）、幹事に宋教仁、胡漢民（日本留学中）、李烈鈞《りれつきん》（日本留学中）らを選び、駆除韃虜・恢復中華・創立民国・平均地権を同会の四大綱領とした。

四大綱領の創立民国は、清朝という皇帝専制を打倒し、民国、すなわち共和制国家を創立することである（民国はRepublicの訳）。平均地権とは、土地に対する権利を平均化するという語義である。

革命運動のはじまり(2)　軍政府宣言と五権憲法

孫文は一九〇六年秋から冬にかけて『革命方略』を作成した。これは軍政府宣言、軍政府と各国民軍との関係条件、軍隊の編成、将官の等級などの項目からなり、武装蜂起の際の実行規則という性格をもつものである。そして中国同盟会宣言ともいう軍政府宣言は、四大綱領に関して以下のような解説を加えている。

駆除韃虜：満洲族は我「中国」を滅ぼし、我「漢人」はこれまで二六〇年間も亡国の民となっている。

恢復中華：中国は「中国人」の中国であり、中国の政治は中国人がになう。我民族の国家を光復（復興）する。

創立民国：大総統は国民の公選によって選ばれ、議会は国民が公選した議員によって構成される。

平均地権：現有の地価はそのままもとの所有者に属するが、革命後の社会の改良進歩による上昇分は国家に帰し、国民がともに享受する。

さらに軍政府宣言は、四大綱領の実施の順序を「軍法の治」、「約法（のちに訓政という）の治」、「憲法の治」の三期に分け、それぞれに次のような説明を加えている。

⑴ 軍法の治。軍隊も人民と同じく軍法の支配をうける。軍政府が国民を監督指導して古い汚濁を除去する時代。古い汚濁とは、官吏の貪欲・徴税の横暴など政治の害、アヘン吸引・纏足《てんそく》などの悪習である。一県ごとに三年を期限とする。

⑵ 約法の治。軍政府が地方自治権を国民に授与し、自ら国事を総攬する時代である。地方議会議員および地方行政官はみな人民によって選挙する。

⑶ 憲法の治。軍政府が権力を解除し、憲法上の国家機関が国事を分掌する時代である。全国で約法を六年施行したのち実施され、国民は大総統を公選し、また議員を公選して国会を組織する。

四大綱領に関する解説から明らかになることは、まず中国とは漢族の国、中国人とは漢族を意味することである。そして漢族・漢人・中国人とは黄帝（中国古代伝説上の帝王）の子孫であると孫文は軍政府宣言のなかで言っているが、これは革命派人士の共通した認識である。「中華」とは、漢族が自らを世界の中央に位置する文化国家であるという意識をもって呼んだ自称である［広辞苑］。したがって、その「恢復」を願うという「恢復中華」は大漢族主義といえる。また「中国」とは世界の真中にある国という意味で、「中華」と同様の意味合いをもっている。

次に「平均地権」は土地をもたない農民に土地を分配することではなく、現時点での地価は地主の所有とし、革命達成後の文明発達による地価上昇部分を租税として国家に吸収することでしかない。それにしても、「平均地権」には私有財産権制限の思想、社会的平等への志向がある。

そして三期への区分は、権力奪取から憲法制定までの九年間は軍政府による独裁であることを明言している。この三段階（「三序」と呼ぶ。序は順）に分ける革命方針は、のちに「革命方略」といわれる。

同じ〇六年の十二月、孫文は東京で催された『民報』（革命同盟会機関紙）創刊一周年祝賀会で講演をおこない、そのなかで中国同盟会の四大綱領を体系化し、駆除韃虜・恢復中華を民族主義、創立民国を民権主義、平均地権を民生主義と呼んだ。これが中国革命運動の理念となった三民主義である。

そして民族主義は漢人が異種族を排斥するものではなく、異種族が我民族の政権を拒否するだけである。満洲人の政府を撲滅し、我ら漢民族の国家を復興することである。我々は満洲人を恨むのではなく、漢人を迫害する満洲人を恨むのであり、革命を実行するとき満洲人が我々を阻害しないのであれば、彼らを仇敵とするようなことはない、と述べた。

また民生主義の平均地権に具体的説明を追加し、土地の地価を革命の時点の価格で固定し、将来の地価上昇分は、地主が土地を売却した際に税として国家に納めるとした。

さらにこの講演で孫文は、中華民国の憲法として「五権憲法」を提唱した。五権憲法は、共和国の政治制度・政府組織の原則で、立法、行政、司法、考試（官吏採用）、監察（弾劾）の五権の分立を唱えるものである。考試は、大小の官吏はかならず試験に合格することを必要とする。なぜなら考試を行政府に属させれば、行政府の権限が大きくなりすぎて弊害をもたらすから、としている。監察（弾劾）権の独立が必要なのは、アメリカのような弾劾権をもつ議院がこの権限を濫用し、行政機関をその命令に服させてしまうことをふせぐためである、としている。

孫文の三民主義と革命方略は、漢族中心、軍事力による権力奪取、軍政府の独裁政治、訓政という人民教化の発想、社会的平等志向、など「中国」的特色を濃厚に帯びたものであった。また五権憲法も、考試と監察を立法・行政・司法の三権と並べて分立させるところは「中国」的である。

中国同盟会の武装蜂起

孫文率いる中国同盟会は、華南の辺境で挙兵して拠点を獲得し、そこから軍事的支配地域を拡大していくという方針をとった。そこで、〇六年以来、広東省、湖南省、および仏領インドシナとの境界地域で、一九一一年四月の黄花崗《こうかこう》蜂起まで八回もの「起義」と呼ぶ武装蜂起をおこなったが、ことごとく失敗した。武装蜂起に必要な資金の大部分は孫文が華僑から集めたものであった。

〇六年から一一年までの華南辺境（広東、広西、雲南）での武装蜂起は次のごとし。

黄岡《こうこう》蜂起（〇七年五月、広東東部）
　会党を動員した蜂起、官軍の攻撃をうけて数日で解散
七女湖蜂起（〇七年七月、広東東部）
　会党を動員した蜂起、官軍の攻撃をうけて数日で解散
防城蜂起（〇七年九月、広東西部）

会党を動員した蜂起、一時防城県を占領、弾薬が尽きたため蜂起軍は解散
鎮南関蜂起（〇七年十二月、ベトナムと広西省の国境）
要害の鎮南関砲台を占領、蜂起軍は弾薬が尽きてフランス領内に撤退
欽廉上思蜂起（〇八年三月、広西南部）
河口蜂起（〇八年四月、雲南南部）
広州新軍蜂起（一一年二月）
広東の新軍加入者が三〇〇〇人を超える、中国同盟会南方支部が香港に設置される
広州での新軍の蜂起に周辺の会党が呼応する計画
偶発事件のため計画より早く新軍だけが蜂起、当局により鎮圧される
黄花崗事件（一一年四月、広州）
八〇〇人の同盟会員からなる選抜隊が蜂起しこれに新軍や会党が呼応する計画
連絡の不徹底や意見の不一致により、新軍・会党が呼応せず失敗におわる

ここにみた武装蜂起は華南辺境革命とか両広革命といわれるものである。この革命が成功するための眼目は、広州にいる清朝軍事力を同盟会の軍事力が上回ることであろう。そうでなかったところに失敗の原因はあるのではないか。

辛亥革命に向かう動き

一九〇八年十一月、光緒帝と西太后が相次いで死去した。十二月、西太后の遺言により、光緒帝の甥で

わずか三歳の溥儀《ふぎ》が皇帝に即位した（宣統帝）。そして光緒帝の弟で溥儀の実父である醇《じゅん》親王載灃《さいほう》が摂政に就任した。

醇親王は、一九〇九年一月、宣統帝の名の詔勅によって袁世凱をすべての官職から解任した。袁は失脚したのである。袁世凱は、戊戌の政変で一役買ったことから西太后の寵愛をうけ、一九〇一年、李鴻章のあとをうけて直隷総督兼北洋大臣となり、〇三年に陸軍大臣、〇七年に外務大臣・軍機大臣に就任していた。

前述のように、西太后のおこなった光緒新政の結果として一九〇九年十月に各省に諮議局が設けられ、一〇年十月に中央議会の代行機関として資政院が開院された。

一九一一年五月八日、清朝は軍機処を廃し、慶親王奕劻《えききょう》を内閣総理大臣に任じて内閣を組織させた。だが閣僚一三名中、満洲族が八名、モンゴル族が一名であり、漢族は四名で、行政、財務、軍の重要ポストは満洲族が占めた。また八名の満洲族のうち五名が皇族であった。

翌九日、清朝は郵政・運輸大臣の意見にもとづいて幹線鉄道国有令を出し、川漢鉄道、粤漢鉄道の建設計画を国有化することとした。そして清朝は、国有化した鉄道を英・米・独・仏の四国借款団からの借款で建設する約束を取りつけていた。国有化の対象となった二つの鉄道は、前述のように、利権回収運動など中国ナショナリズムが高揚するなかで、民族資本家が設立した民営会社によって建設がはじまっていたものであった。

五月十六日、湖南省の諮議局をおさえていた立憲派が国有化反対運動をはじめ、反対運動は湖北省、広東省にも広がった。六月、四川省では諮議局議長ら立憲派が保路同志会を組織して、鉄道国有化反対運動を展開した。運動は市民らを加えて大衆化し、九月、四川総督が反対運動を弾圧して流血の惨事にいたると、抗議運動は公然の武装闘争となり、四川全省が内乱状態となった（四川暴動）。鉄道国有化反対運動が四川省では大衆化した理由は、鉄道民営化資金の一部が付加税として大衆から徴収されていたからである。

内閣の名簿と民営鉄道の国有化は、清朝による国制改革に期待していた立憲派の人びとを失望させ、彼らの清朝支持を失わせることで、辛亥革命を準備するものとなった。

一方湖北省では、革命団体共進会の湖北分会が一九〇八年に設置された。共進会は、中国同盟会の会員のうち、その運動方針に不満であった湖北、湖南、江西、四川出身の日本留学中の軍事学生が中心になって〇七年に東京で結成したもので、長江流域を活動範囲とする、いわば中国同盟会の分派的存在であった。また武漢新軍内部の青年軍人組織である振武学社が〇九年一月に湖北省省都武昌で設立され、一九一一年一月に文学社と改名した。共進会と文学社は湖北新軍のなかの兵士を工作対象とし、その兵士一万五千人中、三分の一の五千人余を組織することができた。

中国同盟会では、孫文と同盟会の華南重視に不満であった旧華興会の黄興、宋教仁（ともに湖南省出身）らは、長江流域各地の同時蜂起による革命政府樹立を構想した。そして一九一一年七月、同盟会中部総会を上海に結成して公然と分派活動に乗り出した。中部総会は湖北分会を設立して共進会、文学社に影響をあたえた。

共進会と文学社は一九一一年九月十四日、共同の蜂起司令部を成立させ、蜂起の日程を九月二十四日と定めた。

二　辛亥革命

新軍の反乱

一九一一年十月十日、湖北省省都武昌の新軍が蜂起し（「武昌起義」、武昌挙兵）、辛亥革命がはじまった。同日、反乱直後に開かれた湖北省諮議局は次の決定をおこなった。

一、諮議局を軍政府とする。

二、中国を中華民国と称する。

三、政体を五族共和に改める。国旗を五色に定める。紅、黄、藍、白、黒をもって漢、満、モンゴル、回、チベットを代表し、一家となす。

十一日未明、革命派の蜂起軍指導者と立憲派が湖北省諮議局に集まり、諮議局議長湯化龍を議長として会議をおこない、新軍の第二一混成旅団長黎元洪《れいげんこう》を都督（省の軍政長官）に選出することを決定した。そして嫌がる黎元洪を都督に就任させた。同十一日午前、武昌全域が決起軍の支配下に置かれ、夜には謀略処が設置され、それにより湖北省の清からの独立、すなわち中華民国政府湖北都督府の成立が黎元洪名で宣言された。

同時に軍政府の檄文と「安民布告」が発表され、国号を中華民国と改め、清朝の年号（宣統）を廃止し黄帝紀元の採用を発表、宣統三年（一九一一年）を黄帝紀元四六〇九年とした。謀略処が軍政府名義で出した「布告全国電」は次のように言っている。

「それ満奴は（中略）黒竜江の旧部にいた女真の遺孽《いげつ》（遺された悪党）であり、犬の獣性をもって人の理を偽ってきた。（中略）一八行省の父老兄弟よ、ともに力を合わせて進み、ともに仇を討ってわが邦を取り戻し、わが国の恥をそそごう」。これは築きあげようとする新国家は、一八省に住む漢一家の国家であるとイメージしている［横山 二〇〇九 八三頁］。十月十日の諮議局の決定とは異なるイメージである。前者のイメージは革命派の「華夷弁別」であり、後者のイメージは変法派の「華夷一統（一つにまとめる）」である。

中国では、古来、天命をうけて地上を支配する皇帝が天界の運行にもとづく暦を人民に賜るものと観念されており、暦の変更は既存王朝の権威を否定することである。さらに数千年にわたり使用されてきた太陰暦の廃止と太陽暦の採用は、中国が近代国家へと生まれ変わることを意味した［この段落は深町 二〇一五 一一〇頁、小野寺 二〇一七 七四頁による］。

十月十一日夜には漢陽、十二日には漢口を、それぞれ決起した新軍が占領した。こうして新軍が武漢三鎮（武昌・漢陽・漢口、鎮は都市の意）を掌握した。

革命は各地に波及し、一ヵ月のあいだに内地一八省のうち河北、河南、山東、甘粛を除く一四省が相次いで清朝支配から独立した。革命は省レベルにおける軍事政権（都督府）成立の連続として進んだ。そして都督に選出された人物の所属・地位は、広東・江西の二省が同盟会、雲南省が同盟会以外の革命派、湖南・浙江・四川の三省が立憲派・諮議局員、湖北・山西・陝西・貴州・広西・福建の六省が新軍軍人、江蘇・安徽の二省が巡撫であった。孫文派が権力を掌握したのは、胡漢民が都督になった広東省だけである。

各省の反乱において、新軍は反乱の口火を切るか、民間人エリートによる革命宣言を支持するかにおいて主導的役割をはたした［孫文研究会編 二〇〇三 一五〇頁］。

北洋軍の進撃と中華民国の成立

十一月十五日、清朝から独立した各省の代表は、中央政府を組織すべく、上海で各省都督府代表連合会の第一回会議を開いた。そして各省都督府代表連合会は、湖北省代表の主張で武昌に移ることにした。

一方清政府は、武昌蜂起後、軍機大臣蔭昌《いんしょう》に北洋新軍を率いて革命を鎮圧するよう命じた。だが、北洋新軍の動きは緩慢で、蔭昌の指揮に従わなかった。そこで清政府は、やむなく北洋軍の実質的統率者である袁世凱の起用をはかり、十月二十七日、国家の大事に対処する欽差大臣に任命した。十一月初め、袁の要求にしたがって皇族中心の内閣を解散し、十一月十二日、袁を総理大臣とする内閣を成立させた。三年前に解任した袁世凱を、摂政醇親王が自ら権力の座に復帰させたわけである。ここに袁世凱を中心とした北洋軍閥集団が、満洲貴族の統治地位に取って代わった［人民教育出版社歴史室編著 二〇〇四 四八三頁］。

袁世凱は鎮圧軍を編成し、欽差大臣に任命された十月二十七日、漢口攻撃を命じた。鎮圧軍は十一月一日に漢口を陥落させ、同月二十七日、漢陽も占領した。軍事的に劣勢な革命軍の臨時総司令は黄興であるが、彼は十一月九日に袁世凱に手紙を送り、革命側につくことを要請し、そうしてくれたら臨時大総統の座を用意すると約束した［横山 二〇一七 九六頁］。

袁が漢陽を占領すると武漢三鎮で残るは武昌であるが、ここで袁は攻撃を停止させた。袁は革命軍と手をむすぼうと考えたのである。革命軍を消滅させれば、朝廷にとっての袁の存在理由も同時に消える。かといって北洋軍が革命軍に投じる理由はない。袁が選択したのは第三の道であった。すなわち朝廷と革命軍の中間に立って、幼帝を戴く清を静かに倒すことである［杉山 二〇一二 二三頁］。

各省都督府代表連合会は、十一月三十日に第二回会議を漢口で開いた。そして会議は、十二月三日、中華民国臨時政府組織大綱を決定した。これは中華民国の国体を定めた最初の憲法的性格をもつ大綱であった。この臨時政府組織大綱は四章二一ヵ条からなる。

第一章 臨時大総統

(1) 臨時大総統は各省一票の投票で三分の二以上えた者が就任する

(2) 臨時大総統は全国統治権と陸海軍統率権をもつ

(3) 臨時大総統は宣戦・講和・条約締結の権、各部部長（大臣）を任命し中央裁判所の設立を提案する権限をもつが、これらは参議院の同意を要する

第二章 参議院

(1) 参議院は各省三人の代表からなり、その選出方法は各省都督府が定める

(2) 各参議院議員は一票の投票権をもつ

(3) 参議院は予算や法律を決定する

第三章 行政各部

(1) 各部を設け部長は本部事務を管理する

(2) 各部所属職員の編成およびその権限は部長が規定し臨時大総統が批准した定めによる

第四章　附則

臨時政府成立後六ヵ月以内に国民会議を招集する

臨時政府組織大綱は期限立法で、中華民国憲法が成立する日をもっておわる

各省都督府代表連合会は、翌日の十二月四日には臨時政府の所在地を南京にすることを決議し、代表たちは南京に移動した。

十二月十八日、袁世凱側と革命勢力側とのあいだで南北和平会談がはじまった。それに先立つ十二月二日の南側代表会議は、もし袁世凱が寝返れば袁を臨時政府の大総統に推挙することを決定した。和平交渉で袁は、皇帝の退位と引き換えに彼が臨時大総統となることを主張した。

一方孫文は、アメリカで辛亥革命の報に接してからヨーロッパを回り、十二月十二日に香港着、二十五日に上海に上陸した。翌日、孫文は黄興（中国同盟会員）や上海都督・陳其美（中国同盟会中部総会庶務部長）と協議し、自身を臨時大総統に選出することに同意させる。同日に開かれた中国同盟会の最高幹部会では、孫文の唱える総統制の採用がきまった。十二月二十七日、南京から上海に来た一部の各省代表が、孫文の主張にもとづき一月一日（このときまでは旧暦で、十一月十三日）を中華民国元年元旦とし、この日に臨時式典を挙行することに合意する。

これら孫文がかかわった一連の決定は、十二月二十七日のうちに南京に赴いた黄興によって、独立一七省（山東省は独立取り消し）代表からなる各省都督府代表連合会に伝えられた。そして十二月二十九日、

一七省の代表が臨時政府組織大綱にもとづいて臨時大総統の選挙を実施し、一六票（各省一票。黄興が一票獲得）をもって孫文を選んだ。

そして一九一二年一月一日、孫文は南京で臨時大総統就任の式典に臨み、そこで新国家「中華民国」の成立を宣言した。

日本は、「中華民国」という国名ではなく、「支那共和国」という語を使用することを決定し、「中華民国」の使用をもとめる同国側の要求を退けつづけた（敗戦後まで）［小野寺 二〇一七 六九頁］。

立憲派は、袁世凱と連絡を取りながら清皇帝の退位と袁世凱の大総統就任の方向に動き出した。革命派の黄興や章炳麟も袁世凱の大総統就任を支持した。列強は公然と袁支持を表明し、袁による南北統一が実現すれば中華民国を承認するが、南京臨時政府は承認しないと声明した。

一月二十二日、孫文は「清帝が退位し、袁世凱が共和制に賛成すれば」大総統の地位を譲る、という和議条件を袁世凱に伝え、同日、臨時参議院は袁世凱を臨時大総統に推挙した。かくて南北和議が成立した。

清朝の滅亡

孫文は、一九一二年一月一日の「臨時大総統就任宣言」において次のように言っている。「国家の根本は人民である。漢・満・蒙・回・蔵の諸地を合して一国となし、漢・満・蒙・回・蔵の諸族を合して一人の如からんとす。これを民族の統一という。武漢を皮切りとして十数行省がまず独立した。いわゆる独立とは清廷支配から独立し、各省が連合することである。蒙古、西蔵の願いもまたかくの如し。行動を統一し、道を踏み外さず、枢機を中央で成し遂げ、縦糸横糸を四方の境界に張り巡らす……これを領土の統一という。」

「臨時大総統の全国同胞に布告する書」は「大漢同胞」に対して「興漢」し「満廷」を掃討したとしている。さらに「臨時大総統より各友邦に布告する書」では、「中華民族」という表現をもちいた。ここに駆除韃虜・恢復中華を主張していた孫文が、漢・満・蒙・回・蔵の五族協和に方針を転換した。諸族・各省が連合して一つの民とする、ということで孫文はアメリカ合衆国の「合衆」をイメージしている。彼によると中国における「合衆」とは、省と藩部という地域とそこに住む住民が連合して統一をなしとげることであった［松本 一九九九 八四頁］。五族協和への転換は中華民国の正統性の根拠を漢族の独立にではなく、五族協和という超民族的理念にもとめ、満洲族の排除から保護へと方針を転換することで清朝の領域の継承を試みたものである、とされる［和田ほか編 二〇一〇 一三六頁］。ただし新国家のネイションと領土の範囲に関する合意は、漢人内部だけのものであり、清の版図に属していた非漢人居住地域の意思は反映されなかった［小野寺 二〇一七 七一頁］。

一月三日、各省都督府代表連合会は、副総統に黎元洪を選び、また孫文提出の行政各部総長人事原案を若干の修正を加えて承認した。この中華民国内閣の総長（大臣に相当）は総数九人で、その構成は、革命派は黄興、蔡元培、王寵恵の三人で、他は旧官僚、立憲派であった。すなわち革命派は、大総統の孫文、秘書長の胡漢民をふくめて内閣で一二人中五人と過半数に満たなかった。さらに革命派以外の総長は様子をうかがっていて、南京で執務をとらなかった。政府の指導力、権威はともにとても弱かったのである。参議院が一月二十八日に臨時政府組織大綱にもとづいて各省（貴州省を加えた一八省）で一律三人ずつ選出された参議院議員をもって成立し、各省都督府代表連合会は解散した。

中国同盟会は、一九一二年一月二十二日に南京で大会を開いた。そこでは、宋教仁をリーダーとする派は武装革命は終了したとして議会政党に改組することを主張し、孫文らは革命は未達成であり、秘密結社としての性格を保持しながら袁世凱への政権移譲にともなう危険に対処すべきだ、と主張した。結果は宋教仁らの派が多数を占めた。

二月十二日、清最後の皇帝である宣統帝溥儀は、袁世凱および南京の参議院の承認した清室優待条件と引き換えに退位した。清室優待条件とは、皇帝は実権を失うものの、皇帝の称号は残す、紫禁城に引きつづき居住してよい、中華民国から毎年四〇〇万元の生活費を支給する、という条件である。これにより満洲族は、支配的な地位の放棄と引き換えに漢族を中心とする政府から一定の保護と地位をあたえられたのである［和田ほか編 二〇一〇 一三六頁］。

ここに清朝は滅び、二〇〇〇年にわたる中国の皇帝政治がおわった。

臨時約法の制定

立法機関である参議院は、憲法制定の前段階として中華民国臨時約法（臨時憲法）の制定を進め、一九一二年二月七日、宣統帝退位の五日前に可決した。臨時約法の制定に孫文は関わることはなく、制定のリーダーシップをにぎったのは中国同盟会の宋教仁であった。

臨時約法のおもな条項は次のとおり。

第一章　総綱

第一条　中華民国は、中華人民がこれを組織する。
第二条　中華民国の主権は国民全体に属する。
第三条　中華民国の領土は二二省（これには東三省、新疆省、台湾省がふくまれている）、内外モンゴル、チベット、青海である。
第四条　中華民国は参議院、臨時大総統、国務員（国務総理（首相）と各部の総長（国務大臣））、法院（司法部門）をもって統治権を行使する。

第二章　人民
第五条　中華人民は一律平等であり、種族、階級、宗教による区別はない。
第六条　人民は自由権をもつ。
第一二条　人民は選挙権、被選挙権をもつ。

第三章　参議院
第一六条　中華民国の立法権は参議院がこれを行使する。
第一八条　参議員は各省、内モンゴル、外モンゴル、チベットから各五人、青海から一人を選出する。選抜方法は各地方でそれぞれ定める。各議員は表決権一を有する。

第四章　臨時大総統
第二九条　臨時大総統は参議院が選挙する。
第三二条　臨時大総統は陸海軍を統帥する。
第三四条　臨時大総統は文武職員を任免するが、国務員の任命については参議院の同意を必要とする。

第三五条　臨時大総統は宣戦・講和および条約の締結をおこなえるが、これも参議院の同意を必要とする。

第五章　国務員（省略）

第六章　法院（省略）

第七章　付則

第五三条　本約法施行後一〇ヵ月以内に、すなわち一九一三年一月までに、臨時大総統が国会を招集する。その国会の組織および選挙方法は参議院がこれを定める。

このように臨時約法は、参議院には大総統の権力を制肘する強大な権限をあたえ、大総統には参議院の解散権などの対抗手段を認めなかった。臨時約法の定めた政治体制は「議会専制」といわれる。

第一～三条、第五条の総体が「五族共和」体制である。もっとも「五族」はこれら五つの民族に限定するものではなく、すべての少数民族という意味である。今でいえば「多民族共和」であり、「華夷一統」の再現である［横山　二〇〇九　九七頁］。

宣統帝退位翌日の二月十三日、孫文は臨時参議院に辞職を申し出、その条件に、(1)臨時政府は南京に設ける、(2)新大総統が南京にいたって就任後に臨時大総統の職務を辞する、(3)新大総統は臨時約法を遵守しなければならない、の三項目をあげた。袁の権力を制限するためである。そして参議院は袁世凱を臨時大総統に選挙し、政府を南京に設けるとして袁の南下を要請した。だが袁は北京での就任を主張して譲らず、孫文はふたたび譲歩し、三月十日、袁世凱は正式に北京で臨時大総統に就任した。こうして上記の三条件のうち(1)と(2)の二つは実現しなかった。だが孫文は残された一つの条件(3)による最後の抵抗として、三月十一日、臨時約法を公布した（中華民国臨時政府組織大綱は廃止）。

国民党の結成

袁世凱は、彼が南北会議の北方代表に指名した唐紹儀を国務院総理に推薦し、三月三十日、臨時約法にもとづく参議院の承認をへて、唐紹儀を総理とする内閣が成立した。この内閣の閣僚（総長）は北洋軍官集団、立憲派、革命派（同盟会）から選ばれた。それゆえ、この内閣は「混合内閣」と称された［田中二〇一五 六一頁］。総長（大臣）のうち中国同盟会員が担当できたのは、司法、教育、農林、商工の四つの重要でない部門であった。四月一日、孫文は正式に辞任し、翌日、参議院は政府の北京移転を決議した。

北京遷移後の参議院は臨時約法にもとづいて構成され、中国同盟会と袁世凱派の共和党（五月五日に結成）がそれぞれ四〇議席余りで拮抗していた。

参議院は、夏のあいだに臨時約法にしたがって中華民国国会組織法、衆議院議員選挙法（八月十一日公布）、省議会議員選挙法（九月五日公布）を定めた。国会の組織は、参議院と衆議院の二院制で、参議院は議員定数二七四、各省の省議会およびモンゴル、チベット、青海から議員を選出する。衆議院は議員定数五九六、各省の推定人口にもとづき省ごとに議員数を割り当てる。衆議院・省議会とも、諮議局の選挙方法と同じく、初選・複選の二段階・間接選挙である。初選は選挙区は県で、衆議院議員の定員の五〇倍、省議会は定員の二〇倍が選ばれて複選の選挙人となった。

選挙権は、二一歳以上の成人男性で二年以上同じ選挙区に居住していることを基本要件とし、さらに次の条件のいずれかを満たした者にあたえられた。

(1) 直接税二元以上納める

(2) 五〇〇元以上の不動産を所有

(3) 小学校かそれ以上の近代教育をうけている

(4) 小学校卒業に相当する資格を有する（科挙の称号など）

この結果、選挙権をもった者は成人男子の約三割であった。

また当時の中国にはまだ所得税と営業税がなかったので、きわめて多くの資本家、とりわけブルジョア階級集団において重要な比重を占める商業資本家が、衆議院、省議会、そして省議会で選出される参議院の選挙と無縁であろう。それゆえ国会選挙法が右のように定められれば、かなりの程度でブルジョア階級を国会や省議会の外に排除するであろう［この段落は孫文研究会編 二〇〇三 二九五～二九六頁による］。

唐紹儀内閣は内部対立から六月十六日に瓦解し、袁世凱は唐紹儀内閣で外務大臣であった陸徴祥《りくちょうしょう》を後任に選び、六月二十九日、陸内閣が成立した。陸内閣もやはり短期間で、八月二十日におわった。そのあとは内務大臣の趙秉鈞《ちょうへいきん》がはじめ代理となり、九月二十五日に国務総理となった。

きたるべき第一回国会選挙をにらんで政党再編の動きが活発になった。中国同盟会は、一九一二年三月三日に南京で大会を開き、秘密結社の革命党から公開政党に脱皮した。そして「中華民国を強固にし、民生主義を実行する」ことを旨とし、行政統一と地方自治、「種族同権」、義務教育、男女同権、徴兵制度、税制改正、などの近代化を綱領にかかげた。次いで八月、議会選挙にそなえて他の革命派や立憲派の四政党（統一共和党、国民共進会、共和実進会、国民公党）と合流して国民党を結成した。その改組の過程で民生主義と男女同権を綱領から削った。国民党の理事長は孫文であるが、実権は理事長代理の宋教仁にあった。

中国同盟会内の反孫文派である光復会（浙江省がおもな地盤）の章炳麟は、江浙地方の立憲派張謇らと黎元洪を理事長とする共和党を五月に組織した。そして六月に共和党から章炳麟らがふたたび分離して統一党がつくられた。一方、梁啓超ら立憲派の一部は民主党を組織した。

共和制国家の成立

一九一三年にはいり、一～三月に国会選挙がおこなわれた。選挙に臨んだのは国民党、共和党、民主党、統一党の四党であった。そして国民党が八七〇議席中四〇一議席をえて第一党となり、共和・民主・統一三党の合計議席数は二二四であった。この選挙結果から、国民党は自党による責任内閣の樹立を要望した。

しかし袁世凱は、三月二十日、国会で国務総理に選出されるであろう宋教仁を暗殺した。そこで三月二十二日、孫文、黄興ら国民党幹部が上海で会合し対策を討議した。黄興は、宋教仁殺害問題は法廷で審議し、法律的な解決をなすべきだと主張した。これに対し孫文は、袁世凱の軍事的打倒、議会制度を否定する武力蜂起を主張した。議会制度を存続させる法律的解決を主張したのは黄興、譚延闓、胡漢民であり、武装蜂起支持は孫文、李烈鈞、柏文蔚《はくぶんい》（はくぶんうつ）、陳其美で、国民党幹部は二分されており、決定はなされなかった。

参議院は四月六日に解散し、第一回国会が四月八日に開かれた。この正式国会の課題は近代国家に必要不可欠な憲法を制定すること、そしてその憲法にのっとり、議会の承認をえた国家元首を選出することであった。正式憲法の制定作業は、国会議員から選ばれた委員から成る憲法起草委員会において実施された。当初の草案は、臨時約法同様に総統権力を制約する内容が多かった。

四月二十五日、袁世凱は開会中の国会にはかることなく、日・英・露・独・仏の五国銀行団から塩税などを担保として二五〇〇万ポンドを借款した。この金額は当時の国家財政の一年分に相当する。ただし従来からの借款の整理分などを差し引いた手取りは八二〇万ポンド、約六〇〇〇万元で、それでも六〇個師団の維持費に相当した。

この借款が国民党の弾圧に使われることを懸念し、五月五日、国民党員の四都督、すなわち譚延闓（湖南）、李烈鈞（江西）、柏文蔚（安徽）、胡漢民（広東）が、借款に反対する通電を連名で発した。国会では国民党議員が政府を厳しく追及した。これに対抗すべく袁世凱は、与党的な勢力として共和、民主、統一の三党を統合させて、黎元洪を理事長、梁啓超、湯化龍、張謇らを理事とする進歩党を五月二十九日に結成させた。

一九一三年六月、袁は、大総統の権限により、国民党系の江西都督李烈鈞、広東都督胡漢民、安徽都督柏文蔚を罷免した。その武力を奪おうというのである。七月、反発した李烈鈞が袁討伐をかかげて挙兵し、江西省の中央政府からの独立を宣言した。安徽、広東、福建、湖南、四川、江蘇の六省がこれにつづいた。これがいわゆる第二革命であり、それを主導したのは孫文であった。

挙兵したこれら南方の勢力は、袁の武力によって九月初めまでに鎮圧された。そしてこれら江西以下の七省は、馮国璋ら袁世凱系軍人の支配下にはいり、袁は軍事的支配を拡大させた。孫文、黄興、汪兆銘、胡漢民ら革命派の指導者はすべて海外に亡命し、革命勢力は一掃されてしまった。

第二革命における国民党の敗北は進行中の憲法起草作業にも影響し、政府側の発言力が強まった。そのため、憲法をまず制定し、のちにそれにのっとって大総統を選出する「憲法先定説」が後退し、大総統選挙法をまず制定し、それにのっとって大総統を選出し、そのあとに憲法を制定すべきだとする「大総統先挙説」が優勢となった。その結果、大統領選挙法が制定された［この段落は田中 二〇一五 七〇頁による］。

そして十月、袁世凱は国会の投票によって正式大総統に選出され、就任した。このときの国会（定数八七〇）の出席議員数は七三一人で、欠席者の多くは第二革命に関係した国民党員と思われる。袁世凱は、投票数六八六票であった決選投票において五〇七票を獲得した。すなわち袁世凱は、国会定数の二分の一以上の得票によって正式大統領に就任したのである。副総統には、大総統選挙の決選投票で一六二票をえて次点となった黎元洪が選ばれている。

ただし、大総統選挙に際しては、袁世凱が多くの軍人や警官を動員して議事堂を包囲させ議員に圧力をかけた、ともいわれる［田中 二〇一五 七〇頁］。

議会開催を重視するアメリカはすでに中華民国政府を承認していたが、英・仏・露・日などの列強は、袁の大総統就任をもって中華民国政府を承認した。

ここに中華民国は、大総統を元首として戴き国会を最高機関とする、責任内閣制の共和制国家としての体裁を整えた。しかし実態としては、中央権力をにぎっているのは北洋軍閥の首領としての袁世凱であり、地方権力は多くは北洋軍閥、その他は国民党系軍閥など諸軍閥の手中にあった。したがって国家の統一も外見的であり、軍閥割拠がつづいていたのである。

袁世凱の帝位就任

正式大総統に就任した袁世凱にとっては、もはや国会は有害無益の存在でしかなかった。袁は一九一三年十一月、第二革命に加担したという理由で国民党に解散命令を出し、同党所属国会議員四三八人の議員資格を剥奪した。定数不足で開催不能に陥った国会は、自ら議事停止を決定した。

さらに一九一四年一月、袁は国会と省議会を解散させた。そして五月、臨時約法を廃して中華民国約法を公布した。その結果、責任内閣制は廃止されて、いっさいの政務は大総統が直接指導し、その補佐機関として政事堂、諮問機関として参政院が設けられた。前満洲総督の徐世昌が国務総理に、黎元洪が参政院院長にそれぞれ就任した。また六月、各省の都督を廃止し、将軍（都督がもった肩書き）を督軍と呼ばれる各省軍政長官とし、省の軍務を処理させた。督軍のなかには民政長官を兼ねる者も多く、「軍民分治」は依然として不徹底であった。

一方孫文は、一四年七月、以下の特色をもつ中華革命党を東京で組織した。

一　党員に孫文への絶対服従を誓約させ、孫文が人事権をもつという孫文の個人独裁

二　議会政党政治を完全に否定し三序の革命方略（軍政―訓政―憲政）の復活

三　革命軍起義から憲法発布のときまでの「革命時期」には、すべての軍・国の政治は中華革命党がおこなう

四　党員を革命起義までに入党した者、革命起義から革命政府成立までに入党した者、革命政府成立後

に入党した者に分類し、党内での地位や権利に差をつける一に関して：黄興、李烈鈞などの元老たちは入党を拒否した。彼らは別組織をつくり孫文と袂を分かった。結党の時点での中華革命党の加盟者は六九二名で、大物党員は居正、胡漢民、陳其美、廖仲愷、戴季陶、許崇智らであった。三に関して：前衛党である中華革命党が政権樹立の全過程を独占的、排他的に掌握する意志を示している。

袁世凱は、十二月に参政院の議決をへて大総統選挙法を改正し、大総統の任期を一〇年、連任可として、自らの地位の固定化をはかった。独裁権をにぎった袁は、一九一五年にはいると帝制運動を進めさせ、十月八日、民意によって国体をきめる国民代表大会の代表選挙をおこなうことを命じた。十月二十八日、国民代表大会代表の選挙が、各地の軍政長官の監督のもとに、おおむね県ごとに代表一人の割合で実施され、総計一九九三人が選ばれた。参政院の全体会議が十二月十一日に開かれ、国民代表大会代表のすべてが賛成という国体投票結果を確認し、袁を皇帝に推戴した。

こうした袁世凱の帝位就任の動きに対して、日本は強く反対し、英・仏・露も日本に同調した。それに対してアメリカは袁の帝位就任に賛成した。その理由は、中国が統一政権のもとで安定することが何よりも重要であり、袁以外に中国統一を実現できる人物はいないと考えていたこと、とされる［有賀 二〇一〇 二〇〇頁］。

ここに、清朝に代わって袁を創始者とする王朝が成立するかにみえた。だが十二月二十二日、雲南省都昆明で、雲南に勢力をもっていたもと雲南都督の蔡鍔、孫文から離れた李烈鈞、雲南督軍唐継尭らが軍事会議を開き、護国軍という名の討袁軍を組織することを決定した。そして二十五日、雲南は中華民国からの独立を宣言し、武装袁討の檄を発した。護国戦争といわれる第三革命のはじまりである。雲南独立宣言の電文に署名したのは軍政長官・唐継尭、民政長官・任可澄《にんかちょう》、国民党系の李烈鈞、蔡鍔らであった。護国軍は四川に出撃した。翌一六年の一月二十七日、貴州が独立を宣言した。

同一六年一月の五日、袁世凱は雲南征討軍務処を設立し、雲南を撃滅すべく大軍を編成して進発させた。袁は北洋全軍を統括できる段祺瑞と馮国璋に指揮をもとめた。だが両者とも病気を口実にして断り、二月二十三日に袁の使者と面会したとき馮国璋は、自分の意見を聞かずに帝位についたことで袁を批判しもした。

三月十二日、広西方面から雲南・貴州に向かっていた討伐軍で陸栄廷が謀反し、三月十五日、陸栄廷、梁啓超らが連名で広西独立を宣言、陸は自ら広西護国軍司令と称した。さらに三月十九日、袁政権の勢力である江蘇将軍（馮国璋）、江西将軍、浙江将軍、山東将軍、湖南将軍が、帝制取消しを勧告する「五将軍の密電」を袁世凱に届けた。

三月二十一日、袁世凱は徐世昌、段祺瑞、黎元洪らと会談し、会談は帝制取消しを決定、段祺瑞を参謀総長に任命し、護国軍に停戦をもとめることもきめた。翌三月二十二日、袁は帝制取消しを発表した。

だが南方の独立の動きはやまず、五月に陝西、四川、湖南でそれぞれの将軍が独立を宣言した。しかし六月六日に袁世凱が病没したことで流れは変わった。六日の徐世昌、段祺瑞らの談合にもとづいて、翌七日、副総統の黎元洪が大総統に就任した。十七日に各省軍が停戦を発令し、二十七日には臨時約法復活と国会招集が宣布された。

袁世凱が第三革命の鎮圧に失敗した理由は、何よりも自己の統率下にあるはずの北洋軍閥の諸将軍の背反である。軍隊を直接掌握しているのは将軍たちであって、北洋系軍閥全体の首領ではない。また辛亥革命が基本的に各省規模の軍事集団（軍閥）を生み出した中国では、国家統一のためには中央から全国各地の軍事集団を直接的に指揮できるシステムが必要とされる。軍事力の統合なくして国家の統一はないのだから。

三　モンゴルとチベット

モンゴル(1)

前述の孫文の臨時大総統就任宣言にみるように、成立と同時に中華民国は、同国は漢・満・蒙・蔵・回五族の国家であり、旧清朝の領域のすべてがその領土である、と宣言した。旧清朝の領域とは、古くから漢族の領地となっていたシナ（中国本土、内中国）だけでなく、満洲、モンゴル、青海、チベット、新疆もふくむものであった。

しかし清朝から中華民国に代わるという中国本土の混乱は、清に組み込まれていた少数民族にとっては独立のチャンスであった。

清は一九〇六年に新政を開始したが、モンゴルに対する新政政策として、行政機構・制度の改革、新式軍隊の配備、学校の設置などが予定され、ラマ（仏教僧）に対する優遇政策はなくなった。一九一〇年、清朝はモンゴルにおける漢人の活動制限を全廃した。同年三月、新たに清朝代理人に任命された満洲人サンドが外モンゴルのハルハ地方の中心クーロン（庫倫、のちのウランバートル）に着任し、満・蒙・漢語の教習所、ロシア語翻訳官養成所、衛生局、蒙巡警隊などを設置した。そしてもっともモンゴル人の反感を買ったのは、モンゴル人を強制的に徴兵した兵備処であった。

一九一一年七月、年一回のジェブツンダンバ（活仏、首長）参拝のためクーロンに参集したハルハ全四部の王公やラマたちは、秘密会議を開いて清朝による改革への対処策を協議し、清からの独立問題を討議した。そして、外国の援助なしには清からの独立は困難であるから、ロシアに援助をもとめる使節団を派遣することにした［小貫 一九九三 八七頁］。使節団がロシア外務省に手交した陳情書は、「新政」による漢人の入植と中国行政の導入によりモンゴル王公の権利が削られていることへの不満を訴え、モンゴル王公はボグドをハーンに推戴しモンゴル国を建設するのでロシアに頼るから、よろしく交誼（交際のよしみ）を望む、とあった［橘 二〇一一 四七頁］。

代表団をうけ入れたロシアは、清朝からの完全独立の危険性を説明し、モンゴルの「独自性」を維持するための清との闘争に対しては援助をあたえることを約束した。一方、清朝政府に対しては、外モンゴルにおける練兵（兵の訓練）と移民の停止を要求した。

ほどなく辛亥革命が起こり、ロシアから帰国した代表団のメンバーが中心になって臨時政府をつくり、一九一一年十二月一日、モンゴル（国号）の独立を宣言した。モンゴル側が独立を唱える論理は、モンゴル王公が服属してきたのは清朝であり、清朝が崩壊することで服属関係は消滅した、というものであった。

十二月三日、臨時政府は清朝の代理者サンド、官吏、軍隊をクーロンから国外へ退去させ、国の全権力をにぎった。そして十二月二十九日、活仏（首長）であるジェブツンダンバ・ホトクト八世、すなわちボグド・ゲゲーンをボグド・ハーン（皇帝の意味）にする戴冠式が挙行され、新政府が組織された。このジェブツンダンバ八世の即位式はダライ・ラマの即位式を模倣したものであり、その王権像も「菩薩が化身した転輪聖王」・「政教一致の政権の長」というダライ・ラマの王権像を借りたものであった［小松・荒川・岡編 二〇一八 一六六頁］。

こうしてボグド・ハーン政権が樹立されて外モンゴルが独立した。だがモンゴル族の独立と統一への道は、中華民国を清朝の継承国家と自認する袁世凱政権と大国ロシアの動向によって左右されることになる。

モンゴル(2)

ボグド・ハーン政権は、外モンゴルだけでなく清朝支配下にあった全モンゴル人地域の独立を主張し、そのためのロシアからの援助を期待した。だがロシアは、一九一二年五月、中華民国宗主権下での、外モンゴルに限定した領域におけるボグド・ハーン政権による「高度自治」実現、を目標とすることを決定した。

そして一二年七月、ロシアは日本と第三次日露協約をむすび、満洲での分界線を内蒙古にまで延長し、同地を東西に分け東内蒙古は日本、西内蒙古はロシアの勢力範囲とした。日本の内モンゴル東部への進出を認めたのである。

一二年十月、クーロンに来たロシア使節団とボグド・ハーン政府のあいだで交渉がおこなわれ、その結果、一二年十一月に露蒙協定がむすばれた。その内容は次のようなものであった。

(1) ロシアは「確立されたモンゴルの自治制度」の維持を支援する
(2) ロシアはモンゴル領内に中国軍を入れず、中国人の植民を許さないことに関して援助する
(3) モンゴル国は外モンゴルにおけるロシア人の居住・往来・商業の自由と無税の輸出入をみとめる

露蒙協定調印直後、ロシア使節団は協定における「外モンゴル」という語を「モンゴル」という語に換えることに同意すると同時に、「モンゴル政府にあたえる自治権の保障をハルハ以外のどの地域にまで拡大するかを規定する権利」をロシア政府は自らのものとみなしている、との声明を出した〔橘 二〇一一 一一一頁〕。

露蒙協定を知った袁世凱政権は、協定締結に激しく抗議し、一年間にわたるロシアとの交渉をはじめた。中国（中華民国）の主張はモンゴルに対する「主権」と「清代の統治制度の復活」であった。そして一九一三年十月、「外モンゴルの自治を承認する露中声明」が署名された。この共同声明は次の内容などであった。

(1) ロシアは外モンゴルに対する中国の宗主権を認める
(2) 中国は外モンゴルの自治を認める
(3) 中国は外モンゴル人が自治モンゴルの内政を自らおこない、域内におけるいっさいの商工業上の問題を処理する専権をもつことを認める

露中共同声明に対してモンゴル政府は、十一月、露中両国間で勝手に取りきめられたモンゴルに関する

内容はすべて認められない、とロシアに伝えた。さらに代表をペテルブルクに送り、完全独立と内モンゴルが不可分の領土であることを訴えた。ロシア側はこの主張を認めなかった。他方でロシアは、ボグド・ハーン政権に対して三〇〇万ルーブルの借款供与、および大砲六門と砲弾三〇〇〇発、機関銃四門と弾丸四〇万発、ライフル銃二万と弾丸二〇〇〇万発を提供することを約束した。

そして第一次大戦がはじまると、ロシアは一九一四年夏から中国・モンゴルの代表を招いてキャフタで会談を開き、その結果、翌一五年七月、ロシア、ボグド・ハーン政権、中国政府のあいだでキャフタ協定がむすばれた。協定のおもな内容は次のとおり。

(1) 外モンゴルは中国の宗主権を承認し、中国・ロシアは中国の領土の一部である外モンゴルの自治権を承認

(2) 中国・ロシアは、外モンゴルの自治政府に国のすべてを治める権利および外国と商業・産業に関する協定をむすぶ権利を認める

(3) 中国の大総統がボグドを王位に冊封《さくほう》するという宗属的伝統的形式を踏襲すること

(4) クーロンに中国の代表部を置くこと

一九一六年七月、北京から冊封文が届き、冊封全権大使に任命されたクーロンの中国代表者によって冊封の式典が挙行された。こうしてロシアが当初に構想した方針にしたがってモンゴル独立問題は解決された。

チベット(1)

チベット族居住地域であるチベット高原は、ダライ・ラマが統治する中央チベットおよび西チベットだけでなく、首長たちが実権をもつ、東北チベット(青海地方)、東チベット(四川省西部、甘粛省西南部、雲南省北部)に広がっている。中国側はチベットを内外に分け、中央チベットと西チベットを外チベット、その他のチベット地域を内チベットとしている。

十九世紀までのダライ・ラマ政権と清朝の関係は、清朝皇帝のラマ教に対する保護のもとで基本的に良好であった。両者のあいだの広大なチベット地域にあっても、両者の権威・権力が現地のチベット系首長やラマ教寺院を介して併存していたが、両者がこれを改め排他的・集権的な支配の確立をめざすことはなかった[辛亥革命百周年記念論集編集委員会編 二〇一二 三四一頁]。

一八八〇年代後半、イギリス・インド軍とチベット軍は、ブータンとネパールのあいだにあるシッキム王国をめぐる戦闘をくり返し、イギリスがシッキムを保護領とした。そして一八九〇・九三年にイギリスは清とのあいだで次の内容のシッキム条約をむすんだ。

一 チベットとシッキム間における国境の確定と国境不可侵の約定
二 シッキムに対するイギリスの保護権
三 チベット側の区域にあるヤートンを英国民に貿易のため開放する
四 シッキムにおけるチベット人の牧畜はイギリスの制約に従う

イギリスはこれでインド・チベット間の自由な貿易が実現すると考えたが、そうはいかなかった。チベットがヤートンを開放せず、重税をかけさえしたからである。けだしチベット人に言わせれば、シッキム条約は英清両国間に締結されたものであって我々には何ら関係がない、というのである［大村 二〇一六 一二六頁］。イギリスはチベットが清の勢力下にないことを思い知らされた。

ロシアは、ブリヤート族（バイカル湖東、ラマ教民）出身の留学僧で、ダライ・ラマ一三世の侍講（講義を職とする官）となったドルジエフを通じて、チベットへの影響力を増していた。また西チベットに潜伏していた日本の僧侶川口慧海《えかい》は、イギリスに粗漏な情報を送っていた。この不正確な情報をもとに、イギリスはチベットがロシアから軍事援助をうけていると信じ込んだ［シャカッパ 一九九二 二五〇〜二五一］。ロシアがチベットに影響力を確立することはインドに危機をもたらすことになり、それを恐れたイギリスはラサ政府との直接の接触を試みる必要があることに気づいた。

インド総督カーゾンの指示により、一九〇三年十二月、イギリスのヤングハズバンド大佐はシッキムからザレプ峠を越えてチベットへの侵入を開始した。英印軍はギャンツェ（中央チベット、シッキム北方）に至るあいだにチベット軍と戦闘をし、チベット軍を壊滅した。火縄銃しかもたないチベット軍に対し、英印軍はライフル、機関銃、大砲によって武装していた。

ヤングハズバンドの英印軍はギャンツェより先に進軍し、一九〇四年八月、ラサに入城した。すでにダライ・ラマは六月に蒙塵して外モンゴルをめざしていた。ヤングハズバンドは、九月七日、ラサ政府に次の条項をふくむ一〇条からなるラサ条約に調印させた。

第一条 チベット政府はシッキム条約を遵守しシッキム・チベット間の国境を承認する
第二条 インド・チベット間の交易市場をギャンツェとガルトック（西チベット）の二地点に開く
第四条 チベットはインドへの輸出入諸関税を全廃する

第六条　賠償金は五〇万ポンドとし七五年賦で払う（のち一六万六千ポンド、二五年賦に減額）
第七条　賠償金支払いと交易市場に関する規定履行の保障として、イギリスはチュンビ渓谷の占領を継続する
第九条　チベットはイギリスの同意をえることなしに、領土の他国への割譲、他の外国人の内政への干渉、外国人の代表の入国、鉄道・電信・道路・鉱山などの利権の提供を許可しない

チベットは第七条と第九条によってイギリスの保護地となった［ロラン・デエ　二〇〇五　二二六頁］。そしてヤングハズバンドの遠征隊は一九〇四年九月二十三日にラサを出発し帰路についた。

チベット(2)

外モンゴルへ行ったダライ・ラマ一三世は、その首都クーロンに一年以上滞在し、その間ロシアの援助をもとめたが援助はえられなかった。

一九〇四年、四川省の西部となっていた東チベットの金沙江《きんさこう》（長江上流部分）東岸のバータンに駐在した清の新駐蔵大臣は、高圧的な政策をとり暗殺され、同地で蜂起が起きた。反乱はすぐに東チベット全体に広がった。駐蔵大臣の後任者はバータンに司令部を置き六〇〇〇名の軍を創設し、その後二年間かけて東チベットを平定し、改革をおこなった［グルンフェルド　一九九四　八二頁］。この光緒新政時期におこなわれた改革は、ラマ教寺院への弾圧をともない、ダライ・ラマ政権は改革に強く反発した。

一九〇七年の英露協商では、英露両国とも正式にチベットに対する清朝の宗主権を承認し、チベットの内部問題に干渉しないことを保証した。両国はラサにいかなる代表も派遣しないことにも同意した。

英露協商ののち、ダライ・ラマ一三世は一九〇八年九月に北京にやって来た。そして西太后との謁見を許されたとき、恒例の叩頭の礼は免ぜられたが、跪拝（ひざまずき身をかがめて礼拝）は強要された。そのお返しに、西太后は「西天大善自在仏」に代わる「誠順賛化西天大善自在仏」の称号と、一年銀一万両の給付金をダライ・ラマ一三世に賜った。

ダライはイギリス、日本にも援助をもとめたが、うまくいかなかった。外国の支援をえようとする努力はすべて失敗におわったので、彼は北京を離れ、一年後の一九〇九年十二月にラサに帰った。彼が五年間に費やした費用のすべては、清朝政府が四川省の財政から支出した年間給付金により支払われた。

一九一〇年二月に清軍（四川軍）が中央チベットに侵攻し、ダライ・ラマ一三世はインドに亡命した。しかし辛亥革命で清が崩壊したため、清軍は一九一二年末に撤退した。

翌一三年一月にインド亡命からラサに帰ったダライ・ラマ一三世に対して、五族共和を唱える袁世凱政権は中華民国への参加を呼び掛けたが、ダライはそれに応じなかった。

一九一三年三月にダライ・ラマ一三世が出した「独立宣言」ないし「五条宣言」といわれる全チベットの官吏と人民に出した布告は、その前文において清朝皇帝とダライ・ラマの関係を「施主と高僧の関係」と表現し、「一方が他方に属する従属関係にもとづくものでは」ないとして、臣属関係ではないことを主張している。ダライ・ラマは、清朝の支配下にあったという認識自体をもっていなかったとさえもいわれる。

だが北京で西太后を跪拝したこと、西太后から新しい称号と給付金を賜ったこと、旅行中の費用は四川省の財政から支払われたことからみて、清皇帝とダライ・ラマの関係には従属的側面があった、といえるのではなかろうか。

そして独立宣言（五ヵ条宣言）は、次の五ヵ条の義務を遅滞なく遂行することをもとめた。

第一条　仏教僧院の維持

第二条　僧院の行政官は交易、金貸し、牧畜業に従事してはならない

第三条　チベット政府の官吏は徴税の際などに市民の益を損なってはならない

第四条　チベットは小さな独立宗教国家である。祖国の独立を守り、維持するために我々は一人残らず自発的に努力すべきである

第五条　未耕作地を耕作する者を妨害することは禁じられる

同一三年一月、ダライ・ラマ一三世の側近のドルジエフがモンゴルとのあいだにチベット・モンゴル（蒙蔵）条約をモンゴルで締結して、たがいの独立を承認した。

イギリスの仲介により、一九一三年十月、北インドのシムラでイギリス、ダライ・ラマ政権、中華民国政府のあいだでの会議がはじまり、一九一四年四月に次の五条をふくむ一一条からなるシムラ条約が仮署名された。

第二条　イギリス、中国両政府は中国のチベットに対する宗主権を認め、かつ外チベットの自治を承認し、チベットの領土全体を尊重し、外チベットの自治に干渉しないことを約束する。これらすべてラサにあるチベット政府の手にとどめられる。中国政府は中国の省に組み込まず、イギリスはチベットのどの部分も併合しないことを約束する

第三条　英政府と中国政府は外チベットに軍隊を送らず、軍民の役人を駐留させせない

第四条　中華民国政府の高官はラサに駐留してよい。ただしその護衛はいかなる場合も三〇〇名を超えてはならない

第八条　ギャンツェのイギリス代表はギャンツェで解決できぬ事件取りきめのためラサを訪問する権利をもつ

第九条　内外チベットの境界は金沙江とする

だが、内外チベットの境界をラサ近くのギャムダにすることを主張していた中華民国は、それを東に移して金沙江とすることに反対して条約を批准しなかった。したがってチベットの地位はあいまいなままに残った。

なおシムラ会議の際にイギリスは、チベットと二国だけの調印で、いわゆるマクマホン・ラインをチベットに認めさせた。

四　日本の台湾・朝鮮統治

台湾の統治体制

一八九五年四月の下関講和条約によって台湾領有権をえた日本政府は、五月に海軍大将樺山資紀《すけのり》を台湾総督に任命したが、その際の訓令により、台湾総督に対し行政長官であると同時に軍政・軍令を統括する

軍事長官としての権限をあたえた。軍政とは軍事諸機関・各部隊の維持、管理などであり、軍令とは作戦、用兵などに関する統帥事務である。台湾総督が軍事権をあたえられた理由は、「台湾民主国」のような台湾住民の抵抗を制圧する必要であったとされる。

翌一八九六年三月、台湾総督府条例（勅令第八八号）により、台湾統治体制がいわゆる軍政から民政へ移行することとなり、これにともない同月帝国議会が採択した法案は、台湾総督に法域を台湾に限定した律令制定権（立法権）をあたえた。

さっそく樺山総督は、台湾総督府法院条例を制定して各級裁判所を設立し、裁判官と検察官を任命した。そして一八九七年三月、帝国議会は台湾特別会計法を制定して台湾総督に財政権もあたえた。

さらに一八九七年十月、次の条項をふくむ全二二条からなる台湾総督府官制（直隷第三六二号）が公布された。

第二条　総督は親任（天皇が自ら任じる）とし、陸海軍大将もしくは中将をもってこれに充てる

第三条　総督は委任の範囲内において陸海軍を統率する

第六条　総督は管轄区域内の防備をつかさどる

第七条　総督は管轄区域内の安寧秩序を保持するために兵力を使用しえる

このように台湾総督は、軍事権、行政権、立法権、司法権、財政権をあたえられた。

一八九八年、台湾総督となった児玉源太郎は内地の制度を応用した警察制度を創設し、帰順しない原住民が住む山地を除いて全土の村に警察官を配置した。その際、日本人警官である巡査の巡査補として台湾人を雇用した。台湾人の給与は日本人の半分ほどであった。

そして児玉は警察制度を伝統的な保甲制と接合させた。保甲制とは、約一〇戸を甲、約一〇甲を保とし、保では保正、甲では甲長が選挙で選ばれた。彼らは地方警察の認可をうけて各区域の治安維持にあたり、連座の責任を負った[マーク・ピーティー 一九九六 一七二頁]。警察制度と保甲制の接続によって警察は総督府行政の末端となり、治安維持をはじめとして徴税、広報、道路建設などさまざまな機能をになうことになった。

台湾の土地調査事業と経済開発

日本の植民地当局がもった経済的関心の第一は、明治日本と同様の合理的な地租制度を確立して植民地経営の財政基盤を固めることであった。そのための土地調査が植民地の台湾、朝鮮、関東州、南樺太でおこなわれたが、最初の調査は台湾で一八九九年から一九〇三年にかけて実施された。

清朝のもとでの台湾での土地制度は、大租戸、小租戸、現耕佃人《でんにん》の三階級によって構成されていた。大租戸とは、清朝政府から官有地開墾の許可をうけた者で、政府に地租を納入する義務を負っていた。小租戸は、大租戸の下で実際に開墾地を経営し、大租と呼ばれる一定の租額を大租戸に納入していた。現耕佃人は、小租戸が経営する開墾地を実際に耕作する小作人で、小租と呼ばれる小作料を小租戸に納入していた[浅田編 一九九四 一〇九頁]。このように台湾での土地の貸借関係は入り組み、所有権は不明確であった。そのため土地の移転や売買は困難であったし、官吏の腐敗もあって、米作を中心とした農業からの徴税効率は低かった。

土地調査事業では、まず土地調査をおこなって大租権を確定し、大租権を買収方式によって消滅させ、小租戸をもって唯一の土地所有者として確定した。そしてこの新しい地主が固定された地租を払うこととなった。また多くの隠し田が摘発され、地租徴収面積は三六万甲（一甲は約一町歩《ちょうぶ》）から七八万甲へと倍増している。

土地調査事業と地租改正事業によって、一八七〇・八〇年代の日本と同様に農村部における地主支配が明確にされ、地方政府の行政が容易になった［ビーズリー 一九九〇 一四九頁］。また地主たちはこの新制度が土地の売却や借地、商品価値の高い穀物の耕作に有利であることを認識し、地租が固定されたため地主の手元に残る収益は上昇し、生産性も向上した［マーク・ピーティー 一九九六 一九四頁］。他方、土地調査事業によって無主地が確定され、それは政府の所有とされたのちに大部分は日本の農林関係企業に売却された。

水利灌漑事業も進み、一九一七年までに耕地面積は六四万甲から七二万甲に増大し、米の生産は二五〇万石から五〇〇万石へと倍増した。

台湾総督府の特別会計は一九〇五年に本国からの補充金を不要とする状態になり、台湾は財政的独立を達成した。それを可能にしたのは専売制度で、総督府は一八九六年にアヘン、一八九八年に樟脳と食塩、一九〇五年にタバコを専売とした。

植民地では、土地調査事業の次に本国の経済的利益のための経済開発が着手された。それは台湾では、オランダ統治時代から台湾の輸出産業のひとつであった製糖業に向けられた。政府は砂糖の輸入に高い関税をかけ、一方で製糖産業の発展をうながす措置をとった。これによって台湾の製糖業は急速に発展しはじめた。一九〇〇年、三井物産出資の台湾製糖株式会社が設立されたが、これは在来の方式とは根本的に異なる大規模機械制工場であった。この後、大日本、明治、東洋などの製糖会社が設立された。砂糖キビの作付面積は増大し、砂糖生産は三〇四一万キロから一九一七年には一一倍の三億四四〇〇万キロへと増大した。

台湾総督府は、インフラの整備として港湾の増改築、鉄道の敷設、道路の建設、通信網の整備、公衆衛生事業、をおこなった。港湾では、基隆《キールン》港と高雄港が増改築され、海外からの大型船が入港できるようになった。鉄道では、台湾の動脈ともいうべき基隆から高雄までの縦貫鉄道が全線開通した。公衆衛生では、台湾総督府医学専門学校を台北に創設して台湾人医師を養成するとともに、各地に総督府立病院を建設した。これらインフラの整備に必要な経費はほとんど租税などから捻出する現地調達であり、道路の建設には保甲制度を利用して住民の労力が動員された。

台湾の教育制度

教育制度においては、一八九八年に制定された台湾公学校令で、富裕な住民(郷紳、富農、商人)の子弟のために地元の資金で六年制の「公学校」が設立された。公学校のカリキュラムは修身、国語、読書、算術が中心であった。修身では礼儀作法を教えるとともに教育勅語の漢訳を使用してその趣旨を貫徹させ、国語は話し言葉としての日本語を教え、読書では日本語の読みと四書五経の漢文を学ばせる。

一九〇四年に制定された新たな公学校規則は、国語と従来の読書、作文、習字を統合して国語科とするとともに、漢文科を別立てにした。時間数は国語が一〇時間、漢文が五時間である。漢文の内容は普通の漢字・漢文の理解とし、四書五経などの経書は除いた。新規則は公学校教育の目的は「国語ヲ教エ徳育ヲ施シ以テ国民タルノ性格ヲ養成シ並生活ニ必須ナル普通ノ知識技能ヲ授クル」とし、日本語を教えることの意義は日本国民としての性格を養成することにあるとしている。

郷紳層の子弟は、以前は儒教教育をおこなう「書房」と呼ばれる私塾で教育されていたが、これは日本統治開始後も存続していた。その書房においても日本語教育が義務づけられた。一九二〇年になると、学齢期の台湾の児童のうち四分の一が公学校に入学し、他方で書房の影響力は弱められた（一九三〇年代に消滅）。

公学校卒業生に開放された専門分野の教育機関は医療と教育だけであった。そこで台湾人は、在地の日本人がうけているのと同じ中等教育機関を要求するようになった。資金的に余裕のある者は子弟を日本へ留学させ、その子弟は試験に合格しさえすれば中・高等教育がうけられた。だが現地にあっては、総督府は台湾人の中等・高等教育機関設置の要求を無視した。ようやく一九一五年になって、資金の大部分は富裕層からの寄付によることを条件に、総督府は台湾人用の公立の中学校を台中に設置することを許可した。

朝鮮の統治体制

一九一〇年に韓国を併合した日本は、その国号「韓国」を廃止し、日本の一地域としての「朝鮮」とした。皇帝の称号も「王」とした。そして朝鮮の統治機関として京城に朝鮮総督府を置いた。京城は併合までは漢城と呼ばれ、一九四五年にソウルと改称される。

韓国併合と同日に公布され、のち帝国議会が承認した法律は、台湾の場合と同様に朝鮮総督に法域を朝鮮に限定した勅令制定権（立法権）をあたえた。総督は親任官で現役の陸海軍大将から選ばれ（総督武官制）、内閣の統制をうけずに天皇に直属し、立法、行政、司法および軍隊統率の権限をもった。

総督の下には副総督にあたる政務総官が置かれ、その下に官房のほかに総務、内務、財務、農商工、司法の五部が置かれた（総務部は一九一二年に廃止）。部の下には各部二〜四局が置かれた。その他官房所属の警務総監部、鉄道局、通信局などが独立の部局として扱われた。総督府の部局の長のポストはすべて日本人が選任された。

韓国皇帝・皇族は王族・公族とされ、日本の皇族に編入されることで日本皇族の待遇をあたえられた。また王族・公族の近親や名門出身の旧高官、日本に協力した政治家などに爵位があたえられ、朝鮮貴族とされた。

総督府の諮問機関として中枢院が設けられ、その議長は政務総官であり、書記官長と書記の一部は日本人だが、他は副議長以下すべて朝鮮貴族など朝鮮人で構成された。

地方組織は全土を一三道に分け、それぞれ道長官が置かれた。この長官には朝鮮人が六人任命されている。府尹《ふいん》（府長官、府は内地の市）、郡守（郡長官）は道長官の指揮監督をうけ管内の面（村に相当）を指揮監督するものとされた。道に参与官、府に参事を置き、どちらも朝鮮人を任用して行政と民情とがそごのないように留意した。郡守と面長は朝鮮人が任命された。府、郡とも実務を担当する書記には複数の日本人官吏が配置された。

朝鮮の農村には長老制度があった。それは特定家族の戸主が村の長老として君臨し、そのうちの一人が村長になった。長老たちは村の平和と秩序を守り、公的機関と連携して公務をつとめた。日本はこの長老制度を残し、長老たちをより厳格に監督して利用した。

憲兵警察制度の採用、朝鮮語の新聞・雑誌禁止、集会・結社禁止など、一九一〇年代には強圧的な武断政治（武力をもって専制的におこなう政治）がおこなわれた。

憲兵警察制度は、軍隊内警察である憲兵が文官の警察官とともに民間人に対する警察業務をにない、警察機構の中心を占める制度である。具体的には、憲兵隊司令官が警務総長に、憲兵隊長が各道警察部長に任命されて警察機構の中枢を憲兵がにぎり、憲兵将校が警視に、憲兵下士官が警部に任命された。一九一八年末の憲兵機関の数は一一一〇、職員数は七九七八（うち朝鮮人の憲兵補助員が四六〇七名）、警察機関数は七五一、職員数は五四〇二（うち朝鮮人が三二七一、大部分は巡査補）であった。

そして朝鮮の軍事支配を確実なものとするために［宮地編 二〇〇八 四一九頁］、陸軍は朝鮮に二個師団を常設させていく。

朝鮮の土地調査事業と経済開発

全国の土地を測量し、一筆ごとに土地所有者を確定する土地調査事業が一九一一～一八年におこなわれた。民有地の調査は申告主義でおこなわれ、その実務を担当したのは面長、集落の長、地主総代、主要地主であるので、土地所有権の確認は地主有利になされた。旧王室領や村落共有地は国有地とされ、国有地は一八年に二七万町歩となった。土地調査の結果、課税耕地面積は当初予想の一・五倍の約四三七万町歩となり、これによって地税は一八一九年には一一年の約二倍に増大し、植民地財政の基盤が確立された［この段落は武田編 二〇〇〇 二七六頁による］。

また水田の六五％、畑の四三％が小作地となり、自作農は二〇％、自作兼小作農と小作農は合わせて七七％となった。

一九一五年の時点で、日本人地主が所有した耕地は約一七万町歩であった。この数字は課税耕地面積の四％である。

農業では、主要産物である米は品種改良・施肥灌漑の奨励をおこなった結果、一九一〇年の収穫が八〇〇万石前後であったのが、一九一三年には一〇〇〇万石にふえた。総督府は綿作に力を入れ、その作付面積は併合当初の一〇〇〇町歩から一三年の一万四〇〇〇町歩へ増加した。養蚕の普及にも力を入れ、改良品種の産額は在来繭の三倍に達した。

牧畜では、以前から牛の飼育が盛んであったが、優良な牡牛を選定して巡回種付けをおこなったり、各地に畜産組合を設けさせて技術員を配置して指導にあたらせるなどの施策の結果、一九〇九年に六〇万頭だった飼育数は一九一二年には一〇〇万頭に達した。

インフラの整備が進んだ。日露戦争のためにすでに完成していた京釜線と京義線の整備がなされ、京城から半島を横断して元山に至る京元線、西海岸を南下して木浦《もくほ》（全羅南道の港湾都市）に至る湖南線が一九一四年に完成した。鴨緑江架橋が一九一一年に完成し、京城より長春までの直通運転がはじまった。道路では二三路線、二三〇〇キロを選定し、五年で完成する計画を立てた。釜山、仁川、鎮南浦（南浦の旧称、大同江下流の港湾都市）の港の整備がおこなわれた。

朝鮮の教育制度

韓国併合以前の朝鮮には、伝統的な漢学教育施設として地方の公立学校と、書堂と呼ばれ両班などエリート層によって経営される私塾があった。またキリスト教のミッションスクールもあった。一八九〇年代に甲午改革で朝鮮政府がすでに近代教育制度の基礎を築いており、西洋式の初等・中等学校、師範学校、医学校、職業学校が存在し、また西洋式科目を教える私立学校もあった。

一九〇六年の日韓保護条約の締結により統監府が設置されたが、統監府のもと、日本語が普通学校（初等教育、四年制）の正課に加えられた。その結果、普通学校の授業時間は、一・二年が週二八時間、三・四年が三〇時間のうち、国語（韓国語）、日本語、算術が各六時間、漢文が四時間、修身が一時間で、残りの五ないし七時間で地理・歴史、理科、図画、体操、唱歌などを教えた。

韓国併合後、総督府は一九一一年に初等・中等教育に関する朝鮮教育令を出した。そこではすべての学校で「国語」とされた日本語、道徳、日本歴史・地理に授業の多くを割くとされた。教科書は総督府の許可をえたものだけとされた。これにより普通学校では日本語が週六時間から一〇時間にふやされ、その分朝鮮語と漢文が合計で六時間にへらされた。また他教科の教育の言語も朝鮮語から日本語に代えられた。また朝鮮教育令は普通学校の上に四年制の高等普通学校と三年制の女子高等普通学校が制度化された。

高等教育では、一九一二年、京城法専、京城医専が設立され、一九一六年に高等工業、高等農林、高等商業が設立されて、朝鮮人エリート養成の道が広げられた。

朝鮮人の初等公立学校は、併合時に一〇〇校強であったのが一九一六年には四〇〇校強にふえ、生徒数は一万七〇〇〇人から六万六〇〇〇人にふえた。その間、私立学校は二〇〇〇校から一二〇〇校にへり、生徒数は八万人から五万七〇〇〇人に減少した。差し引き生徒数は二万六〇〇〇人の増で、初等教育の普及が進んだ。一九一九年の就学率は三・七％であった。

第二部

第一次世界大戦とその後

四章　日本の第一次世界大戦への参加

日本の対独参戦

第一次世界大戦が一九一四年七月二十八日に起きると、各国の租借地や駐屯軍をかかえる中華民国では、袁世凱政権が領土内での戦闘発生を避けるため八月六日に中立を宣言した。

ドイツ海軍が東シナ海で英艦船を攻撃したとの知らせをうけたイギリスは、八月七日、中国沿海で商船を仮装してイギリス商船を攻撃しているドイツの巡洋艦を撃破してほしい、という形で日本に参戦をもとめた。同七日夜に開かれた第二次大隈重信内閣の閣議で加藤高明外相は、一つはイギリスからの依頼にもとづく同盟のよしみ、一つは日本がこの機会にドイツの根拠地を東アジアから一掃して国際上の地位を高める利益、この二点から参戦すべきであると主張して、閣僚たちの説得に成功した。

ここでの「国際上の地位を高める」とは具体的にどういうことか定かでない。またこの閣議を欠席した元老井上馨は、十日付の首相への意見書のなかで、ヨーロッパの大戦勃発を「日本国運の発展に対する大正新時代の天祐にして、日本国は……この天祐（天のたすけ）を享受せざるべからず」、と記した〔井上馨侯伝記編纂会 一九六八 三六六頁〕。

これに先立ち、八月三日に海軍が青島のドイツ軍を攻撃するための作戦方針を決定し、同日、陸軍参謀本部も青島攻略に関する作戦上の立案に着手した。

八月八日、加藤外相は、「戦乱の余波は東亜に及び日英同盟の目的危殆に瀕するに至れる」ゆえに、英国の援助要請をうけて、日本は東アジアのドイツ勢力を一掃するためドイツに開戦することを決定した、とイギリスに伝えた。

すると十日、イギリスは参戦要請を取り下げた。取り下げた理由としてグレイ外相は、「東亜の戦争は支那内部の擾乱を誘発し、ひいては東亜全般の騒動となり英国貿易に大打撃を及ぼ」すことを恐れるからだ、と述べた。これに対し加藤外相は、すでに陸海軍が臨戦体制にはいっている以上、これを押し止めることはできないとして、イギリスの意向にかかわらず単独でも参戦する方針を伝えた［和田ほか編 二〇一〇 第三巻 一〇一頁］。日本の参戦意思の固いのをみて、結局イギリスは日本の参戦に同意した。またイギリスは、日本が戦域をシンガポール方面や太平洋に拡大しない声明をおこなうことを希望したが、日本を同意させることはできなかった。

八月十五日、日本はドイツに対して、⑴日本および支那の海洋からドイツ艦船が即時に退去するか武装解除すること、⑵膠州湾租借地を支那に還付することを目的として日本に引き渡すこと、という期限一週間の最後通牒を発した。対独最後通牒を発すると、日本外務省は米・蘭・露・仏などの関係国にその目的について通告するとともに、日本に領土的野心のないことを説明している。もっとも日本は、膠州湾を占領したあとこれを無条件で返還するつもりはなく、加藤外相は、南満洲の諸権益などについて相当の条件をつける必要がある、と英外相に伝えている。そして八月二十三日、ドイツが無回答の意思を通告してきたので対独宣戦した。

日本は最初からドイツがもつ山東省の権益を獲得する意図があったとする見解があるが、もしそうだとしたら、対独最後通牒の(2)を表明するだろうか。また外務省が、日本に領土的野心のないことを米・蘭・露・仏などに説明するだろうか。陸軍参謀本部のなかに権益獲得を戦争目的とする勢力はあったが、彼らがこの時点での日本の対外政策を決定してはいない。

参戦による日本の利益追求は、満洲における権益の期間延長である。このことは、すでに一九〇八年九月の閣議決定「帝国の対外政策方針に関する件」において、清国に「不測の変事ある際には満洲の現状を将来永遠に持続する目的を達する策を講じる」と表明されている。膠州湾の一時占領は、満洲権益の期間延長を中国に承認させるための取引材料であった。

こうした経過もへて八月中に、ドイツ、オーストリアの同盟国とロシア、フランス、イギリス、日本の協商国（連合国）が戦う第一次世界大戦となった。

緒戦

八月二十三日に対独宣戦した日本と、中立を宣言していた中国（中華民国）とのあいだで戦域（中立除外地域）交渉がおこなわれた結果、八月三十一日、中国軍の山東鉄道からの撤退を条件に、日本も中国側の要求をいれて濰県《いけん》（山東半島の付け根）から南北海岸に達する一線以東を交戦地域にすることで妥結した。そして日本陸軍三万弱が九月二日から山東半島労山湾に上陸し、同月二十八日に膠州湾に近い高地のドイツ軍陣地を攻略した。

山東鉄道の占領については、外務省の反対で政府の意見が一致しなかったが、参謀本部による説得の結果、九月十五日、濰県《いけん》以東の鉄道の占領について政府の意見が一致した［外務省百年史編纂会編上 一九六九 六〇九頁］。そこで日本陸軍は中国との約束に反して九月二十五日に濰県にはいって停車場を占領し、十月六日には済南駅を占領し、十二日までに濰県以西の膠済鉄道（青島～済南間）および沿線の鉱山の押収を完了した。そして十一月六～七日に青島要塞を攻略した。こうして日本は山東省のドイツ租借地すべてと、膠済鉄道および同鉄道沿線の鉱山を支配下に置いた。

このような日本軍の行動は、前述のように、日本のねらいが最初から山東省全域の制圧にあったことを示している、とされもする［中嶋編 一九九六 五八～五九頁］。

日本海軍は九月十日に艦隊を南洋に出撃させた。日本海軍はポナペ（カロリン諸島東部）を母港としていたシュペー提督率いるドイツ東洋艦隊（シュペー艦隊）の捜索、撃滅を主作戦とした。シュペー艦隊はインド洋、太平洋に広く展開し、英商船・軍艦に損害をあたえた。日本海軍内部では、作戦が進むにつれて南洋諸島占領の意見が徐々に強まり、九月二十一日の海軍内部の占領決定にもとづき、二十九日、海軍はマーシャル諸島のヤルート島を占領した。

そして十月二日の閣議が南洋諸島の「一時占領」を決定したのをうけて、日本海軍は十月十四日までにマーシャル諸島、カロリン諸島、マリアナ諸島の主要な島を占領した。十一月二十三日、英外相グレイはドイツの領土の処分は戦後同盟国の商議（相談）にまかせることを表明した。それに対して加藤外相は、主義上異論のないことを明らかにするとともに、戦後における独領南太平洋諸島の保有について日本の領有権利を留保した。

こうして日本が赤道以北のドイツ領南洋諸島を占領し、他方、赤道以南のドイツ領ビスマーク諸島はオーストラリア軍が占領し、ニューギニア島北部のドイツ軍はオーストラリア軍に降伏した。シュペー艦隊は、十二月八日のアルゼンチン近くのフォークランド沖海戦でイギリス艦隊に敗れ、撃滅された。こののちイギリス艦隊はすべてヨーロッパに移動し、太平洋は日本海軍にゆだねられた。

日本に対し、九月、英外相が地中海への艦隊派遣を要請し、十一月には英海軍省がダーダネルス海峡への艦隊派遣を要請してきたが、どちらも日本は拒否した。十一月、駐日英大使が陸軍三個軍団（約一五個師団）の欧州派遣を要請したが、日本はこれも拒否した。

対華二十一ヵ条

一九一四年十二月三日、大隈内閣は二十一ヵ条におよぶ対中要求案を閣議決定した。この対中要求案は第一号から第五号に分類され、第一号から第四号は「要求条項」とされ、第五号は「希望条項」とされた。そして翌一五年一月十八日、日本は五号二十一ヵ条からなるいわゆる「二十一ヵ条要求」を中華民国大総統袁世凱に提出した。「二十一ヵ条要求」の具体的内容をみることにする。

第一号（山東省に関するもの）

第一条　支那国政府はドイツ権益の「譲与等の処分に付日本国政府がドイツ国政府と協定すべき一切の事項を承認すべきことを約す」。

第二条　支那国政府は他国に山東省の地域を割譲・貸与しない。

第三条　支那政府は芝罘《チーフー》または龍口（どちらも山東半島北岸）と膠州湾より済南に至る鉄道とを連結する鉄道の敷設を日本国に認める。

第四条　支那国政府は外国人の居住および貿易のため山東省における主要都市を開く。

第二号（南満洲および東部内蒙古に関するもの）

第一条　旅順・大連租借期限（一八九八年から二五年間）、南満洲鉄道の期限（不明）、安奉鉄道の期限（一九〇五年から一八年間）をいずれもさらに九九ヵ年づつ延長。

第二条　日本人は南満洲および東部内蒙古において土地の賃借権またはその所有権を取得できる。

第三条　日本人は南満洲および東部内蒙古において自由に居住往来し各種の商工業およびその業務に従事できる。

第四条　支那国政府は南満洲および内蒙古における鉱山の採掘権を日本人に許与す。

第五条　南満洲および東部内蒙古における次の事項については日本国政府の同意をもとめること。

(1)他国人に鉄道敷設権をあたえ、または他国人より資金の供給をあおぐとき

(2)諸税を担保として他国より借款するとき

第六条　支那国政府は南満洲および東部内蒙古における政治、財政、軍事に関し顧問、教官を要する場合は先ず日本国に協議すること。

第七条　吉長鉄道（吉林～長春）の管理経営を九九ヵ年日本に委任すること。

第三号（漢冶萍《かんやひょう》公司（湖北省・江西省にある漢陽の製鉄所、大冶《たいや》の鉄山、萍郷《ひょうごう》の炭鉱を経営する会社）に関するもの）

第一条　将来の適当な時機に両締約国は漢冶萍公司を両国の合弁とすること、および支那国政府は日本国政府の同意なしで同公司を処分しないこと。

第二条　中国政府は漢冶萍公司に属する諸鉱山付近における鉱山については同公司の承諾なしではその採掘を同公司以外に許可しない。

第四号（中国の領土保全のための約定）

支那国政府は中国沿岸の港湾および諸島を他国に割譲または貸与しない。

第五号

第一条　中央政府の政治・財政・軍事顧問への日本人傭聘。

第二条　支那内地における日本人の病院、寺院、学校の土地所有権を認めること。

第三条　必要な地方の警察を日支合同しまたはその地方の警察官庁に多数の日本人を傭聘すること。

第四条　日本より一定数量（例えば支那国政府所要兵器の半数）以上の兵器の供給をあおぐか、日支合弁の兵器廠を設立し日本より技師および材料の供給をあおぐこと。

第五条　武昌と九江南昌線とをむすぶ鉄道および南昌・杭州間、南昌・潮州間鉄道の敷設権を日本に許与すること。

第六条　福建省における鉄道・鉱山・港湾設備に関し外国資本を要する場合は先ず日本に協議すること。

第七条　支那における日本人の布教を認めること。

第一号第一条について加藤外相は、日本代表に「もし支那政府にして全然我要求を応諾するにおいては、膠州湾還附のことを詮議するも苦しからず」との指示をおこない、膠州湾の還付を満洲問題解決の「取引材料」にすべきことを明らかにしている。

第二号第一条、すなわち旅順、大連、満鉄などの期限延長は、加藤外相はじめ外務省がもっとも重視するところであった。

第五号第一条の顧問の招聘に関しては、この時点で八ヵ国を代表する二五人の政府顧問がおり、そのうち六人が日本人である。中国政府が英政府に伝えたところでは、日本の要求は外国人顧問の過半を日本人にすることであった。

第五号七ヵ条を日本政府は要求条項としてではなく希望条項として提示したのだから、「二十一ヵ条要求」という呼称は正確ではないし客観性に欠ける。加藤の訓令においても、第五号は文字どおり希望条項であり、可能なかぎり実現に努力すべきこととされるのみであった。

日本政府は交渉を秘密にするよう中国側に要求し、英米に対しては交渉内容を内示したが、その際、第五号は示さなかった。しかし一月末に中国側からアメリカに漏洩された。列強の干渉によって日本に譲歩させようとしたのであった。

アメリカは、三月十三日、第一次ブライアン・ノート(「日華交渉に対する米国覚書」)で、第一号、第二号については、領土の隣接により、日本と山東、南満洲、東モンゴルに特殊の関係が存在することを認めるので、この際問題を提起しないとしながら、第五号の第一条と第三条は中国の政治的独立と行政的完整とを損ない、第四条と第六条は他国の商工業に対する機会均等主義に反する、との判断を示した。

イギリスは第五号第五条の要求をイギリスの権益を脅かすものとして批判した。これに対し日本政府は、第五号は要求ではなく希望条項であるから内示しなかったと釈明した。

交渉のなかで修正された点をみるに、第一号(山東関係)では、第一条に関して日本は膠州湾を公正至当なる条件で適当な機会に返還することを約束した。したがって日本が山東省に関して要求したことは、膠済鉄道とその沿線の鉱山という利権をドイツから継承することであった。第二条は中国政府の異議を入れ、中国政府が自ら不割譲声明を発する、に改められた。さらに第三条の鉄道敷設権は「借款を商議」という借款権に修正された。山東に関する経過が示しているのは、日本がドイツから山東の全権限を引き継ごうとしてはいないことである。

他のおもな修正点をみると、第二号（満蒙関係）では、第二条、第三条、第四条、第六条について東部内モンゴルを規定範囲から除いた。第二条の土地に対する権利は借地権だけとし、第六条の「先ず日本に協議」は「最先に日本人を傭聘」に改められた。第七条は大幅に改められて既存の借款協定を改めるとされ、実質的に撤回された。

第三号の漢冶萍公司については、交換公文で、中国政府は公司と日本の資本家との協定を承認する、という保証をおこなうにとどめた。第四号は中国政府が自ら不割譲声明を発する、と改められた。

したがって二十一ヵ条要求なるもので日本が確保しようとしたおもなものは、山東省の利権（経済上の）と南満洲にもつ権益の長期化と拡充であった。

それでも中国側は妥結を渋り、五月一日の対案で膠州湾の無条件還付（中国への直接返還）と日独戦争の際に生じた損害の賠償を要求し、これを最終回答であるとした。そこで五月七日、日本は第五号を撤回したうえで、その他の交渉で変更された要求を四八時間以内に認めることを迫る最後通牒を発した。そのなかで膠州湾について、一度手に入れた以上は還付する義務はない。それにもかかわらず両国の将来の親善を思って還付しようとしている日本政府の情誼（交遊の情愛）を中国政府はまるで顧みない、としている。最後通牒を中華民国政府が五月九日に受諾し、二十五日、日華両国間で条約が調印された。清末にも「国恥」とされる事件がいくつもあったにもかかわらず、これ以後「国恥記念日」といえば中国政府が「二十一ヵ条要求」を受諾した五月九日を指すことになった［小野寺 二〇一七 八六頁］。

中国側が最後通牒を受諾した理由は、イギリスが中国政府に日本に譲歩するよう勧告し、アメリカが戦争になっても助けてくれることは期待できないから、ともいわれる［有賀 二〇一〇 一九九頁］。袁世凱が大隈政府の帝制復活支援を期待できたことも大きな原因だともされる［古川 一九九一 三七一頁］。そもそも最後通牒の発出は袁世凱の要請によるのだ、ともいわれる［中村 一九九〇 一五三頁］。

ともあれ、このときをもって日本は中国に対して抑圧的な姿勢にはっきり移行したといえる［衛藤 二〇〇四 一二四頁］。日露戦争の勝利は日本の強大化を示したが、地域大国となった日本が地域内の他国に強圧的に相対するようになった、ということであろうか。

アメリカ政府は、五月十一日に発せられた第二次ブライアン・ノートのなかで、「日中両国の政府がすでに締結された……いかなる協定あるいは約束も、合衆国と合衆国国民が中国において有する条約上の権利、中華民国の政治的または領土的保全、あるいは門戸開放政策として知られる中国に関する国際的政策を害する場合、合衆国政府はこれを承認できない」といった内容を明記した。

五章　ワシントン体制と国際協調

ワシントン会議の由来

第一次大戦までのアメリカは、日本を最大の仮想敵国として、イギリスに次ぐ海軍力の建設に努めていたが、一九一六年八月、戦艦一〇、巡洋戦艦六を基幹とする一五〇余隻建艦の三ヵ年計画を決定し、世界第一の海軍をめざすことにした。翌年この計画は一九一七年の海軍法として議会を通過した。アメリカの建艦三ヵ年計画に脅威を感じた日本は、一七年に八四艦隊（戦艦八、巡洋戦艦四）計画、一八年に八六艦隊計画を立てた。

第一次世界大戦のとき、日本の陸海軍はともに調査員をヨーロッパに派遣し、総力戦を学ぶための努力をはらった。そしてその調査結果にもとづき国防方針を改定し、一九一八年六月、天皇が新国防方針である大正七年帝国国防方針を裁可した。同国防方針は、長期間の総力戦という新しい戦争に対応するには、国防資源の自給自足が決定的に重要であるとした。このため日本にとっては、日支自給自足体制の確立をめざして、満洲だけでなく中国本土へ進出することが不可欠であるとし、国家戦略の対象を中国大陸を中心とする東亜全域に拡大した。

この新国防方針の想定敵国は陸海軍とも一国ではなく、日本の隣接地域に関係する米・露・中の複数国とした。海軍がアメリカだけでなく三国を仮想敵としたのは、ロシアが混乱のなかにあり、アメリカが大陸軍を派遣するには地理的条件が悪すぎ、中国一国では日本に対抗する力がないため、米中が提携して日本と戦い、ロシアがその隙をねらって参戦すると見積もったからである。戦略は、複数国との戦争を基準にして、開戦初頭に決戦をおこなう短期戦の考えと、長期間の総力戦を戦い抜く考えが併存していた。軍備構想も変化し、変化はとくに陸軍が大きかった。陸軍の編成は移動性を重視して師団編成から軍団編成に変え、また装備の近代化をはかろうとするものであった。そして海軍の所要兵力は八八艦隊としたが、財政上の理由から当面は八六艦隊を実現するものとした［大正七年帝国国防方針については黒野 二〇〇二 六七〜七三頁による］。

一九一九年八月、米海軍の最強艦隊が、新たに編成された太平洋艦隊として太平洋に移動してきた。同時に太平洋艦隊の根拠地として、フィリピン、グアム、アリューシャンに海軍基地新設の計画が発表された。これに対抗して日本は、二〇年に八八艦隊計画を樹立した。アメリカの海軍力増強は、世界第一の海軍をもつイギリスの海軍増強を促進し、イギリスは二一年二月に巡洋戦艦四隻の建造を決定した。こうして米・英・日三国の建艦競争が展開していった。

アメリカの一九一七年の海軍法が米・英・日の建艦競争の引き金となったわけである。なぜアメリカは世界第一の海軍建設にとりかかったのか。それは、対外政策遂行には大海軍が必要であるという一般理論を背景として、第一に日本の勢力拡大を抑制し、東アジアにおいてアメリカの望む政策を実現するためである、という見解がある。

イギリスは、戦争の打撃もあり、他国に優越した海軍力を維持するだけの経済力を失っていた。海軍増強はアメリカにとっても重い財政負担となった。そこで英・米とも海軍軍縮を望むようになった。日本も同様であり、また経済力からみて、アメリカが建艦計画をつづければ、日本がそれに対抗できないことは明らかであった。日本の一九一七年から二一年までの軍事費の総歳出、および国民所得に占める割合は、それぞれ四三・五%、七・七%であった。これは一九一九年から二二年にいたるアメリカの二三%、二・三%、イギリスの二三%、三・三%に比べて大きな負担であった。

日英同盟は、その条文からみて、いまや仮想敵国をアメリカとするものとなっていたので、アメリカはその廃棄を望んだ。イギリスは、一九二一年六~八月、英帝国首相会議を開き日英同盟継続問題を討議した。この会議で英本国は、インドと東アジアの英領土と経済的権益を守るため、そしてオーストラリアとニュージーランドは日本の侵略をふせぐため、敵になる可能性のある日本を自己陣営にとどめて置く方が得策だとして、日英同盟の維持を支持した。インドも継続論であった。だが南アフリカは、もう同盟は古い、多数国集団安全保障で行くべきだというウィルソン主義にしたがって日英同盟廃棄を唱え、カナダも、アメリカとの経済上の利害関係が密接であるうえ、アメリカと国境を接している自衛上からも、イギリスが日英同盟のためにアメリカと衝突することを恐れ、継続に強硬に反対した。

善後策に苦慮したイギリス政府が、一九二一年七月、日・英・米・中四ヵ国による太平洋会議開催を提唱すると、これを好機とみたアメリカ政府は、同月、日・英・仏・伊四国に対し、海軍軍備制限と東アジア、太平洋地域における政治問題を討議するため、ワシントンで国際会議を開くことを非公式に提案した。そして一九二一年十一月、アメリカ大統領ハーディングの提唱で、米・英・日・仏・伊・オランダ・ポルトガル・ベルギー・中華民国(北京政府)の九ヵ国がワシントンに集まり、海軍軍縮と東アジア・太平洋地域問題を協議するワシントン会議が開かれた。

アメリカが東アジア・太平洋地域に関してめざした新秩序は、(1)山東問題、二十一ヵ条問題、シベリア出兵問題などについてうけ入れられる解決、(2)中国の自立的発展を助長するために門戸開放政策の諸原則を多国間条約に盛り込むこと、(3)日英同盟の解消、であった［細谷・本間 一九九一 五〇〜五一頁］。

ワシントン会議の取りきめ

ワシントン会議において、まず一九二一年十二月に日・米・英・仏間の四ヵ国条約、そして二二年二月に英・米・日・仏・伊のあいだでの海軍軍縮条約と全参加国による九ヵ国条約がむすばれた。
四ヵ国条約は次の四ヵ条である。
第一条　太平洋上の各締約国の島嶼たる領土と島嶼たる統治領に関する各国の権利を相互に尊重し、紛争が生じたら共同会議で解決すること
第二条　前記の権利が他国の侵略によって脅かされた場合には、その事態に対応するための手段に関して了解に達するため相互に連絡をとりあうこと
第三条　有効期間は一〇年
第四条　本条約が発効した時点で日英同盟は終結すべきものとする
四ヵ国条約は対象から中国大陸をはずして山東問題との関連を避け、対象を太平洋上の島嶼に限定したが、それはアメリカが中国における帝国主義的権益の現状を支持することを好まなかったからである［有賀 二〇一〇書名不明 二六四頁］。また「島嶼たる統治領」に関する権利の尊重ということによって、日

本は南洋諸島支配を確立させ、アメリカはフィリピンに対する日本の攻撃への安全保障をえた。

この条約の主眼は日英同盟の消滅であった。この条約は、侵害された権益を守るために共同して戦うという同盟協約を、たんに四ヵ国間で相談するという条約に取り替えたものであり、まさに日英同盟を廃棄させるための方便としての条約であった［黒野 二〇〇四 一九八頁］。かくて日英同盟は二三年に終了した。

アメリカの要求にしたがってイギリスと日本が日英同盟廃棄に同意した理由は何か。イギリスは、第一次大戦によりその力にかげりがあらわれたため、グローバル・パワーに成長したアメリカとの提携が必要となり、そのアメリカと日本は東アジアで対立し、アメリカから日本との二者択一を迫られてアメリカを選択せざるをえなかった。この選択には、アメリカは大量の軍隊をヨーロッパの戦場に送り、血の犠牲を払ってイギリスを救援したのに対し、日本はヨーロッパ出兵というイギリスの要請の大半を拒絶し、わずかしか応じなかったことも強く影響しているとみられる。

日本は、あくまでもアメリカと対決していくのであれば、他のグローバル・パワーと提携する必要があったが、当時英・米に対抗できるグローバル・パワーはなく、日本はワシントン体制のなかで生きていくしかなかった［黒野 二〇〇四 二〇五頁］。また、イギリスにとっては日本よりもアメリカが、日本にとってもイギリスよりアメリカが、それぞれにより重要な国となっていたからだともいわれる［井上 二〇〇三 五八頁］。

海軍軍縮条約の内容は、一〇年間主力艦（戦艦と同義だが巡洋戦艦をふくむ）の建造を禁止したうえで、次のことを取りきめた。

(1) 主力艦の保有量の上限は英米が五二万五千トン(比率五)、日本が三一万四千トン(比率三)、仏伊が一七万五千トン(比率一・六七)

(2) 戦艦は三万五千トン、一六インチ(四〇六ミリ)砲を限度とする

(3) 航空母艦の保有量上限は英米一三万五千トン(比率五)、日本八万一千トン(比率三)、仏伊は六万トン(比率一・六七)とする

(4) 航空母艦は二万七千トン八インチ砲、巡洋艦は一万トン八インチ砲を限度とする

(5) 主力艦、航空母艦以外の軍艦は一万トン八インチ砲以上のものは禁止

(6) 米・英・日は太平洋諸島における要塞および海軍基地の現状維持を約束する。ただし米国は本国、アラスカ、パナマ運河地帯の海岸に接近する島々(アリューシャン諸島を包含しない)およびハワイを除き、英国はカナダの海岸に接近する島々、オーストラリア、ニュージーランドを除き、日本は千島、小笠原、奄美、琉球、台湾および澎湖諸島を現状維持する。

日本側(首席全権加藤友三郎海相)は、当初、対英米七割の主力艦保有を主張した。これは日本の国防上、最低七割の勢力を必要とするという、既述の明治四〇年帝国国防方針にみる一九〇七年頃からの海軍の考えによるものであった。しかし加藤友三郎全権は六割でもよいとし、見返りにアメリカに西太平洋における基地(フィリピンとグアム)を強化しないことを誓約させた(右記(6)で実現)。加藤のこの判断は、国力の格段の差から日米戦争は不可能であるという考えに立脚していた。もし軍拡競争がおこなわれれば、海軍力の格差は一層拡大することになり、したがって対米六割で我慢するのが得策だとみなした。

加藤友三郎全権の六割受諾に対して、海軍首席随員である加藤寛治《ひろはる》は七割確保を主張して反対した。彼

はアメリカの提案の裏に「東洋に於ける帝国海軍の優位を奪い、自国の覇権を確立」しようとする底意を見てとった［麻田 一九九三 一五七頁］。海軍内部には六割を受諾したことに対する強い反発が残った。もし上記の日本海軍の対米七割説が正しいなら、日本はアメリカの侵攻を防衛できない状態に置かれたことになる、とみなすからである。

九ヵ国条約は、第一条で、⑴支那国（原文はChina）の主権、独立、領土的行政的保全の尊重、⑵支那国に対し安定した政府確立に最大限の機会を提供、⑶支那国における商工業上の機会均等、⑷支那国国民の権利を損なう特権をもとめるため支那国の情勢を利用したり、友好国の安全に有害となる行為を是認しない、という四項目の原則をかかげた。そして第三条で、支那国における経済的優越権を設定せず、他国国民の通商や産業に参入する権利を奪うがごとき経済的独占権をもとめないと定めた。第一条は米全権ルートの提案（ルート四原則）を土台としたものであり、第三条は米国務長官ヒューズの提言の一部を取り入れたものであり、門戸開放原則についてのより徹底した文言が盛り込まれている。したがって九ヵ国条約は、合衆国が一八九九年のジョン・ヘイの門戸開放宣言以来表明してきた中国政策の原則を、国際会議の場で承認させたものである。

第一条第一項の「行政的保全」という目新しい表現について、日本代表はルートに対して、それが満洲における既得利益に何らの制約を加えるものではないこと、また原則の適用は中国本土部（シナ）に限ることを確認した。条約の文言が原則を述べたにとどまり、諸列強の中国での既得権益を問題にすることを注意深く避けた内容になっているように、列強の既得権は急激な変更をもとめられていない。日本の南満洲および東部内モンゴルにおける特殊権益に対する保障は、第一条第四項（4）のいわゆる安全条項によって、列強の暗黙の了解をえたとみなされている［ヴォルドロン 一九九七 二一九頁］。ワシントン会議において、「チャイナ」といっても万里の長城の内側だけなのか、満洲やそのほかをふくむのかを定義づけることなく条約はむすばれた［倉山 二〇一三 一二九頁］。日本の解釈は、条約の適用範囲は万里の長城以南であり、満蒙特殊権益は暗黙のうちに認められているというものであった［井上 二〇〇三 五八頁］。そしてワシントン会議における日米英三国合意の核心は中国をめぐる現状維持であったとされる［五百旗頭《いおきべ》 二〇〇八 九三頁］。

中国代表は会議の冒頭で十ヵ条の原則（その一部はルート四原則と同じ）を提議し、そのなかに「二十一ヵ条要求」関連条約の抜本的改廃をもとめるものがあった。中国代表は、危急に乗じ軍事的圧力を背景として一方的に利権を獲得する二十一ヵ条的やり方は許されるべきでないない、と主張した。日本代表は、もし条約により許与された権利が許与者の自由意志によるものでないことを理由に廃棄すべきだとする原則が承認されるならば、現存国際関係の安定は損なわれてしまうと主張した。また日本側は、⑴南満洲および東部内蒙古における借款優先権を最近組織された国際借款団に提供する、⑵南満洲での政治、財政、軍事、警察における顧問・教官傭聘優先権を放棄する、と声明した。この声明の⑴⑵によって、日本は「二十一ヵ条」の第二号五条・六条を消滅させた。会議で中国側の主張は取り上げられなかった。会議は既存の条約については問題にしないこととした。ここに日本は「二十一ヵ条」関連取りきめに対し、一応の国際的承認（もちろん中国は別）をえたことになる。

そして山東問題について、英米の仲介により日中間の直接交渉が会議中におこなわれ、一九二二年二月に山東懸案解決条約が調印された。その内容は次のとおり。

(1) 日本は旧ドイツ膠州湾租借地を中国に還付する
(2) 膠済鉄道沿線に駐屯する日本軍は撤退する
(3) 日本は膠済鉄道とその支線の一切の財産を中国に移転する。そして一五年賦の国庫証券によって鉄道財産を日本に償却し、国庫証券の償却期間中は運輸主任と会計主任に日本人各一人を任用する
(4) 鉱山経営は日中合弁とする

同年六月、膠州湾租借権、山東鉄道などは中国に返還され、日本軍は山東から撤退した。イギリスがもつ山東省威海衛の租借地も中国への返還がきまった（一九三〇年に返還）。

アメリカは、多国間条約である九ヵ国条約によって一九一七年の石井・ランシング協定は意味を失ったとして、その破棄を申し入れた。日本はそれに同意し、同協定は二三年に破棄されたが、日本はその際に協定の趣旨は九ヵ国条約に継承されているという立場をとった。

これらワシントン会議での一連の条約によってつくられた、東アジアと太平洋の秩序をワシントン体制という。この体制で、日本はイギリスというパートナーを奪われ、日本海軍の理論どおりなら、軍事的に西太平洋における海軍決戦での対米劣勢を強いられ、中国では山東利権を失いシナへの進出をおさえられた。ワシントン体制は日本にとって意に沿わないものであったが、第一次大戦後、日本は形のうえでは大国になったものの、戦後の米英中心の国際政治のなかでいまだ相対的に力が弱く、米英との協調を余儀なくさせられる立場にあったことを意味していた〔細谷　一九九三　六七〜六八頁〕。

大正一二年帝国国防方針

日本の陸海軍では、第一次大戦の教訓を踏まえて二つの考えが生まれ、対立した。一つは総力戦、長期戦にそなえて軍事力の基盤整備を当面はおこなうべきだとするもの、他は日本のような資源も工業力も劣る国は長期戦に耐えることはできないから、平時の軍備を増強して短期決戦にそなえるべきだとするものである。前者の考えを代表するのは、海軍では加藤友三郎（ワシントン会議全権、一九二二年六月から首相）、陸軍では田中義一陸軍大臣や宇垣一成《かずしげ》陸軍中将であり、後者の考えを代表するのは海軍では加藤寛治中将、陸軍では上原勇作参謀総長や田中国重《くにしげ》少将であった。一九二二年五月、加藤寛治中将が軍令部次長になったことで、参謀本部、軍令部とも軍備増強・短期決戦派が主導権をにぎった。

そして一九二三年二月に裁可された大正一二年帝国国防方針は、⑴国防の本義、⑵国防の方針、⑶情勢判断、⑷想定敵国、⑸要約の順で記述している。従来の国防方針では最初に具体的な国家戦略があったが、それが記述されず、国防の本義という抽象的な記述となった。国家戦略としての具体的記述を避けたのである。

⑴国防の本義では、「一朝有事に際しては、国家の全力をあげて敵に当たり、速やかに戦争の目的を達するの用意あるを要す」として、総力戦という持久戦的要素に配慮しつつも、短期戦での戦争指導を決定した。

⑵国防の方針は、「一旦緩急あらば攻勢作戦を以て敵を帝国の領土外に撃破し、速やかに戦争の局を結ぶにあり」として、明治四四年帝国国防方針同様に、海外における攻勢作戦と短期決戦を軍事戦略の基本とした。また「海外物資の輸入を確実にし……以て長期に戦争に堪ふるの覚悟あるを要す」と、総力戦に

対して原則論を述べるにとどまり、これ以上の総力戦や持久戦に対する具体的な記述は見られない。

(3)情勢判断では、列強が角逐する東アジアにおいて、日本が「最も衝突の機会が多い国」としてアメリカをあげた。

(4)想定敵国では、アメリカを陸海軍共通の第一の仮想敵国とした。アメリカはその対中国「経済侵略政策」によって帝国の地位を脅かし、「経済問題と人種的偏見とに根差せる多年の紛糾は其解決至難」であるから、「早晩帝国と衝突を惹起すべきは蓋し必至の勢い」であるとした。他方ソ連に対しては親善を強調し、中国に対しても親善互助、共存共栄を旨としている［大正一二年国防方針に関しては多くを黒川二〇〇三による］。

こうした国際認識は、加藤友三郎や幣原喜重郎の日米不戦、日米平和強調という認識に逆行するものである。幣原は一九二四年六月から一九二七年四月までと、一九二九年七月から一九三一年十二月までの前後二回外務大臣をつとめた。彼は一九二四年の就任翌月の議会演説で次のような「幣原外交」の基本方針を表明した。

(1) 各国との共存共栄による平和主義
(2) 外交政策の継続性
(3) 日米関係の改善
(4) 日ソ国交交渉
(5) 対中国不干渉政策

一九二五年一月、日ソ基本条約が調印されて日ソ両国は国交を正常化した。日ソ基本条約には次のことが盛り込まれた。

(1) ポーツマス条約の効力存続
(2) ソ連は領域内の天然資源に対する利権を日本国民・企業に許与する意向をもつ
(3) 日本は五月中旬に北樺太から撤兵する
(4) ソ連は北樺太における油田の各地積の五割の開発に関する利権を日本に提供する

米オレンジ・プランの展開

アメリカ軍部は、一九〇七年から年次ごとに各国に対する仮定の作戦計画をつくってきた。オレンジ・プランのオレンジとは日本のことである。一九一四年のオレンジ・プランの要点は次のとおり。

(1) 開戦後のオレンジの推定行動……フィリピン、グアムの占領、次いでミッドウェー島、サモア、キスカ島（アリューシャン列島西部）を占領する。ハワイを占領するには五〇万トン以上の船団を必要とし、また占領後の維持が困難なので、奇襲破壊にとどめるであろう。開戦初頭に前記の地域を占領したオレンジは、長途来航するブルー（アメリカ）の主力艦隊を待つであろう。
(2) 戦争初期におけるブルーの任務……フィリピン救援部隊を編成して輸送するとともに、艦隊主力によって護衛し、途上でオレンジ艦隊との決戦を予期する。
(3) 米艦隊の渡洋ルート……大別して北方（サンフランシスコ ― キスカ ― 小笠原 ―グアム ― フィリピン）、南方（パナマ ― サモア ― ニューギニア北岸 ― フィリピン）、中央の三つが考えられる。中央ルートはハワイから出発するもので、フィリピンに達するまでに北から、グアム直航―ヤップ、トラック、ポナペ、ウオッゼ、アドミラルティ、ラバウルを通過する六つのコースがありえる。最適なものは、ハワイから出港しグアムに直行する中央最北のコースであるとした［オレンジ・プランの説明は秦 一九七二 による］。

このようにアメリカの対日戦争計画は、日本軍にはハワイはもとよりアメリカ本土を占領する力はなく、アメリカが西太平洋において日本海軍を壊滅する計画である。アメリカが西太平洋の制海権をもとめるのは、フィリピンを守らなければならないから、とされている。

米海軍は、一九一九年にほぼ均整の太平洋艦隊、大西洋艦隊を編成したが、一九二一年までに戦艦の主力は漸次太平洋に移り、一九二二年に戦艦艦隊に改編されて対日渡洋作戦の体制が整った。

第一次世界大戦の結果として日本が旧ドイツ領南洋群島を領有したことで、米艦隊がフィリピンばかりかマリアナまですら直航することは困難になりつつあった。そこで一九二六年のオレンジ・プランは従来のフィリピン直航案を落とし、「まずマーシャル、カロリン、マリアナ群島のうち一ヵ所以上を確保して前線基地を設定する」ように修正した。だが具体的な計画を樹立するまでにいたらなかった。

その理由は、約二年を要するであろうと算定される島伝いの南洋群島突破作戦を公認することは、必然的にフィリピンの一時放棄というタブーを犯すことになるからであった。

日本海軍の想定でも、一九三〇年頃には、ハワイ ― 小笠原またはマリアナ群島直航よりも、ハワイ ― ギルバート ― マーシャル ― トラック ― グアム ― フィリピンの前進がもっとも公算大である、との判断に達していた。

補助艦の建造とジュネーブ軍縮会議

ワシントン会議後早くも補助艦（巡洋艦、駆逐艦、潜水艦）の建艦競争がはじまっていた。第二の軍縮会議がアメリカの提案で開催されることを予想した日本海軍は、その対策に着手し、二五年五月に第二次軍備制限に関する研究をまとめあげた。これは補助艦の対米七割要求を引き継いだ。そして軍令部は潜水艦の保有量を重視した。対米迎撃戦において敵艦隊の主力を漸次減殺するという作戦において、大型高速潜水艦に重要な任務をあたえたのである。すなわち潜水部隊が小笠原・マリアナ諸島の線で渡洋する米主力艦隊に対して襲撃をくり返して、その実勢力を日本とほぼ互角になるまで消耗させる、という潜水艦作戦が編み出された。

一九二五年、アメリカ海軍は、戦艦一二隻をふくむ五六隻の艦隊をオーストラリア、ニュージーランドへ回航させるという一大演習を実施した。

一九二七年二月、米大統領クーリッジは補助艦制限会議をジュネーブで開くことを提唱し、幣原を外相とする若槻内閣は、対米協調への政治的配慮から会議参加を決定した。六月にジュネーブ会議が開かれる以前から、日本代表はアメリカ側との非公式交渉で七割比率を了解させようとした。だが米次席全権ジョーンズ提督は、日本は対米五割で実質的に均整となるのだから、すでに六割でも過大であり、いわんや七割では日米海軍力のバランスは崩れる。率直に言えば、アメリカは交戦海域となるべき西太平洋において日本に優勢をあたえるのを欲しないので、七割は論外であると言った［麻田一九九三 一七一頁］。

一九二七年六〜七月に開かれたジュネーブ海軍軍縮会議は、英米が対立し協定をむすぶにはいたらなかった。イギリスが巡洋艦を八インチ砲搭載の重巡洋艦と六インチ砲の軽巡洋艦とに分けて重巡洋艦を制限しようと提案したのに対し、アメリカが反対したからである。アメリカが反対したのは、イギリスが六インチ砲を搭載して仮装巡洋艦に改装できる商船を四二隻ももっているのに対し、アメリカは四隻しかもたなかったからである。

不戦条約

一九二八年八月、フランス外相ブリアンとアメリカ国務長官ケロッグの提唱にもとづき、不戦条約（ケロッグ・ブリアン条約）が一五ヵ国によって調印された（のちにソ連をはじめ六三ヵ国に増加）。不戦条約の正式名称は「国策の手段としての戦争の放棄に関する条約」である。条約は次の二ヵ条からなる。

第一条　締約国は国際紛争の解決のために戦争に訴えることを非とし、国家の政策の手段としての戦争を放棄することを各自の人民の名において宣言する

第二条　締約国は相互間に起きる紛争の解決を平和的手段以外にもとめないことを約す

しかし不戦条約は、自衛のための戦争、国際連盟による強制措置としての武力行使、ロカルノ条約の保証のための戦争、フランスの同盟国のための戦争、は合法的なものとして認めており、また条約違反に対する制裁規定を欠いていた。多くの国々がこの条約に参加したのは、自衛のための戦争を禁止していなかったからであり、また締約国が違反国に対する制裁の義務を負わなかったからである。

不戦条約を受諾するときに、イギリスは自分の帝国を防衛する行動の自由を保留した。アメリカはモンロー主義をその適用外に置くという解釈を付した。これは、ラテンアメリカに関しては戦争を放棄しないということである。しかも各国は、自衛が必要なことの判断を独自におこなう、という条件をつけた。日

本は保留条件をつけることはなかったが、自衛権に言及し、中国に対する日本の「特殊権益」を説明した。

一九三〇年

一九二九年にイギリスで成立した労働党マクドナルド内閣は、補助艦制限のための国際会議の再開を希望した。そして同年七月に幣原喜重郎を外相として成立した浜口雄幸内閣、および同年一月に成立したアメリカのフーバー大統領政府も、財政負担軽減を望んで海軍制限に積極的であった。こうして一九三〇年一月にロンドン海軍軍縮会議がはじまった。フランスは不参加、イタリアは会議途中で脱退したので、参加国は日米英の三ヵ国であった。

ロンドン海軍軍縮会議での日本の主張は、海軍の要求にもとづいて、(1)補助艦の総トン数で対米比七割、(2)大型巡洋艦（重巡洋艦ともいう）はとくに七割を重視する、(3)潜水艦は自主所要量を要求する、の三点であった。これに対しアメリカはワシントン海軍軍縮条約と同じように米・英・日の補助艦の比率を五対五対三にすること、とくに大型巡洋艦の日本の対米比六割を主張した。

会議の場で妥協案がつくられ、四月一日の日本閣議はそれを了承すると決定した。四月二十二日に英米日がむすんだロンドン条約（一般にロンドン海軍軍縮条約という）は、一九三八年までに保有できる補助艦の総トン数を英五四万一七〇〇トン、米五二万六〇〇〇トン、日三六万七〇五〇トン（対米比六九・七五％）、当時対米七二％保有していた重巡洋艦について対米六割とされた（米の一八隻に対して一二隻）。ただし、アメリカ側は保有可能な一八隻のうち三隻の起工を一九三三年以後とし、よって条約の期限である三五年までは、日本が対米七割以上を確保することができる。潜水艦は英米日とも五万二七〇〇トンとされた。なお大型巡洋艦について、この条約は口径六・一インチ（一五五ミリ）以上の備砲をもつ排水量一万トン以下の軍艦と規定した。

日本海軍が重巡洋艦保有量で対米七割を要求したのは、そうであれば、短期決戦で（短期とは交戦国が新艦船を建造するのに必要な年限二年以内）勝利できる可能性があるとみたからである。すなわち、日本が想定した日米戦争は、もとより日本がアメリカを攻撃することは不可能だが、渡洋する米艦隊を補助艦、とくに潜水艦で漸減しておき、本土近海でおこなわれる重巡洋艦をともなう主力艦による決戦を想定し、補助艦、とくに重巡洋艦の対米比率が七割以上あれば勝利のチャンスがある、というものであった。

六章　中華民国

一　軍閥抗争と五・四運動

段祺瑞政権の成立

中華民国では、一九一六年六月六日に袁世凱が死去し、翌七日、袁亡きあと北洋最大の権威者である段《だん》祺瑞《きずい》の承認のもと、副総統の黎元洪が大総統に就任した。そして二十七日に黎元洪が臨時約法復活、国会招集を宣言し、二十九日、段祺瑞が国務総理となって北京に第一次段内閣が成立した。八月一日、国会が召集され、衆参両院とも圧倒的多数で段の総理就任を承認した。こうして中華民国の共和制は旧態に復した。

袁の死によって、彼の率いていた北洋軍閥は安徽派、直隷派、奉天派に分裂した。安徽派は段祺瑞を首領として安徽省出身者が多く、直隷派は馮国璋《ふう(ひょう)こくしょう》を領袖とする直隷省（のちの河北省）出身軍人を中心とし、奉天派は張作霖《ちょうさくりん》が率いる満州の軍人集団である。張作霖は奉天省督軍である（督軍とは各省の軍事長官（多くは省長を兼任））。安徽派と直隷派は、どちらもいくつかの省を支配する大軍閥である。そして直隷派の督軍たちは長江流域から南東部を支配し、この地域を勢力圏とするイギリス、およびアメリカの支援をうけていた。

これら北洋系軍閥とは別に、一省ないしそれ以下の地域を支配する中小軍閥が多数存在した。閻錫山《えんしゃくざん》(山西省督軍)の山西派、陸栄廷(広西省督軍)の広西派、唐継尭《とうけいぎょう》(雲南省督軍)の雲南派、などなどである。

各軍閥は、それぞれの支配地域住民に課税し、それを財源にして兵を養っていた。ただし安徽派首領の段祺瑞は、他の軍閥のような私兵をもたず、独自の財源もなかった。このように、中華民国は各地に軍閥が割拠しバラバラに分裂していたのであるが、対外的には北京政府が統一政権としての地位を一応保っていた。

国務総理の段祺瑞は、日本から多額の借款を獲得し、それで財源を補填するとともに対独参戦軍を組織しようとした。この対独参戦軍はヨーロッパ戦線に送るためでなく、段独自の軍隊をつくるためである。それゆえ、他の派閥は第一次大戦への参戦に反対した。ここに参戦を意図する段と、参戦に反対の黎元洪、馮国璋、国会(衆参両院)とが対立した。これは大総統・黎元洪と国務院・段祺瑞、すなわち総督府と国務院の対立なので「府院の争い」という。日本からの借款(西原借款)は、一九一七年から一八年にかけて八回ほどに分けて供与され、総額一億四五〇〇万円の外貨、三二〇〇万円の武器供与がおこなわれることになる。

翌一九一七年四月二十五日、段祺瑞は各省督軍会議を開き、手兵を引き抜かれることを心配する督軍たちに、参戦しても兵を出す必要はなく、労務者を送ればよいと説明し、会議は参戦を決定した。五月六日、黎元洪も対独参戦案に署名、翌日、国務院は対独参戦案を衆議院に提出した。そして五月十九日、衆議院は対独宣戦を可決した。

五月二十三日、黎元洪が国務総理の段祺瑞を罷免した。すると五月二十九日、安徽省長が段罷免に反対して安徽省の中央政府からの独立を宣言、河南、浙江、山東、直隷、奉天、福建など北洋系各省がこれにつづいた。窮した黎元洪は、北洋派をなだめるため、北洋系の実力者である安徽督軍の張勲を北京に呼んだ。張勲は袁世凱に忠実であった以上に清朝に忠誠心をもち、強い清朝復辟《ふくへき》論者である（復辟とは退位した君主がふたたび位につくこと）。六月十三日、張勲は黎元洪に国会を解散させ、翌十四日に北京にはいった。そして七月一日、復辟を宣言した。しかし段祺瑞が「民国復興」の大義をかかげて十万からの諸軍を動員し、五千の兵からなる張勲軍を討伐して北京を制圧し、復辟はわずか十日ほどでおわった。

段祺瑞がそのまま北京政権を支配して黎元洪は大総統職を辞し、七月十四日、段が国務総理に復活し、安徽派で固めた第二次段内閣が成立した。ここに府院の争いは段の勝利におわり、「段祺瑞の時代」がはじまった。実権を回復した段祺瑞は、国会を開かずに新しく国会をつくる方針を立て、臨時約法もこばんだ。八月一日、南京にいた直隷派の領袖馮国璋が、段祺瑞にこわれて自己の一個師団とともに北京に到着し、大総統に就任した。そして八月十四日、段祺瑞は、国会を開かないまま大総統代行名をもって対独宣戦を発した。

広東軍政府の成立と護法戦争

孫文は府院の争いという混乱を政界再参入の好機ととらえた。そこで一九一七年七月三日、孫文は上海で章炳麟（もと光復会指導者）、唐紹儀（袁世凱のもとで国務総理）、孫洪伊（立憲派）、程壁光（海軍総長）らと協議した。協議の結果、広東に旧国会を回復させ、解任させられた黎元洪を大総統に復帰させ、いわゆる「護法政府」を樹立させるということになった。

南方では広西派軍閥の陸栄廷が、一九一七年六月二十日、広東と広西に「自主」を宣言させた。陸栄廷のねらいは、中央から独立した自らの支配圏を確立することであり、そのためには護国戦争（第三革命）の際に広東に進出した雲南軍閥と、国民党系の広東省長朱慶瀾《しゅけいらん》のもつ部隊が邪魔であった。そこで陸栄廷が朱慶瀾を圧迫すると、朱は上海にいた孫文に広東入りを要請した。これにこたえて孫文は、海軍総長程壁光の支援をえて、七月六日、軍艦に乗って広州に向かった。そして七月二十二日に広州にはいり、歓迎会の演説で、大総統による違法な国会解散、そしてその大総統の追放が引き金になって誕生した北京政権（第二次段祺瑞内閣）を攻撃する旗印として、「護法」（臨時約法擁護）をかかげた。広州の最大の実力者である陸栄廷も、民国の元勲孫文を賓客として扱った。

ところで孫文が海軍総長程壁光の支援をえられた背景には、中国の参戦をぜひとも防止したいドイツが、三月二十五日に上海総領事を通じて孫文に二〇〇万ドルを提供した事実がある。孫文はそのうち三〇万ドルを六月二十七日に程壁光に提供している。程壁光は一九一六年六月に段祺瑞内閣の海軍総長となったが、張勲の復辟に反対して北京から上海に来、上海で海軍の独立を宣言していた。

孫文の護法の呼びかけにこたえる形で、北京で廃止された衆参両院の議員（約八〇〇人）のうち、西南各省選出の国会議員一三〇余人が広州に集まって、一九一七年八月二十五日に「非常国会」と呼ぶ会合を開いた（定員不足で非常とした）。八月三十日、非常国会は中華民国軍政府大綱を決定し、翌九月一日、孫文を中華民国軍政府陸海軍大元帥に選挙して第一次広東軍政府を成立させた。この政府は、外交総長・伍廷芳（清の外交官、南京臨時政府の司法長官）、財政総長・唐紹儀、陸軍総長・張開儒（孫文支持の雲南軍人）、海軍総長・程壁光、交通総長・胡漢民、内務総長・孫洪伊、軍政府秘書・章炳麟、総参謀長・李烈鈞、という「呉越同舟」の混成チームであった［横山 二〇一七 一八三頁］。

また非常国会は、広西軍閥の陸栄廷と雲南軍閥の唐継尭の二人を元帥に選出した。だが陸、唐は孫文の風下に立つことを嫌って元帥に就任しなかった。非常国会は広東省長に国民党の胡漢民を選出し、直轄軍約五千人は珠江東部の革命派実力者陳炯明《ちんけいめい》の指揮下に置いた。陳炯明は同盟会に参加した孫文の配下だが、中華革命党には不参加であった。

こうして中華民国は段祺瑞の北京政府と、共和制の復興をかかげる広東政府とに南北に分裂した。九月、広東軍政府も対独宣戦を布告したが、それは自分たちこそが中国の正統政府であると国際的にアピールするためであった。

南北の武力統一をめざす段祺瑞は、八月十七日、日本政府に対し武器、弾薬の購入を申し入れた。日本政府の方は七月二十二日に段政権支持を決議していた。そして九月、段は第八師団と第二〇師団を湖南省に送り込んだ。十月六日、この二個師団がそれぞれの師団長に率いられて南への進撃を開始し、南北間の「護法戦争」（孫文側の呼び名）がはじまった。

だが十月二十日、直隷派の江蘇、江西、湖北の督軍が連名で停戦を要求した。ここで段祺瑞の安徽派と馮国璋の直隷派という大派閥の対立が決定的になった。そして十一月十四日、北軍主力の第八師団、第二〇師団の師団長が連名で南北双方に停戦を要求した。同日、段は国務総理の辞任を大総統である馮国璋に提出し、辞職は二十二日に受理された。

翌一九一八年の三月、第三次段内閣が成立した。これは段祺瑞が、日本からの借款（西原借款）を政治工作に投入して巻き返しをはかったことによる。段政権は親日的となり、五月には日本のシベリア出兵に資する軍事協定（日華陸軍共同防衛協定）を日本とむすんでいる。また五〜七月の国会選挙では、やはり西原借款を流用した買収工作の結果、段の御用党派の安福《あんぷく》倶楽部（同年三月結成）が議席の絶対多数を獲得した。八月に開かれ「安福国会」と揶揄された新国会は、九月、前満洲総督で袁世凱の友人であり、北洋系最長老である徐世昌を四二五票対一一票で大総統に選出した。

同九月、呉佩孚《ごはいふ》、馮玉祥ら北軍の指揮官が、勝手に譚延闓《たんえんがい》ら南軍の指揮官と連名で停戦をもとめる和平声明を出した。十月、北京政府の統一をはかろうとする徐世昌は、段祺瑞を国務総理から辞任させ、馮国璋を引退させた。そして十一月、徐世昌が招集し、段祺瑞、閣僚、地方軍政長官らが集まった会議は、停戦を決定し、九月の呉佩孚らの和平声明を追認した。こうして護法戦争はおわった。

段祺瑞は中国武力統一を試みたのであるが、それは失敗したわけである。失敗の原因は、段が派遣した第八師団長、第二〇師団長、そして呉佩孚、馮玉祥といった北軍の指揮官が、段の意図に背いて停戦を要求してきたからであった。段は安徽派の首領であるが、戦場に赴いた指揮官たちに命令を守らせることはできなかった。それは、戦場の師団級の部隊を掌握しているのは指揮官たちであるため、彼らは自立した行動に出ることができたからである。段祺瑞の置かれた立場は、帝制を復活しようとして配下の将軍たちに反対されて失敗した袁世凱に類似している。

一九一九年にはいり、八月、奉天派の張作霖は、奉天省だけでなく東三省（奉天、吉林、黒竜江）の実権をにぎった。そして十二月、直隷派の首領馮国璋が病死し、曹錕《そうこん》(直隷督軍)が後継者となった。

一方、一九一七年八月に成立した南の第一次広東軍政府でも、この政府が西南諸省を支配する軍閥の連合政権であったため、北京政府と同じように頻繁に政権交代がおこなわれる。

まず孫文の支配に反発する勢力は孫文追い落としをはかり、一九一八年五月、非常国会が軍政府を改組して孫文単独の決定システムを改め、七人の政務総裁による政務会議の協議によって決定する七人総裁制を採用した。権威を失った孫文は、同五月、広州を離れて上海へ移った。陸栄廷(広西軍閥)、唐継尭(雲南軍閥)は七人の総裁のなかにははいった。岑春煊《しんしゅんけん》が首席総裁となった。

上海に移った孫文は、一九一九年十月、中華革命党を中国国民党と改称した。「中国」の二字をつけたのは、一九一二年の国民党と区別するためであった。しかし名称の変更であって、相変わらず孫文に忠誠と服従を誓う秘密結社的組織であった。

新文化運動・孫文の中華民族論

辛亥革命につづく専制政治の復活に失望した新知識人のなかから啓蒙運動が起こった。これは新文化運動(一九一五〜二二年)と呼ばれ、陳独秀が一九一五年九月に創刊した雑誌『新青年』を中心に進められ、陳をはじめ胡適《こせき(こてき)》、魯迅《ろじん》、李大釗《りたいしょう》らが筆をふるった。胡適は『文学改良芻議《すうぎ》』(一九一七)を書き、魯迅は『狂人日記』(一九一八)、『阿Q正伝』(一九二二)などを著した。

彼らは、辛亥革命後も専制がつづく原因は中国人の精神のあり方にあると考え、儒教を孝や悌《てい》(年長者への従順)によって人に奴隷根性を植えつける思想、道徳であるとして否定し、自立した個人の確立、家族や男女の平等、科学的批判精神、などの倫理を唱えた。また文語体文学を否定して口語（白話）文学を提唱したが、新文化運動のこの側面は文学革命といわれる。新文化運動は、留学などによって西欧思想の影響を強くうけた知識人が、自由主義にもとづいて中国人の精神を変革し、そのことで中国の再生をもたらそうとする運動であり、辛亥革命後にとくに数を増した大学生に多大な影響をあたえた。

この時期の新思想をリードしたのは大学、とくに北京大学であった。北京大学は、戊戌新法の唯一の遺産である京師大学堂を前身とし、一九一二年に北京大学となった。そして一九一六年十二月に学長となった蔡元培《さいげんばい》が北京大学に自由主義をもち込み、一九一七年に陳独秀を文科学長（日本の文学部長に相当）に招いた。その陳独秀の関係で胡適や李大釗らが北京大学に集まり、北京大学は新文化運動の拠点になったのである。

一方、第一次大戦でヨーロッパ諸国が輸出能力を失い、中国への外国商品の流入が減少すると、紡績、製粉、マッチ、たばこ、石鹸などの軽工業を中心に民族産業が急速に発展した。民族資本の投資総額は、一九一四年から一九年のあいだに二倍近くふえ、工場が相次いで新設されていった。そして民族資本家や都市小市民の数と勢力も増加した。

労働者階級の成長も顕著であった。それは民族産業の発展のほかに、日本とアメリカが大戦中に在華投資を増大させたからである。日本は一九一三年から一九年のあいだに在華企業投資を二倍半にふやし、その中心であった紡績業の工場増設は、一三年の紡錘数一一万錘から一九年の三三万錘へと三倍になり、中国民族紡績業の約半分に達した。アメリカの投資額もほぼ二倍になっている。しかも新旧工場ともフル操業のため、労働者数は六〇余万人から二百余万人へと三倍以上に増加した（民族産業の発展の記述はほとんど［小島 一九八六 八四～八五頁のまま］）。

孫文は一九一九年春に『三民主義』を著し、そのなかで「五族共和」を批判し、漢族は満・蒙・回・蔵の人びとととけ合って一つになり、一つの「中華民族」を生み出さねばならないと主張した［横山 二〇〇九 一〇六］。

そして孫文は、一九二一年三月の三民主義の具体的方法と題する演説において次のように言っている。「現在、満洲が日本、蒙古がロシア、西蔵（チベットの漢名）がイギリスに従属しているのは、彼らに自衛能力がないことの表れである。ならば彼らを引き立てこの困難な状況から抜け出させたら、我々漢民族を頼りにするであろう。私の現在考えている調和方法は、漢民族を中心として彼らを我々に同化させ、……「アメリカ」民族の例に倣って漢族を中華民族と改称し、一つの完全な民族国家を組織し、アメリカと共に東西両半球の二大民族主義国家とすることである」。

さらに孫文は一九二三年に著した『中国革命史』という論文で、「蒙古が中国を支配」、「満洲が中国を支配」とか、「満洲が中国に侵入して中国民族を被征服者の地位に陥れ」とか表現している。「中国」とは「中華」であり関内（古くからの中華文明の地）であり、中国民族は漢族である。

五・四運動とカラハン宣言

パリ講和会議が膠州湾租借地（湾口に軍港青島《チンタオ》がある）や鉄道、鉱山といった山東省の旧ドイツ権益の中国（中華民国の略称としてもちいる）への直接返還、「二十一ヵ条要求」の全面撤廃、という中国の主張を退けたという知らせが、一九一九年五月一日に届いた。すると五月四日、北京各大学の学生たちおよその三〇〇〇人は、青島の返還、二十一ヵ条破棄、売国奴の罷免、ベルサイユ条約調印拒否、をスローガンに北京でデモ行進をおこなった。

デモ隊は初め外国公使館区域に向かったが、警官隊に阻止されると、「二十一ヵ条条約」調印の責任者であり、段政権のなかで親日政策の中心的推進者であった曹汝霖《そうじょりん》の邸宅に向かい、警護の警官隊と衝突し、過激派の学生が屋敷に突入した。曹汝霖は不在だったが、屋敷に居合わせた西原借款のときの駐日公使章宗祥《しょうそうしょう》を殴って重傷を負わせた。学生らは曹汝霖邸を焼き払い、三〇人余の逮捕者を出した。これが五・四運動のはじまりで、北京だけでなく天津、上海、南京などの学生もストライキをおこなった。

だが五月十四日、政府は辞表を提出していた曹汝霖らの慰留令を出し、パリ講和条約に調印するという方針を決定した。さらに学生運動禁止の大総統令が出された。

六月三日、北京では大総統令を無視して学生たちが街頭演説をおこない、学生一〇〇人以上が逮捕された。六月四日にも街頭演説団の学生七〇〇人以上が逮捕された。六月三日の学生の大量逮捕のニュースが伝わると、上海ではすでにストライキ（罷課《ひか》）をおこなっていた学生に加えて、商人と六万人前後の労働者がストライキ（罷市、罷工）にはいった。三罷闘争といわれる異なる社会層による同時ストの発生である（六月十二日までつづく）。天津、唐山《とうざん》、済南、南京、漢口など十余市の労働者もストをおこなった。

こうした動きに押されて、六月十日、北京政府は売国奴と目されていた曹汝霖ら三人の高官を罷免する大総統令を出した。さらに六月二十八日に、山東利権の日本への引き渡しをも定めたベルサイユ条約が調印されるが、中国代表は調印を拒否した。

そんなときの同一九年の七月、ソビエト・ロシアは中国国民および南北政府に告げる次の内容の第一次カラハン宣言を出した（カラハンはソビエト政府外務人民委員代理）。

(1) 一八九六年の露清条約、一九〇一年の北京議定書、一九〇七年から一九一六年までの日本とのすべての協定の廃棄

(2) 皇帝政府の征服物である満洲その他領土を放棄し、これら領土の住民に政治形態選択の自由をあたえる

(3) 東支鉄道（旧東清鉄道）およびそれに付随する諸権利の無償返還

(4) 北京議定書が定めた賠償金の放棄

(5) 領事裁判権をはじめとする一切の特権と居留地の放棄

この宣言は中国各界に大きな影響をあたえた。だが、翌月のソビエト政府機関紙『イズベスチア』と共産党機関紙『プラウダ』に掲載された宣言文では、東支鉄道無償返還の一節は削除されていた。

そして、第一次宣言の内容を八項目に条文化した一九二〇年九月の第二次カラハン宣言には、ロシア帝国政府が清国とむすんだ条約の廃棄、北京議定書が定めた賠償金の放棄、領事裁判権の廃止などはあるが、東支鉄道無償返還の提議はなく、その運行に関してソビエト共和国の必要を尊重して特別条約をむすぶ、としていた。

北京政府は、一九二〇年十月三十一日、東省特別区法院編成条例を公布し、この法令で東支鉄道沿線の付属地は、東省特別区という中華民国の一行政単位とされた。またロシア側の裁判所は廃止され、ハルビンに中国側の裁判所を置くことになった。これにより、東支鉄道の沿線におけるロシアの治外法権は終りを告げた［この段落は麻田 二〇一四 一四四頁による］。

モンゴル人民共和国の成立とソビエト・ロシア

清朝の崩壊をきっかけに外モンゴルに成立したモンゴル国（ボグド・ハーン自治政権）は、その基盤がロシア帝国と中国（中華民国）の合意（露中共同声明、一九一三年）による脆弱なものであるため、ロシア帝国が一九一七年に革命で崩れると大きく揺らいだ。

一九一八年三月に日華陸軍共同防敵協定がむすばれたが、それは北満洲を日本軍の、外モンゴルを中国軍の行動範囲とするもので、これはロシアとのキャフタ協定（一九一五年）を中国が否定したことを意味する。中国は、革命によってロシアの勢力が外モンゴルから後退したのを機に、外モンゴルでの勢力回復、外モンゴルの自治廃棄をめざした。一方日本軍は、ザバイカル政府を三月に樹立した白軍のセミョーノフを支援するため、八月、北満洲からザバイカル州へ進軍していった。

安徽派の徐樹錚《じょじゅそう》が率いる中国の遠征軍が、一九一九年十月二十三日北京を出発し、二十九日にモンゴル国の首都クーロン（現ウランバートル）に到着し（徐樹錚の遠征）、十一月、ロシアの勢力が後退して孤立無援となったボグド・ハーン政権に外モンゴル自治の取消しを上奏させ、翌年一月一日に自治撤回の式典をおこなわせた。

モンゴルの主権回復をめざす二つのモンゴル人民族主義者のグループが一九一九年の夏からクーロンに生まれた。その構成メンバーは下級官吏やラマであった。一九二〇年五月、コミンテルン極東支部の最初の代表としてボリソフがクーロンに来て、民族主義グループのメンバーに接触した。そして六月、この二つの民族主義グループは合同してモンゴル人民党を結成した。

この時点での同党の目標は、北京政権の圧力で廃止されてしまった外モンゴルの自治、およびボグド・

ハーン自治政府の復興であった。二つのグループの合同を仲介したのはクーロン在住のロシア人革命家たちで、彼らを通じてモンゴルの革命家たちはソビエト政権とコミンテルンに接近した。そしてモンゴル人民党は、ソビエト・ロシアの支援を要請するため、八〜九月、モスクワに代表を送った。

他方で、中国遠征軍を率いた徐樹錚は安徽派であったため、一九二〇年七月に安徽派が北京を追われると彼は罷免され、遠征部隊は解散した。八月、日本軍のザバイカル州からの撤兵が完了し、赤軍がチタを攻略した。

ザバイカルに勢力を保っていた白軍のセミョーノフが赤軍によってザバイカルを追われると、二〇年十月、セミョーノフ軍を引き継いだウンゲルンの白軍が、外モンゴルを反ボリシェビキの根拠地にするため、徐樹錚軍のいなくなった外モンゴルに侵入し、クーロンに向かった。この事態がソビエト・ロシアをモンゴルに招き入れる直接の契機となった。すなわち、十月二十九日、ソビエト・ロシアは、東方諸民族部の緊急会議で、モンゴル自治政府を組織し、その政府の要請にもとづきソビエト・ロシア軍を派遣する、という方針を決定している。そして一九二一年一月、イルクーツクにコミンテルン極東書記局が設立され、そのチベット・モンゴル部が以後モンゴルに対する指導を担当することになった。

白軍のウンゲルンはボグド・ハーン政権の復興をかかげ、二一年一月、中国軍を追い出してクーロンを占領、二月、ボグド・ハーンを復位させた。

白軍のモンゴル侵攻という新たな事態に直面して、モンゴル人民党は一九二一年二月初めから義勇兵を募り、人民義勇軍を組織した。二一年三月一〜三日、モンゴル人民党の第一回党大会がロシア・モンゴル国境のロシア側の町で開かれた。大会が承認した党綱領は、将来のモンゴル人民の統一国家形成、当面の中国支配打倒と自治外モンゴル国家再興、をかかげた。大会は中央委員会を設置して委員を選出し、コミンテルン執行委員会に対して常駐の代表をモンゴル人民党中央委員会に派遣するよう要請した。このように、モンゴル人民党は当初から国際共産主義運動と深く関係し、コミンテルンの指導のもとに出発していた［小貫 一九九三 一八四頁］。また人民党大会は、臨時人民政府の樹立を宣言し、三月十三日に臨時人民政府を組織した。そして四〇〇〇人ほどの義勇軍が、三月十八日、露蒙国境の町キャフタを攻略し、クーロンを追われてそこに集結していた中国軍を排除した。

六月、七〇〇人ほどの人民義勇軍は、一万人のソビエト・ロシアの赤軍とともに、キャフタ攻撃を仕掛けた一万一千人ほどのウンゲルン軍を撃退した。こうしてキャフタでウンゲルン軍を破ったモンゴル臨時人民政府は、首都クーロンへの進軍をおこない、七月六日からクーロンに入城した。七月十日、臨時人民政府はボグド・ハーン政府を接収、外モンゴルの二つの政府を合わせたモンゴル人民政府を成立させた。国家元首は依然として活仏ジェブツンダンバ・ホトクトであった。ウンゲルンの白軍は壊滅していった。

十一月、モンゴル人民政府とソビエト・ロシアのあいだでソ蒙友好条約がむすばれ、ソビエト・ロシア政府はモンゴル人民政府をモンゴルにおける唯一の合法的政府として承認した。モンゴル人民政府は西部での白軍との戦いにも勝利し、一九二二年初めまでに外モンゴル全土を制圧した。モンゴル人民党は、のち一九二四年にモンゴル人民共和国を樹立する（後述）。

軍閥間の戦争⑴ 北京政府

一九二〇年二月、曹錕を首領とする直隷派軍閥は、張作霖の奉天派軍閥ともむすんで反安徽派八省同盟をつくった。そして七月十四～十七日、直隷派と政権をにぎる段祺瑞・安徽派軍閥とのあいだで安直戦争が戦われた。戦闘では、曹錕の部下で師団長の呉佩孚が率いる直隷軍の活躍があり、安徽派が敗れた。段祺瑞は七月十九日に下野し、安徽派は北京政権から一掃された。

八月初め、曹錕、張作霖、徐世昌は次の点で合意した。

(1) 曹錕を直隷・山東・河南三省巡閲使と改め、呉佩孚を同巡閲副使とする
(2) 国家の大計に関することは曹錕、張作霖の同意をえてからおこなう
(3) 東三省、直隷・山東・河南巡閲使の管轄範囲内における人事、行政などについては中央政府は干渉できない

ここに曹錕と張作霖が実権をにぎる直隷派と奉天派の連合政権が生まれた。この連合政権（北京政府）は同二〇年末新国会を解散した。

一九二一年五月、原敬《たかし》内閣は、張が東三省で勢力を固めるに対しては援助すべきだが、中央政界に野心を遂げるために日本に助力をもとめるに対しては支援しないことを閣議決定した。

一九二二年二月、ワシントン会議で中国に関する九ヵ国条約が調印され、それをうけ入れた日本は、同月、中国とむすんだ山東懸案解決条約にもとづいて山東省の利権の中国への返還をおこなった。ここに日本のシナ（中国本土）に対する帝国主義的政策は打ち切られた。

北京政府内の直隷派と奉天派は対立を深め、二二年四月二十六日～六月十八日、両派は第一次奉直戦争を戦った。北京西郊の長辛店での五月初めの決戦で、呉佩孚の率いる直隷軍が張景恵率いる奉天軍を打ち破り、それにより奉天軍の敗走がはじまった。五月十二日、張作霖は満洲へ退く途次に東三省の独立を宣

言し、五月下旬、奉天軍をすべて山海関以北に撤収させた。直隷軍は長城を越えて満洲へ進攻しようとしたが、日本軍との戦争になることを恐れて停止、六月十八日に停戦協定が調印された。この第一次奉直戦争の際、日本は内政不干渉政策をとった。以後、北京政府は直隷派の独占となった。ここに中国は事実上三つの政府（北京、広東、奉天）をもつ事態となった。

北京政府では、二二年六月二日、徐世昌が呉佩孚の圧力をうけて辞職し、六月十一日、黎元洪がふたたび大総統に就任した。そして八月、旧国会第一回集会が北京で開かれた。

同二二年八月、ソビエト・ロシアは特命全権大使としてヨッフェを中国に派遣した。北京に到着したヨッフェは、カラハン宣言にのっとって協議を開始し、条約をむすんで国交を樹立したい旨の覚書を外交総長顧維均に提出した。北京政府側は、「まず先に懸案を議論し、それから通交を議論する」の方針のもとに、東支鉄道、外モンゴルなどの懸案解決後に国交を樹立するとした。中ソ交渉がはじまり、ヨッフェは、東支鉄道の権益取得をあらためて要求し、北京政府は、ソビエト・ロシア軍が二一年六月に外モンゴルに侵入してモンゴル共和国を組織したことに抗議した。このため中ソの交渉は頓挫し、ヨッフェは交渉を断念すると、無償で東支鉄道を返還するという第一次カラハン宣言を否認し、ソビエト・ロシアとモンゴルとのソ蒙友好条約（二一年十一月締結）は中華民国の主権を侵していない、と宣言した。

一九二三年にはいり、四月から曹錕は黎元洪の追い落としをはかり、五月十四日、黎は辞職を表明した。そして十月、曹錕が議員買収選挙によって国会で大総統に選出された。

軍閥間の戦争(2)　広東軍政府

南の第一次広東軍政府では、一九二〇年五月、主席総裁岑春煊《しんしゅんけん》と陸栄廷らの江西派の独断専行に反発した唐継尭（雲南軍閥）、唐紹儀、伍廷芳《ごていほう》の三総裁が、広東軍政府を離脱した。これら三人、そして旧国会両院正副議長および約二〇〇人の議員が広州を離れて上海へ移り孫文に合流すると、一九二〇年六月、孫文、唐継尭、唐紹儀、伍廷芳は、広州の軍政府の正統性を否定する通電を四総裁名義で発した。

八月、安直戦争の翌月、福建南部にいて広東軍を率いる陳炯明と、陸栄廷・広西軍とのあいだで粤桂《えっけい》戦争（広東・広西戦争）が起きた。これは十一月二十一日に広東軍の勝利におわり、広西軍は広東から駆逐された。陸栄廷が敗北したため広西省内は混乱して、劉震寰《りゅうしんかん》（もと中国同盟会員）、沈鴻英《ちんこうえい》、さらに新広西派と呼ばれる李宗仁、白崇禧《はくすうき》、黄紹竑《こうしょうこう》らが自立した。

広東を奪回した陳炯明は、自らは広東の支配者とならず、孫文を大元帥として迎え入れた。そこで孫文が上海から広州に到着し、十一月二十九日、第二次広東軍政府を成立させた。孫文は陳炯明を広東省長、広東軍総司令、軍政府陸軍総長、内務総長の四役に任じた。だが、孫文は一貫して広東を拠点として武力による全国制覇を目指す方針であるが、陳炯明の方は広東における自治、全国の自治連邦化をめざしており、二人は対立していく。

一九二一年にはいると、四月、孫文は広州で国民党系の旧国会議員を招集し、二二〇余人の議員が出席した広州国会は、五月四日に軍政府を解消し、五月五日に中華民国組織大綱を可決して、孫文は「臨時」ではない「正式」の大総統に就任した。しかし「非常大総統」と俗称された。六月、広西軍が広東に進攻、ふたたび粤桂戦争となったが、またしても広西軍が敗北し、陸栄廷は七月に下野を宣言して仏領インドシナに去った。

十月八日に非常国会が孫文の北伐案を可決した。そこで十月十五日、孫文は広東軍の駐留する広西省南寧に向かった。

翌一九二二年の四月二十一日、第一次奉直戦争に合わせて北伐を敢行しようとする孫文は、北伐に反対する陳炯明の広東省長、広東軍総司令、内務総長の職を解き、陸相のポストだけを残した。北京では六月十一日に黎元洪が大総統に就任し、旧国会の復活をきめた。これは陳炯明にとってチャンスであった。孫文の権威は、広州に集まった旧国会議員が選出した臨時の総統職であった。しかし北京で正式の国会が開かれ、広州に集まった国会議員も参加するとなれば、その旧国会議員が開いた非常国会の正統性がなくなるからである［横山 二〇一七 一二四頁］。広西にいた陳炯明の広東軍は続々と広州にもどり、広州を制圧した。陳炯明の反乱、クーデタである。

このとき陳は次の大義をかかげた。「旧国会が回復した。ここに護法は終焉を告げた。広東軍将校兵士は一致して孫文の下野を要求する」［横山 二〇一七 一二四頁］。孫文は珠江に浮かぶ軍艦に避難し、しばらくそこから抵抗していたが、八月九日に広州から離れ、上海に向かった。

次いで孫文は、陳炯明を広州から追い出すことを画策した。その策は、広東外の軍閥を動員することであり、彼は香港の華僑から集めた資金を雲南と広西の軍閥に渡した。二二年十二月、雲南軍の楊希閔《ようきびん》と范《はん》石生《せきせい》、広西軍の劉震寰と沈鴻英が広東に進攻した。これが西路軍である。また孫文は東路軍として福建を支配していた許崇智（もと同盟会員、中華革命党員）の軍を福建から発出させることができた。そして西路軍が翌一九二三年の一月、陳炯明軍を破って広州を占領した。陳炯明は近くの恵州に撤退し、広東東部を支配した。

そして二月、孫文がまたも上海から広州にもどり、翌月、陸海軍大元帥大本営を再建し、これを第三次広東軍政府とした。第一次・二次の広東軍政府は非常国会によって政権が組織され、孫文は大元帥、非常大総統に選出されるという合法的手続きをおこなっているが、第三次では何の議会的承認もなく、孫文が自らの権威で軍政府を樹立した。そして軍政、内政、財政、建設、外交の各部長や広東省長、広州市長などには、おおむね中国国民党員を任命した。ようやく孫文は、自身に忠実な党員により中央・地方政府を組織することができたのである。

しかし、この第三次広東軍政府において、孫文が思うように動かせる軍事力は彼配下の許崇智の福建軍だけである。福建軍は二三年春に陳炯明軍を攻撃したが、逆襲にあい、大敗してしまった。

二　共産党の創立と国民党一全大会

中国共産党の創立

新文化運動を進めていた李大釗は、ロシア革命の影響をうけて一九一八年に北京大学にマルクス主義研究会をつくり、陳独秀もこれに参加し、彼らは共産主義に傾斜した。一方、胡適らは自由主義にとどまったため、新文化運動を推進した改革者たちは分裂した。一九一九年の五・四運動後、上海にもどった陳独秀は、上海でマルクス主義研究会をつくった。

一九二〇年初め、レーニンの指示によって、コミンテルン極東部長ヴォイチンスキーが共産主義運動を展開するため中国に派遣された。八月、彼は李大釗の仲介で陳独秀と上海で会い、中国共産党（コミンテルン中国支部）の結党を働きかけた。陳独秀、李大釗らはコミンテルンの指導をうけ入れ、共産党の結成をきめた［松丸道雄ほか編 二〇〇二 一四五頁］。同八月、陳独秀は、ヴォイチンスキーの助けを借りて上海に最初の共産主義グループを結成した。

その後一九二一年春までに北京、漢口、長紗、広州、済南に共産主義グループが結成された。そしてヴォイチンスキーが日本に行ったので、民族・植民地問題担当書記マーリンが同年六月にコミンテルン代表として中国に派遣されてきた。マーリンは、各地の共産主義グループをまとめて共産党を創設することを説いた。

そして一九二一年七月、上海、北京、済南、武漢、長紗、広州、日本の共産主義グループの代表一三人が上海に集まり、マーリンも加わって中国共産党第一回全国代表大会（一全大会と略す）を開き、陳独秀を総書記に中国共産党が創立された。

こうした経緯が示すように、中国共産党の創立とは、コミンテルンがコミンテルン中国支部を設置した、ということである。そしてコミンテルンは中央集権的な国際組織であり、各国支部は中央の指示や指令に従う義務がある。

中国共産党（中共と略す）一全大会の参加者一三人は張国燾《ちょうこくとう》、董必武《とうひつぶ》、毛沢東《もうたくとう》、周仏海《しゅうふつかい》らであるが、陳独秀は広州、李大釗は北京にいて出席していない。このときの党員はまだ全部で知識人を主体とする五七人にすぎなかった。大会が採択した党綱領は、資本主義の打倒、プロレタリア独裁の採用、生産手段の社会的所有を目標とし、ブルジョア知識階級およびその他類似党派とはいっさい関係を断つ、としている。

他方、新文化運動は、二二年に『新青年』が停刊となっておわった。

「国共合作」

一九二一年十一月にはじまったワシントン会議は、孫文の希望に反して、広東政府ではなく北京政府を中国代表として招いた。これ以後、孫文はソビエト・ロシアに接近する。

一九二一年十二月、第二次広東軍政府陸海軍大元帥であった孫文は、桂林でコミンテルン代表マーリンと会談した。孫文はもとから西欧の議会制民主主義には批判的であり、マーリンが勧めたロシア共産党式の党組織や、党独自の軍隊の建設に賛同したとされる。

一九二二年三月、マーリンは中共の指導者を杭州に集め、中共党員が中国国民党に個人として加入して活動するという「党内合作」方式を提案した（合作とは協力のこと）。その理由は、国民党はブルジョアの党ではなくすべての階級の連合党であり、したがってプロレタリアートは国民党に加入し、それを革命の推進力に変えなければならない、というものであった。陳独秀らは、プロレタリアートの運動はその独立を無条件に堅持しなければならない、としてこれに反対した。なお共産党は、自らをプロレタリアート（労働者階級）の政党と自己規定している。

同二二年の七月に中共二全大会が開かれ、大会は中共がマルクス・レーニン主義にもとづく共産主義の党であることを明らかにし、コミンテルンに加入しコミンテルンの一支部になることを決定した。すなわち追認した。また党規約を制定し、陳独秀、李大釗ら五人を中央委員に選出し、陳が総書記に就任した。

そして採択した大会宣言は、労働者、貧農および小資産階級の連合戦線を結成することを提唱し、この連合戦線のなかにあって闘う次のような七ヵ条の目標をかかげた。

(1) 内乱の消滅、軍閥打倒、国内平和の建設
(2) 国際帝国主義の圧迫排除、中華民族の完全な独立
(3) 中国本部（東三省をふくむ）を統一して真の民主共和国となす
(4) 蒙古、チベット、新疆の自治を実行し真正な民主共和国となす
(5) 自由連邦制を採用し、中国本部、蒙古、チベット、新疆を統一して中華連邦共和国を建設する
(6) 労働者および農民は、男女を問わず各級議会において制限のない選挙権をもち、言論、出版、集会、結社、ストライキの自由を有す
(7) 労働者、農民および婦女を保護する法律を制定する

この二全大会では、国民党と対等な関係で統一戦線を組むことが決議されたが、それは孫文の許容するところではなかった。

マーリンは中共二全大会ののちモスクワにもどり、党内合作方式をコミンテルン執行委員会の正式決定として取りつけ、二二年八月、杭州で開かれた中国共産党中央委員会で採用させた。コミンテルン支部である中共がコミンテルン執行委員会の命令に背くことはできなかった（二三年六月の中共三全大会がこれを正式に決定（すなわち追認）した）。

その直後の二二年八月二十五日、ソ連政府特命全権大使のヨッフェが派遣したマーリンと中共を代表する李大釗が、上海に逃れていた孫文と会い、李大釗が党内合作を提案し、マーリンがソ連の軍事援助を約束した［北村 二〇一一 四三～四四頁］。孫文は、国民党の方針である三民主義を尊重することを条件に李大釗の提案をうけ入れた。ソ連からの援助と引き換えに中共党員の個人としての国民党加入を認める、「連ソ・容共」方針の決定である。六月の陳炯明の反乱で忠実な軍隊の必要を痛感した孫文が、軍事援助を約束するソ連政府の接近にためらうことなく応じたのである［北村 同前］。

ヨッフェは、まだ上海に逃れていた孫文と一九二三年一月二十二日から上海で会見し、一月二十六日、孫文・ヨッフェ共同宣言が発表された。宣言は次の四項目であった。

(1) 共産組織やソビエト制度は中国に適用できないことに両者は同意し、孫文は中国の最大緊急課題は中国の統一と独立にあると言明し、この大事業達成のためソ連（一九二二年十二月に成立）は援助を送る

(2) ソ連は帝政ロシアがむすんだ露清条約（東支鉄道の締約をふくむ）を放棄する意志がある

(3) 東支鉄道は当面現状維持

(4) ソ連は外モンゴルに対し帝国主義的意図はなく、ソ連軍が即時撤退するにはおよばない

この取りきめの(3)(4)は、東支鉄道と外モンゴルの現状維持を認めたものであり、中華ナショナリズムに反するものであるが、孫文は、そうすることでソ連の援助を獲得したのである。一九二三年三月、ソ連共産党中央委員会政治局は、孫文に対し二〇〇万メキシコ・ドルの資金援助を供与し、政治顧問と軍事顧問を派遣することを決定している。実際の資金供与がはじまるのは一年後ではあるが。

同二三年の三月、前述のように孫文をいただく第三次広東軍政府が成立し、国民党の中央が広州に移り、共産党員の国民党加入も進んだ。

八月、孫文は、軍官養成学校設立の準備という目的もあって、蔣介石《しょうかいせき》を団長とする代表団をソ連に派遣した。代表団は三ヵ月滞在して、ソ連の軍事、政治、党務を視察した。このソ連訪問団の最大の成果として、ソ連の援助にもとづいて軍官学校および革命軍を創設することがきまった。

二三年十月、国民党改組委員に寥仲愷、汪兆銘《おうちょうめい》（字《あざな》（成人後つける別名）は汪精衛）、張継といった幹部と、共産党の李大釗が選ばれた。そして孫文の要請をうけてボロディンがソ連から広州に来、孫文は彼に党改組作業の支援を頼んだ。十月末、広州で孫文が委員を任命した国民党臨時中央執行委員会が設けられた。これまで国民党には定められた中央の意思決定機関はなく、孫文の決定が党の決定であったのが、ここで中央の意思決定機関が設けられたのである。そしてボロディンを中央執行委員会顧問にして、具体的な改組作業が進められた。

国民党一全大会⑴　党の改組

中国国民党第一次全国代表大会（一全大会と略す）が一九二四年一月二十日から延べ十日間にわたって広州で開かれた。一六五人の代表が参加し、そのなかには孫文以下、胡漢民、汪兆銘、寥仲愷ら国民党重鎮のほか、李大釗、李立三、毛沢東ら共産党員二四人もはいっていた。この大会が決議した重要事項は、⑴国民党の改組（党規約）、⑵党役員の選出、⑶黄埔《こうほ》軍官学校と農民運動講習所の設立、⑷大会宣言の承認の四つである。

⑴国民党の改組。国民党は、ソ連共産党にならった委員会制と民主集中制の原則にもとづいて組織され、最高機関は党員の選挙で構成される党全国代表大会（党大会）であり、その閉会中は党中央執行委員会である、とされた。中央執行委員は全国代表大会で選出される。だがそのリストは、孫文が選定推挙したものである。

党総理は選挙で選ばれるのではなく、孫文が終身国民党総理とされた。そして総理の孫文は党全国代表大会の主席であり、大会の議決に対して拒否権をもつとともに、中央執行委員会の議決に対しては最終決定権を保持するとされた。ここに孫文の個人独裁が認められたのである。

こうして中国国民党は、委員会制、民主集中制や党外団体に党細胞（支部）を設置するという、ロシア共産党の組織原理を採用するとともに、中華革命党以来の領袖独裁原則も維持したのである［深町 二〇一六 一八九頁］。

⑵党役員の選出。大会は胡漢民、汪兆銘、廖仲愷、李大釗ら二四名を中央執行委員、一七名を中央執行委員候補に選出した。そして大会につづいて開かれた一期一中全会（一全大会選出の中央執行委員会の第一回全体会議）は、廖仲愷、戴季陶、譚平山《たんへいざん》ら中央執行委員三名を常務委員に選出し、日常事務をまかせた。共産党員は、中央執行委員に李大釗、譚平山、于樹徳の三人、同候補委員に毛沢東、瞿秋白《くしゅうはく》ら七人が選ばれた。譚平山は、かつては同盟会以来の国民党員であったという経歴により、孫文や廖仲愷の信任をえていた。こうして「第一次国共合作」が成立したとされる。

対等な両党関係を意味する「合作」という語は中共側の用語であり、国民党側の用語では、共産党員を国民党にうけ入れたという「容共」である。

容共に関しては、当初から国民党内の意見が分裂していた。右派は、廂《ひさし》を貸して母屋を取られる危険を感じて共産党員の国民党入党に反対したが、孫文におさえ込まれた。孫文は一全大会の演説で次のように反対者をなだめ、説得した。「民生主義は、いわゆる社会主義、共産主義および集産主義をことごとくその中に包括しているのである。……露国の今日実行している政策（新経済政策のこと）のごときは実は純粋の共産主義ではなく、民生問題を解決するための政策に過ぎないのである。我党の同志諸君は、ここにおいて共産主義と民生主義とは毫も衝突するものでなく、範囲に大小あるのみであることを了解されるであろう」［中村 一九九〇 二一六頁からの孫引き］。民生主義は共産主義を包括する、などといういい加減な説明で反対者が引き下がるところが国民党であるといえよう。

新たな党中央執行委員会の各部のなかで、大衆の組織ととくに関係があるのは組織部、工人部、農民部であるが、組織部長には共産党員である譚平山が就任した。工人部長は廖仲愷であるが、兼職が多く、実権は共産党の馮菊坡《ふうきくは》にあった。農民部にあっては、共産党員の彭湃《ほうはい》が秘書の地位にあって大きな発言力をもった［中嶋 一九九六 九二頁］。

(3)黄埔軍官学校と農民運動講習所の設立。前者は国民党軍隊の幹部養成のための士官学校であり、国民党直轄下に置くとされた。軍官学校創設の準備委員会委員長には蔣介石が任命された。後者は農民運動の活動家を養成するためのものである。

国民党一全大会(2) 大会宣言

大会宣言の原案はボロディンが前年十一月から部分的に作成をはじめ、その後汪兆銘、胡漢民、廖仲愷、ボロディンの四人委員会により骨子が作成され、最終的に孫文の認可をえて大会初日、一月二十日に大会に提出された。そして大会は、大会宣言の原案を審査する審査委員会の選出を孫文の指名に一任することを決定し、孫文は九名の大会宣言審査委員を発表した。そのなかには李大釗ほか一名の共産党員、反共である二名の国民党西山会議派のメンバーもふくまれていた。一全大会は一月二十三日大会宣言を決議した。

大会宣言は、①中国の現状、②国民党の主義、③国民党の政治綱領の三段からなる。

①「中国の現状」の段では、辛亥革命以来の革命運動を反省、立憲派などを批判し、中国の活路は「国民革命」の遂行にある、としている。国民革命とは、国民諸階層の連合により中国を再統一し、豊かで強固な国家をつくる革命運動を意味するとされる［北村 二〇一一 三二頁］。また国民革命とは国共合作を基盤とした反帝国主義、反軍閥の「民族民主革命」であるとされるが［横山 一九九七 一二六頁］、孫文・国民党は独裁政権をめざしているのであって、それは「民主革命」などではない。

②「国民党の主義」の段において、国民党の主義は孫文総理の提唱した三民主義（民族主義、民権主義、民生主義）にほかならないとし、国民革命の遂行はすべてこの原則にしたがうべきである、とした。そしてそれぞれの主義に次のような解釈を加えている。

(1)民族主義。民族主義には二つの面の意義がある。一つは「中国民族」が自らの解放をもとめること。他は「中国」領内の各民族の一律平等である。そして第一の面について、軍閥は帝国主義と結託し、資産階級もまた帝国主義のおこぼれにあずかろうと狙っている。それゆえ、民族解放をもとめる国民党のうしろ盾とするのは多数の民衆、すなわち知識階級、農民、労働者、商人などにほかならない。国民党はさまざまな平民階級の組織を援助し、民衆と密接にむすびつかねばならない。これが「国民諸階層の連合」をつくり出すことである。第二の面については、「中国」国内各民族の自決権も承認し、帝国主義と軍閥に反対する革命が勝利したのちには、各民族が自由に連合した中華民国を組織すべきである。

大会宣言は、漢族、漢民族、漢人といった語句は一切もちいていない。「中国民族」が民族であるとし、文言「中国領内の各民族」では、中国は関内だけでなく満洲、モンゴル、チベットをふくむことになる。また、このときの孫文の政府、すなわち第三次広東軍政府は、軍事力として既述のように広西の軍閥と雲南の軍閥をかかえていた。それにもかかわらず大会宣言は、国民革命は軍閥に反対するものだと公言している。この点でも孫文は理論と現実との乖離に拘泥していない。

(2)民権主義。民権主義における人民の民権は、「間接民権」(代議制)と、選挙権(官吏の選挙もふくむ)、罷免権(リコール)、創制権(法律制定権)、複決(法律再審議権)の四権からなる「直接民権」である。民権運用の方法は孫総理の考案した五権分立を原則とする。五権分立は代議政治の行きづまりと選挙制度の弊害を正すものであり、また欧米の民権制度は「資産階級の独占するところとなり、平民を圧迫する道具となってしまっている」、といっている。さらに帝国主義と軍閥に忠誠をつくす者には自由と権利を享有させない、と宣言している。国民党の民権主義は人権天賦説にもとづく西洋的民主主義とは類を異にするものである。

(3)民生主義。民生主義は「平均地権」と「資本節制」の二原則である。平均地権(語義は土地に対する権利を均等化すること)の要旨は、国家は地主が申告した価格で所有地に課税し、必要なときにはその価格で買収できることである。資本節制(語義は資本の活動に規制を加えること)の要旨は、企業のうち独占的性格をもつもの、および私人の力では経営できないもの、たとえば鉄道航運など、については国家がこれを管理経営することだとしている。

そして民生主義について大会宣言は、小作人に転落した農民に対し国家が土地をあたえて資すべきであり、失業した労働者は国家が救済すべきであり、とくに労働法を制定して労働者の生活を改善すべきである、と主張している。国民革命は全国の農民、労働者の参加をえてはじめて勝ちを制するのであり、国民党は農民・労働運動の発展を全力をあげて助けねばならない、としている。

大会宣言で提唱された三民主義は、大半の歴史書で新三民主義とされている。それは、中国同盟会結成の頃の三民主義に比べると、民族主義は「滅満」から反帝国主義へと内容をまったく一新している。民権主義の内容は変わっていない。民生主義では資本節制が加わり、平均地権に小作人への土地提供が加えられ、労働者の生活改善が新たに主張され、農民運動、労働運動の発展が主張されている。しかし「旧」三民主義の民生主義同様に、私有財産制を否定するものではない。

三民主義を新と旧に分けるのは、毛沢東理論（『新民主主義論』一九四〇年）にもとづく共産党の見解であって、孫文、国民党の歴史観ではない。『新民主主義論』で毛は、一九一九年の五・四運動を境に、帝国主義支配と封建主義の抑圧をくつがえすための革命は、プロレタリアートの指導する革命的諸階級の連合による新しい民主主義革命でなければならないと主張した［野村浩一『現代中国事典』項目「新民主主義」］。また「新民主主義は、連ソ、容共、農労援助という三大政策をもつ三民主義である」、と同書で言っている。そして毛は、孫文を「新民主主義革命期」への橋渡しをした人物と位置づけた。

日本の高校教科書や多くの一般書は、大会宣言は「連ソ・容共・扶助工農の三大政策」を唱えたとするが、大会宣言にそのような文言はない。具体的にいえば、「連ソ」、「容共」、「扶助工農」をまとめて扱った箇所はないし、「連ソ」、「容共」という語自体使われていない。この三内容を国民党の「三大政策」としてもいない。「三大政策」という理解は、「新民主主義」とともに毛沢東の、すなわち中共の歴史把握である。

③「国民党の政治綱領」の段では政策を具体的に示している。すなわち、対外政策としては、第一に一切の不平等条約の廃棄をあげている。対内政策としては、次のことなどを唱えた。

(1) 中央と地方の関係は中央集権制、地方分権制のいずれにも偏らない均権主義
(2) 県を自治単位として確定、県で人民は直接民権を行使
(3) 普通選挙制を実施し、資産を基準とした階級選挙を廃止する
(4) 集会、結社、言論、出版、居住、信仰の完全な自由権

また政治綱領は施行方策として次のことをあげた。

(1) 憲政建設の過程順序を軍政の時期、訓政の時期、憲政の時期の三期に分ける
(2) 軍政期においては、一切は軍政のもとに隷属する
(3) 一省が完全に安定した日をもって、その省の軍政はおわり訓政が開始される。訓政期には、政府が要員を各県に派遣し、完全自治の県の実現、すなわち人民が県官吏を選挙して県の政治を執行し、議員を選挙して県の法律を制定するまで指導する
(4) 一省の全体の県がすべて完全自治に達した日をもって、憲政開始の時期とする
(5) この時期に中央政府は五院を設立し、立法院が憲法草案を議定する

(6) そして全国の過半数の省が憲政開始の時期に達したとき国民大会を開き、そこが憲法を制定、発布する。憲法発布後、中央統治権は国民大会がこれを行使する

(7) 憲法発布の日を憲政開始のときとし、全国国民は憲法にもとづいて全国総選挙をおこなう。かくて建国の大功が完成する

この施行方策によると、憲法草案を定めるのは選挙された国民の代表ではなく、独裁的中央政府が設立した立法院である。そして憲法を制定、発布するのは国民大会であるが、国民大会がどう組織されるかは記されていない。

三 国民政府の成立と蔣介石の台頭

一全大会直後(一九二四年春~夏)

国民党一全大会の三ヵ月後の一九二四年四月十二日、孫文は中国同盟会当時からいだいていた独特の革命路線を再確認する二五ヵ条からなる国民政府建国大綱を発表した。その主要点は次のとおり[大久保一九七一 一〇一頁による]。

(1) 革命の最後の達成は三民主義と五権憲法にもとづいた国民政府をつくることである(第一条)

(2) 革命の順序を軍政、訓政、憲政の三時期に分ける(第五条)

(3) 憲政開始にあたって中央政府は行政、立法、司法、考試、監察の五院を設け、国民に代わって五つの治権を行使する（第一九条）
(4) 憲法発布以前、総理は五院院長の任免権を有する（第二一条）
(5) 憲法草案は立法院で審議起草する（第二二条）
(6) 全国の地方自治制が完成したとき、国民大会を開いて憲法を制定する（第二三条）
(7) 憲法発布後、政権は国民党の手から国民の手に返される（第二四条、第二五条）

また孫文は、同じく一九二四年四月におこなわれた講演のなかで、政府の権力と人民の権利の関係について次のように述べた。人民には選挙権、罷免権、創制権、複決権の四つの「政権」がなければならないし、政府には行政権、立法権、司法権、考試権、監察権の五つの「治権」がなければならない。人民の四つの政権と政府の五つの治権を管理することこそ完全な民権政治の機関である。そして孫文は、人民の四権は地方自治の単位である県段階で直接行使され、国政レベルでは県代表各一名で構成される国民大会によって行使される、と説いた。

同一九二四年の六月、黄埔《こうほ》軍官学校が珠江の小島黄埔に設立された。その校長は蔣介石であった。そして国民党の廖仲愷と戴季陶がそれぞれ軍校駐在の国民党代表、政治部主任に就任した。そして共産党の葉剣英と周恩来がそれぞれ教授部副主任、政治部副主任に就任し、ソ連から派遣された軍事顧問団が教官に就任した。学校の維持費もソ連が負担した［カワカミ 二〇〇一 三五頁］。

この軍官学校では、三民主義とマルクス主義の両方が教えられた。また開設にあたり、ソ連から資金と銃砲、弾薬が提供された。軍隊に対する党の指導性を確保するため、党代表制度が設けられた。これは党が各軍に代表を派遣し、あらゆる軍の行動に党代表の承認を義務づける制度である。こうして国民党は軍閥と決別して、軍閥とは性格のことなる独自の軍事力をつくりはじめた。軍官学校は一九二六年の第四期までつづき、総数約五〇〇〇人の卒業生を出した。

また農民運動講習所も七月に開設され、二六年十月に終了するまで六期計七五〇人を超す卒業生を出した。その所長には共産党員も就任し、毛沢東が第六期の所長であった。

二四年七月、胡漢民が中央執行委員会の上位組織として政治委員会を設立することを国民党中央執行委員会で提案し、それが可決された。政治委員会の権限は党務と政治外交問題の二つに分かれ、党務に関しては政治委員会が最高決定機関であった。政治外交に関しては、総理あるいは大元帥の決定を執行する機関にとどまったことで、孫文自身が最高決定機関となったのである［横山 一九八三 一九八頁］。孫文は、政治委員会のメンバーに主席孫文をはじめとして、胡漢民、汪兆銘、寥仲愷、譚平山（共産党員）ら七名を選び、ボロディンを高等顧問とした。この八人で国民党の最高機関を構成したのであった。

八月、孫文は民生主義について広東大学で講演し、次のように述べた。「社会が進化するのは社会の大多数の経済利益が調和するからである。社会の大多数の経済利益が衝突するからではない。……階級闘争は社会が進化する際に発生する病気である。マルクスは社会問題を研究して、社会進化にともなう病気を見出しただけで、社会進化の原理を見出していない。それゆえマルクスは社会病理家といえるだけで、社会生理家とはいえない」［北村 二〇一一 三三頁から孫引き］。このマルクス批判が示すように、孫文の思想、民生主義は、階級闘争が社会進化をうながすとするマルクス主義とは相反する思想であり、孫文は階級闘争理論を否定していた。

一九二四年五月三十一日、ソビエト連邦政府を代表するカラハンは、北京政府を代表する顧維均とのあいだで、中ソ協定（北京協定）と東支鉄道に関する暫定管理協定をむすんだ。前者でソ連と中華民国の国交が樹立され、またソ連政府は外モンゴルが完全に中華民国の一部であることを承認し、その領土内での中華民国の主権を承認した。これは二一年のモンゴルとの友好条約とは矛盾した外交政策である。後者は東支鉄道の中ソ共同経営を取りきめた。

だが共同経営とはいえ、ソ連人の管理局長が実権をにぎる仕組みになっていた。一方でソ連は、東支鉄道を実質的に管理下に置く奉天派とも奉ソ協定（奉天協定）を九月にむすんだ。その内容はカラハンと顧維均の二つの協定とほぼ同じである。

外モンゴルでは、一九二四年三月にジェブツンダンバ・ホトクトが死ぬと、五月二十日、モンゴル人民党はその転生《てんしょう(てんせい)》は認めず、活仏元首制を廃して人民共和国制へ移行することを決定した。

モンゴル人民党は、八月の第三回党大会で社会主義国家をめざす方針を打ち出した。以後、旧王公勢力や仏教界に対する財産没収、遊牧民の強制集団化がはじめられ、外国商館は閉鎖され、漢人商人は国外へ追放された（集団化は各地での反乱を引き起こしたため三二年にいたって中止）。十一月、国号はモンゴル人民共和国に変えられた。人民党も、党名をモンゴル人民党からモンゴル人民革命党へと翌年三月の中央委員会で改名した。

他方日本では、一九二四年六月に幣原喜重郎が外相に就任して、いわゆる幣原外交がはじまったが、その中国政策は次の三点を標榜した。

(1) 満洲はまったく中国領土の一部であることを認める

(2) 内政不干渉

(3) 経済開発による日中提携

そして日本は、満鉄による北満への鉄道建設を主とする対ソ北満政策をとっていた。すなわち満鉄は、一九二四年四月から満洲政権とのあいだで洮斉《とうさい》鉄道（洮南～チチハル（斉斉哈爾））建設に関する交渉をはじめており、その結果満洲政権は、日本側が奉海鉄道（奉天～海龍）の建設権を放棄して、それの満洲政権による建設を認めることを交換条件に、満鉄による洮斉鉄道建設を承認した。そこで満鉄は、洮斉鉄道を若干短縮した洮昂《とうこう》鉄道（洮南～昂昂渓）建設契約を満洲政権とむすび、八月、日本政府は閣議でこれを承認した。洮昂鉄道により、満鉄経営路線は北満の東支鉄道近くまで延びることとなる。

軍閥間の戦争(3) 北京政府（続）

奉天派、安徽派、それに孫文率いる広東政府は、協力して直隷派北京政府を打倒することを約束し（反直三角同盟）、一九二四年九月十五日、奉天軍が南下して直隷軍との戦闘をはじめた（第二次奉直戦争）。奉天軍と呉佩孚が率いる直隷軍は山海関付近で激戦を展開した。そんななかで、北京北方から長城へと北上中の直隷軍の馮玉祥が突如反旗をひるがえして直隷派を離脱し、反転して、十月二十三日、北京を占領し大総統曹錕を幽閉した（北京政変、曹は二六年に釈放され引退）。翌二十四日、馮玉祥は政変に参加した他の部隊も合わせて国民軍とした。そして馮は国民軍を率いて東に向かった。

北京政変という直隷派内部のクーデタが起きた原因は、呉佩孚が馮玉祥を冷遇して兵士を養う十分な地盤をあたえず、第二次奉直戦争がはじまると、呉は軍費を充分にあたえずに馮を奉天派と戦わせようとしたことにある［北村 二〇一一 八六頁］。この第二次奉直戦争に際し日本では、閣議は張作霖を援助して軍事介入すべきとの意見が大勢を占めたが、幣原外相はひとりこれに反対し、介入をはばんだ。

十月二十八日、奉天第二軍が冷口の長城線を突破し、約五〇キロ南の灤州《らんしゅう》を占領した。これで山海関方面の直隷軍主力は包囲され、直隷軍主力と北京に向かった呉佩孚軍は分断された。三〇日に奉天軍は山海関を突破し秦皇島にはいった。かくて三十一日までに山海関から唐山に至る広い範囲で直隷軍は抵抗力を失った。一方、馮玉祥の国民軍が呉佩孚軍を攻撃し、十一月三日、呉軍は降伏して戦争はおわった［戦闘経過は杉山 二〇一二 二五〇〜二五一頁による］。

十一月五日、馮玉祥は清朝優待令を取消し、次のような清室優待条件を公布した。⑴皇帝の称号は廃止する、⑵中華民国は清室に年間五〇万元を支給する、⑶紫禁城から出ること、⑷清室の私産は保護するが公産は民国政府の所有とする。かくて同五日、溥儀は紫禁城から追い出された。溥儀はイギリス公館やオランダ公館に庇護を申し出たが拒否され、十一月二十九日に日本公使館に逃げ込み、日本政府の庇護をうけることになった。そして翌年二月、日本政府の勧めにより天津市の日本租界に移った。

二四年十一月二十四日、張作霖と馮玉祥の推挙により、下野していた段祺瑞が臨時執政に就任して臨時執政政府を組織した。しかし段祺瑞は張と馮の勢力均衡のつなぎ役でしかなかった。張と馮が勢力を伸ばした。

直隷派に謀反し奉直戦争に勝利した馮玉祥は、大義名分をえるため革命の先達孫文をかつぎ出すことにし、孫文に北上を要請した。反直三角同盟（奉天派・安徽派・孫文派）にもとづいて孫文がそれにこたえ、十月二十七日に北上の意思を馮玉祥に伝えた。そして孫文は、十一月十日、中国国民党総裁の名で北上宣言を発表した。この宣言は、帝国主義とむすびついた直隷派を批判して不平等条約の撤廃を主張するとともに、各界団体や安徽派、奉天派などの「友軍」と中国国民党による国民会議の開催を提唱した。

孫文は十二月四日に北京に着くが、彼の北上と並行して、中共は国民会議の促進会を上海など各地で組織していった。また途次、船便の都合で孫文は神戸に寄るが、そこでの有名な「大アジア主義演説」で、「あなたがた日本民族は、……西方覇道の手先となるのか、それとも東方王道の防壁となるのか、それはあなたがた日本国民の……選択にかかっているのです」と言っている。

一九二五年初めの中国の勢力地図をみると、満洲から直隷の東部、山東、江蘇にかけて北部の沿海部は張作霖が支配し、チャハル、綏遠から甘粛にかけての西北部、直隷西部、河南にかけては、チャハル省都張家口に本拠を置く馮玉祥が支配した。張作霖は日本に支援され、馮玉祥の方は東支鉄道をめぐって張作霖と対立したソ連から支援をえていた。一九二四年から二年間のソ連の馮への援助額は、国民政府に対する援助額に近いものであった。北には張、馮のほかに山西の閻錫山がおり、長江沿岸には湖北の蕭耀南《しょうようなん》、浙江の孫伝芳《そんでんぽう》など直隷系諸将が残っている。南方は広東、広西とも次項でみるように戦火のなかにあった。呉佩孚は下野を宣言して湖南に退いたが、国民軍に湖南からも追い出された。

一九二五年十月、奉天派の進出を脅威と感じた直隷派の浙江督弁孫伝芳は、浙江、江蘇、安徽、江西、福建の反奉天派勢力の代表を杭州に集めて会議を開き、同盟をむすんだ。その会議は孫伝芳を五省連合軍総司令に推戴した。五省連合軍が奉天派の山東、江蘇両督軍へ攻撃を開始すると、張作霖は奉天軍に江蘇北部、山東省に近い徐州まで撤退するように命じ、さらに十一月上旬、五省連合軍が徐州を攻撃すると、そこからも撤退した。連合軍はそれ以上北に向かわず、江蘇、安徽から奉天派を駆逐したことで戦いをやめた。

呉佩孚も漢口で奉天軍討伐に乗り出した。奉天軍では、十一月上旬、奉天軍が孫伝芳との戦いで苦境にあったとき、郭松齢《かくしょうれい》が突如反旗をひるがえし、郭は馮玉祥とむすんで張作霖に下野を要求する通電を発し、山海関に進撃した。通電とは、広く各地に電報を送ることで、新聞がこれを転載する。張作霖と馮玉祥が対立したのをみて、十一月、呉佩孚は張作霖と和解した。十二月五日、郭軍部隊が遼河をはさむ営口対岸に到着して張軍を撃破した。

すると十二月八日、関東軍白川司令官は、郭軍と張軍に対し南満洲鉄道沿線の両側三〇キロ以内においては軍事行動を許さないと通告した。満鉄線は奉天の西側から南に延びており、この声明は郭軍の奉天への進撃を妨げるものであった。この関東軍の介入で張作霖軍は立ち直りの時間をあたえられ、吉林省と黒龍江省の軍隊を南下させることにした。だがソ連人管理局長が東支鉄道での兵力輸送をこばんだ。そこで張軍は日本が建設中の洮昂鉄道を利用して南下した。十二月末、張軍は郭軍を打ち破り、郭松齢は逃亡途中で逮捕されて銃殺された。

その後、張作霖、呉佩孚、山西の閻錫山らは連合し、張作霖が馮玉祥を攻め、二六年四月までに天津、北京を占領した。同四月、段祺瑞は臨時執政を降り、張作霖と呉佩孚の話し合いで北京政府は執政内閣に組織された。馮玉祥は、一九二六年一月に下野し、西北軍の指揮を部下にゆだねた。そして五月にモスクワに到着し、同月、国民党への加入を宣言した。彼はその後三ヵ月ソ連に滞在し、ソ連からの支援を取りつけている。

軍閥間の戦争(4)　国民政府の成立

広西省は、陸栄廷、沈鴻英、そして国民党系の李宗仁らの三勢力が三分していた。一九二四年四〜九月、沈鴻英軍、李宗仁軍が共同して陸栄廷を破り、敗れた陸は下野を宣言し、以後政界に返り咲くことはなかった。広西は北部一帯が沈鴻英、南部から中部にかけては李宗仁らが支配することになった。一九二五年一月末〜二月中旬、沈鴻英軍と李宗仁らの軍は戦い、李らが勝ち、沈は香港に逃れた。この戦いの最中に唐継尭の雲南軍が広西にはいり、二月二十五日に南寧（広西省都）を占領した。

同二月、国民党独自の二つの軍隊、すなわち黄埔学生軍（黄埔軍官学校軍ともいう）と許崇智が率いる広東軍は、広東東部を支配する陳炯明軍への第一回の東征に出発した。広西軍（劉震寰《りゅうしんかん》）と雲南軍（楊《よう》希閔《きびん》）は東征に加えられたが進撃せず、事実上東征不参加であった。黄埔学生軍とは、前年十〜十二月に黄埔軍官学校の教職員を上級士官とする数千人規模の模範部隊として成立し、十一月に卒業した第一期生の多くを配属したものである。第一次東征は、三月に陳炯明の本拠地である汕頭《スワトウ》を占領しておわった。

孫文は一九二四年十二月に北京に来たが、北京到着と同時に入院して肝臓がんの手術をうけ、病状は絶望的であった。一九二五年二月、孫文の病床に集まった国民党の幹部たちは孫文死後の体制について検討し、孫文を唯一の指導者としてきた大元帥府を合議制に改めるとの方針をきめた。

一九二五年三月、孫文は次の遺嘱（死者の生前の頼み）を残して北京で病死した。「現在、革命はいまだ成功せず。およそ我が同志たる者は余が著した『建国方略』、『建国大綱』、『三民主義』および『第一回全国代表大会宣言』に沿って、引きつづき努力し、その貫徹をめざせ」。

同年五月、国民党一期三中全会は、「総理の遺嘱に示されたすべての遺教（死者が生前に残した教え）

を全面的にうけ入れ、同士全員と共に必ず指示どおりにおこなうことを誓う」、と決議した。孫文の遺教に無条件に従うことを誓ったのである。

広東では、広西に侵入した唐継尭の雲南軍の東進に呼応して、広西軍の劉震寰、雲南軍の楊希閔の部隊が広州近辺を制圧した。広東東部にいた国民党軍は、許崇智の広東軍を陳炯明軍に対する防衛のため残し、六月十一〜十二日、蔣介石が率いる黄埔学生軍が広州の劉震寰、楊希閔軍に総攻撃を加えて両軍を撃滅した。劉・楊軍壊滅の六日前、広西で唐継尭の雲南軍も李宗仁ら新広西派軍によって滅ぼされた。一方、許崇智の広東軍は陳炯明と妥協し、汕頭を中立地帯とすること、広東東部で国民党党務に干渉しないことを条件に、六月中旬、広州に引き揚げた。

劉・楊両軍壊滅という成果を待って、国民党政治委員会は国民政府の設置と、政治上の方針については政治委員会が決定し国民政府の名においてこれを執行する、との方針を決定した。そして国民政府組織法が制定され、七月一日、国民党中央執行委員会が広州で中華民国国民政府の成立を宣言した。

国民政府組織法の第一条は、「国民政府は中国国民党の指導および監督をうけ、全国政務を掌理（取扱い処理）する」とあり、国民政府は、国民党の指導下に「全国政権」をめざす権力として組織された〔西村 一九九一 九三頁〕。この広州国民政府は、汪兆銘、廖仲愷、譚延闓、許崇智、林森、胡漢民ら有力者一六人が政府委員となった。うち上記六名が常務委員で、政府主席は汪兆銘である。そしてコミンテルン派遣のボロディンが政府最高顧問となり、連ソ・容共政策が維持された。七月六日には政府軍事委員会が成立、汪兆銘が主席となり、蔣介石が八人の委員のひとりとなった。国民政府の成立によって、ここに記名した有力者たちによる国民党の集団指導体制ができあがったわけである。

五・三〇事件・国民政府による広東統一

一九二五年五月一日、広州で第二回全国労働大会が開かれ、この大会で中華全国総工会が生まれた（総工会の「工」は工人（労働者））。参加組合数は一六六、傘下労働者は五四万人である。総工会の委員長の林偉民、副委員長の劉少奇《りゅうしょうき》、書記長の鄧中夏《とうちゅうか》はいずれも共産党員であった。

上海の日本人経営の紡績工場で、一九二五年二月から中国人労働者と会社側のあいだで争議がつづいた。そのさなかの五月十五日、日本人監督官が争議のリーダーを射殺するという事件が起きた。共産党中央はこの射殺を重視し、二十八日の緊急会議で三十日に上海租界において反帝示威運動を組織することを決定した。そして五月三十日、上海租界で二〇〇〇人余の学生が「租界を回収せよ」、「日英の帝国主義に反対する」、「不平等条約を取り消せ」、と叫びながらデモ行進し、多くの学生が逮捕された。これを見ていた群衆一万余が、被逮捕者の釈放をもとめてイギリス租界（共同租界の一部）の警察署に押しかけると、イギリス人警官が発砲し、死者一〇人が出た。

この五・三〇事件をきっかけに、五・四運動に次いでふたたび反帝国主義運動が盛り上がった。とくに盛り上がったのは「国共合作」下の広州とそれに隣接する香港であった。そこでは省港ストライキ（省は広東省、港は香港を指す）と呼ばれる海運労働者の大ストライキが六月にはじまり、広州国民政府の全面的支援をうけて［小島・丸山 一九八六 一一〇頁］中共の指導下で［中嶋 一九九六 九六頁］一年以上つづくことになる。

二五年八月二十日、廖仲愷が暗殺された。事件当日の午後、国民党政治委員会が開かれて対策を協議し、汪兆銘、蔣介石、許崇智の三名が政治、軍事、警察の全権を掌握する特別委員会が組織された。この委員会の調査で、廖仲愷暗殺教唆の嫌疑が胡漢民（外交部長）の従兄と広東軍総司令許崇智（軍事部長兼広東省長）の部下におよんだ。そこで九月、国民党政治委員会は胡漢民を外交使節の名目でモスクワに送り出し、許崇智の全職務を解任した。胡漢民は汪兆銘の政治上のライバルであり、許崇智は蔣介石の軍事上のライバルであった。ここに集団指導体制は崩壊し、汪兆銘、蔣介石の協調体制が出現した。

廖仲愷暗殺事件にけりがつけられると、国民政府は所属する軍隊を黄埔学生を中核とする「国民革命軍」に統一編成した。黄埔学生軍が国民革命軍第一軍となり、その軍長は蔣介石である。以下、譚延闓の第二軍、一九二一年から孫文のもとに加わり国民党に加入した朱培徳が軍長の第三軍（朱の滇軍を改組）、黄埔軍官学校の指導者のひとりであった李済深率いる広東軍の第四軍、李福林の第五軍の全五軍での編成であった。

十月、国民政府は蔣介石を総司令とする国民革命軍による第二次東征をおこない、恵州に集結していた陳炯明軍を壊滅させた。またこのとき南征も進め、翌一九二六年二月に粤南軍閥鄧本殷《とうほんいん》の部隊を破った。こうして国民政府は広東省の武力統一を成し遂げて、各地の諸軍閥と並ぶひとつの政治権力となった。そして三月、李宗仁らが指揮する広西の軍隊は国民革命軍第七軍に改編され、両広（広東省・広西省）の統一が実現した。

国民党二全大会と二期二中全会

一九二六年一月一～二十日、国民党第二次全国代表大会が広州で開かれた。代表二五六人のうち一〇〇人前後が共産党員であり、大会が選出した中央執行委員三六人中八人、同候補二四人中九人が共産党員であった。共産党系以外の中央執行委員も、ほとんど国民党左派（汪兆銘、宋慶齢ら）で占められた。「左派」とは容共派に対する中共の呼称である。

他方、二度の東征において総司令として活躍した蔣介石は、汪兆銘につぐ得票数で中央執行委員に初選出された。左派と共産党系は党本部の要職を独占した。

同大会で決議された党総章（規約）のおもな改正によって、中央委員会の会議場所を党本部、党政府の所在地とし、中央委員会で委員が欠席した場合は、出席の同候補委員に臨時決議権が認められた。

二全大会の政治報告決議は次のような方針を打ち出した。

(1) 国共両党の関係強化の再確認
(2) 党員の拡大の目標を二〇〇万人に置く民衆革命路線
(3) 農民運動と労働運動に力を注ぎ、とくに革命の中心を農民革命に置く
(4) 民衆を動員して反帝運動を盛り上げる
(5) 労働運動の中心をゼネストに置く

二全大会の大会宣言は、「民族運動とインターナショナル革命主義は帝国主義打倒という同一目標をもつ」ことを確認した。しかし筆者が思うに、インターナショナルと革命主義をかかげるソ連は、それ自体が東支鉄道問題、外モンゴル支配にみるように帝国主義ではないのか。

二全大会宣言には、一全大会宣言に盛り込まれていた「弱小民族の自決、自治権」が言明されず、すべての抑圧された弱小民族の「平等」と、彼らが中国人と平等に待遇されることを望んでいる、ということが強調される。さらには、二全大会宣言は弱小民族に国家の独立をもとめる「狭隘な国家主義」が存在す

ることを批判、排除しなければならないと述べている［この段落は松本 一九九九 一三四頁の指摘］。

大会に次いで一月二十二～二十五日に開かれた二期一中全会は、中央政治委員会を中央指導機関に改め、中央執行委員会に責任を負うこととした。中央政治委員会と中央執行委員会の地位は逆転したといえる。そして中央執行委員会常務委員に汪兆銘、蔣介石、胡漢民、譚平山（共産党員）ら九人を選出した。

二全大会で蔣介石は北伐（全国統一）の早期開始を主張したが、これは共産勢力による抵抗のため却下された。ソ連軍事顧問団団長のキサンカは、北伐は時期尚早であると反対しており、中共も同じ考えだった。蔣介石は、黄埔軍官学校内に限らず、二全大会を通じて増大してきた中共の勢力に敵意をいだくにいたった［中嶋 一九九六 九八頁］。

三月二十日、共産党員であった李之龍《りしりゅう》が、その指揮下にある軍艦中山艦《ちゅうざんかん》を黄埔軍官学校の沖合へ回航したところ、広州衛戍司令を兼ねる蔣介石は、これを反蔣介石の動きとみなして戒厳令を布告、蔣に忠実な国民革命軍第一軍を動かして李之龍ら共産党員を逮捕し、ソ連軍事顧問団の公邸を包囲した（中山艦事件）。

この事件は蔣介石が「国共合作」を修正させ自分の権力を強めるために自らおこなった、とする蔣介石計画説がある。また、ボロディンが国民政府を牛耳るため、蔣介石を捕えてそのままウラジオストクに連行することをキサンカに密命したことから中山艦が回航された、という蔣介石拉致説もある。真相は明らかでない。

おりから広州に滞在中だったソ連の代表団（ブブノフ使節団）は蔣介石に妥協し、北伐に反対していたソ連人顧問を更迭することに同意した。そして三月二十二日に開かれた中央政治委員会は蔣介石の行動を追認した。

汪兆銘には、蔣などのように配下の軍隊をもつといった権力の基盤はなかった。そして蔣が独断で第一軍を動かしたことは、国民政府軍事委員会主席としての汪の権威を傷つけた。またソ連代表団の妥協策は、ソ連が自分よりも蔣の意向を尊重したものであり、汪の権威を否定するものであった。このため汪は辞職して公務から身を引いた。中山艦事件を通じて影響力を増した蔣介石は、四月、汪兆銘に代わって国民政府軍事委員会主席となった。

五月、国民党第二期二中全会が開かれ、共産党員の国民党内活動に対する制限を定めた党務整理案、国共両党協定弁法、連席会議組織条例を決議した。これら三法案には次のような規定がある。

・総理および三民主義に対して疑いをもち、あるいは批判を加えてはならない
・共産党は本党加入者の名簿を国民党に提出しなければならない
・共産党員は高級党部（中央、省、特別部）の執行委員会において執行員総数の三分の一を越えてはならない
・共産党員は本党中央機関の部長に就任してはならない
・本党に加入する共産党員に対し共産党が発する一切の訓令は、まず連席会議の承認をえなければならない
・国共両党連席会議は国民党員五名、共産党員三名をもって組織する

蔣介石は、六月には国民革命軍総司令、および国民党中央執行委員会常務委員会主席に就任した。軍と党の最高ポストを手に入れたのである。そうした高い地位に彼がつけたのは、孫文の死去から一年余のあ

いだに、蔣をしのぐ国民党の御三家ともいうべき長老、すなわち寥仲愷、胡漢民、汪兆銘がいなくなったからであるとされるが［狭間　一九九九　九〇頁］、国民政府のもっとも強力で重要な軍隊を蔣がにぎっていること、およびソ連が蔣支持であること、が大きな要因であろう。

ソ連大使館が広東の工作員にあてた三月十日付の電報によれば、ソ連政府は同大使館に対し次の武器弾薬を国民政府に発送することを命じた。六〇〇〇丁のライフルと一千三五万発の弾丸、一五の野戦砲と一万五千発の砲弾、五〇の迫撃砲と五〇〇〇発の砲弾、その他。一九二五年六月にロシア共産党中央政治局は、中国（おもに広東）への軍事援助を四月から九月までの半年分として四六〇万ルーブル（約一五〇万元）を決定している［石川　二〇一〇　七頁］。

他方、一九二四年のソ連の中共への援助は三万元ほどで、それは中共の財政収入の九五％ほどである。この数字に共産党系列の労働組合への資金援助や、国民党への援助の一部の共産党への転用を加えるならば、実際の援助額はこの数倍と考えられる。一九二七年には、こうした援助が総額一〇〇万元にまでふくらむことになるが、共産党が予算の九〇％以上をコミンテルンからの援助に頼る状態は、一九二〇年代を通じてほぼ変わらなかった［同上　六～七頁］。

四　北伐と国共分裂

北伐開始

一九二六年七月一日、蔣介石は、国民政府軍事委員会主席の職権により、北方の軍閥政権（北京政府）の打倒をめざす「北伐」の動員令を発した。このときの北方軍閥の配置は、奉天派の張作霖が北京とその周辺から山東、満洲にかけて支配し、兵力は約三五万、直隷派の呉佩孚が武漢から北京にいたる京漢鉄道一帯を支配し、兵力は約二〇万、直隷派の孫伝芳が江蘇、浙江、安徽、江西、福建を支配し、兵力約二〇万であった。

これに対し北伐をおこなう国民革命軍（国民政府軍の自称）の総兵力は約一〇万で、蔣介石を総司令とする全八軍、二五個師団からなり、蔣介石が総司令になったので第一軍の軍長には何応欽《かおうきん》がなり、第二～第七軍は俗にいう西南軍閥である。第二～第五軍の軍長は変更なく（順に譚延闓、朱培徳、李済深、李福林）、第六軍の軍長は国民党執行委員の程潜である。第七軍は国民政府に従うことを誓った広西派軍閥の李宗仁、第八軍は同じく従うことを誓った湖南軍閥の唐生智である。

このほか、五月に国民党に加入した馮玉祥の率いる国民軍が国民革命軍に呼応していた。国民軍は馮の西北派軍閥の一九二四年からの呼称で、兵力は約二〇万であった。前述のように馮もまたソ連から武器、弾薬の援助をえていた。

北伐軍は三方面から進軍し、二六年のうちに、湖南、湖北を主戦場とする西路軍は、唐生智第八軍長総指揮のもと、呉佩孚を破って長江中流域の要衝である武昌（湖北省省都）に達し（十月）、江西方向に向かった蒋指揮下の中路軍は、孫伝芳を破って南昌（江西省省都）を攻略し（十一月）、福建に向かった何応欽を総指揮とする東路軍は、さしたる抵抗もなく福州（福建省省都）を占領して（十二月）福建省全体を支配下に置き、浙江に向かった。そして北方の国民軍が十一月末に陝西省を支配下におさめた。

こうした国民革命軍の成功は、同軍がたんなる私兵、傭兵軍と化した諸軍閥軍と異なり、理論武装し規律をそなえた党軍であったことによるとされる［古川 一九九一 四四九頁、野村 一九九七 二〇頁］。もっとも国民革命軍のうち朱培徳の第三軍（滇軍がもと）、李宗仁の第七軍、唐生智の第八軍は軍閥であるから、北伐軍も一部は軍閥の軍であった。

また湖南、湖北の戦局では、広東で養成された農民運動家たちが農民協会（農民組合）の組織化にあたり、協会会員は二六年末には湖南で一五〇万、湖北で二七万に達した。そして農民は各地で武装し、国民革命軍を側面支援したとされる［石川 二〇一〇 二二頁］。

だが、近代兵器で武装した軍隊に対する戦いで、手近な利器で武装した農民の側面支援はどれだけの意味をもつのだろうか。一方、中共の歴史観によるものであろうが、ソ連からの武器弾薬の援助がはたした役割にふれられることはない。どれだけの役割をはたしたのだろうか。決定的な役割ではなかったろうか。

北方では、十一月、張作霖、孫伝芳、直魯連合軍の張宗昌が天津で会談し、奉天軍、五省連合軍、直魯連合軍の統合司令官として張作霖が安国軍総司令に推挙され、十二月一日に就任した。孫伝芳、張宗昌、そして山西の閻錫山が副司令である。

国民党の分裂

国民政府では、北伐軍が長江まで到達した時点で、汪兆銘ら国民党左派および共産党と蔣介石の対立が表面化した。

武漢の占領をうけて、広州の党中央政治委員会は一九二六年十一月に政府の武漢への移転を決定、十二月に武漢に先にはいった政府・党の左派系要人と政府最高顧問ボロディンは「国民党中央各省連席会議」を開き、今後これが最高職権を行使すると宣言した。またこの連席会議は、「国民政府と北伐軍が、このような短期間においてかくのごとき長足の進歩をとげたのは中国民衆運動の発展によるのである。すなわち北伐軍が後顧の憂いなく、よく後方における経済と軍需品の供給をえたのは実に広東・香港のストライキと、労働者と農業、商業、学生ら各界の大衆が一致団結して北伐軍を援助したからである」、と宣言している。そして農民協会の組織化と同協会の権力の保障、労働者の組織とストの自由などを規定し、二全大会の政綱にそった左旋回した政策を打ち出した［この段落は大久保 一九七一 一三四頁による］。

こうした左派、共産派の動きに対して、南昌に北伐軍総司令部を置いていた蔣介石は、党の権力は自分が主席に選出されている中央執行委員会にあるとして、党の規約にない連席会議の取消しを宣言した。ここに国民党は二つのグループに分裂した。蔣のいうとおり、二期一中全会が中央執行委員会を党の最高権力機関としている。さらに党二全大会は、中央執行委員会の会議の場所を国民政府の所在地と定めている。

一九二七年一月一日、武漢国民政府が正式に成立し、一月三日には、連席会議は国民党二期三中全会を三月に武漢で開催することを決定した。この三中全会の場で蔣介石の権力を削ごうという段取りである。他方蔣介石は、一月四日、南昌にいる党中央執行委員らと「中央政治会議」を開き、党中央と国民政府は南昌にとどめ置くこと、二期三中全会は南昌で開催することを決定するなどの対抗手段をとった。

軍事力からみると、武漢政府を支持しているのは唐生智の第八軍だけで、他はすべて蔣介石側であった。ただし第二軍と第六軍は政治指導部を共産党がにぎり、左派、共産党の勢力が強い。

一九二七年一月三日、国民政府漢口移転と北伐勝利を祝うデモンストレーションが漢口市内でおこなわれた。そしてその夜漢口で、中央軍事政治学校の宣伝隊とイギリス租界警備の陸戦隊が衝突し、中国人労働者一名が死亡、数名の負傷者が出た。激昂した多数の民衆が租界に進入したため、イギリス側はこれをふせぎきれず、中国側に治安を一任してすべて租界から退去した。下流の九江でも衝突が起こり、イギリス租界が中国側に乗っ取られた。交渉の結果、漢口および九江のイギリス租界が中国に返還される協定が、それぞれ二月十九日、二十日に調印された。

国民革命軍が長江流域にまで達するなかで、上海は各国の居留民が多く住み、各国の企業が多く存在し、イギリスにとっては絶対守らなければならない中国における牙城であった。そこで一九二六年十二月六日、上海工部局（共同租界の行政機関）が関係諸国の領事と会合を開き、上海の外国人の生命財産保護には四〇〇〇名の兵力が必要であるという結論に達した。外国人兵力は二〇〇〇名ほどしかいなかったことから、一九二七年一月六日と七日の工部局会議により、足りない兵力をイギリスから一三〇〇名、アメリカから一四〇〇名、日本から三〇〇名を出させて補うことにした。

これに対してイギリス政府は、一月の漢口・九江英租界回収事件の影響により、上述の一三〇〇名のほかに二〇〇〇名の海上兵力を上海に追加派遣することをきめた。それだけでなく、さらに一個旅団を派遣する案をもっていることを日本政府に伝えるとともに、日本も一個旅団を出兵することを日本政府に要請した。しかし日本はこれを断り、イギリスの単独出兵となった。日本の外相幣原喜重郎は、自身が表明した中国に対する内政不干渉の原則にのっとった政策を展開したのである。

国民党二期三中全会は、中央執行委員・同候補委員六〇人中三〇人が参加して、三月十～十七日に武漢で開かれた。同会は国民党中央各省連席会議の決議を追認して、中央執行委員会常務委員会主席のポスト廃止、軍事委員会の決定はすべて党中央委員会の承認をえること、国民革命軍総司令の独裁権限を否定し軍事委員会が最高軍事指導機関となること、など蔣介石の権力を削減する決定をおこなった。

他方、三中全会は汪兆銘を復帰させて常務委員会委員長とした。そして常務委員九人に六人加えた党政治委員会委員を選出し、この一五人のうちから七人を選んで政治委員会主席団を構成した。この主席団が事実上の政府の最高首脳を形成することとし、メンバーには汪兆銘、宋子文、孫科（孫文の子）、譚延闓、譚平山らを選んだが、譚延闓は武漢を離れていたので、主席団は左派と共産派（譚平山）によって占められた。

また三中全会は農民に対する宣言を発表した。同宣言は、土豪劣紳、不法地主の活動を消滅させること、農民の自衛的組織をつくることを訴えた。農村での革命的暴動は激しさを増した。

南京事件と上海クーデタ

一九二七年二月、国民党と共産党は上海で第二次武装暴動を組織したが失敗におわった（第一次武装暴動は前年十月、失敗）。国民党と共産党の話し合いの結果、労働者、市民、学生、国民党員、共産党員をふくむ上海市民代表会議が開催されて、執行委員会が成立した。

上海市民代表会議の代表がどのように選出されたかは不明である。おそらく両党が指名したのであろう。「市民代表会議」といった民主的機関であるかごとき名称をもつ機構が、実態は逆であるが、そのことを示す代表選出方法に関する史料は公開しないのであろう。

三月二十一日、上海で国民党と共産党の組織した第三次武装暴動が敢行された。そして同日、共産党上海区委員会はゼネストと武装暴動の開始を決定し、上海市民に決行を訴えた。多くの市民がゼネストに参加し、その数は八〇万人ともいわれる。他方で労働者糾察隊が警察と上海警備軍を攻撃し、二十二日夜までに勝利した。同二十二日、共産党主導下で開かれた［北村 一九九八 一五九頁］上海市民代表会議により上海市政府委員会が選出された。また上海に国民革命軍が同二十二日夕刻に進入したが、そのときには暴動はほとんど終了していた。

三月二十四日、武漢政府は上海市民代表会議を上海市民の正式の代表機関として認め、上海の臨時政府を承認した（四月一日に上海糾察隊を合法的武力として承認）。そして三月二十六日、蔣介石が上海にはいった。その蔣に対して、欧米や資本家の団体である上海総商会は、共産党を排除して早期に治安回復するよう要求した。

他方で三月二十三日、国民革命軍の第二、第六軍（前述）が、軍閥の軍隊が撤退した南京を無血占領した。翌二十四日、南京で兵士が帝国主義反対を唱えながら英米日三国の領事館や教会を襲撃し、略奪、暴行を働いてイギリス人をはじめ七人の西洋人を殺害し、日本人二人をふくむ六人を負傷させた。暴兵が去ると民衆の暴徒がやって来て、家具その他を略奪していった［田中 二〇一四 七二頁］。こうした事態への対応として、このとき長江上にいた英米日三国各一隻の駆逐艦のうち、英米の駆逐艦が南京城内に向かって艦砲射撃をおこない、三〇数人の市民、兵士を殺傷した。これらのできごとを南京事件という。

このとき日本の駆逐艦もともに砲撃しようという誘いがあったが、ここで砲撃すれば国民革命軍をいっそう激昂させて虐殺事件が起きるかも知れないという吉田数雄艦長の判断で、日本の駆逐艦は砲撃しなかった［衛藤 二〇〇四 一七二頁］。

イギリス外相チェンバレンは、南京事件はコミンテルンの指揮でおこなわれた、と下院で述べた。南京の日本領事は、国民革命軍中の共産党が南京共産党支部と計画しておこなった排外的暴動である、と本国に報告した。幣原外相は、反共派の蔣介石を窮地に陥れようとして企てられた共産党の計略だ、と判断した。そして蔣介石は、共産党による策謀と断じた。

南京事件後の三月二十八日、漢口駐在の日・英・米・仏・伊五国の総領事は会議を開き、国民政府外交部長陳友人および国民革命軍総司令蔣介石に最後通牒を突きつけるとし、次の内容の通牒の文句も決定した。⑴事件の責に任ずべき軍隊の指揮官および関与した者の処罰、⑵国民革命軍総司令の謝罪と外国人の生命財産への暴行煽動をしないことの約束、⑶人的物的損害に対する完全な賠償。最後通牒を出すとの知らせをうけた幣原を外相とする日本政府（加藤高明内閣）は、この最後通牒への参加を拒否した。中国への不干渉をつらぬいたのである。

なお、南京で西洋人を殺害したのは国民革命軍兵士と民衆である、との記述が多くあるが［宇野・天児編 一九九四 三九頁、石川 二〇一〇 二七頁など］、最後通牒に関して四月十一日に公表した五国政府の声明は、「国民軍中の制服を着けた部隊により」暴虐がおこなわれた、と記している。すなわち殺害者は兵士であった。

四月十二日、上海の国民革命軍の第二六軍が労働者糾察隊を弾圧、解散させ、その武器を押収した。翌十三日の午後、総工会は武器の返還を要求して労働者デモをおこない、デモ隊は第二六軍と衝突し、多数の死傷者を出した。第二六軍司令官の白崇禧は十三日中に上海総工会を解散させ、十四日には上海市政府を閉鎖し、共産党員の一斉逮捕をはじめた（上海クーデタ、四・一二クーデタ、四・一二事件）。

このできごとをクーデタと呼ぶのは問題である。なぜならクーデタとは合法的政権を武力で打倒することであるが、上海市政府は合法的政府でないし、上海市政府を承認した武漢政府（連席会議）も党規約上、正当性をもたないからである。

武漢の国民党中央政治委員会と武漢政府はこのクーデタを認めず、四月十七日、蔣介石の党籍剥奪と逮捕を命じた。蔣介石の方は、十八日、南京に別の国民政府（南京国民政府）を樹立し、この政府の主席には胡漢民がなり、蔣は軍事委員会主席兼国軍総司令である。

農民運動の急進化

一九二七年四月二十七日〜五月六日、漢口で中共第五次全国代表大会が開かれた。そこでの報告によると、この時点での党員数は五万七〇〇〇余、労働組合員数約二八〇万、農民協会員数約九八〇万、組織された学生数約四〇万であった。北伐軍が一年たらずで長江以南を制圧するにいたった最大の勝因として、共産党はこの組織された労働者、農民、学生の勢力の存在をあげた。

だがこの大会で、農民運動、土地改革をめぐって意見の対立が表面化した。陳独秀、譚平山らの主流派は、土地の没収は大地主にとどめ、国民党との分裂を避けるという立場を取り、毛沢東、瞿秋白、彭湃《ほうはい》ら急進派は、小地主をふくむ一切の土地没収、農民の武装決定、そのためには国民党との分裂も辞さない、とした。この大会では主流派の意見が通り、土地没収は大地主の土地に限定することとなった。

農民運動の急進化は、小地主出身の多い武漢政府の軍人たちを刺激した。五月十七日、湖北省省都武昌の付近で軍人夏斗寅《かといん》が反武漢政府の反乱を起こし鎮圧された。五月二十一日、湖南省省都長紗で反政府反乱が起き、国民革命軍独立第三三団の許克祥《きょこくしょう》が、共産党員が支配する党の省支部や省農民協会を襲撃し、農民自衛軍と労働者糾察隊の武装を解除した。これらの軍人は、いずれも武漢政府をささえていた唐生智・第八軍の司令官であった。五月二十日、武漢政府は国民政府に反対しない有力者は保護対象にする、という訓令を出した。

だが、五月十八～三十一日にモスクワで開かれたコミンテルン執行委員会は、過激な農民運動と土地革命を中国共産党に指令する中国問題に関する決議を採択した。この決議にもとづいて次の内容のスターリンの訓令（密電、五月指示）がボロディンや、新たにコミンテルン代表として派遣されたインド人共産党員ロイのもとに到達した。

一　国民党、武漢政府の命令を待たずに即時下層階級の手によって土地没収を実行する

二　湖北、湖南の共産党員二万人、農民・労働者五万人を武装して軍隊をつくり、国民革命軍に取って

代わること

三　国民党中央執行委員会を刷新し、農民協会・労働組合首領を採用する

四　著名な国民党員を裁判長とする革命軍事法廷をつくり、蔣介石と連絡をとる将校を厳罰に処す

六月一日、ロイはこの密電を国民党左派の指導者汪兆銘に内示した。そこで六月五日、汪兆銘は国民党政治委員会を開きボロディンを解任した。蔣介石の「清党」を許したボロディンはモスクワの信用も失っており、ソ連に帰国する。

六月六日、山西の閻錫山は国民革命軍北方総司令を名乗って国民党側に寝返り、また馮玉祥も蔣介石のもとに赴き、六月二十一日、二人はともに北伐をおこなうという共同声明を出した。蔣介石は国民革命軍の周辺にこれら新たな旧軍閥も取り込むことになった。

七月三日、共産党は中央委員会拡大会議を開き、「退却」を実行し国民党内にとどまることをきめた。そして擁唐反蔣（唐生智擁護、蔣介石反対）を決議した。これは当面は武漢政府を支持するという決定である。ところが直後、共産党は国民党内にとどまるが武漢政府からは退出せよというコミンテルンからの指令が届いた。そこで七月十三日、中国共産党は武漢政府から退去した。

七月十四日、馮玉祥がソ連顧問と共産党員を追放した。そして十六日には、武漢の国民党政治委員会が容共政策放棄声明を出した。

第一次山東出兵と北伐の中断

日本では、一九二七年四月末から田中義一が首相（外相兼任）となった。当時日本の中国居留民は、済

南に二千人余、青島に一万三千五百人余、天津に六千五百人余、北京に千五百人余いた。そして、自分たちの生活が脅かされていると感じていた中国在留邦人と日中ビジネス界から、幣原喜重郎の外交への批判がやってきた。すでに二七年一月、日華実業協会と大阪紡績連合協議会は、中国の不合理な行動に対しては、もし列国協調がダメなら日本だけでも単独出兵すべきだと声明した。そして三月の南京事件後、上海の日本商業会議所は陸軍の派兵を要望する建議をおこなった。こういう事態で、幣原外交の居留民保護が引揚保護主義であったのに対し、田中外交は出兵による現地保護主義へと転換した［衛藤 二〇〇四 一九二頁］。

蔣介石の率いる北伐軍が長江を越えて江蘇省へ進軍すると、日本政府は、六月一日から四〇〇〇人ほどの兵力を青島に上陸させ、そこに駐留させた（第一次山東出兵）。

山東出兵に関する日本政府の声明は、在留邦人の安全を期するやむをえない緊急措置であり、南北両軍の作戦に干渉するものではない。邦人に対する戦乱による危険がなくなればただちに派遣軍全部を撤退させる、としている。このとき華北へ派兵したのは日本だけではない。六月四日に天津で開かれた日・英・米・仏・伊各国軍司令官会議は、英・仏・米各国からそれぞれ約九〇〇名、約一八〇〇名、約一〇〇〇名を増派し、総兵数約九六〇〇名として、北京から塘沽に至る交通を確保することを協議し、英米は実際に増派した。英米は日本の山東出兵に同調的であったのである［服部 二〇〇一 一九三頁］。

とはいえ、英米の出兵は条約上根拠があるが（北京最終議定書）、日本の出兵には条約上の根拠はないことが指摘されるし［石川 二〇一〇 四九頁］、中国側も、条約に違反し主権を侵害する行動だ、と日本の山東出兵を非難した。中国側に反論した日本政府の回答は、条約上および国際法上、当然享受すべき必要の保護を期待できないのは遺憾である、としている。

張作霖と孫伝芳の北京政府では、同二七年六月十八日、張作霖が中華民国陸海軍大元帥に就任した。そして大元帥は中華民国の陸海軍を統率するとともに、中華民国を代表して統治権を行使するとされた。大元帥就任によって、中国の覇者たらんとしてきた張作霖がついに国家元首を名乗った。これは日本からみれば、国民革命軍が満洲に侵攻するという、最悪の事態を想定しなければならなくなったことになる。

日本では、二七年六月二十七日~七月七日、田中義一首相兼外相主宰のもとで、東方会議と呼ばれる対中方針検討会議が外務省幹部、陸海軍・大蔵省代表、現地の外交官および軍司令官など関係者を集めて開かれ、最終日に田中外相が対支政策綱領に関する訓令を発した。その綱領は八項目をあげていて、そのなかに次のような項目がある。

第一項目　支那の内乱政争に際し一党一派に偏せず干渉しない。

第五項目　支那における日本の権利利益並びに在留邦人の生命財産が不逞分子により侵害される場合は自衛の措置に出てこれを擁護する。ことに排日排貨の不法運動を起こすものに対しては権利擁護のため機宜の措置を取る。

第六項目　東三省地方の平和維持、経済発展により内外人安住の地たらしむることは、接壌隣邦としてとくに責務を感ぜざるをえず。門戸開放機会均等の主義により内外の経済活動を促進する。

第七項目　満洲問題では、満洲の日本の特殊権益を守る者であれば誰であれ支持する。

第八項目　万一動乱満蒙に波及し我が特殊権益に対する侵害の恐れあるときは、そのいずれの方面より来たるを問わずそれを防護する適当の措置をとる覚悟である。

七月初旬、北伐軍と北方軍閥の直魯連合軍が衝突し、七月二十四日、直魯連合軍が徐州を奪った。そこで蔣介石が自ら大軍を率いて徐州奪還に向かったが、孫伝芳の大軍に敗れ、北伐軍は長江北岸を失った。蔣は敗北の責任を取るとして、八月十二日、下野を表明した。また北伐は中断された。

上記の北伐軍と直魯連合軍の衝突によって、戦火は山東全域に及んだ。そこで日本政府は、七月七日、日本軍の済南進出を決定した。だが北伐中止を見て、日本政府は八月三十日に撤兵を宣言し、九月上旬、日本軍は山東から撤兵した。出兵から撤兵までわずか三ヵ月ほどのできごとであった。

国民党党内から蔣介石復帰の要請が高まった。汪兆銘は二七年十二月にヨーロッパへ去っていった。そして一九二八年一月、蔣は国民革命軍総司令に復職した。二月二〜七日、彼の主導で国民党二期四中全会が開かれ、同会は連ソ・容共に関するすべての決議を取り消し、以後反共は国民党の党是（基本方針）となった。また同会は国民党中央機構を改組して、党中央執行委員会常務委員に蔣介石、戴季陶ら五人を選出し、蔣介石は中央政治会議主席に選ばれ、また中央軍事委員会主席となって、党と軍の最高権力を掌握した。そして二期四中全会は北伐の継続を決議した。この会議には、汪兆銘をはじめ左派の主要な指導者は出席していなかった。

第二次山東出兵と北伐の完成

一九二八年四月七日、北伐が八ヵ月ぶりに再開された。このときの国民革命軍は、二月十六日に蔣によって四つの集団軍に編成されていた。それは蔣自らが率いる第一集団軍、西北軍閥・馮玉祥の第二集団軍、山西軍閥・閻錫山の第三集団軍、広西軍閥・李宗仁の第四集団軍である。

北伐再開をうけて、済南駐在の日本の武官は総参謀長にあてて出兵を具申し、総領事も居留民の圧力をうけ、この武官に同調する報告を外務省に送った。田中義一を首相兼外相とする日本政府は、前年の山東出兵と同じく居留民保護を理由として、四月十九日に五〇〇〇名の派兵を決定し、第六師団を山東に出兵した（第二次山東出兵）。青島に上陸した日本軍は四月二十五日に済南の城外にはいり、そこに守備地区を設けて居留民を収容保護した。

六日後の五月一日に北伐軍が済南城にはいった。そして五月三日、北伐軍兵士数名が日本人経営『満洲日報』取次販売店（城外かつ日本軍守備地区外にある）を略奪し、駆けつけた日本人巡査に暴行した。そこで日本軍小隊が急行すると、北伐軍兵士は兵舎へ逃げ込んでそこから日本兵に射撃を加えた。済南事件の発生である。

同五月三日、日本軍、北伐軍両軍の戦闘がおこなわれ、その間に、北伐軍兵士が日本軍守備地区に集結していなかったアヘン密輸業者の日本人居留民一三人を殺害した。ところが陸軍省は邦人三〇〇名以上が惨殺された、と新聞発表をおこない、これは国内での敵愾心をあおることになった。現地からの被殺害者数がどういう経過で三〇〇人以上になったのかは不明である。

五月七日、第六師団長は、北伐軍に対し、暴虐行為に関係ある高級武官の処刑、日本軍と抗争した部隊の日本軍の面前における武装解除、北伐軍部隊は済南から離れること、などを一二時間期限で要求した。北伐軍側がこれを拒否し、五月八日、第六師団は北伐軍の立てこもる済南城への砲撃を開始した。また日本政府は、九日の閣議で、居留民の保護に遺憾なからしめ、かつ山東鉄道交通の確保を期する目的をもって、第三師団を山東に増派することを決定した（第三次山東出兵）。

こうして両軍の本格的戦闘となったが、蔣介石が済南を迂回して北伐を続行する方針をとったので、両軍の全面的衝突は避けられた。五月十一日、日本軍が済南城を占領した。翌二九年の三月になって済南事件解決文書が調印され、日本軍は五月に撤退を完了することになる。

このときの日本軍の山東出兵の目的は何であったか。二つの対立した見解がある。第一の見解は、済南の日本人居留民を保護することが目的であり、衝突は北伐軍の兵が日本人を襲撃したことが原因だとする。この見解は当時の派遣軍と日本政府の主張であり、事実経過と合致する。

第二の見解は、日本は国民政府の全国統一を妨害するために山東出兵をくり返した〔佐藤次高ほか著二〇〇九 三二五頁〕とするものである。この通説的見解の一具体例は、北京政府を支配していた張作霖に加担して国民政府軍の北進を阻止し、北伐の動きが満洲にまで及ぶのをはばむためであった、と主張する。この主張に対しては次のような批判がある。わずか三千五百名の日本守備隊で十万を超える南軍の北伐を阻止できるわけもなく、また北伐妨害が目的ならば最初から南軍の入市を阻止したであろうし、済南城砲撃の際、南軍の退避路を用意する必要もなかったはずだ〔渡部 二〇〇六 一六七頁〕。

張作霖の北京政府軍が北伐軍に敗北するのは必至とみた日本政府は、張に対して華北を捨てて満洲に帰り、そこでの統治に専念するよう勧告した。張はこの勧告に耳を貸さなかった。日本政府は、日本軍が済南城を占領した一週間後の五月十八日、十六日の閣議決議にもとづいて、「戦乱京津地方に進展しその禍乱満洲に及ばんとする場合は帝国政府としては満洲治安維持のため、適当にして有効なる措置を採る」との覚書を張作霖および南京政府へ通告した。この「適当にして有効なる措置」とは、武装解除をふくむ軍事行動である。つまり日本政府は、奉天軍が満洲に早期撤退した場合には北伐軍の追撃を阻止するが、交戦状態のまま退却した場合には両軍とも武装解除を要求するつもりであった。

北伐軍側は、この宣言を長城以南は国民政府が支配することを日本が承認したものと認め、張軍が撤退するならこれを追撃して満洲にはいることはしない、と日本側に約束した。張作霖も奉天へ出発すると日本側に伝えた。そして五月三十日、張作霖は軍政府最高幹部の会議で総退却を決断、すぐに全軍に退却命令を出した。奉天にもどって東三省を統治するつもりである。張軍は本拠地満洲へと撤退した。

六月四日、関東軍の高級参謀河本大作《こうもとだいさく》大佐と実行担当者（尉官）は、北京から奉天へ引き揚げてきた張作霖が乗っていた列車を奉天郊外の京奉線と満鉄線の交差地点で爆破し、これを国民政府の便衣隊（平服を着用して潜入した部隊）の仕わざに見せかけた。張作霖は重傷を負いまもなく死亡した（張作霖爆殺事件）。

河本の事件後の証言では、張作霖爆殺は彼の単独の犯行であり、この事件をきっかけに奉天軍に混乱を起こし、それにより関東軍を出動させ南満洲の軍事占領をはかったとされる。だが事態はそのように進まず、彼のもくろみは失敗におわった。

第二次大戦終了後に戦犯とされて中国側から尋問された河本の供述によれば、事件は河本の独断的行動ではなく、河本以外の関東軍司令部の指導者たちも事件に関与しており、爆殺の意図は奉天軍との衝突を回避して満洲の治安を維持することであった、とされる。だが、張作霖暗殺と満洲の治安維持はどう関連するのか。関東軍の同僚たちに配慮する必要がないことを理由に、戦後の供述書が真実だと考える研究者が多数である。その結果、「……張作霖を殺害した。」という文章の主語は河本ではなく「関東軍」となる

［佐藤次高ほか　同前　三二五頁］。

六月八日、南京国民政府軍は北京を占領して北伐を完成した。ここに北京の北方軍閥政権は消滅した。六月十五日、国民政府は北伐と中国統一の完成を宣言した。ここでは統一された「中国」は満洲をふくんでいないが、それが中華ナショナリストの認識である。次いで南京が首都であることを示すために、直隷省は河北省に、北京は北平《ほくへい》に改称された。

共産党の武装蜂起

一九二七年七月十三日、コミンテルンは決議で労働者、農民の武装暴動を決定した。そして七月二十三日に武漢に到着したコミンテルン新代表ロミナーゼに対し、張国燾が中共支配下の国民革命軍部隊による南昌での反乱計画を説明し、二十六日、主席軍事顧問ブリュッヘルも同席し、ロミナーゼと張国燾たちとの会談がおこなわれた。この会談でロミナーゼは、コミンテルンの電報はソ連顧問の暴動関与を禁じているると述べ、会議は南昌蜂起中止に傾いた。張国燾が三十日に南昌に着き、暴動準備を完成していた周恩来らと会談を開き、コミンテルンの命令を伝え、再考をうながした。だが葉挺《ようてい》以外の全員が共産党単独での暴動決行を主張した。

八月一日、葉挺、賀竜、朱徳の率いる部隊が、南京・武漢の国民政府に反対し国民革命発祥の地広州を奪回することをかかげて蜂起し、南昌に滞在中の第三軍、第六軍、第九軍を武装解除して南昌を共産党の支配下に置いた。この南昌蜂起と呼ばれる暴動への参加兵力は二万数千であった。

八月五日、蜂起軍は南昌を出て広州をめざして南下した。南昌蜂起は武漢の国民党の態度を一転させ、八月八日の政治委員会は共産党員の逮捕と除名を発令した。ここに「国共合作」はおわった。［南昌蜂起

の記述は北村 二〇一一 二六六〜二七一による」。また注目すべきは、南昌蜂起が中共のコミンテルン・ソ連の決定に反した行動であったことである。

八月七日、ロミナーゼの指導のもとで共産党中央委員会特別会議（八・七会議）が開かれた。会議は、陳独秀が武漢政府との合作維持を口実に土地革命にブレーキをかけ、労働者、農民の武装を怠ったことを右翼日和見主義であると非難し、農民運動の盛んな湖南、湖北、広東、広西の四省で秋収暴動を組織し、工農革命軍を組織し、土地革命を断行する、という方針を決定した。そして中央委員会は臨時政治局という新しい指導部を設け、政治局委員に瞿秋白（党総書記）、向忠発、任弼時《にんひつじ》、李立三、周恩来、劉少奇らを選出した。

この八・七会議の方針に従って、毛沢東らが九月にいわゆる秋収蜂起を江西・湖南の省境で起こした。この蜂起軍は湖南省の重要都市の占領を企てたが失敗した。九月十七日、中国共産党は、コミンテルンの指示にもとづいて「ソビエト」建設の旗をかかげた。

毛沢東は、農村に根拠地を設けねばならないとし、秋収蜂起の残存部隊数百人を率いて湖南省東境に近い江西省の省境にある羅霄《らしょう》山脈にはいったが、三湾という村で一九二七年九月末に毛沢東は部隊を編し直し、労農革命軍第一軍第一師団第一連隊と名付けた。指揮官のほかに党代表を置き、大隊、中隊、小隊それぞれに党組織をつくって軍と党を一体化させた。また兵士委員会をつくり兵士の権限を強める「民主化」をした。これが三湾改編で、その後の中共軍の原型となった［小島・丸山 一九八六 一二九頁］。

毛は次いで井崗山《せいこうざん》にはいり、そこに根拠地をつくったが、井崗山に向かう途中で二八年初頭に中共軍のための三大規律・六項注意（のちに三大規律・八項注意と整理される）を制定した。三大規律とは、(1)行動は指揮に従う、⑵労働者、農民のものは奪わない、⑶土豪からの没収品は公のものとする、である。また六項注意とは、言葉づかいは穏やかに、売り買いは公正に、借りたものは返す、壊したものは弁償する、などのことである。

中共軍は根拠地をつくるまでに多くの匪賊と連携し、匪賊的分子を取り込みもした。三大規律・八項注意は、組織の規律になじんでいない無法者たちを多く抱え込んだ中共軍ゆえに必要とされたきまりごと、だったといわれる［原田 二〇〇八書名不明 三七〜三八頁］。

南昌蜂起に参加した中共軍のうち、南下した葉挺、賀竜の軍は九月二十四日に広東東部の仙頭を占領した。だが二十九日には国民党軍に追い出され、仙頭、潮州の戦いで壊滅した。途中で待機していた朱徳の軍は、この敗報を聞くと敵の包囲を脱して広東、広西、湖南の各地を転戦した。

広東省の海豊・陸豊地方では、十一月十七日、海陸豊ソビエト樹立をめざした彭湃指導の農民蜂起が成功した。海豊、陸豊の二県にすぎなかったが、中国最初のソビエト政権の成立である。十二月に広州市でも武装蜂起によって広州ソビエトと工農軍（総司令葉挺）が成立したが、三日の短命におわり、海陸豊ソビエトめざして脱出できた工農軍残兵二〇〇〇名は、海陸豊ソビエト防衛に加わった。だが海陸豊ソビエトも、翌一九二八年三月に国民党軍の総攻撃をうけて崩壊した。こうして都市でのソビエト建設の試みは、すべて失敗におわった。

一九二八年四月、朱徳の率いる部隊八〇〇〇人が井崗山にたどり着き、毛沢東軍と合流して、朱徳が軍長、毛沢東が党代表、陳毅が政治部主任となって、兵力一万の労農紅軍第四軍が編成された。紅軍がここに成立した。同じ頃、徐向前《じょこうぜん》、賀竜、鄧小平《とうしょうへい》らも省境の僻地に根拠地を建てた。

五　国民党のシナ統治開始

訓政開始

一九二八年八月、国民党二期五中全会が開かれ、会議は北伐完了（二八年六月）によって軍政期はおわり、政権を行使できるように国民を訓練する訓政期となったとし、孫文の国民政府建国大綱にもとづいて、訓政期綱領、五院制度の確立、各地方制度の中央統一、各地方軍の中央化について議決した。また会議は四六人からなる党中央執行委員会政治会議を組織し、これを訓政実行における最高機関とした。

そして十月三日、党中央執行委員会第一七二次常務会議が訓政綱領を採択した。国民党の政治綱領であるこの訓政綱領は次の如し。

中国国民党は、総理孫文の主義を実行して、建国大綱にもとづき、訓政時期において、人民に対し憲政開始まで政権を訓練せしめ、もって全民政治を指導援助しようとするものである。

第一条　中華民国の訓政期間においては、国民党全国代表大会が国民大会に代わって国民の政権を行使する

第二条　党全国代表大会が閉会中は党中央執行委員会がその政権を執行する

第三条　孫文が建国大綱に定めた選挙、罷免、創制、複決の四権に照らして国民を訓練し、逐次これを

遂行して憲政の基礎を樹立する

第四条　治権の行政、立法、司法、考試、監察の五権は国民政府に交付してこれを執行せしめ、もって憲政時期の民選政府の基礎を樹立する

第五条　党中央執行委員会の政治会議が国民政府を指導監督する

第六条　国民政府組織法（一九二五年制定）の修正と解釈は、党中央執行委員会政治会議がこれをおこなう

次いで十月八日の党中央執行委員会常務会議が、国民政府主席（兼陸海空総司令）に蔣介石を選んだ。国民政府は委員の集団指導制から主席制に変わったのである。また同常務委員会は五院の各院長を選出し、行政院長には譚延闓、立法院長には胡漢民、監察院長には蔡元培がそれぞれ選出されている。十月十日、蔣介石以下各政府閣僚は正式に就任の宣誓をおこない、ここに国民政府は五院制度のもとに軍政期から訓政期に移行した。こうして国民党一党独裁による南京国民政府のシナ統治が開始された。

翌一九二九年の三月十五日から三月二十八日まで国民党第三次全国代表大会が南京で開かれた。この党大会の選出方法は、中央の審査によって「党組織が健全」とされた省レベルでは党員の選挙によって代表を選び、それ以外の地域では中央が代表を指名するものであった。その結果、大会代表の約八割は中央の指名によるものであった。

三全大会は次のことを決議した。

(1)　蔣介石への反発から左派を結集して国民党改組派という独自の派閥を形成した汪兆銘に警告をあたえ、改組派の二人を除名。また広西派の李宗仁、李済深、白崇禧を除名。また林森、張継ら西山会

議派一一名の党籍を回復

(2) 以党治国、以党建国の職責をもって左のように決議する

① 孫文の三民主義、五権憲法、建国方略、建国大綱、地方自治開始法を確定して訓政時期中国の最高根本法とする

② 政権と治権の国民党、国民政府への信託を明確にし、「人民は中国国民党に服従し、これを擁護して、三民主義を誓って」はじめて「中華民国国民としての権利を享受できる」

(3) 民族主義では、漢・満・蒙・回・蔵人民が密接に団結して、一個の強固有力な「国族」を形成し、対外的に国際的平等の地位を争うことをもとめる。そして民権主義では、国内諸民族の自治の能力と幸福を増進する。

「国族」は孫文が三民主義講演（一九二四年）のなかでネイションの訳として使用した造語だが、ここでは各民族の上に置かれる上位概念とされ、「国際的平等」の単位となるのは「国族」であるとしている。大会につづいて開かれた三期一中全会は、蒋介石、胡漢民、譚延闓、孫科、戴季陶、于《う》右任《ゆうじん》ら九人を中央執行委員会常務委員に選出した。汪兆銘は中央指導部からはずされた。六月、三期二中全会が開かれ、訓政の期間を六年と定めた。

張学良の易幟と鉄道建設

張作霖の子の張学良は、一九二八年六月の父の死が日本軍の謀略によることを察知していた。そして七月初めに後継者に確定すると、すぐに蒋介石に電報を打って恭順の意を表し、中華民国の国旗、青天白日

旗（国民政府軍の軍旗）を全満洲に掲揚することを七月末には決定した。日本側はこれを中止させようと説得に努めたが、張が同意したのは三ヵ月中国本土の情勢を見、そのうえで南京政府との関係を考えるということであった。

蔣介石は、「張学良は軍閥にすぎない」という国民党内の批判をおさえて、十月八日の国民党中央執行委員会常務会議で張学良を国民政府委員に任命し、また東北辺防軍司令に任命して兵権保持を認めた。そこで十一月、張学良は国民政府へ従うことを通告した。

十二月にはいると、蔣介石・国民政府は東北政権の内政に干渉しないことを承認した。これと引き換えに、東三省に関する外交権は国民政府が掌握することになった。

十二月二十九日、張学良は満洲全土に青天白日旗をかかげさせた。これを易幟《えきし》という。易幟とは旗印を替えることであり、国民政府を中華民国の正統政権として認めることを意味する。そして東北の四省（一九二八年に熱河省がつくられる）の省主席は、すべて奉天派軍閥出身者が就任した。

張学良のもとで、次の鉄道建設が満洲で進んだ［西村 二〇一五書名不明 二八〜二九頁による］。

瀋海路：瀋陽〜海龍、二五三キロ、二八年に民間株を買収し官営化
　　満鉄線東側の穀倉地帯を通る
呼海路：呼蘭〜海倫、二二一キロ、二八年に官営化
大通路：打虎山〜通遼、二五一キロ、民営
吉海路：吉林〜朝陽鎮、一八三キロ
　　瀋海路と接続し、瀋陽と吉林が満鉄とは別につながった

斉克路：昂昂渓～克山、三四一キロ、一部が完成
洮索路：洮安～索倫、一八〇キロ、一部完成

こうして一九二〇年代後半に、満鉄や東支鉄道と競合すると考えられる地域の自弁鉄道建設が明確な姿を現した。

反蔣戦争

一九二九年六月の張学良の易幟で、国民政府によって「中国は一応の全国統一」を実現したといわれるが［小島・丸山　一九八六］、実際に国民政府が統治したのは長江流域に限られ、いくつもの省が軍閥に支配されていた。その軍閥とは、広西省の李宗仁、雲南省の龍雲、新疆省の盛世才、甘粛省の馮玉祥、山西省の閻錫山、山東省の韓復榘、チャハル省の宋哲元、綏遠省の傅作義、東北四省（満洲）の張学良であった。

国民党三全大会直前の一九二九年三月六日、国民政府は国軍「編遣」（日本語ではなく正確な意味は不明）の方針を打ち出し、三月二十七日、蔣介石は編遣などに反対する広西派の李宗仁の討伐令を下した（三全大会は李宗仁を除名）。これに対し李宗仁は、五月五日、護党救国軍総司令となり、広州に向けて進軍を開始した。次いで馮玉祥が五月十五日に護党救国西北軍総司令を名乗り、五月二十三日、国民党は馮玉祥の党籍を剝奪した。

一九二九年七月、国権回復をかかげる張学良は、蔣介石、王正廷ら南京国民政府首脳の同意をえたうえで、中東鉄道の回収に乗り出した。ソ連はこれに抵抗し、九～十一月にソ連軍の東北侵攻と軍事衝突に発

展した。結果は張学良の東北軍の敗北となり、休戦協定がむすばれて中東鉄道はふたたびソ連の支配下に置かれた（奉ソ戦争）。

このとき中華民国国内に反ソ機運が高まったが、中共はそれを帝国主義と国民政府の結託によるソ連侵攻戦争の先触れだとみなし、「労働者階級の祖国ソ連を守れ」というキャンペーンをコミンテルンの指示によって展開した。中共がソ連の走狗であることを示した一場面であった。

二九年八月一日、蔣介石が招集した国軍編遣会議は地方軍半減案を可決した。各地方軍閥は反蔣運動をはじめ、西北軍の宋哲元らが編遣に反対して十月に挙兵し、十一月に蔣介石の中央軍と戦闘をおこなった。十二月、国民党中央は汪兆銘を除籍した。

一九三〇年三月、山西派、西北派、広西派は連合し、総司令に閻錫山、副指令に馮玉祥と李宗仁が就任した。馮玉祥が西北軍の総動員令をくだし、四月一日、国民党は閻錫山の党籍を剥奪した。そして四月に蔣介石軍と閻錫山・馮玉祥・李宗仁軍とのあいだで中原大戦と呼ばれる戦争がはじまった。

中原大戦さなかの八月、国民党の汪兆銘ら左右の反蔣派に閻錫山、馮玉祥、李宗仁ら反蔣軍人が加わった国民党中央部拡大会議が北平で開かれた（八月七日〜九月十三日）。会議は、蔣介石は訓政に名を借りて専制をおこなっていると非難し、訓政期には約法がなくてはならないから、国民会議を開催して約法を制定することを主張した。

この反蔣派の北平拡大会議は、九月一日に国民党第三回全国大会の無効を宣言し、国民政府組織大綱を公布して新国民政府（北方政府）を樹立した。この北平国民政府は、汪兆銘、閻錫山、馮玉祥、李宗仁ら七人を政府委員とし、主席は閻錫山であった。

この時蒋介石は、中立の立場にあった張学良を味方にするため、張に陸海空軍副指令のポストや、彼の部下を華北各地の主要ポストに就任させることを約束した［西村 二〇一五書名不明 七〇頁］。

九月十五日、蒋介石が全軍に総攻撃令をくだした。そして九月十八日、張学良が中央軍擁護を表明して参戦し、彼の東北軍は九月十九日に北平、天津を接収した。閻錫山軍は山西に撤退した。そして張学良は、十月九日に中華民国陸海空軍副司令に就任して華北の統治をゆだねられた。張学良の東北軍は華北一帯に進駐し、その後東北四省とともに河北省、チャハル省、陝西省、綏遠省を合わせて八省、さらに北平、天津、青島の三市の軍政、民政を掌握した。そして三一年四月に北平に副総司令行営を成立させることになる。

三〇年十月三十一日、汪兆銘は山西を去り、閻錫山と馮玉祥は軍権を放棄し下野を表明して政局から身を引いた。こうして中原大戦は十一月に蒋介石の勝利におわった。

この戦争では、一〇〇万以上の軍隊が動員され、三〇万以上の死傷者を出した。そして山西軍は蒋介石軍に、西北軍は張学良軍に改編、吸収された。両軍閥の派系はなくなることなく残存したとはいえ、中原大戦の勝利は、蒋介石が地方大軍閥の解体にある程度成功し、実質的な中央集権的軍事力を手に入れつつあることを意味した［野村 一九七四 一八七頁］。

蒋介石の権力基盤の第一は彼の率いる黄埔軍官学校卒業生が統率する軍と、国民党の多数派を占める蒋介石派（浙江派）であるが、それ以外にも彼個人に直属するC・C団と藍衣社《らんいしゃ》という秘密組織、そして浙江財閥がある。

C・C団は、一九二七年四月に南京政府が樹立されたのちに組織部長となった陳果夫とその弟の陳立夫《ちんりっぷ》が党内に張りめぐらし確立したもので、反蔣介石派に対する監視と情報収集をおこなうとともに、反蔣介石派に対するテロ行為の特務工作機関でもあった。藍衣社は、軍隊内の秘密結社で、蔣介石によって三一年頃に結成され、党内のC・C団と同じように軍部で目を光らせていた。

浙江財閥は、国民党の財政的バックボーンで、もともとは上海の貿易・経済発展とともに生まれた買弁階級、銀行、民族資本家などのグループであり、江蘇省、浙江省の出身者が多くを占めていた。財閥の巨頭宋子文は、南京国民政府が成立するとその財政部長となり、ついで中央銀行の総裁にも就任した。彼の三姉妹のうち、長女の宋慶齢は孫文に、三女の宋美齢は蔣介石に嫁いでいる。

国民会議開催と訓政約法の制定

一九三〇年十一月、国民党三期四中全会が国民会議の開催をきめ、十二月の国民党中央委員会常務会議は国民会議代表選挙法を決定し、翌一九三一年一月に国民政府に公布させた。国民会議代表の定員は五二〇名で、複数の政党による競合選挙ではなく、職業代表選挙であった。そして職能別社会団体として農会、工会、商会・実業団体、教育会・大学・自由職業団体の四選出母体、政治団体として唯一中国国民党、および蒙古、西蔵、華僑から選出されると規定した。その後選挙法規で各省市の定員配分、国民党代表の選出方法も規定された。選挙は投票用紙には投票者の氏名を書かなければならず、無記名、秘密投票ではなかった。二月に中央および省市の選挙事務所が組織されるが、蔣介石グループの主導で各省市に所属する職能別単位からの選出が進められていたことが、明らかであった。

しかし遼寧省の事例では張学良の側ですべての候補者を決定し、信任投票の形式をとったことが物語るように、政治的代表としての内実は地方政府という形態のもとでの地域政治権力の代表であり、国民党からの代表選出も中央党部のコントロール下であったことは明白である。結果として、国民会議のメンバーは大半が国民党員となった［この段落は和田ほか編 二〇一〇 五一頁による］。

そして三一年五月、開催された国民会議は中華民国訓政時期約法を制定した（六月一日公布）。この訓政約法は前文と全八章からなり、前文冒頭で「国民政府は革命の三民主義と五権憲法にもとづき中華民国を建設する」、としている。全八章は次のとおり。

第一章　総綱

中華民国の領土は各省およびモンゴルとチベットとし、中華民国は永遠に統一された共和国である（これは国民党一全大会がかかげた少数民族の自決権を否定するもの）

第二章　人民の権利と義務

国民は法律上みな平等であり、人民は結社、集会、言論の自由をもち、法律によることなくこれを制限してはならない

第三章　訓政綱領

中華民国訓政綱領を引き継ぎ、党レベルでの政治綱領である訓政六ヵ条が、そのまま国家レベルの訓政時期約法に組み込まれた

第四章　国民の生計　人民は労使互助を促進するため法により職業団体を組織できる

第五章　国民教育　三民主義を中華民国の教育の根本原則とする

第六章　中央と地方の権限　建国大綱の規定により均権制度を採用

第七章　政府の組織（省略）
第八章　附則　本約法の解釈権は国民党中央執行委員会がこれを行使する

第三章と第八章附則が示すように、権限は党中央執行委員会と国民政府に集中しており、国民政府の人事は党中央執行委員会が決定した。

国民会議が開かれたのは、「党治」の正統性を主張するためには被治者の同意が必要であり、政治的代表権限の授権形式としての国民会議が必要であったからである［和田ほか編　二〇一〇　五五頁］。

蔣介石主導のもとでの国民会議開催と訓政約法の制定に対して、立法院長の胡漢民が反対した。これに対し、約法の制定を急ぐ蔣介石は二月に胡漢民を軟禁、幽閉した。胡漢民派とみられる中央執行委員は胡漢民派の拠点である広州に集まった。そして南京の国民政府が国民会議を強行したことをうけて、反蔣派の汪兆銘、孫科、李宗仁らも広州に集結し、五月、広州国民政府の樹立を宣言した。前年北平国民政府を立ち上げて蔣介石に敗れた者たちと、孫科・胡漢民派の大連合である。いつはてるとも知れない党内の反蔣闘争の再発だった［野村　一九九七　一四三頁］。

この広東派は胡漢民の釈放と蔣介石の下野をもとめ、九月になると軍（李宗仁の広西派と陳済棠の広東派）を北上させ、南京側との全面衝突も辞さない強硬姿勢を示した。だが、そのときに満洲事変が勃発する。

関税自主権回復と統一貨物税

対外関係では、一九二八年七月二十五日にアメリカが南京国民政府と中米関税協定をむすんで、中国の関税自主権を承認したのを嚆矢に、日本を除く主要各国が二八年中に相次いで関税自主権を承認した。イギリスによる承認は十二月であった。関税自主権を承認することは、同時に国民政府を中華民国政府として承認することを意味した。

日本は、遅れて一九三〇年五月に中国の関税自主権を承認した。この日本の遅れは、日本が関税自主権を認める新協定に強く抵抗したからだとも［野々村 一九九七 七五頁］、済南事件の解決などで交渉が長引いたからだともされる［横山 一九七七書名不明 一六〇頁］。

領事裁判権廃止をめぐる交渉が、関税自主権問題と並行して進められた。そしてベルギー、イタリア、デンマーク、ポルトガル、スペイン五国が領事裁判権撤廃に同意したが、米・英・仏の三大国が同意せず、実現しなかった。

租界については、北伐中にイギリス租界の漢口、九江が強制的に回収され、一九二九年から三〇年にかけて、鎮江、アモイ（厦門）のイギリス租界、天津のベルギー租界が回収された。租借地では、ワシントン会議での約束にあった威海衛が返還された。だが、租界では最大の上海は手つかずであったし、租借地ではフランスの広州湾、そして日本の関東州はそのままであった。

一九三一年四月、外交部長の王正廷が革命外交のプログラムを発表した。それは、第一期に関税自主権の回復、第二期に治外法権の撤廃、第三期に租界の回収、第四期には租借地の回収、第五期には鉄道利権・内河航行権の回収、というものである。そして租借地には旅順、大連、鉄道利権には満鉄をふくむとした。

国民政府の国家財政は、関税自主権回復にともなって関税率を上げたことで、関税収入が中央政府の歳入の半分近くを占める主要財源となった。同時に塩税が改定され、統税（統一貨物税）が創設された。従来国内製品には、地方政府が内国通過税である釐金《りきん》を課して財源としていた、これを反蔣戦争勝利後の有利な条件を背景にして一九三〇年に廃止し、工場からの出荷時に中央政府が徴税する統一貨物税に代えたのである。関税、塩税、統税の三大間接税で一九三〇年代には国庫収入の八〇〜九〇％をまかなうことができた。南京国民政府は、中華民国はじまって以来もっとも豊かな中央政府収入をえたのである。

釐金の廃止によって民国初年以来の懸案であった国と省の財政を分画（分割して画分）すること（「国地財政画分」）は軌道に乗った［飯島・久保・村田編 二〇〇九 二 三〇頁］。

また国民政府は、安定した国民経済発展には欠かせない中央銀行の設立、商法、会社法、工場法、銀行法などの制定を進めた。これらの政策は、一九二八年に国民政府主催のもとで企業家を集めて開かれた全国経済会議や、全国財政会議で決議されたものの実施である。

共産党根拠地の拡大

一九二八年六〜七月、モスクワで中共第六次全国代表大会が開かれ、向忠発、李立三、周恩来、瞿秋白ら一四〇人余が出席した。同大会は現段階の革命の政治綱領として次の一〇項目を採択した。

(1) 帝国主義の支配をくつがえす
(2) 外国資本の企業と銀行を没収する
(3) 中国を統一し、各民族の自決権を認める
(4) 軍閥と国民党政権を打倒する

(5) 労働者・農民・兵士代表会議による政府（ソビエト）を樹立する
(6) 八時間労働制、賃金の増加、失業者の救済と社会保障を実行する
(7) あらゆる地主階級の土地を没収し、農民にあたえる
(8) 兵士の生活を改善し、兵士に土地と仕事をあたえる
(9) 国民政府・軍閥・地方権力のすべての租税を取り消し、統一累進課税を実行する
(10) 世界のプロレタリアートならびにソ同盟と連合する

また瞿秋白は左翼日和見主義と批判され、党総書記は向忠発に代わり、向忠発のもとで党中央を構成したのは李立三、周恩来、劉少奇らであった。そしてこの党中央のなかにあって事実上の実権をにぎったのは李立三であった。

一九二九年から三〇年にかけて国民党は内戦（反蔣戦争）の真っただなかにあり、そのため湖南・江西・湖北地区は一種の軍事的真空状態となり、これが紅軍にとって絶好の条件となった。ソビエト区と呼ばれる共産党の根拠地は、一九三〇年三月の段階で全国八省（湖北、湖南、河南、安徽、江西、広西、広東、福建）に大小一五となり、紅軍の総兵力は六万余に増大した。

一九三〇年前半、李立三は「まず一省ないし数省で勝利する」という方針を立て、国民党の内戦状態に乗じて一気に重要都市を占領する、という戦術を採用した（李立三コース）。これにもとづいて三〇年五月の上海での紅軍会議が具体的方針を立て、七月二十七日、約三万の彭徳懐《ほうとくかい》率いる第三軍団が長紗（湖南省省都）を総攻撃して占領し、李立三を不在主席とする長紗ソビエト政府を樹立した。だが国民党軍の反撃をうけ、このソビエトはわずか九日間で潰れた。次いで八月一日、二万の朱徳、毛沢東率いる第一軍集

団が南昌（江西省省都）への攻撃を開始した。だが二四時間の戦闘で多数の兵士を失ったのち、攻撃を中止して撤退した。そののち、第一軍集団と第三軍集団は合流し、九月一日、李立三の指令で二度目の長紗攻撃をおこなった。戦闘は紅軍の軽兵器と国民党軍の重砲、飛行機、軍艦との戦いで、攻撃は一三日間つづけられたが失敗におわった。

コミンテルンは、李立三コースを清算する任務をモスクワにいた瞿秋白と周恩来に託して帰国させた。帰国した瞿と周は、一九三〇年九月、六期三中全会を招集したが、そこでの李立三コース批判は不十分であった。そこでコミンテルンは、十一月、コミンテルン書簡（十一月指令）を送って、李立三コースを徹底的に批判した。これをうけて同月二十五日に開かれた中央政治局会議は、十一月指令に対する全面的服従を決議した。

そして三一年一月、第六期四中全会が上海で開かれた。四中全会は、モスクワ留学から帰国した王明ら「留ソ派」が新任のコミンテルン中華代表ミフの援護のもとに挙行したもので、李立三と瞿秋白を中央政治局から解任し、自己批判した向忠発（総書記、のち秦邦憲（博古））と周恩来（軍事部長）は留任させた。向忠発、周恩来とともに、留ソ派の王明、康生、張聞天（洛甫）らが党の主要ポストを占めた。

東トルキスタン

チベットでは両大戦間期にとくに目立った動きはなかったが、清朝によって新疆省とされた東トルキスタンは激動した。

辛亥革命後も新疆省政府は持続し、省長となった楊増新が一九一二年から二八年まで巧みに支配し、新疆を自らの独立王国にしようと努めた。彼が二八年七月に暗殺されると、腹心であった金樹仁が政権をにぎったが、メッカへの巡礼を禁止するなどしてムスリム住民の反感を買った。

一九三一年から三四年にかけて、ハミでの反乱とトルファンでの反乱が起こり、さらにタリム盆地南辺に東トルキスタン・イスラム共和国がつくられるなど、漢族支配に対する反乱が相次いだ。

しかしこれら反乱は盛世才《せいせいさい》らによって鎮圧された。盛世才はもと国民革命軍総司令部参謀で、三〇年に新疆省政府に職を得、三三年四月のクーデタで省政府を掌握した人物である。盛はムスリムの反乱鎮圧にはソ連正規軍の協力をえた。以後、新疆省では盛世才の独裁がつづく。

七章　戦間期の日本帝国

台湾統治

一九一八年九月に成立した原敬内閣のもとで、一九一九年八月、台湾総督府官制が改正されて総督武官制が廃止され、総督の地位は文官にも開放された（文武官併用制）。軍事権は新たに設けた台湾軍司令官に移された。そして台湾では、一九一九年から三六年まで文官が総督に指名されることになる。なお官制制定は憲法上天皇の大権であるが、実際は内閣と枢密院の意向が反映し、一九〇〇年からは台湾総督の任用、権限も同様となり、これは朝鮮などの新たな植民地にも適用されていく。

一九二一年三月、帝国議会の法制定（法三号）により、内地の法律の延長施行が原則とされて、台湾総督の律令制定権に制限が加えられた。また銀行、税関、郵便、電信の業務については、本国の当該大臣の監督に服さなければならなくなった。台湾総督が律令を制定できるのは、日本内地に法律がない場合、または台湾の特殊事情によって延長施行が困難な場合とされた。ただし何が特殊事情であるかの解釈は総督がおこなえた。法三号の「内地延長主義」は、原敬がフランスの植民地アルジェリアに範をとったものであった。

初代文官総督となった田健治郎は、行政と警察を分離するため、警察の地方行政への介入を減らした。

すなわち、警察官が地方行政機構の首長になること、また地方行政官が警察に対して直接指令を出すことをやめさせた。しかし村落レベルでは、警察の介入はつづいた。

台湾の自治をめざす合法的な民族運動である台湾議会設置請願運動が、一九二一年一月からはじまった。これは新民会（一九二〇年一月創立）が提起し、台湾文化協会がになったもので、台湾総督の立法権および財政権への協賛権をもつ台湾議会を要求する運動であった。以後、同運動は帝国議会に対する請願を一九三四年まで一四回もくり返すが、帝国議会は認めはしなかった。

一九二〇年代、日本は植民地における「産米増殖事業」（台湾）、「産米増殖計画」（朝鮮）に取り組んだ。本土での米不足を植民地からの輸入によって埋め合わせるのが目的である。二十世紀初頭の農業において、日本の耕地単位あたりの生産高は台湾や朝鮮よりも高く、とくに米は二倍以上であった。農業振興のため、植民地当局は台湾でも朝鮮でも灌漑・排水施設の建設、土壌の改良、化学肥料の使用、収穫高の多い新品種の採用を促進するなどし、その結果、植民地における水稲の生産は大幅に増した。

台湾における産米量は、一九一五〜一九年平均の約四八〇万石から一九三〇〜三四年平均の約八一〇万石へと増加した。その結果、米は砂糖と並ぶ台湾の二大商品となった。米の日本向け移出高は、一九三〇〜三四年に年平均三五〇万石であり、生産高に対する比率は四二％であった。

教育において、台湾総督明石元二郎《もとじろう》（任一九一八年七月〜一九年十月）は、中学校の増設、台湾人向けの農業、林業、商業、機械分野の専門学校設置とともに、公学校とその上の中等教育機関のあいだに二年間の職業訓練学校を設けた。これで台湾人のための公立学校は一つに接続された。一九一九年一月、台湾教育令が勅令として公布され、教育勅語の趣旨にもとづくとともに、「時勢および民度」に適合させるという教育方針が明示され、制度では初等教育は六年制を本体とした。

一九二二年、第二次台湾教育令が公布された。これは初等教育では「国語を常用する者」は小学校、「国語を常用しない者」は公学校と定め、台湾人の子弟にも日本人子弟だけが通っていた小学校への入学を認めたものであった。中学教育では、日本人と台湾人の共学を定めた。こうして、国語としての日本語に習熟すれば、台湾人も日本人と同様の教育をうけられるようになった。並行して、公学校の授業科目も小学校のものにより近づいた。

日本への留学生はへる傾向をみせなかった。それは一九二二年に二千四百人、四一年には七千人以上であった。一九二八年、台北帝国大学が七番目の帝国大学として設立された。一九三七年には台湾総督府医学専門学校が台北帝国大学の医学部に改組された。

教育普及の政策は成果をあげ、一九四四年の統計では、小・公学校は一一〇九校あって児童の就学率は九二・五%という高さであった。そして師範学校三校（学生数二八八八）、職業学校一一七校（三万二七一八）、高等女学校二二校（一万三二七〇）、中学校二二校（一万五一七二）、高等学校一校（五六二）、専門学校四校（一八一七）、帝国大学一校（三五七）であった。

台湾の施設を一九三五年に視察した中華民国政府の使節団が一九三七年に出した報告書は、日本の台湾統治に最大級の賛辞を惜しみなく呈して曰く、「他山の石」「日本人にできて中国人になぜできないのか」「わずか四〇年の経営で、台湾と中国の格差は驚くばかり」と評して、日本帝国主義の台湾支配を批判するどころか絶賛した［伊藤 一九九三 一二二頁］。

朝鮮(1) 三・一独立運動

世界における民族自決主義の潮流に注目した朝鮮人は宗教界の人たちであり、海外在住の人たちであった。朝鮮内においては、天道教（東学の後身）、キリスト教の幹部たちが、それぞれ朝鮮の独立を世界に訴えることを考え、全民族的な動きとするためお互い協力すること、さらに仏教もまじえたものとすることを決定した。

一九一九年二月八日、東京の大学に留学中だった朝鮮人学生たちが神田のYMCA（キリスト教青年会）会館において東京二・八独立宣言を発表した。この宣言の内容は、日本の韓国保護国化から併合、朝鮮統治における日本および英米の不当性を訴えつつ、中国とロシアの脅威が去った以上、併合時の口実は正当性を失い、それゆえパリ講和会議は朝鮮に対して民族自決主義を適用すべきである、と主張した。こうした東京留学生の動きは朝鮮にも伝わり、天道教、キリスト教の首脳たちに行動をうながした。

そうしたおり、一月二十二日に死去した高宗の葬儀が三月三日におこなわれることがきまった。宗教界は、葬儀を名目に数十万人が京城に来ることを利用して、葬儀の前に独立の請願をおこなうことを決定した。そして二万枚余の独立宣言書が印刷されて、それを発表する日を三月一日にきめた。

こうして天道教一五人、キリスト教一六人、仏教二人からなる三三人の「民族代表」は、中華料理店において独立宣言書を朗読し、その後、自ら当局に連絡して逮捕された。そして「民族代表」がいた中華料理店から出た学生たちは、パゴダ公園において、すでに集結していた数万人の群衆と一緒に独立宣言書を朗読した。ここに三・一独立運動が勃発した。

独立宣言書は、朝鮮の日本からの独立を訴えているものの、東京二・八独立宣言よりも日本との対決色は薄く、抽象的な表現が多い。そして文末に公約三章として、(1)我らの挙行は正義、人道、生存、繁栄のためにする民族的要求にして……排他的感情に逸走（それて走る）すべからず、(2)最後の一人まで民族正当なる意思を発表せよ、(3)一切の行動は秩序を尊重すべし、をあげている。

三月一日の京城では、「独立万歳」を叫ぶ学生や民衆のデモ行進がおこなわれた。そして以後、主要都市、そして農村でも同様のデモンストレーションがおこなわれ、反日独立運動は全土に広がった。総督府は内地からの部隊をも使って運動を弾圧した。

朴殷植《ぼくいんしょく》著『韓国独立運動之血史』（一九七二年）が、運動参加者総数約二〇二万、死亡者数約七千五百、負傷者数約一万六千、逮捕者数約四万七千をあげ、日本人の歴史書［日本史辞典、東洋史辞典、平凡社百科事典］もこの数字をそのままあげて運動の盛り上がりと弾圧の厳しさを強調している。だがこの韓国側の数字に信憑性はあるのだろうか。

朝鮮(2)「文化政治」への転換

総督府は武力で三・一運動を鎮圧したが、統治政策を「文化政治」といわれるものに転換した。それはまず、総督武官制の廃止、憲兵警察制度の廃止と台湾同様に文官を主体とした普通警察制度の採用であった。一九一九年八月の朝鮮総督府官制の改正により、朝鮮も総督の文武官併任制となったが、陸軍の主張により現役武官の総督がつづいた。それは、朝鮮が日本の国防上絶対的に不可欠な地域と考えられたからである。

右記の官制改正で、従来の内務部、財務部、農商工部、司法部の内務、財務、殖産、法務の四局への改編、それまでは内務部にあった学務局の単独局への昇格、警務総監部の廃止と警務局設置、総督官房下にあった総務、土木、鉄道の庶務、土木、鉄道の三部への改編がなされ、その結果、朝鮮総督府は六局三部からなることになった。

官制改正のなかの警務総監部の廃止と警務局設置が、憲兵警察制度の廃止と関係している。そして警察制度の改革とともに警官はむしろ増員された。当時の朝鮮には八五〇〇人の警官がおり、二五九九ヵ所の駐在所があった。各駐在所には日本人警官三人と朝鮮人補助が一人いて、二〇ほどの集落、平均八〇〇戸ほどを監督した。

一九一九年九月に就任した斎藤実新総督のもとで文化政治は展開する。十月、朝鮮人官吏も、内地人と同一資格では同等の俸給をうけることになった。同月、公立普通学校校長に初めて朝鮮人を任用したのを手はじめに、地方庁の課長などへの朝鮮人の任用がふやされていった。朝鮮語の新聞の発行が同一九年十二月から許可され、集会、結社についても、政治的集会や団体の結成が許された。

地方制度の改革が一年をかけて検討され、一九二〇年七月、府制、面制が改正され、地方費令、学校費令が制定された。この改革の基本は民意の吸収にあるとされる［杉本 二〇〇二 二五六頁］。府制、面制の改正では、いままで任命であった府（市）協議会の会員を民選とし、面（村）に新たに面協議会を設置し、会員は指定面（町）は民選、その他は郡守の任命とした。この協議会は諮問機関であり、予算についての議決権はなかった。道地方費令では、在来の賦課金に加え、適切な財源をもとめうる道を府県に開いた。また新たに道評議会を設けた。その会員は、三分の二は府面評議会員の選挙で選ばれた人より、三分の一は学識経験者より道知事が任命することとした。学校費令は、新たに学校評議会を置き、評議員は府では住民の選挙、面では面協議会の選挙で選ばれた人より郡守が任命した。第一回の府・指定面評議会会員の選挙が十一月におこなわれ、当選者は日本人一三〇人、朝鮮人一二六人であった。この制度では、有権者の納税額制限により朝鮮人有権者の数はきわめて少なかった。評・協議会員として参与した朝鮮人の数は、一九二〇年代後半で二万名以上にのぼった。

教育面でも、斎藤実総督がかかげた(1)文化政治、(2)一視同仁の気持ちで教育制度を樹立すること、(3)教育機関の増設、のもと改革がおこなわれた。一九一九年十二月、高等普通学校規則が改訂され、男子には内地上級学校との連絡に便なるように教科目を改正した。翌年十一月の改訂で、普通学校の修業年限を四年から六年に延長して内地の小学校の修行年限に合わせ、高等普通学校も内地の中学校（五年制）の体系と揃え、教育程度もほぼ同等となるようにした。内地の上級学校に接続するようにしたのである。普通学校は一九一九年度から着手した三面一校の方針を一九二二年に完成した。

台湾と同じく一九二二年二月に第二次朝鮮教育令が公布された。これは普通教育においては日本語常用者と朝鮮語常用者を分けたが、日本人が普通学校へ、朝鮮人が小学校へ入学できることとした。実業教育、専門教育、大学教育は内鮮共学であった。また普通学校においても学科過程、授業時間などが小学校とほぼ同等であった。そして(1)小学校は朝鮮語は選択、普通学校は朝鮮語必修、(2)普通学校の歴史、地理はとくに朝鮮に関することを従前より詳しく教えること、(3)普通学校においては朝鮮総督府編纂の教科書をもちい、小学校においては文部省編纂の教科書をもちいる、とした。ミッションスクールでの宗教教育も認められた。

総督府は、一九二九年から一面一校の割で公立普通学校を設置していった。また二六年に京城帝国大学を創設した。それとともに、朝鮮人の高等文官への道が開かれた。一九二五年の時点で朝鮮人学童の就学率は一三・四％であり、中等学校に在学している朝鮮人の数は六三〇九人、専門学校以上では七七九人であった。

朝鮮(3) 産米増殖計画と「地方自治」

また総督府は、土地改良と日本の米作技術を導入する産米増殖計画を一九二〇年代からはじめ、これが二〇年代の経済政策の中心となった。この計画には、日本国内の米不足を朝鮮米によっておぎなうとともに、朝鮮内の米の需要にこたえ、農家経済の安定をはかることで文化政治をささえようとする意図があったとされる。

当時、朝鮮の水田一五〇万町歩のうち灌漑設備のあるものは三〇万町歩にすぎず、また干潟や草地といった干拓、開墾に適した場所も多かった。産米増殖計画における予定された土地改良は、水田四〇万町歩、畑地の水田化二〇万町歩、開墾、干拓合わせて二〇万町歩であった。

一九二〇年に第一期（一五年間）工事として四〇万町歩の耕地改良にとりかかったが、一九二五年までにわずか九万町歩の土地改良しかできなかった。そこで一九二五年更新計画を立案し、この計画では一二年間に三〇万町歩の農地改良をめざした。計画は一九三〇年の大豊作、三二年のそれを上まわる大豊作によって打ち切られたが、灌漑設備をもつ水田は一九三一年に五四万町歩であり、更新計画実施前に比べて一五万五〇〇〇町歩、計画開始以前に比べて二四万五〇〇〇町歩拡大した。

産米増殖計画の結果、朝鮮での単位耕地あたりの米の生産は毎年二％の増加をつづけ、米の生産量は一九二〇～二二年の年平均一四七〇万石から一九三〇～三二年平均の一七一三万石に、約二四〇万石の増産となった。日本統治の全時代を通じてみれば、米の生産は二倍となり、朝鮮の水田の生産性は、当時世界一を誇る日本のそれに近づいた。

他方で日本本土への米移出が大幅に増加し、一九一七～二一年の平均が二二〇万石であったのが、一九三二～三六年では年平均八八〇万石となり、この間の生産増大を上まわる米が日本に移出された。一九二〇年代後半には日本の米の総輸入の五〇％を朝鮮米が占めていた。こうした結果、朝鮮では米が不足し、それを埋め合わせるように満洲からの粟の輸入が一九一二年の一万五千石から一九三〇年の一七二万石へと増大した。

一九三〇年十二月に道制、邑面制が公布され、府制が改正された。改正府制と邑面制は三一年四月に施行され、府（市）および邑（指定面（町）が昇格）には議決機関として府会、邑会が置かれ、府会、邑会の議員だけでなく、諮問機関であった面（村）協議会の会員も公選制となった。選挙の有権者資格は従来どおり納税額によって制限されていたが、面協議会も公選制となったことで、府会、邑会、面協議会における朝鮮人有権者の総数は、一九三五年には三〇万六〇〇〇人となった。道制は三三年四月に施行されたが、議決機関として道会が設置され、道会議員の三分の二は府郡ごとに府会、邑会議員、面協議会員が選挙し、三分の一は道知事が任命することになった。この地方制度改編によって朝鮮人の上層、資産家が地方政治に関与する権限はやや拡大された［この段落は武田編 二〇〇〇 三〇四頁のまま］。

一九三〇年代の工業化

一九三〇年代になって日本帝国が自給自足を指向する工業政策に向かうと、満洲とともに台湾と朝鮮は戦略的重要性を高めた。両総督府は工業化の計画を定め、重工業の原材料を供給するための石油化学工業、金属精錬、鉱山などの施設が両地につくられていった。

台湾では水力発電所の建設が進められ、一九三五年頃には、水力発電所二六ヵ所、火力発電所九ヵ所があり、発電所の建設は一応完成をみた。そして発電所で生み出された電力を使ってアルミニウムの精錬がおこなわれるようになる。

一九三〇年代の朝鮮の経済成長は台湾よりも大きかった。その理由は、比較的豊富な天然資源に恵まれていたこと、日本の支配下に急速な工業化を進めていた満洲に隣接していたこと、である。朝鮮の三〇年代の工業化は石炭や鉱産物と水力発電に立脚し、北部を中心に進展した。水力発電によってえられた電力は金属精錬業と化学工業にもちいられた。化学、金属、機械といった重工業の朝鮮の全工業生産額に占める割合は一九二九年の二六%から三八年の四四%へと増加した。

第三部

世界恐慌から日本の第二次世界大戦参加

八章　満洲事変

一　日本軍の満洲支配

満蒙問題の深刻化

一九二九年十月にアメリカではじまった世界恐慌は、日本にも波及し、一九三〇年（昭和五年）三月の株式市場、商品市場の暴落にはじまる昭和恐慌となった。株価は重化学工業部門で六〇％も低落し、物価は一九二九年十二月〜三〇年十二月の一年間に米三四％、生糸四七％、大豆三八％も下落し、貿易額も三〇％減少した。一〇〇万を超す失業者が生まれた。

とくに農村のうけた打撃は深刻で、米価の下落と、そして養蚕が最大の副業であったので、繭の価格の暴落（五五％）が農家を困窮させた。全国の自作農の半分以上、小作農の四分の三は赤字農家となった。繭価暴落には、生糸のおもな輸出先であるアメリカの一九三〇年制定の高関税法（スムート・ホーリー法）が一役買っている。

さらに一九三一年、東北、北海道では大凶作にみまわれて農村の窮乏はきわまり、欠食児童はかなりの数にのぼり、娘の身売りが多数おこなわれた。三一年の秋田県の小学校で昼食を欠く者は四人に一人、娘の身売りは三一年青森県で二四二〇人であった。日本軍の兵士の大半は農民の子弟であり、将校にも農村出身者は多く、こうした農村の困窮は軍部の政治介入をもたらすひとつの要因となった。

だが、より直接的に軍部に影響をあたえたのは、満蒙問題の日本にとっての深刻化であった（満蒙とは満洲と内蒙古《うちもうこ》〔ないもうこ〕）。張作霖とその子で東北軍を率いる張学良は、一九二七年から二九年にかけて、日本政府の抗議にもかかわらず、そして一九〇五年の条約に違反する、満鉄線と並行する東西二本の鉄道を開設させた。それは西側では打通線（打虎山《だこさん》—通遼）で、この線は満洲を北から南へ、克山—チャハル—鄭家屯—通遼—打虎山を連結させる。東側では吉海線（吉林—海龍）で、これは吉林—海龍—奉天を連結させる。そんなときに世界恐慌は満洲にも波及して、大豆をはじめとする満洲特産の農産物の価格は暴落し、荷動きはへった。満鉄並行線の建設と世界恐慌の影響によって、満鉄（南満洲鉄道株式会社）は収益を減少させ経営難に陥った。

さらに張学良政権はオランダの築港会社と連山湾の葫蘆《ころ》島の築港を契約し、一九三〇年七月築港工事が開始された。この港が完成すれば、北満あるいは吉林地区の貨物は張学良政権側の鉄道を通じて葫蘆港から積み出されることになり、満鉄と大連港は大打撃をうけることになる。

またソ連の一九二八年からの五ヵ年計画実施は、ソ連の国力強化をもたらすものとして、日本の軍部にとっては南満洲への脅威であった。

こうした日本の満洲権益の動揺に対して、板垣征四郎、石原莞爾《かんじ》といった関東軍（在満日本軍、一個師団）の幕僚は、満蒙問題の解決策は満蒙を日本の領土とする以外にないという満蒙領有論を主張し、三一年初めまでに南満洲占領計画を完成した。

一方陸軍中央は、一九三一年度の国際情勢判断で次の主張をしている。我が「帝国は独立性を有する資源と販路とを海外に獲得するにあらざれば、国家永遠の存立を保証せられたるものと云うべからず。換言すれば帝国の国策はあらゆる機会をとらえ海外の領土を獲得するか、またはいわゆる勢力範囲を拡張せざるべからず。この目的に適合するものは各種観点より接壌地たる満洲および東部内蒙古さらに進んで極東ソ連領なりとす。」

総力戦時代の国防にとって資源の自給自足は欠かせない。そして日本は、国内で不足する資源を独立して確保するには海外での支配地拡張を必要とする。海外支配地の中核は満洲であるが、まさにその満洲における日本の権益が脅かされている。こうした判断が陸軍が満洲事変を引き起こす背景にあった。

だがこの判断には、決定的重要さをもつことになる石油資源のことが欠落している。それはなぜか。石油は陸軍にとっては海軍にとってほどには必要性の高い資源でないからだろうか。

満洲事変の勃発⑴ 九月

一九三一年（昭和六年）九月十八日夜、関東軍の参謀板垣征四郎、石原莞爾らは、奉天北郊の柳条湖で満鉄線の線路を部下に爆破させ（柳条湖事件、九・一八事件）、関東軍はこれを東北軍の行為であるとして軍事行動を起こし、翌日早朝までに奉天を占領した。満洲事変のはじまりである。そして関東軍は、その日のうちに長春、営口など満鉄線沿線の主要都市を占領した。

同十九日午前、緊急閣議が開かれ、首相若槻《わかつき》礼次郎の提議にしたがって、事態を現在以上拡大させないという決定をおこなった。陸軍首脳もこれを了承し、同日、南次郎陸軍大臣が本庄繁関東軍司令官に事件不拡大を訓令する電報を発した。また同日、林銑十郎《せんじゅうろう》朝鮮軍司令官に対しても、関東軍への増援は奉勅命令がくだるまで見合わせるよう、参謀総長金谷範三《はんぞう》の名で電報が発せられた。南、金谷ら宇垣派は、もともと内閣の意向を尊重する姿勢であり、その要請にしたがい関東軍に事態不拡大を指示したのである［川田稔『文春』二〇一五年春号］。

だが満蒙領有論に立って南満洲の軍事占領をめざす本庄、板垣、石原ら関東軍指導部は、二十日深夜の会合で吉林方面に戦線を拡大することを決定した。そして二十一日午前、関東軍第二師団の主力は、居留民保護を理由に満鉄線沿線から離れて吉林方面へ進撃した。この吉林派兵は、関東軍が独自の計画を遂行するために、軍中央部の命令と政府の政策に反して満洲における戦線拡大に踏み出した最初の正式の決定である［緒方 二〇一一 一一九頁］。

また本庄関東軍司令官は、南満洲占領のためには関東軍だけでは兵力が不足するため、林銑十郎朝鮮軍司令官に援軍をもとめ、それにこたえて、同二十一日午後、朝鮮軍が独断で鴨緑江を越えて満洲へはいった。

朝鮮軍の満洲への出兵は国外出兵である。そして国外出兵は天皇大権に属することだが、天皇の勅裁のないままの行動であった。金谷参謀総長は参内して天皇に事後の裁可を願い出たが、天皇は政府が経費の支出を決定していないので裁可しなかった。南陸相は、若槻首相に対し、軍費を支出するということを奏上してくれるように要望した。翌二十二日午前の閣議は、朝鮮軍の独断出動に対して閣僚の賛成、不賛成の意思表示はなく、出動の事実を認めてこれに要する経費を支出することにした。そして若槻首相がこれを奏上し、天皇は裁可した。朝鮮軍の独断出動が追認されたのである。

政府側には、予算を認めないことで朝鮮軍の行動を止める機会があったのに、そうはしなかった。なぜ朝鮮軍の行動を追認したのであろうか。金谷参謀総長、南陸相の行動は、関東軍の動きを支援する一夕会《いっせきかい》（陸軍省幕僚の団結組織）幕僚の強い働きかけをうけたからとされ、若槻内閣は、独断出兵を容認する姿勢となった宇垣派陸軍首脳との信頼関係を重視したからとされる［川田稔『文春』二〇一五年春号］。

ある記録によれば、八月十六日付の蔣介石の張学良宛電報はこう述べたという。「日本軍隊が今後東北においていかに挑発してきても、わが方は抵抗することなく、つとめて衝突を避けるべきである。吾が兄（張学良）は決して一時の憤激にかられて国家民族を顧みないことにならぬようにされたい」［西村 二〇一五書名不明 七六頁］。

柳条湖事件が起きたとき、東北軍首領張学良は、約二八万の東北軍兵力のうち一〇万を率いて北京に滞在していた。張学良は、事件直前の九月六日、部下の司令官に次のように打電していた。「いかに挑発されようとも、極度の忍耐を保ち、決して武力に訴えず、いかなる紛争も避けねばならない」。しかし関東軍がおこなったのは挑発などではなく、満洲の制圧をねらった出撃である。そして張学良は、事件勃発後もなお戦争の拡大を恐れて東北軍に無抵抗を命じた。

蔣介石も、張学良と同じように日本軍と戦う意志はなく、「衝突回避・連盟提訴」という方針をとった。蔣介石はなぜ戦わないのか。蔣が語るには、当面の国力は抗日するには十分でなく、もし大規模な戦争を引き起こしたら中国は亡国の禍《わざわい》にみまわれる。それゆえ恥を忍んで戦争を避けるべきである［北村・林二〇〇八 八一頁］。日本の満洲侵攻は世界的な勢力均衡に重大な変化をもたらす。だから欧米列強が日本の暴挙を傍観するはずがない、というものであり、これは「以夷制夷（夷を以て夷を制す）」策である［横山 一九九七書名不明 二〇二〜二〇三頁］。

どだい満洲は、辛亥革命以後このときまで国民政府が直接統治したことのない地域であり、したがって中華ナショナリズムの担い手である蔣介石らにとっては、獲得（実質的支配）すべき対象ではあるが、政権の命運をかけて戦ってでも確保すべき地域ではなかった、といえよう。

国際連盟規約一一条は、国際連盟は戦争に対して平和を擁護するための有効な措置をとるべきである、と定めている。これにもとづいて中国（中華民国）は、九月二十一日、事件を国際連盟に提訴した。

中国国内では、日本の武力侵入と国民政府の不抵抗方針に対して抗議の声が上がり、九月二十三日には南京で、同月二十五日には長紗で、二十六日には上海と南昌で、また二十八日には北京で、抗日救国大会が開かれた。参加者は、新聞報道によれば［味岡 二〇〇八 一八頁］それぞれ一〇〜二〇万人規模とされている。最初に二十三日行動を起こしたのは大学生であり、その後も救国大会の中心には学生と労働者がいた。そして学生、労働者が自ら行動したのか、それとも共産党あたりが組織したのかどうかは利用文献には記述がないので分からない。

一方、関東軍は幕僚会議を開き、日本政府も列国も日本による満蒙領有を承認する見込みがないので、満蒙領有案から後退した満蒙問題解決策案を九月二十二日に定めた。同案は「方針」と「要領」からなり、「方針」は「我が国の支持をうけ、東北四省（東三省と熱河省）および蒙古を領域とする宣統帝を頭首とする支那政権を樹立し、在満蒙各民族の楽土たらしむ」である。「要領」の方は次のような内容であった［片倉日誌（片倉 哀《ただし》 関東軍参謀の満洲事変機密政略日誌）］。

(1) 国防外交は新政権の委嘱により日本が掌握、内政は新政権が統治
(2) 国防外交の経費は新政権が負担
(3) 地方治安維持には熙洽《きこう》（吉林地方）、張海鵬《ちょうかいほう》（黒龍洮南《とうなん》地方）、湯玉麟《とうぎょくりん》（熱河地方）、于芷山《うしざん》（東辺道地方）、張景恵（ハルビン地方）を起用する（これら人物は宣統帝派にして関東軍と関係を有す）

この満蒙問題解決策案にもとづき、関東軍はただちに新政権樹立のための工作を開始した。

国際連盟は中国の連盟への提訴をうけて緊急理事会を二十三日に開いた。これに対し日本政府は、二十四日に満洲事変に関する次の内容の政府声明（第一次声明）を出した。

(1) 中国軍が南満洲鉄道の線路を破壊し我が守備隊を襲撃
(2) 帝国臣民の安全のため我が軍隊は機先を制して行動開始
(3) 我が軍隊は目的を達成するやおおむね鉄道付属地内に帰還
(4) 九月十九日の閣議で事態不拡大の方針を決定し陸相よりこれを満洲駐屯軍司令官に訓令した。長春から吉林に一部部隊が出動したが、これは満鉄に対する側面よりの脅威を除くため
(5) 帝国政府は満洲に対する何らの領土的野心なく、自国および自国臣民の正当に享有する権益を擁護するは政府当然の職責である

九月二十六日、若槻総理は満洲政権樹立に関しては一切関与すべきでないと閣議で表明し、南陸相からこれを伝えられた金谷参謀総長は、各部長を集め、この種の運動には一切関与してはならないと注意した。

そして九月三十日、連盟理事会は、日中両国をふくむ全会一致で、日本人居留民の生命・財産の保護が

確保されれば、早期に日本軍は撤兵する、という決議を採択した。この決議は、国際連盟の幣原外交への期待と支持のあらわれであった［井上 二〇〇三 七三頁］。

九月二十四日、遼寧省では元省長の袁金凱《えんきんがい》を委員長とし、于沖漢《うちゅうかん》を副委員長とする、遼寧省治安維持委員会が省都奉天に設立された。吉林省では、事変勃発時、省政府主席張作相が父の喪のため故郷に帰り不在で、清王室出身で東北軍副司令長官公署参謀長であった熙洽が実権をにぎった。熙洽は九月二十一日に吉林に日本軍を迎え入れた。九月二十六日、吉林省政府は改組されて熙洽が長官となり、九月二十八日、熙洽は吉林省政府の国民政府からの独立を宣言した。

東北三省に駐屯していた東北軍は総兵力約一八万であった。そのうち吉林省の軍事勢力は歩兵旅団八、騎兵旅団一、野砲兵旅団一であるが、歩兵旅団七と騎兵旅団のすべてが日本軍に降伏した。これは実際には、六万九千余の吉林省軍が九月二十八日に独立宣言を出して、関東軍に協力する姿勢を示したのである。遼寧省の二つの師団も、十月一日と五日にそれぞれに独立宣言を出し、総兵力約一万九千の兵士が関東軍の陣営に参加した［この段落は黄自進 二〇一一 一三一頁による］。

黒龍江省では、九月二十七日、ハルビンで張景恵が東省特別行政区（東支鉄道付属地）治安委員会を樹立した。また十月一日、洮南の地方軍閥張海鵬が南京政府からの独立を宣言した。熱河省では、九月二十九日、熱河省政府主席の湯玉麟が中央政府からの独立を宣言した。

ここに名をあげた人物のうち張景恵、湯玉麟の二人は張作霖の武将であった。袁金凱、于沖漢は、中国本土からの関与をうけず、半ば独立した自治政府による満洲の安定をはかろうとする保境安民主義者である。保境安民主義は、張作霖時代からの流れを引く文治派（官僚）による構想であった。新政権に加わった官僚は張学良時代に不遇をかこち、反張学良の有力者でもある。熙洽、張海鵬は清朝の復興を望む復辟《ふくへき》派である。彼らは、清朝発祥の地である満洲に宣統帝溥儀を迎え、清朝復活の第一歩としようとした。

満洲事変の勃発(2) 十月

一九三一年十月初旬、日本の内閣、陸軍中央、関東軍はそれぞれ異なる方針を立てた。閣議は、十月六日、「満蒙新政権樹立に関しては日本人は一切関与せず、その樹立されるべき新政権の性質に関しては何たるを問わず」を決定した。

そして陸軍三長官（陸相、参謀総長、教育総監）会議は、十月八日、時局処理方策として、満蒙問題は中国本部から分離して満洲に樹立されるべき新政権と交渉して根本的解決を期すが、その「新政権は我帝国に信倚（信じ頼ること）するものなるを要し、その樹立には表面的関与を避け裏面的に助力を与ふ」とした。満蒙に国家をつくることは中国の領土保全を保証した九ヵ国条約（ワシントン体制）に違反することになるが、新地方政権の樹立にとどまるならば、ぎりぎり違反とはならず、国際的非難を招かないとみていた。またこのとき陸軍中央が想定していた新政権の領域は南満洲だけであった。

関東軍は、十月二日、第二の満蒙問題解決策案を作成し、同案の方針は「満蒙を独立国とし之を我が保護下に置き、在満蒙各民族の平等を期す」である。そしてこの目的達成のためには、「各種独立運動は極力之を促進し殊に軍事行動を決行するものに対しては相応の援助を与え」る、とした。

そして関東軍は、十月八日、東北政府が所在地を移していた錦州を爆撃した。錦州は満鉄線から遠く離れ、イギリスの権益である京奉線（北平〜奉天）の沿線にあったこともあり、錦州爆撃は国際連盟の空気を一変させた〔江口　一九九一　四三頁〕。

一方中国政府は、十月五日、連盟理事会が再開される十月十四日以前に撤兵するよう日本政府に要請した。十月九日、日本政府はこれを拒否し、次の五大綱を協定したうえで、はじめて日本軍を完全に鉄道付属地内に撤兵させることができる、と回答した。

(1) 相互的侵略政策および行動の否認
(2) 中国領土保全の尊重
(3) 通商の自由を妨害しおよび国際的憎悪の念を扇動する組織的運動（反日宣伝活動）を相互に徹底的に取り締る
(4) 満洲の各地における日本国民の一切の平和的業務に対する有効な保護
(5) 満洲における日本の条約上の権益尊重

十月二十四日、連盟理事会は、次回理事会（十一月十六日）までという期限を定めた日本軍の全面撤退、日本軍の撤退終了後ただちに日中交渉（懸案の鉄道交渉をふくむ）の開始、などを内容とする決議を投票にかけた。これは賛成一三、反対一（日本）で、理事会決議は規約で全会一致と定められているため成立しなかったが、日本は国際的に孤立した。

連盟理事会の決議に対して、十月二十六日、日本政府は満洲事変に関する第二次声明を出した。この声明は、軍隊の全部を満鉄付属地に帰還させることは事態をさらに悪化させ、帝国臣民の安全を危険にさらすものである、とした。既成事実を容認し、強硬論に追随するものであった。また声明は、事態の解決には日中両政府が十月九日に日本が中国に提案した五大綱をベースに協議する必要がある、と主張している。

ソ連は、満洲事変が対ソ戦争に発展することを恐れ、日本を刺激しないように努め、十月二十九日、満洲問題への不干渉を声明し、同月三十一日には不可侵条約の締結を日本に申し出ている。こうした態度の理由は、ソ連は一九二八年からはじめた第一次五ヵ年計画の実現に全力で取り組んでおり、極東の軍備も貧弱な状況であったからである［江口　一九八二　一九二頁］。

戦火の拡大(1)　錦州とハルビンの占領

十一月七日、遼寧省治安維持会は張学良の旧東北政権および南京の国民政府と絶縁し、遼寧省政府の政権を代行する臨時遼寧省政府となった。そして十一月二十日、遼寧省は易幟（一九二八年）以前の名称である奉天省に改称された。また十二月十五日、袁金凱は臧式毅《ぞうしきき》と交代し、臧式毅が奉天省長に就任した。

十一月十日、奉天に自治指導部が創設され、奉天文治派政客である于沖漢が部長に就任した。自治指導部の目的は独立運動を推進することであった。于沖漢の満洲問題に対する主張は、(1)保境安民主義を徹底するため独立国家を建設する、(2)国民政府との関係を断絶する、(3)国防は日本に委任する、(4)軍閥政治を打破する、であった。

十月一日に独立を宣言した黒龍江省の地方軍閥張海鵬は、黒龍江省の新政府樹立をめざして省都チチハルに向かって進軍を開始した。これと対決するため、張学良によって黒龍江省主席（省長）兼東北軍副指令に任命されていた馬占山《ばせんざん》が、省軍の主力をチチハル～大興（嫩江《のんこう》渓谷北岸）間に集結させた。そして馬占山軍は張海鵬軍の北上阻止のため、十月十五日、嫩江にかかる鉄道橋を破壊した。おりから北満洲の特産物の出荷時期にあたり、北満の占領をめざす関東軍は、鉄橋を修理しないと満鉄が大損害をこうむるという理由で介入し、十一月四日、馬占山軍とのあいだの激戦が開始された。そして六日に大興を占領した関東軍は、第二師団主力を投入し、チチハル進撃の態勢を整えた。

だがソ連との衝突を危惧する軍首脳部は、これを阻止するため臨時参謀総長委任命令（臨参委命）を発動した。これによって関東軍に対する指揮権を天皇から委任された金谷参謀総長は、十一月五日、北満に対し積極的作戦行動を実施しないことを命じた。若槻内閣も、国際的な考慮から、関東軍の動きを止めるよう南陸相や金谷参謀総長にもとめた。だが十一月十七日、関東軍は馬占山軍に総攻撃を加えてこれを海倫に退却させ、十一月十九日、チチハルに侵入した。チチハルにとどまろうとする関東軍に対し、十一月二十四日、参謀総長はチチハルからの撤退を命じ、関東軍もそれに従った。また陸軍中央は、同様に北満ハルビンへの関東軍の出兵要請も認めなかった。

しかし関東軍は、チチハル占領断念後、方向を転じ、張学良政権のある錦州に進撃しようとした。陸軍中央は、この動きも臨参委命によって押しとどめた。

黒龍江省政府はとりあえず地方自治会を組織し、その推挙で張景恵が十一月二十四日に省長に就任した。十二月下旬、関東軍は張景恵に対し黒龍江省の独立を宣言するようにうながした［浜口 一九九六 八〇頁］。そして翌年一月四日、張景恵は黒龍江省の独立を宣言した。

日本は、十一月二十一日の国際連盟理事会で、問題の基本的解決のためには満洲および支那について全体的な真の理解が必要であるとして、国際連盟が現地に調査団を派遣することを提案した。十二月十日、理事会は満洲への調査団派遣を決定し、翌三二年一月十四日、イギリスのリットンを委員長とし、伊・

仏・米・独各一名の五人からなる調査委員会（リットン調査団）がつくられた。

この間の十二月十一日、若槻内閣は安達謙蔵内相が閣議出席を拒否したことから倒潰し、幣原外相も辞職した。そして十二月十三日、犬養《いぬかい》毅《つよし》政友会内閣が成立した。一夕会が擁立しようとした荒木貞夫教育総監部本部長が陸軍大臣となった。

荒木陸相就任直後、陸軍中央で満蒙（北満をふくむ）を逐次日本の「保護的国家」に誘導する、との時局処理要綱案が決定された。中国主権下での新政権樹立から中国の主権を否定する独立国家建設への陸軍中央の満蒙政策の変化である。また関東軍の全満洲占領方針も陸軍中央によって承認された［川田稔『文春』二〇一五年春号］。

一九三一年十二月二十三日、北満から転進してきた関東軍主力が錦州へ向けて進撃し、張学良が抵抗せずに軍を撤退させたので、三二年一月三日、錦州を無血占領した。さらに関東軍は山海関、すなわち長城直下まで進み、同地における日本守備隊と合流した。張学良軍は満洲から完全撤退した。

日本軍が錦州を占領すると、三二年一月七日、米国務長官スティムソンは中華民国と日本に覚書を手交し、そのなかで、アメリカは中華民国の主権、独立、領土的・行政的統一に関する権利、または門戸開放政策という対中政策に関する権利を侵害する恐れのある一切の事態、および日華間にむすばれる一切の条約、協定を承認しない。また不戦条約の約束および義務に反する方法によって引き起こされた一切の事態、条約、協定を承認しない、と通告した。スティムソン・ドクトリンといわれる「不承認政策」である。

満洲はアメリカにとって重大な利害のある地域ではなかった。スティムソンが憂慮したのは、一九二〇年代につくられた平和維持体制が日本の行動によって崩壊することであった、といわれる［細谷・本間編一九九一　五九頁］。米政府はイギリスも日本に圧力をかけることをもとめたが、イギリス政府はアメリカに同調しなかった。イギリスにとって、日本は東アジアでの中華ナショナリズムの過激化をおさえ、ソビエト共産主義の拡大をはばむ防壁であり安定要素であった［細谷編　一九九五　一一三頁］。

熙洽が三一年九月に吉林省の独立を宣言したが、当時吉林と北満の最大の都市ハルビンとのあいだには、丁超、李朴《りと》という二人の小軍閥が勢力をもっていた。彼らは熙洽に従わず、関東軍は彼らを反吉林軍と呼んで敵とみなした。三二年一月二十五日、熙洽がハルビン占領を目標にその途上の双子城を占領すると、翌日、一万数千の丁超・李朴連合軍とのあいだで激しい戦闘がはじまった。参謀本部は、チチハル占領に対する反応からソ連の武力介入はないとみて、一月二十八日、関東軍の出動を認め、一月三十日、関東軍は双子城に達した。二月四〜五日、関東軍は丁超・李朴連合軍と戦って敗退させ、二月五日、ハルビンを占領した。ソ連は、中東鉄道の中心都市であるハルビンが占領されても出兵することはなかった。

こうして九月十八日の満洲事変勃発から四ヵ月ほどで、東三省のおもな都市と鉄道沿線のほとんどすべてが日本軍の支配下に置かれた。

戦火の拡大⑵　上海事変

当時上海には二万五千人の日本人居留民がいたが、一九三二年一月、戦火は上海にも及んで上海事変となった。一月十八日、日蓮宗の僧侶と信徒の一行が共同租界を巡行中、中国人群集に襲われ、一人がのちに死亡、三人が重傷を負った。この事件は上海駐留武官田中隆吉《たかよし》の謀略であった。田中は、満洲問題から列国の目をそらすために上海で事を起こすよう関東軍参謀板垣征四郎らに頼まれたのであった。この僧侶事件について、二十一日、日本の上海総領事は上海市長に対して、(1)市長の陳謝、(2)加害者の処罰、(3)被害者への慰謝料、(4)排日の取締りと抗日団体の即時解散、という要求を出した。二十二日、日本政府は上海の兵力増強を決定し、行動に移した。

二十七日、上海市長は日本側の要求(1)(2)(3)をうけ入れたが、(4)についてはあいまいな回答をした。これに対し同日夜、日本側は二十八日午後六時を期限とする最後通牒を突きつけた。二十八日午後三時、上海市長は日本の要求をすべて受諾した。午後四時、上海共同租界当局は戒厳を布告し、英・米・仏・伊・日の各軍隊は配置についた。このとき担当警備地域に出動した日本海軍陸戦部隊に対して、二十九日午前零時、中国側の第八七・八八師の二師団からなる第一九路軍が攻撃を加え、これに対する日本側の反撃があり、日中両軍は交戦状態に陥った。同二十九日、日本政府は日本軍の行動は居留民保護のためであり、上海地方に対し何ら政治的野心のないことを声明した。

第一九路軍の抵抗に日本の陸戦隊は苦戦したので、一月三十一日、海軍中央部は陸軍側に増援兵力の派遣を要請し、二月二日の閣議は第九師団、混成第二四旅団からなる陸軍兵力の出兵を決定した。第九師団は二月十四日に上海に上陸し戦闘に加入したが、中国軍の抵抗は激しく戦線は固着した。

上海事変発生への列国の対応は満洲事変の際とは異なった。アメリカは居留民保護を名目にアジア艦隊の一部をマニラから回航させ、イギリスも香港から軍艦を回航させ陸兵も派遣した。これらは日本への武力示威である。米・英・仏三国公使が戦闘行為を中止するよう、日中両国宛に同文の通牒を提出した。

戦線固着に対処して日本側は、二月二十三日、第一一・第一四師団を派遣した。そして第一一師団が三月一日に中国軍の背後に上陸して挟撃する態勢を取ったので、翌二日から中国軍は総退却を開始した。日本軍は追撃に移ったが、陸軍中央部は、上海事変の停戦を審議する国際連盟臨時総会前に戦局を収拾するのが得策と判断し、三日に戦闘中止を声明した。もしまだ戦闘がつづいていれば対日経済制裁が決議される、と予想されたからである。

その後、国際連盟の勧告で停戦会議が開かれ、五月五日、上海からの日本軍の撤退と上海近郊に中国軍が駐屯しないことを主旨として、上海停戦協定が調印された。五月三十一日、日本側上海派遣軍の引き揚げが完了し、この事件はかたづいた。

上海事変での戦闘における損害は、中国側は死傷九千人余、日本側は死傷二千三百六十三人である。一番損害をうけたのは蔣介石の直系部隊で第一九路軍の構成部分である第八八師団で、同師団の死傷者は三三〇〇人余、残存兵力はわずか三五〇〇人余であったとされる［この段落は黄 二〇一一 一四四頁の孫引き］。

二 満洲国の成立と日本の連盟脱退

満洲国の成立

溥儀は一九二五年二月から天津の日本租界に移り住んでいたが、満洲事変直後から奉天特務機関長土肥原賢二は頻繁に溥儀のもとを訪れ、日本が全力で守るから満洲に行くことを勧め、はじめは執政という地位だが、時機を見て皇帝についてもらうと言った。そこで溥儀は、三一年九月下旬に側近を満鉄総裁内田康哉《こうさい》や関東軍司令長官本庄繁のもとに遣わし、土肥原の話の真偽と、自分のつくべき地位を確認していた。清朝の復辟を何よりも望む彼は、その実現に向かって自分の意思で行動をはじめたのである。そして一九三一年十一月、溥儀は土肥原らに守られてひそかに天津を脱出し、塘沽、営口、湯崗子《とうこうし》を経由して旅順にたどり着いた。

一九三二年一月四日、満蒙新国家の設置を二月下旬と考えた関東軍司令官本庄繁は、参議府の構成、新国家は日本軍を国防軍とすること、首脳は復辟的傾向を避ける、などを内容とした満蒙新国家建設の具体案を板垣参謀に指示した。だがこの指示をもって上京した板垣に示された中央の案は、違ったものであった。中央の案とは一月六日につくられた陸海外三省協定の支那問題処理方針要綱で、「満蒙は之を差当り支那本部より分離独立せる一政権の統治支配地域とし逐次一国家たるの形態を具有する如く誘導す」とした。関東軍（本庄）が新国家を二月下旬につくるとしたのに対し、中央（陸海外三省）は「逐次」国家たるように「誘導」するとしている。

二月十六日、東北三省省長の臧式毅（奉天省）、熙洽（吉林省）、張景恵（黒龍江省）、および馬占山、趙《ちょう》欣伯《きんはく》の五人は新国家建設会議を開き、翌日、彼らを中心とした連合組織として、張景恵を委員長とする東北行政委員会をつくった。これには熱河省省長湯玉麟、モンゴル地方代表チワン親王、リン・シエン親王も委員として加わった。そして十八日、東北行政委員会が独立を宣言し、新国家建設計画を発表した。

このあと、奉天の自治指導部が音頭をとるなかで、新国家に賛成する独立運動が東北三省において展開された。そして各省区が新国家建設に正式な賛同をあたえたのち、二月二十九日、自治指導部は奉天で全満大会を招集した。この大会には、各省、モンゴル地方の正式代表らが参加し、新国家を歓迎する決議と、臨時元首として溥儀を推挙する決議を採択した。ただちに東北行政委員会は旅順に来ていた溥儀のもとに代表を送り、満洲国元首に就任することを要請した。

一九三二年三月一日、東北行政委員会が、「満蒙は中華民国との関係を離脱し、満洲国を創立することを宣言」した。そしてこの満洲国建国宣言は、満洲国建国の理念として「王道楽土」「五族協和」をかかげた。王道楽土の王道とは、儒家の理想とする仁徳を本とする政道であり、五族協和の五族とは、満洲にいる満州族、漢族、蒙古族、朝鮮人、日本人である。満洲国の元首は執政と定められ、満洲国の領域は東三省、熱河省、蒙古の各盟旗（清代からの組織）であるとされた（九日に奉天・黒龍江・熱河三省の蒙古地域を省域とする興安省が新設される）。

同じ三月一日、旅順を出発した溥儀一行は、湯崗子温泉にふたたび立ち寄り、そこで三月六日、溥儀は溥儀・本庄秘密協定と称される関東軍司令官本庄繁宛書簡に署名した。この書簡の内容は次のとおり。

⑴満洲国は国防および治安維持を日本に委託し、その経費はすべて満洲国が負担する。
⑵満洲国は日本軍隊が必要とする鉄道、港湾、水路、航空路などの管理および新路の敷設はすべて日本に委託する。
⑶満洲国は日本軍隊が必要とする各種の施設を援助する。
⑷日本人を満洲国参議に任じ、またその他の中央、地方の官署にも日本人を任用し、その選任、解職に

は関東軍司令官の推薦、同意を要件（必要な条件）とする。

(5)これらの規定は、将来両国が正式に締結する際の条約の基礎たるべきものとする。

この書簡は日本の敗戦まで秘密にされたが、満洲国と日本の関係を律するもっとも根本的な文書となった［臼井 一九九五 三一頁］。(4)は満洲国の傀儡化をまねきかねない内容だが、溥儀はなぜこれを承認したのであろうか。満洲国の首都入りを目前にして、もはやあともどり、心変わりできないところまで来てしまっている溥儀は、議定書に署名せざるをえなかった、ともいわれる［太田 二〇一一 四二頁］。

三月九日、溥儀が満洲国の執政となった。同九日公布の満洲国政府組織法（別項で詳述）が執政にあたえた権限は、立法、司法、行政の三権、官吏任免権、軍隊統率権などであった。また同日発表された中央政府の人事では、満洲国建国に貢献した人物が主要ポストを占めた（これも別項で詳述）。

三月十二日、犬養毅《つよし》内閣は一月六日の陸海外三省協定を踏襲した満蒙問題処理方針要綱を閣議決定した。同時に閣議は、「差当り国際公法上の承認を与えることなく……将来国際的の気運を促進することに努むる」という、満洲国の承認に慎重な態度をとることを決定した（満蒙新国家成立に伴う対外関係処理要綱）。

五月一五日、海軍青年将校の一団が政友会の犬養毅首相を暗殺した。この五・一五事件のあと、元老西園寺公望《きんもち》は政党の総裁ではない斎藤実《まこと》海軍大将を首相に推薦した。こうして大正末以来の日本の政党内閣は崩壊し、「太平洋戦争」の終了後まで復活しなかった。

リットン報告書と日本の連盟脱退

リットン調査団は東京、上海、南京、北京をへて、一九三二年四〜六月満洲を調査した。六月八日、関東軍はすみやかに満洲国を承認することを政府に具申した。同六月十四日、衆議院が満場一致で「政府は速やかに満洲国を承認すべし」との決議をおこなった。斎藤内閣は、七月十二日に満洲国承認を閣議決定した。これは三月十二日の自身の決定に反するものであった。そして九月十五日、日本はリットン調査団の報告書発表に先立って満洲国とのあいだで日満議定書に調印し、満洲国を正式に承認した。

日満議定書は次の二ヵ条からなる。

(1)満洲国は従来の日支間の条約、協定その他の取りきめおよび公私の契約による一切の在満日本権益を確認尊重する。

(2)日満両国共同して国家の防衛にあたるべきこと。このため所要の日本軍は満洲に駐屯すべきこと。

この二ヵ条に溥儀・本庄秘密協定が付属した。

十月、リットン調査団は全一〇章からなる長文の報告書を公表した。このリットン報告書は次のような判断を示した。

(1)中国は相当の進歩をとげている。そして地方行政、軍隊、財政も漸次国家的性質をおびると期待できる。中国は統一強化の道を歩んでいる。

(2)日本の軍事行動は正当な自衛手段とは認められない。

(3)満洲国は純粋かつ自発的な独立運動によって出現したものではない。

このように判断する理由について、(2)に関しては、鉄道爆破はあったとしても鉄道への損害は軽微で列車の運行を妨げるものでなく、それだけでは軍事行動は正当化されないとし、(3)に関しては、一九三一年九月以前には満洲に独立運動はなく、満洲国の創設は日本軍の存在と日本人文武官吏の活動なくしてはありえなかった、としている。

日本は報告書に対する意見書を提出したが、そのなかで(3)に関して、「満洲独立運動は日本軍が存在しなかったら不可能であったというのは報告書の述べる通りかもしれない。しかし日本軍が正当な自衛権を行使した結果発生した事態を独立運動が利用したとしても、そのためその運動が自発的でなかったということにはならない。」と反論した。「満洲事変の勃発(2)」の項目でみたように、東北三省の地元軍事勢力は省の独立を宣言した。この点からみて、日本のこの反論には一理あるといえよう。

リットン報告書は、第一〇章で解決策として次のことを提案した。

(1)満洲に中華民国主権下の自治政府を設ける

(2)自治政府は適当数の外国人顧問および官吏を雇用し、そのうち「日本人は充分なる割合を占めること」

(3)治安は外国人教官の育成する特別警察隊が維持し、外国軍隊も中華民国軍隊も撤退して満洲を非武装中立地帯とする

(4)中国は日本、ソ連など隣国と不可侵条約を締結し外部よりの満洲への侵略に対する安全保障とすること

リットン報告書の解決策の要点は、満洲に新たな自治政府をつくるにしても満洲の主権は中国にあるということである。しかし日本が満洲国を承認した以上、この線で問題を収束することはできなくなった［大杉　一九九六　一〇四頁］。

日本は、報告書の解決策は満洲の仮装的国際管理に等しい。満洲の軍備を撤廃し、警察隊のみで平和と秩序を維持するという案は現実に全然適合しない、と主張した。

リットン報告書をうけて、国際連盟理事会が十一月に開かれたが解決できず、理事会は審議を総会の場に移した。十二月に開かれた特別総会は、一九ヵ国委員会がリットン報告書を審議し勧告決議を提出する、という案を採択した。

そして翌一九三三年二月十四日、一九ヵ国委員会はリットン報告書を承認した勧告決議案を国際連盟総会報告として可決した。この勧告決議案も「満洲に対する主権は支那に属し」、国際連盟は満洲国を承認しない、としていた。そして同月二十四日、この報告を総会が日本だけの反対を押し切って賛成四二、棄権一（タイ）で採択すると、松岡ら日本代表は、外務省からの訓令にしたがって、連盟脱退の意思表示として宣言書を読み上げて総会議場から退場した。そして三月二十七日、日本は国際連盟脱退を正式に通告した。

塘沽停戦協定

内モンゴル東部の熱河省の主席である湯玉麟は、東北軍の出身で張学良の部下であるにもかかわらず、満洲国建設に参加した。そこで一九三二年六月、蔣介石は張学良に湯玉麟を熱河省から左遷することを命じた。張学良は命令に従わず、湯玉麟が満洲国に参加するつもりがないことを確認したうえで、張学良直系の二個旅団を熱河省に派遣することに湯玉麟と合意した。湯は張側に移ったのである。

一九三三年二月二十三日、関東軍は熱河省に侵攻した。張学良側に移った湯玉麟軍はほとんど抵抗なく退却し、三月四日、関東軍は省都承徳を占領、さらに長城に向かって進み、十日前後に古北口など五つの重要関門で長城線に達した。張学良側の敗北の原因は、湯玉麟が戦わずに逃げたこと、および東北軍には戦闘力がなかったことである。

この熱河作戦がおこなわれた理由は、関東軍はもともと熱河省を満洲国にふくめるつもりであったからとされる［江口 一九八二 一八三〜一八四頁］。内田康哉外務大臣は、一月二十二日の帝国議会で、熱河省は「満洲国の一部」であり、「熱河省に進入し来るもの」に対しては「治安の維持を」はかる責任があると明言していた［西村 二〇一五書名不明 一一四頁］。

熱河作戦に関して、関東軍司令官武藤信義は、長城を越える作戦を厳禁する内訓を発し、そのなかで、「熱河省は満洲国領域にして軍の自由に行動し得べき境域なるも、長城を隔つる河北省は中華民国の領域にして大命あるにあらざれば、軍として作戦行動を許されざるの地域たるをわきまへ」よ、と述べている［中村 一九九〇 三四五頁、宮田 二〇一四 六一六頁］。

関東軍は三月一日に山海関をも占領したことで長城線を占領し、そこで停止した。蔣介石は張学良の辞任を要求し、三月七日、張学良は辞任した。彼の直系部隊である東北軍をはじめ、一九三〇年以降は張学良が統括してきた西北軍も、合わせて国民政府の直轄部隊となった。そして蔣介石が北上したのは三月八日である。

蔣介石の北上とともに平津地方に集中した国民政府中央軍主力は、長城全線にわたって関東軍への攻撃をくり返した。そこで関東軍は、四月十日、長城線以南（関内）へと進攻をはじめた。天皇は、関東軍が関内に進攻したのをみて、四月十八日、本庄繁侍従武官長に「前進を中止せしむべき命令を下しては如何」と下問した。これをうけて、四月十九日、関東軍司令官武藤は軍の長城線への帰還を命じた。
だが関東軍の長城線への撤退につれて中国軍の攻勢が激化したので、関東軍は五月三日命令を発し、ふたたび関内に進撃し、五月下旬、北平（北京）に迫った。そのため中国側が停戦をもとめ、一九三三年五月三十一日、塘沽《タンクー》で関東軍代表と国民政府軍事委員会北平分会代表のあいだに塘沽停戦協定がむすばれた。

同協定の内容は次の五項である。

第一項：中国軍は延慶……通州……蘆台の線以西および以南に撤退し、以後同線を越えないこと（これで長城線以南の河北省東北端は非武装地帯となる）、また一切の挑戦撹乱行為をしないこと。

第二項：日本軍は第一項の実行を確認するため、随時飛行機その他の方法によりこれを観察する。

第三項：日本軍は自主的におおむね長城の線に帰還する。

第四項：長城線と第一項の協定線のあいだの地域における治安維持は中国側警察機関があたること、右警察機関のためには日本軍の感情を刺激するがごとき武力団体をもちいないこと。

第五項：本協定は調印とともに効力を発生する。

塘沽停戦協定をもって満洲事変は終結した。

塘沽停戦協定において、第一項で中国軍は規定の線を越えて前進せず、一切の挑戦、撹乱行為をしないことを中国側が約束した。これは長城以北の日本軍占領地域の軍事的回復をおこなわないという誓約であり、東北四省（熱河省をふくめて）の中国からの分離を暗黙のうちに認めたことである［臼井　一九九五　一八七～一八八頁］。

長城以北を勢力下に置くことと長城以南に非武装地帯設定を強制することとは、大きく異なる意味をもつ。長城以北、すなわち満洲は中華民国の主権下にあり列国もそれを認めてはいるが、漢族化したのはさほど前ではないし、国民政府が直接支配したことはなく、国民政府＝中華ナショナリズムにとっては統合の対象であった。それに対し長城以南は、歴史的に古代より中華国家の領域であったのであり、したがって日本の長城以南への干渉は、中華ナショナリズムにとって許容しがたいものである。

一九三三年六月、国民政府は行政院駐平政務整理委員会（政整会）を設置した。政整会の活動対象は、塘沽停戦協定で非武装地帯とされた地域、すなわち冀東非武装地帯とか戦区といわれる地域である。政整会は戦区接収委員会をつくり、戦区の接収に取りかかるが、それには関東軍指揮下の李際春軍約一万に代表される中国人部隊の処置があった。停戦協定成立後も、中国人部隊は戦区の治安維持を理由に残置されていた。

七月、戦区接収委員会代表と李際春が、関東軍代表の立ち合いのもと次の取りきめをおこなった。⑴李際春軍中優良なる四千人を選抜して保安警察隊に改編し、残余は武装解除する、⑵改変保安警察は河北省政府に隷属して、その総隊長は李際春が推薦した者を任用する。こうして停戦協定第四項の中国側警察機構がつくられた。

満洲国の政治組織

満洲国政府組織法（一九三二年三月九日）が定めた満洲国の政治組織は、立法、行政、司法、監察の四権分立制を採用した。具体的には、中央政府が立法機関である立法院、行政機関である国務院、司法機関である法院、および行政監察、会計監査をおこなう監察院の四院によって構成された。この四権分立は、孫文が提唱した五権憲法（立法、行政、司法、監察、考試の分立）にもとづいて組織された南京国民政府を手本としている。

国務院のなかに省に相当する民政、外交、軍政、財政、実業、交通、司法の七部が置かれ、法院のなかに最高法院をはじめとする裁判機構、最高検察庁をはじめとする検察機関が置かれた。また執政（のち皇帝）の諮問機関として参議府があり、満洲人、蒙古人各一名、漢人、日本人各三名で構成された。

そして満洲国建国に貢献した人物が主要な地位を占めた。すなわち、東北行政委員会をつくった五人は、張景恵は参議府の議長（東省特別区長官兼任）、臧式毅は民政部総長（奉天省長兼任）、熙洽は財政部総長（吉林省長兼任）、馬占山は軍政部総長（二月二十四日に張景恵に代わり就任した黒龍江省長を兼任）、趙欣伯は立法院長に就任した。さらに于沖漢は監察院長、湯玉麟は参議府副議長に（熱河省長兼任）、袁金凱と張海鵬は参議府議員になった。なお国務院総理は鄭孝胥《ていこうしょ》（溥儀の教育に当たった文人、復辟派）であった。

国務院総理、各部総長、立法院長、監察院長、最高法院長、最高検察庁長、参議府議長、宮内府大臣、尚書府大臣のポストには「満系」（漢族、満洲族、蒙古族）がついた。各部の次長は、はじめ満系であったが「日系」（日本人）に代えられていった。日系が占めたポストは、総務長官、総務庁次長、各部次長の一部、省次長などであった。基本的には各機関のトップに満系を、次位に日本人をあて、満系が中心になって組織が動かされている形式を採用している。一九三五年の官吏の総数のうち四八％、二三八六名が日本人であった。

このような人事のあり方のなかで、制度上は国務院総理に属する総務庁だけは別扱いであった。総務庁は、秘書処、人事処、主計処、需用処、情報処からなるが、トップに立つ総務長官以下、次長、処長、科長などはすべて日系が占め、人数の割合も日系が八割以上を占めた。総務庁は人事、財源、資源の行政三要素を通じて行政全般を統制する機関であった。総務庁は官制上は国務院総理の管轄下にあるが、総務長官が国務院総理の命をうけて庁務を処理することになっており、実質的に総務長官が国政の機密、人事、財政を掌握していた［山室 二〇〇四 一七七〜一七八頁］。

一九三三年八月の閣議決定、満洲国指導方針要綱は、満洲国に対する指導は関東軍司令官の「内面的統括」のもとに主として日系官吏を通じて実質的におこなう、と定めた。すなわち満洲国の政策決定のプロセスは、総務庁が立案した政策案が、関東軍の承認をえたうえで日本人次長の会議で下審議されて議案となり、それを満人の大臣からなる国務院会議にかけてそのまま追認させる、というものであった。

早くも三二年四月に、馬占山は日本の「指導」に反発して満洲国政府から離脱して黒河（黒龍江省北部、旧名は愛琿《あいぐん》）に逃れ、南京政府について反満抗日軍を組織し、反日ゲリラ戦を展開した。湯玉麟は、満洲国建国にたずさわる一方で張学良との関係も維持していたが、前述のように三三年二月の関東軍による熱河作戦の際に張側につき、熱河省から撤退した。

一九三四年三月の帝政実施にともない、国務院総理は国務総理大臣、各総務長は大臣に改称された。国務院は地方行政機関も管轄下に置いたが、三四年十二月、一省が広すぎることを理由に省は細分化され一四省となった。これは各省を治める省長の権限を削減し、中央集権化することを目的としていた［塚瀬 一九九八 二七頁］。

一九三五年五月に人事異動があり、国務総理大臣は、自分の地位が実権をもたないことに不満をもらしていた鄭孝胥から張景恵に代わり、鄭は以後事実上の軟禁状態に置かれた。張景恵は国政に対して自己の見解を主張することはしなかった［浜口 一九九六書名不明 一〇八頁］［塚瀬 一九九八 二九頁］。大臣クラスも大幅に入れ替えがおこなわれ、熙洽、臧式毅、袁金凱の三人の大物政治家は、それぞれ宮内府大臣、参議府議長、尚書府大臣という政治力のないポストに移った。

その後、四院のうち監察院は三七年に廃止され、また立法院は設けられなかった。

三 日本の対米英対等要求・国民党の中共討伐戦

アジア・モンロー主義とワシントン海軍軍縮条約廃棄

日本国内では、国際連盟からの脱退を機に「アジア・モンロー主義」が台頭する。アメリカ大陸で独自な規範としてモンロー主義が認められているのであれば、満洲、シナといった特殊な状況下にある地域では特殊な規範があってもよいではないか、といった主張が知識人のあいだから唱えられた。

外務省内でも、一九三三年九月、重光葵《しげみつまもる》外務次官は、日本は極東の安定秩序を維持するうえで特別な責任をもち、それを実行する決意をもたねばならない、と意見書のなかで述べた。

広田弘毅《こうき》外相（三三年九月に就任）は、一九三四年一月の議会演説で次のように述べた。「帝国は東亜における平和維持の唯一の礎《いしずえ》として、その全責任を荷《にな》うものでありますから、吾人《ごじん》（我々）は一日も此の意識を離れてはならぬのであります……我が帝国のこの自然かつ現実の地位が、世界の各国によりても明白に理解せらるべきは当然のことと信ずるのであります」［臼井 一九九八 一七二頁からの孫引］。

陸軍の内部でも、国防の安定をはかり経済的相互依存を緊密化するため、日本と満洲と華北で地域的経済圏をつくるという構想が、すでに一九三三年の段階で当時参謀本部作戦課長であった石原莞爾によって提唱されている。

広田外相と基本的に同じ考えに立って、一九三四年四月、天羽《あもう》英二外務省情報部長は、新聞記者との会談で「東亜に関する問題については、その立場及使命が列国のそれと一致しないものがあるかも知れない。日本は東亜における平和及秩序の維持は当然東亜の諸国と責を分かつべきである」とし、さらに中国に対する各国および連盟による財政・技術面での援助といった共同行動で政治的性格を帯びるもの、また各国の単独行動であっても武器・航空機の供給、軍事教官の派遣といった対中国援助には反対する、と述べた。

この「天羽声明」は、海外で、中国経済に排他的支配権を確立しようとする日本の意図の表明であるとか、東亜モンロー主義だとか解釈され、大きな反響を呼んだ。アメリカは、四月二十九日付けで、「他の独立国の権利、義務並びに正当なる利益に影響を及ぼすべき事項において、一国が他の関係諸国の同意をまたず、独断的意志のままにその事態を解決せんとすることは許されない」、と通告してきた［臼井 一九九八 一七三頁からの孫引］。

アメリカにしてみれば、自らが率先して実行したモンロー主義は問題ではなく、そうしたいわば「侵略的な」政策が国際的承認（＝諸大国の承認）をえているかどうかが問題なのである。その時代、地域において、国際関係の「評価」とはそういうものなのであろう。

日本の海軍内部では、一九三〇年のロンドン海軍軍縮条約締結後、条約に反対した「艦隊派」の勢力が優勢になった。とくに一九三三年の人事で、軍政畑にいた米英協調派（「条約派」）の人物が次々にやめさせられた。艦隊派は、ロンドン条約までは対米七割の海軍力を主張していたが、その後米英と対等の海軍力保持を主張するようになり、一九三三年には、海軍は、ロンドン軍縮交渉では現存の条約を破棄し軍備平等権を要求する決意を固めた。そして岡田啓介（海軍大将）内閣（一九三四年七月成立、外相は広田弘毅が留任）は海軍の意見に同調し、各国共通の海軍保有量の上限設定と、ワシントン海軍軍縮条約の廃棄を方針とした。この日本の主張は米英に拒否され、仏伊の同調もえられず、日本は一九三四年十二月、ワシントン海軍軍縮条約の廃棄を各国に通告した。

そもそも米英が日本に軍備平等権を認めないのは、根本的になぜであろうか。世界の海上覇権は米英がもち、その現状を維持するためであろう。他方で、アメリカとの文字どおり桁違いの国力差を考えるならば、日本が海軍力の平等を主張することが根本的に無理だ、と海軍は思わなかったのであろうか。

中華ソビエト共和国成立と中共討伐戦

中国共産党は、一九三〇年九月の六期三中全会で、ソビエト地域への党中央の指導を強めるため、中央委員会の下に中共ソビエト地域中央局を設けることをきめ、その構成員に周恩来、項英、毛沢東、朱徳、任弼時ら九人を選んだ。そして三一年一月の六期四中全会は、前述したように、李立三路線を清算し留ソ派に党の指導権をもたらしたが、同じ一月、ソビエト地域中央局が設けられた。

これにより、それまで紅軍と中央ソビエトでほぼ全権をにぎっていた毛沢東は、集団指導という形で権力を分け合わなければならなくなった。しかしこの時期には、軍事面で彼に対抗できる者はいなかった。それにしても、留ソ派の指導権といい、ソビエト地域中央局の設置といい、どちらもコミンテルンの中共への支配力を強めるものであった。

他方国民政府は、一九三一年六月、中共中央総書記の向忠発の逮捕、銃殺に成功し、次いで党歴の古い幹部たちを相次いで逮捕した。そのため上海における中共中央は事実上の機能停止に追い込まれた。

また国民政府軍は、中国共産党を討伐するため、その根拠地（ソビエト区）を包囲攻撃する討伐戦を前後五回くり返した。一九三〇年十二月から三一年前半にかけての第一次・第二次討伐戦は、ともに毛沢東指揮下の紅軍の巧みな遊撃戦によって失敗した。そこで蒋介石は、一九三一年七月、自ら三〇万の兵力を指揮して第三次討伐戦に乗り出し、国民政府の主力部隊（中央軍）が中央ソビエト区の中心都市である瑞《ずい》金《きん》に迫った。しかし、ちょうどそのとき、すなわち三一年九月に満洲事変が勃発し、ために中共討伐戦は打ち切られ、国民政府中央軍は山奥から海辺《かいへん》地区に移駐した。このため紅軍への圧迫はゆるみ、危機を脱した共産党は急速に支配地域を広げることができた。

上海の中共中央は、コミンテルンの指示のもと、一九三〇年二月に紅軍と根拠地の統一的指導のために全国ソビエト区域代表大会の開催を決定していた。そして予定より一年遅れとなったが、一九三一年十一月七〜二十日、中華ソビエト第一次全国代表大会が江西省瑞金で開かれた。大会は、瑞金を首都とする中華ソビエト共和国の成立を宣言し、憲法大綱などを制定し、六三人の中央執行委員を選出した。

中共中央の手になる憲法大綱は次のような一七ヵ条からなる。

第一条　憲法の任務は、ソビエト区域における工農民主専制の政権を保証すること

第二条　労働者、農民、紅軍兵士および一切の勤労大衆は代表を選出して政権の管理を掌握する権利がある。しかし軍閥、官僚、地主など一切の反革命分子は政権に参与する権利はない

第三条　中華ソビエト共和国の最高政権は全国工農兵会議（ソビエト）の大会となし、大会閉会中は全国ソビエト臨時中央執行委員会をもって最高政権機関となす。中央執行委員会の下に人民委員会を設ける

第四条　一六才以上の者は選挙権と被選挙権を有する。無産階級の代表の人数を比例的に多くする。

第五条　労働者階級の生活状態の改善

第六条　地主の土地を没収して貧農、中農に分配し、土地国有を目的とする

第七条　社会主義に向かう経済政策の採用

第八条　帝国主義の一切の政治上、経済上の特権を承認しない

第九条　普遍的兵役義務の制定

第一〇条　工農勤労大衆の言論、出版、集会、結社の自由を保障するが、反革命の一切の宣伝と活動、一切の剥奪者の政治自由は絶対に禁止する

第一一条　婦女解放の実行

第一二条　工、農、勤労大衆の教育教授の権利を保障

第一三条　信教の自由を保障

第一四条　少数民族が中国を離脱して独立国家を成立する権利を承認する
第一五条・第一六条　省略
第一七条　無産階級専制国家であるソ連との強固な連盟を宣言する

中央執行委員会は十一月二十七日に第一次会議を開き、主席に毛沢東、副主席に項英、張国燾《ちょうこくとう》を選出、人民委員会の主席に毛沢東、副主席に項英、張国燾を選出し、ここに中華ソビエト共和国臨時中央政府が生まれた。

中央ソビエトを切り開いた実績ゆえに、毛沢東は主席、朱徳は軍事人民委員という名目的には高い地位に置かれたが、毛沢東の党内での地位は政治局メンバーの一人にすぎず、中央軍事委員会書記（委員長）は朱徳ではなく、周恩来であった。一九三一年十二月に中央ソビエトにやって来た周恩来は、中央政治局常務委員にして軍事委員会書記であり、毛沢東に対抗し、毛を制することのできる人物であった。

上海事変が片づいた三二年六月、蔣介石はふたたび自ら五〇万の大兵力を率いて第四次中共討伐戦をはじめ、第一段階として、張国燾が指揮する湖北・河南・安徽ソビエト区と賀竜麾下の湖南・湖北西部ソビエト区を攻め、その掃討に成功した。張国燾の第四方面軍は四川北部に逃れ、そこに川陝《せんせん》根拠地をつくった。

ソビエト中央局拡大会議（寧都会議）が第四次討伐戦に対処するため三二年八月に開かれ、その場で周恩来は毛沢東の「誘敵深入」戦術を激しく批判し、十月、毛は軍事関係の任務からはずされた。

中央ソビエト区に進撃してきた討伐軍に対して、一九三三年二月、紅軍はコミンテルンから中共中央に派遣されて上海にいるオットー・ブラウンの勧告にしたがって奇襲攻撃を加え、二個師団を全滅させた。

これで国民政府の第四次討伐戦は失敗した。

都市部の共産党勢力は国民政府の弾圧によって壊滅的打撃をうけ、上海にあった党中央委員会も三三年初めには瑞金に移った。軍事顧問のブラウンも遅れて十月に瑞金にはいった。かくて中国共産党は、その指導部はおもに新知識層の職業革命家で構成されているが、ヨーロッパやロシアの共産党とは異なり、都市の労働者階級から切り離された政治集団となった。

また党中央は、ソビエト地域に移転することで、そこでの指導権を強めたとはいえ、毛沢東的発想、すなわち農村根拠地こそ中国革命の主要舞台であり、農民こそ主要な主体勢力であり、武力闘争以外に勝利の道はない、という発想の正当性を党中央の構成メンバーに浸透させる結果となった。紅軍内部で実力をもたない彼ら党中央メンバーは、コミンテルンの権威が存在するかぎり結束して毛を抑えることができたが、コミンテルンから遠ざかるほど毛に近づく者も現れた［この段落はほとんど姫田 一九八七 六〇頁のまま］。

三三年十月、蔣介石は第五次包囲討伐戦をはじめた。中央ソビエト区に向けては五〇万の兵力が動員され、それは中央ソビエト区の紅軍兵力の一〇倍であった。火力も圧倒的で、飛行機は五〇〇機、紅軍は飛行機をもたないし対空兵器もなかった。野砲は推定一五〇〇門、紅軍は二五門だけ、機関銃は紅軍の二、三〇倍保有していた。

今度はドイツ人のゼークト将軍を顧問に迎え入れ、その戦術を採用した。それは数千ともいわれる多数のトーチカを中央ソビエト区の周辺に構築し、それを軍用道路でむすび合わせて包囲網をつくり、その輪を徐々にせばめていくものであった。一〇月には中央ソビエト区北部の黎川《れいせん》を占領した。

一九三四年四月、主戦場であるソビエト中央区北部で、国民政府軍は広昌を占領した。包囲網はさらに狭まった。五月、紅軍司令部は包囲環突破を決定した。突破作戦の目標は、日本軍と直接戦うため（「北上抗日」）などではなく、狭められた中央区内での機動戦による決戦はもはや無理であるから、自由な作戦空間を中央区の外に確保し、たとえば湖南・貴州省境に新しく一大ソビエト地区をつくろうというものであった［ブラウン　一九七七　一二四頁］。

三四年十月、紅軍は中央ソビエト区から脱出し、国民政府軍に追われながらの移動、逃避行をはじめた。中共側はこの逃避行を長征と呼ぶ。西遷ともいわれるが（遷は移ること）、移動のなかに長距離の「北遷」もある。

国民党の憲政への動き

満洲の喪失という「国難」の発生により、国民党内に統一の気運が生まれ、一九三一年十～十一月に蔣介石派と広東派の和平統一会議が開かれた。会議は、両派が別個に四全大会を開き、その後に合流することで合意した。そこで十一月十二～二十三日、蔣介石派の四全大会が開かれ、大会は十一月二十二日、多くの人びとの有益な意見を聞くために「国難会議」を開催することを決議した。

国難会議開催の提起は、訓政プログラムからすれば、統治を請け負った先知先覚の執政党が、訓政のうけ手である不知不覚の国民に政治の進め方について相談をもちかけるという矛盾した行動であり、訓政体制の動揺を示すものであった［この段落は味岡　二〇〇八　一九頁そのまま］。

他方、広東派が十一月十八日～十二月五日に広州で開いた四全大会は、中央政治機関には民選の人びとを参加させて、政府と人民が協力するようにすべきである、と主張した。

蔣介石の下野をうけて両派合同で一九三一年十二月に開かれた四期一中全会は、国民代表会設置の提案は退けたが、国難会議を半月以内に招集することを決議した。だが一九三二年一月に上海事変が勃発したため、国難会議の開催は三二年四月になる。

四期一中全会は、国民政府組織法を修正、国民政府主席の権力は「中華民国の元首として対内的、対外的に国民政府を代表する」のみとなり、実際の行政上の責任は負わないとされ、同時に陸海空軍総司令も兼任できないことになった。国民政府主席による五院院長の任免権も削除された。こうして蔣介石への権力集中を排除したのである。さらに四期一中全会は、中央執行委員会常務委員に胡漢民、汪兆銘、于右任、居正、孫科、陳果夫ら九人を、中央政治会議常務委員に胡漢民、汪兆銘、蔣介石の三人を選出した。そして国民政府主席に林森を選び、実際の行政責任を負うとされた行政院長には孫科を選んだ。

ここに孫科政権が生まれたが、孫科の党内基盤は弱く、わずか一ヵ月で退陣した。これをうけて汪兆銘が行政院長に就任し、一九三二年三月には蔣介石が軍事委員会委員長として復帰した。政権・軍権の二元体制、いわゆる蔣汪合作体制の発足である。この体制は一九三五年までつづくことになる。

一方、全国各地の学生が一九三一年十二月に南京に集結した。その数一万以上とも五万以上ともされている（この数字は誇張か）。学生たちは、蔣介石が中央軍を率いて北上し日本に抵抗するよう要求した。北京の学生団約二〇〇人が国民党中央部に乱入し、要人を殴打、昏倒させる（意識がなくなり倒れる）という事件が起きた。

上海事変のために開催が遅れた国難会議は（代表選出方法不明）、三二年四月七～十二日に洛陽で開かれ、次のような決議を採択した〔味岡 二〇〇八 二二頁〕。

(1) 期限どおり訓政をおわらせる

(2) 憲政実施前に中央民意機関として国民代表会を設置する

(3) 国民代表会は大都市の職業団体や各省区から選出された代表で組織する

(4) 同会は一九三二年十月十日までに成立させなければならない

(5) 同会は、予算決算、国債、重要条約の議決権をもつ

一九三二年十二月、国民党四期三中全会が開かれ、民意機関として選挙と招聘による国民参政会を三三年中に招集すること、および三五年三月に国民大会を開き、憲法を制定し、その公布時期を決定することを決議した〔本段落と次段落は味岡 二〇〇八 二三頁〕。

翌三三年一月には、立法院院長孫科を委員長とする憲法起草委員会が憲法の起草を開始し、三四年二月、草案初稿が完成した。草案はその後修正が重ねられていき、三六年に公布される。

九章　太平洋戦争への歩み

一　一九三五年

河北省・チャハル省の分離

一九三三年の国際連盟脱退によって日本は国際的に孤立したが、日本のイギリス、ソ連、そして中国（中華民国）との関係は一九三四年から三五年にかけて改善されつつあった。

イギリスは、ナチス・ドイツの再軍備に直面して日本との関係改善を望んだ。

ソ連と日本のあいだでは、三三年五月にソ連が提議していた北満洲鉄道（中東鉄道）の満洲国への売却の件が、三五年三月になってようやく交渉がまとまった。ソ連は、満洲事変と満洲国の樹立により極東の日本の脅威にさらされると、隣接するにいたった日本（満洲国）を直接刺激しない政策へと転換し、それが、かつて張学良との交戦すら辞さずに断固確保した鉄道の売却となったのである［和田ほか編　二〇一〇第五巻　一〇六頁］。

中国との関係では、長城線で分断されていたシナと満洲のあいだの鉄道は再開され、郵便の交換も可能となった。また三五年五月、従来、日中間では公使を交換していたのを大使に昇格させることもきまった。

だが、関東軍指導部は、三五年一月に大連で開いた会議で「昭和一〇年一月大連会議に於ける関東軍説明事項」を提示するが、それには「軍は北支に於いては支那駐屯軍及び北平武官等と協力し、南京政権の政令が去勢せらるる情勢を逐次濃厚ならしむる如く諸般の施策を講じ、我軍部の要求を忠実に実行せんとする誠意ある政権に非ざれば存立する能はざらしむ」、という方針が提示されている。

一九三五年五月二日夜、天津の親日派の新聞社二社の両社長が、ともに天津の日本租界でピストルで暗殺された。他方、孫永勤が一九三三年十二月に中共と関係をもつ「抗日救国軍」を創設し、同軍は熱河省（満洲国の一部）南部で活動したが、三五年春、関東軍に追われ長城を越えて戦区（非武装地帯）に逃れ、遵化県の支援をうけた。そこで三五年五月二十日、関東軍は孫永勤軍討伐のため長城を越えて出動し、二十四日、孫永勤軍を壊滅した。

そして五月二十九日、支那駐屯軍参謀長・酒井隆大佐は、北平駐在公使館付武官補佐官・高橋坦《たいら》とともに、国民政府軍事委員会北平分会主任・何応欽《かおうきん》と駐平政務整理委員会秘書長・兪家驥《ゆかき》を訪れて会談した。その会談で、支那駐屯軍を代表する酒井隆は、支那側官憲主導による対満陰謀の実行、長城付近支那義勇軍援助、対日テロ、などは塘沽停戦協定の破壊行為であると警告し、次のことを要求した。

(1) 蔣介石の対日二重政策（表面では親善を装い裏面で抗日の準備）の放棄

(2) 最小限右実行機関である憲兵第三団（中央系）、在北平軍事委員会分会、国民党部、藍衣社の北支からの撤退

(3) 右諸機関のバックたる中央軍第二師、第二五師の河北省からの撤退
(4) 河北省政府主席宇学忠（張学良系）の更迭

酒井隆大佐が代表した支那駐屯軍とは、義和団事件の際の一九〇〇年の北京議定書にもとづいて、天津から北平の郊外にかけての数地区に駐屯する少数の軍隊である。日本だけでなく、アメリカ、イギリス、フランスも兵力一〇〇〇～二〇〇〇人規模の部隊を駐屯させていた。

支那駐屯軍の要求に驚いた国民政府は、広田弘毅外相にあっせんをもとめ、問題を通常の外交ルートにのせて解決しようとした。しかし広田外相は、陸軍と協議のうえ、「本件は主として停戦協定の問題であるから、外交交渉とはなりえず、国民政府は日本の出先軍憲と交渉すべきである」、と六月一日に回答し、外交ルートによる交渉を拒否した［臼井 二〇〇〇 一六～一七頁］。

酒井隆・高橋坦と何応欽・兪家驥のあいだで六月四日に再度会談がおこなわれ、六月九日の第三回会談で酒井大佐は次の四項目の要求を提出した。

(1) 河北省内の一切の国民党部の完全廃止
(2) 河北省主席于学忠の部隊（第五一軍）の河北省からの撤退
(3) 国民政府中央軍の河北省からの撤退
(4) 全国の排日行為の禁止

何応欽は、国民党中央執行委員会と行政院長兼外交部長・汪兆銘の指示にもとづき、これらの要求を認めると六月十日の第四回会談の場で口頭で回答した。そして七月六日、その旨の書簡を支那駐屯軍司令官・梅津美治郎《うめづよしじろう》に送った。これが梅津・何応欽協定と呼ばれるものである。

一方、塘沽停戦協定後のチャハル省（内モンゴル）には、三〇年の中原の大戦で蔣介石に敗れ、翌年国民政府の中央軍第二九軍軍長となった軍閥宋哲元が、チャハル省主席として自分の軍隊とともにいた。そしてチャハル省では、一九三四年に日本軍将校が省北部の張北で宋哲元軍に暴行されるという第一次張北事件が起きていたが、三五年六月五日、関東軍の特務機関員がやはり宋哲元軍によって張北で監禁されるという、第二次張北事件が起きた。そこで張家口（チャハル省南部、省都）特務機関長・松井源之助中佐は、六月十一日、チャハル省民政庁長・第二九軍副軍長の秦徳純に対して（このとき宋哲元は北京に滞在）厳重に抗議し、責任者の処罰、第二九軍軍長（宋哲元）の謝罪、将来の保障、を要求した。要求をうけた秦徳純は十二日に北平に急行し、何応欽、宋哲元に報告した。

関東軍は、たまたま北平にいた奉天特務機関長・土肥原《どいはら》賢二少将に対し、この機会に宋哲元軍を黄河以南に撤退させるよう指示した。だが陸軍中央は、宋哲元軍をむしろ黄河以北、平漢線沿線に移動させるよう指示したのである。これは宇学忠軍が日本の要求により河北省を撤退したのちに宋哲元軍を入れることを意味する。六月十八日、国民政府は自主的な措置として、宋哲元のチャハル省主席を免じ秦徳純を主席代理とすること、並びに第一三二師のチャハル・山西省境への南下を命じた。

六月二十三日、土肥原賢二は秦徳純に次のことを要求する書簡を提出した。

(1) 塘沽停戦協定の昌平、延慶をむすぶ延長線の東側、および独石口《どくせきこう》、張家口、張北をむすぶ線以北の宋哲元部隊は、これをその西南方の地域に移駐すること
(2) チャハル省内の排日機関を解散すること
(3) 遺憾の意を表明し責任者を処罰すること

六月二十七日、秦徳純は要求受諾を表明する次の内容の書簡を土肥原賢二に手交した。

(1) 張北事件について遺憾の意を表明し、事件の責任者を免職処分に処す

(2) 対日国交に悪影響を及ぼす機関を撤廃する

(3) チャハル省の日本の正当な行為を尊重する

(4) 宋哲元軍部隊を日本が要求した線から西南地域に移駐し、その撤退地域内の治安はチャハル省保安隊が維持し、軍隊は進入しない

この書簡と二十三日土肥原が提出した要求書簡をもっていわゆる土肥原・秦徳純協定となるが、この協定によって、いわば塘沽停戦協定の戦区(中立地帯)がチャハル省東部地帯へ拡大された、とみられる[臼井 二〇〇〇 三五四頁]。

国民政府は、宋哲元の二九軍(四万)を于学忠軍(五一軍)と中央軍の撤退により空白となった平津《へいしん》地方(北平・天津地区)へ移駐させた。そして宋哲元は、国民政府によって八月末に平津衛戍《えいじゅ》司令官に任命された。

中共の遵義会議と八・一宣言

国民政府軍に圧迫された紅軍の第一方面軍(中央方面軍)は、一九三四年十月に中央ソビエト区から脱出した。そして湖南省北西部の賀竜の部隊(第二方面軍)との合流をめざしたが、国民政府軍の防御体制が固いため断念し、西進して貴州省にはいった。そして中国共産党は、一九三五年一月、貴州の遵義で党政治局拡大会議を開いた。

この遵義会議は、党中央総書記・秦邦憲も知らぬ間に、毛沢東、張聞天、王稼祥の三人を中心に根回しされ、開く緊急性もないのに強引に招集された［姫田 一九八七 一六九頁］。これに参加したのは秦邦憲、張聞天（ソビエト政府人民委員会主席）、周恩来（軍事委員会副主席、紅軍総政治委員）、毛沢東（ソビエト政府中央執行委員会主席）、朱徳（軍事委員会主席、紅軍総司令）、陳雲（中華全国総工会党団書記）ら一〇人の正規の者（政治局員と同候補）、および軍団長・軍団政治委員など非正規の者一一人（李富春、林彪、彭徳懐、楊尚昆、鄧小平、ブラウンら）であった。

会議の冒頭に政治局常務委員会を代表して秦邦憲が報告をおこない、彼は、第五次包囲討伐反撃の戦いは敵の圧倒的な強さによって敗北せざるをえなかった、と主張した。

次いで周恩来が軍事委員会を代表して軍事報告をおこない、彼は秦邦憲とは異なり敗北の原因として主体的理由の方を強調した。そしてかねてより毛の実力を認め、党内の融和を重視する［石川 二〇一〇 一二九頁］周は、自己批判して敗北の責任を認めた。

三番目に毛沢東が報告をおこない、彼は誤っていたのは単純防御路線、陣地戦・堡塁戦、短促突撃の戦術原則などの戦略、戦術であるとし、その責任者としてブラウンを名指しで非難し、またブラウンに権限を集中させてしまった点で政治局の責任者としての秦邦憲を非難する報告をおこなった。周恩来だけでなく、張聞天ら留ソ派幹部も毛沢東を支持したため、この毛の報告が遵義会議の決議として採択された。

その結果、第四次討伐戦以来軍の実権を奪われていた毛沢東は、軍の実権をにぎりはじめた（彼が軍指導権を完全ににぎるのは、十二月の窯堡《ようほ》会議で軍事委員会主席となったときである）。そしてブラウンは軍事顧問として認められなくなり、秦邦憲は総書記の地位を張聞天にゆずることになった。それでもブラウンは紅軍とともに行動をつづけたが、この彼の立場というものは、コミンテルンの指導をうけ入れています、という中共の側のジェスチャーにすぎなかった〔姫田 一九八七 一八五頁〕。

遵義会議後、紅軍第一方面軍は雲南省北部をへて北上し、第一方面軍二万が、三五年六月、張国燾の五万の第四方面軍が待つ四川省に到達し、両軍は合流した。

六月、毛沢東は北上して抗日戦線の一翼を占め、西北地区に根拠地をつくるべきだと主張した。だが第四方面軍を率いる張国燾は北上に反対し、四川省西部に根拠地をつくり、新疆―ソ連へのルートを開拓すべきだと主張した。九月、両者が対立したままで、毛沢東ら政治局メンバーの多数からなる党中央は第一方面軍主力とともに北上して甘粛にはいった。

コミンテルンが三五年七~八月の第七回大会で反ファシズム統一戦線結成の方針を出したのをうけて、同三五年八月一日、モスクワのコミンテルン駐在の中国共産党代表団は、「抗日救国のため全同胞に告げる書」を中華ソビエト共和国政府と中共中央の名で出した。この「八・一宣言」は、「我が北方各省が東北四省につづいて実際的に滅びつつある」、「このままでゆけば……四億四千万の同胞はすべて亡国奴と変わりはてるであろう」、と悲憤慷慨したうえで、抗日救国の事業が勝利をえられない原因は、「一方では日本侵略者と蔣賊が内外から挟撃するからであり、他方では各種の抗日反蔣勢力……が一致団結できないからである」とし、全同胞に対して、「日本侵略者と蔣賊」の圧迫を打ち破り、「ソビエト政府および東北各地の抗日政権を単一的全国的国防政府に組織し、紅軍と東北人民革命軍、および各地反日義勇軍を単一的全国的抗日義勇軍に組織しようではないか」、と呼びかけた。

八・一宣言は抗日のための統一戦線結成を呼びかけるものであるが、「蔣賊」の呼び名が示すように国民党を敵視するものであり、「全国的国防政府」といい、「抗日義勇軍」といい、共産党中心に構想されている。

紅軍第一方面軍は、三五年十月に陝西省北部に到達し、広西からはじまり、湖南、貴州、雲南、四川を通る一万二五〇〇キロの移動をおえて、延安を根拠地に陝甘寧（陝西・甘粛・寧夏）ソビエトを樹立した。しかし西遷のあいだに紅軍第一方面軍の兵力は一〇数万から三万に激減していた。

他方蔣介石は、中共軍追撃作戦をおこないながら、貴州、雲南、四川など、のちの対日戦争の後方基地となる西南地方を軍事的に統合し、貴州、雲南、四川の三省を国民党政府の直轄下に置いた。そして国民政府軍は、西北部辺境に移動した共産党軍に対してその後も攻撃をつづける。

三五年十月二日、南京政府は西安に西北剿匪《そうひ》（匪賊を討ち滅ぼすこと）総司令部を設置し、張学良を副総司令として総司令（蔣介石）の職務を代行させることにした。このため東北軍は河南・湖北から西北に移動して紅軍と対峙することになった。

日本と国民政府の動き

日本では、三五年八月六日、陸軍次官から「対北支政策に関する件」が関東軍、支那駐屯軍などの出先に示された。それは、河北省は「対日満関係に於いて特に和親提携の地帯」とし、チャハル省方面は「赤化の脅威に対し共同之に当る為……日満両国の国防上の見地に基く諸般の要望を認め合作せしむ」としている。こうして陸軍中央は、支那駐屯軍、関東軍が成立させた梅津・何応欽協定、土肥原・秦徳純協定を追認した。

国民政府は、九月七日、日華関係正常化のための中華民国側の次のような三原則を広田外相に提示した。

一　相互に完全独立を尊重し日本は中国に対するあらゆる不平等条約を撤廃する

二　真正の友誼を維持し、統一破壊、治安攪乱、誹謗中傷などおこなわない

三　事件の平和的外交手段による解決をはかる。さらに塘沽停戦協定、梅津・何応欽協定などの取りきめは一律に撤廃し、満洲事変以前の状態に回復させる

支那駐屯軍司令官の多田駿《はやお》は、九月二十四日の記者会見で、我軍の対北支態度は、(1)北支からの抗日反満分子の徹底的一掃、(2)北支経済圏の独立、(3)北支五省の軍事的協力による赤化防止の三点であり、このためには「北支五省連合自治体結成への指導を要す」と述べた。北支（華北）五省とは河北、チャハル、山東、山西、綏遠の五省である。

九月七日に提示された中国側の三原則に対し日本側は、岡田啓介政府の十月四日の決定にもとづいて、十月七日、広田外相が蔣作賓駐日大使と会い、日支提携のため絶対必要条件として次の三ヵ条からなる「広田三原則」を提示した。

第一条　支那側において、いわゆる夷を以て夷を制す態度を改められ、排日、とくに日貨排斥、排日教育などをやめ、日中提携の実をあげるよう努めること

第二条　支那側は満洲国の事実上の存在を黙認し、北支において日満支三国間に経済的・文化的提携を実施すること

第三条　赤化勢力の拡大は支那のみならず日満に対する脅威であるから、これに対抗するため日満支三

国が共同の方策を相談すること

そして広田三原則の付帯文書は、その実現にあたって日本は意図的な統一化あるいは分離化をおこなわない、としている。

これに対する中国政府の回答。日本が中国側の提起した三原則を完全に実行すれば、中国は広田三原則に関して日本に対し次に述べる意思を表明する。

(1) 第一条に関して：日中親善関係を実現するため中国がその他各国との関係事件について日中両国の関係をして不良の影響をこうむらせない

(2) 第二条に関して：満洲に関して政府間の交渉はできないが、その地方の現状に対しては平和的以外の方法をもちいて変えることはしない

(3) 第三条に関して：赤禍はすでに心配するに足りない。北辺一帯の境界地方における防衛の方法については中国の主権と独立を妨害しない原則のもとに協議するだろう

このなかの(1)は広田三原則の第一条の前半に回答しているが、後半の「排日」にはふれていない。第二条の満洲の現状黙認は日本政府にとって満足できるものである。

しかし、このときの日中の交渉は物別れにおわった。物別れにおわった原因は何か。広田三原則が「アジア・モンロー主義的な覇権主義に立脚するとともに、陸軍の華北分離政策、内蒙工作の線に沿うものであって、中国側の主張とは隔絶して」いるからだ［江口 一九九一 一〇二頁］、ともされる。だがこの場合、「分離化」はしないとする広田三原則の付帯文書が考慮されていない。交渉物別れの原因が「華北分離」でないとすると、それは何であろうか。

他方、日中交渉開始と同じ十月七日に天津で開かれた武官会議で、関東軍と支那駐屯軍は北支五省連合自治を目標とすることで合意した。陸軍中央はこのような出先の決定を容認せず、十月十日、「自治宣言の発出を促進するような」措置をつつしむよう命じた。

十一月三日、南京国民政府は幣制改革を布告、同時にイギリス政府との一千万ポンドの借款成立を伝えた。幣制改革の骨子は次の如し。(1)政府系銀行の発行する紙幣を法定通貨、すなわち「法幣」とする。(2)銀貨、銀塊は法幣と兌換され、以後通貨として使用することを禁じる。(3)法幣はスターリング・ポンドとリンクされ、その価値は政府系銀行が買い支えることで外国為替レートを安定させる。

十一月の一日、汪兆銘が狙撃されて重傷を負った。これはC・C団による暗殺未遂ともいわれる。汪は行政院長を辞任し、ここに蔣・汪合作政権は崩壊した。

同じ十一月一日にはじまった国民党四期六中全会は、国民政府立法院が起草した憲法修正案を審査し、憲法草案を国民党第五次全国代表大会に送って討議することを議決した。また財政部が制定した法幣実施、金融安定に関する諸方策を追認した。

法幣改革は、華北の蔣介石に全面的に服していない実力者たちに経済的ひいては政治的に南京政府への屈服を余儀なくさせるもの、としてうけ取られ、各実力者に対策を講じさせた。北支自治運動である。十一月二十日に南京でおこなわれた有吉・蔣介石会談で、有吉が「華北自治運動は事実である」と指摘したのに対して、蔣は「いわゆる北支自治運動は日本側の策動である」と非難した［井上 一九九四 二一五頁］。

十一月十二〜二三日、国民党第五次全国代表大会が南京で開催された。大会は、「国民大会の召集及び憲法草案の発布に関する」などの決議案を可決し、また「残存赤匪の完全駆逐」の方針を堅持することを確認し、新たな中央執行委員を選出した。

十二月に開かれた国民党五期一中全会は、一九三六年五月に憲法草案を公布し、同年十一月に国民大会を開催することを決定した。

また中央指導機関を改組して中央常務委員会に主席と副主席を設け、胡漢民と蔣介石がそれぞれ就任した。中央政治会議を政治委員会に改め、主席と副主席を設け、汪兆銘と蔣介石がそれぞれ就任した。林森が国家主席に選出され、五院の各院長も選出したが、蔣介石が行政院長、孫科が立法院長、戴季陶が考試院長であった［この段落はウィキペディア 五期一中全会のまま］。

冀東防共自治政府と冀察政務委員会

華北の実力者のおもな者には、山西の閻錫山、山東省政府主席の韓復榘、河北省主席の商震と、六月に中央軍の撤退のあとをうけてチャハル省から河北省に移って来て平津衛戍司令官となった宋哲元がいる。宋哲元は、反蔣戦争で蔣に敗れたことから一面反蔣系であるとともに、張北事件の当事者として一面反日的である。

一九三五年十一月二十五日、戦区（非武装地帯）督察専員・殷汝耕《いんじょこう》が通州で自治を宣言し、塘沽停戦協定で非武装地帯となった河北省（冀）北東部に冀東防共自治委員会（翌月自治政府と改称）を成立させた。殷汝耕は、日本に留学し、日本人を妻とする親日家であった。同自治委員会は保安総隊長五名をふくむ九名で、殷汝耕を委員長とした。自治委員会は国民党の青天白日旗を廃止して、中華民国本来の五色旗をかかげた。南京政府は殷汝耕を国賊として逮捕令を出した。冀東自治委員会は支那駐屯軍がつくった傀儡政権である。

宋哲元は、独力自治の危険を敢行するのではなく、南京政府と妥協する方を選んだ。そこで、南京政府が派遣して北平に来た何応欽と宋哲元一派が協議し、中央の体面を保持する範囲において地方に適応した政治組織をつくることで合意した。そして十二月十二日、国民政府は商震を河南省政府主席に、宋哲元を河北省政府主席に任命する、と発表した。十二月十八日、国民政府は宋哲元を長とする冀察政務委員会という自治政府を北平に成立させた。この委員会は、河北（冀）、チャハル（察）の二省と、北平、天津の二市の政務を管轄する国民政府の地方行政機構、という枠内の機関である。宋哲元委員長は就任にあたって日華親善を表明した。

冀察政務委員会が設けられようとしていることに抗議し、十二月九日、数千人の北平の学生たちが華北自治運動反対、内戦反対、などのスローガンをかかげてデモをおこなった。十六日のデモには一万人余が参加した。これらのデモは、中共党員の指導をうけて前月に成立した北平大中学校学生連合会が組織したものである。北平のデモに同調する学生運動は、浙江大学、広州中山大学、上海復旦大学、武漢大学などに広がった（一二・九運動）。

二　一九三六年と三七年前半

第一次北支処理要綱と二・二六事件

日本は、一九三五年十二月の第二次ロンドン海軍軍縮会議に軍備対等案を提案し、それが米英から拒否されたので、三六年一月、ロンドン海軍軍縮会議から脱退した。そのため、ワシントン・ロンドン両海軍軍縮条約は三六年十二月になると期限満了となって消滅し、日本は無条約時代をむかえることになる。

一九三六年一月、日本政府は北支処理要綱（第一次）をつくり、陸軍省から支那駐屯軍司令官への指示として出先機関に通達した。北支処理要綱の内容は次のとおり。

(1) 自治の区域は北支五省を目途とするも地域拡大を急がない

(2) 急激に独立的権限の獲得を期することはせず、満洲国と同様の独立国家を育成するが如き施策は実施しない

(3) 関東軍の対蒙工作については、その範囲を長城線以北に限定

(4) 華北処理を支那駐屯軍司令官にゆだねる

(1)が出先軍部が推進した華北分治工作を許容するものである。

そして四月になって陸軍中央は、支那駐屯軍を兵数一六〇〇から五六〇〇へと約三倍に増強した。これ

で二個大隊ほどの兵力であったのが、一個旅団程度の兵力になった。この兵力増強は、華北分離工作の担い手としての増強であるといわれる［波多野・戸部編 二〇〇六 七四頁］。だがこれは関東軍の越権行為を抑制するためであったともされる［森 二〇〇九 四九頁］。

日本の国内では、一九三六年二月二六日に陸軍の一部青年将校が兵を率いてクーデタを起こし首都の枢要部を占拠する、という二・二六事件が生じた。彼らは、天皇親政の名で軍部独裁政権を実現しようとしたのであったが、天皇自身から非難されて鎮圧され、反乱将校は軍法会議で厳しく処罰された。以後、軍人が組織を離れてテロやクーデタに走ることはみられなくなった。

しかし、この事件を通じて陸軍の政治介入はいっそう強まり、崩壊した岡田内閣に代わる広田弘毅《こうき》新内閣は、閣僚の人選について軍の要求を入れてようやく成立し、以後、内閣人事に軍が介入することになった。また広田内閣は、陸軍の要求によって、五月、軍部大臣現役武官制を復活させた。のちに軍はこの制度を利用して、内閣に不満があると軍部大臣を推薦しなかったり辞職させたりして内閣の存立を脅かすことになる。

中華民国憲法草案

中国では、一九三六年五月五日、立法院が起草した中華民国憲法草案（五五憲章）が公表された。そのなかの注目される条項は次のとおりである。

第一章　総綱

第一条　中華民国は三民主義の共和国である。

第二条　中華民国の主権は国民全体に属する。
第三条　中華民国の国籍をもつ者は中華民国国民である。
第四条　中華民国の領土は……（省を列挙）……新疆、モンゴル、チベットなどの固有の疆域である。
この領土は国民大会の議決を経ずに変更できない。
第五条　中華民国の各民族は、均しく中華民族の構成分子であり、一律平等である。
第二章　人民の権利・義務
第一一条　人民は居住、移動、言論・著作・出版、黙秘、信仰、集会・結社の自由をもち、法によらずして制限できない。
第一九条　人民は法により選挙、罷免、創制（法令制定発議）、複決の権利をもつ。
第三章　国民大会
第二八条　国民大会代表の選挙は普通平等の直接無記名投票の方法でおこなう。
第三一条　国民大会は三年に一度総統により召集され、会期は一ヵ月とする。
第三二条　国民大会の職権は総統、立法院院長、監察院院長、立法委員、監察委員を選挙し罷免すること。および法律の創制、法律の複決、憲法の改正、憲法が付与するその他職権。
第四章　中央政府
第三六条　総統は国家元首であり、中華民国を対外的に代表する。
第三七条　総統は全国の陸海空軍を統率する。
第四四条　総統は国家が緊急事態に直面したときは、行政院会議の議決を経て緊急命令を発令し、必要な処置をなしえる。ただし、命令発布後三ヵ月以内に立法院に提出し追認をえなければならない。

第五五条　行政院は中央政府の行政権行使の最高機関である。

第五九条　行政院院長・副院長、政務委員、各部部長、各委員会委員長はそれぞれ総統に対して責任を負う。

第六三条　立法院は中央政府の立法権行使の最高機関であり、国民大会に責任を負う。

第六四条　立法院は法律案、予算案権、戒厳案件、大赦案件、宣戦案件、講和案件、条約案権、その他の重要国際事項、について議決する権限を有する。

第七六条　司法院は中央政府の司法権行使の最高機関である。

第七七条　司法院長は総統が任命する。

第八三条　考試院は中央政府の考試権行使の最高機関である。

第八四条　考試院院長は総統が任命する。

第八七条　監察院は中央政府の監察権行使の最高機関で、国民大会に責任を負う。

第五章　地方制度（省略）

第六章　国民経済

第一一六条　中華民国の経済制度は民生主義を基礎とし、国民の生計の平等と充足を図るべきである。

第一二一条　国は私人の財産および私営事業に関し、国民生計の均衡発展を妨げると認めたときは、法律によりこれを制限できる。

第七章　教育（省略）
第八章　憲法の施行および修正
第一四二条　憲法の解釈は司法院がおこなう。

第一章総綱は、孫文思想を国家の基本とした。また省名と辺境名をあげて領土となし、国民大会の議決が領土変更には必要だとして、事実上変更を不可能としている。

第二章人民の権利・義務は人民の基本的権利を原則的に承認した。

第三章国民大会では、国民大会は三年に一度短期間開かれるものとし、職権は総統、立法院長、監察院院長の選挙、罷免であるとしているが、これは国民大会が民主主義国家の議会とは異なるものであることを示している。

国民大会以外では、立法院と監察院が選挙で選ばれるとされ、どちらも国民大会に責任を負うとされている。第六四条にあるように立法院は大きな権限をもち、また司法院は法律の解釈権を有し、憲法に抵触する法律は無効にできた。

経済制度は民生主義を基礎として、私有財産、私営事業に国家が介入できるものとしている。

第二次北支処理要綱

蔣介石は、六月、北上抗日をかかげた広東派、広西派の反蔣運動を屈服させ、三一年以来の広東、広西両省の半独立状態を解消した。

他方、中国共産党は、反蔣民族統一戦線を呼びかけた一九三五年の八・一宣言を契機として、各種の反日組織を生み出した。また同三五年十二月の一二・九運動のなかで、上海各大学学生救国連合会、上海婦女救国連合会、上海文化界救国会が組織された。そしてつづいて、救国会の名をもつ抗日組織が各地、各界に結成されていき、三六年五月には全国の救国会代表が上海に集まり、二〇省七〇余りの団体を統合して全国各界救国連合会が結成された。しかし「各界」、「二〇省」の団体とはいうが、組織構成員は極めて少数の文化人や学生に限られており、また活動範囲も大都市だけであった［現代アジア研究会 一九九一 二三三頁］。

内モンゴルでは、関東軍の指導のもとで、三六年四月にモンゴル族王族の徳王を主席とする内蒙古軍政府がチャハル省に成立し、綏遠省政府主席傅作義《ふさくぎ》と対立することとなった。

八月十一日、日本の関係各省（政府と軍）は、北支対策を具体化した第二次北支処理要綱を決定した。それは、まず「一般方針」として次の二項目をかかげた。

(1) 北支民衆を主眼とする「分治政治」の完成をめざし、確固たる防共親日満の地帯を建設させ、あわせて国防資源の獲得並びに交通施設の拡充に資し、もってソ連の侵攻にそなえるとともに日満支提携共助実現の基礎とする

(2) 右目的達成のためには、当該地域（冀東、冀察）に対する「内面指導」によるとともに、南京政権が北方分治を妨害せず、進んで北方政権に自治の権限をあたえるように施策する

そして「要綱」として次の六項目をあげた。

(1) 自治政府（分治）の内容として、財政、産業、交通などに権限をもち、日満支三国の提携共助に関して南京政権その他による排日的工作に影響をうけない状態を目途とする。中国の領土権を否認し

または南京政権より離脱した独立国家を育成するかのような行動は厳につつしむ

(2) 分治の地域は究極において北支五省を目途とするが、地域の拡大をあせらず、まず河北、チャハル両省の分治の完成に主力を傾ける

(3) 冀察政権については軍閥悪政を清算するように内面指導するとともに、日本の北支政策に協力するように南京政府に対して工作する

(4) 冀東自治政府は、冀察政権の分治機能が十分になったときに、これに合流させる

(5) 山東を冀察側に合流させるような工作はおこなわず、日本との連帯関係の一層の密接をはかり、山西、綏遠に関しては、両省政権を駆逐してこれを内蒙古政権に隷属させるがごとき政策をおこなわない

(6) 北支経済開発によって、日支人の一致した利益を基礎とする日支不可分の事態を構成し、経済開発にあたっては第三国の既得権益を尊重する

有田外相の訓令により、川越茂大使は九月十四日から張群外交部長と外交交渉をはじめたが（川越・張群会談）、両国の主張が対立した。そして内蒙古軍が綏遠省に進攻したが傅作義軍に大敗する、という綏遠事変が十一月十四日に勃発したため、川越・張群会談は十二月三日に打ち切られた。

昭和一一年帝国国防方針・国策の基準

日本では、一九三六年五月に昭和一一年帝国国防方針が海軍のイニシアチブによって決定された。その内容は、前国防方針と同じく先制主義と短期決戦主義を戦略ドクトリンとし、長期持久戦については「覚

悟と準備」を唱えるのみで具体的方策はなかった。

仮想敵国は、これまで第一がアメリカ、第二がソ連と中国であったのが、新帝国国防方針は米ソ両方を主目標とし、中国とイギリスにそなえるとした。ここにイギリスが初めて仮想敵国の一つとして登場したが、それは海軍にとって東南アジアに対する最たる関心は蘭印の資源、とくに石油であり、蘭印進出は英米との軍事的衝突を予期せねばならないからである。

そして国防に要する兵力は、陸軍は平時二〇個師団、戦時五〇個師団、航空一四〇個中隊、海軍は主力艦一二隻、航空母艦一〇隻、巡洋艦二八隻、航空六五隊とした。当時の陸軍は一七個師団、海軍は主力艦九隻、空母四隻であった。この方針にもとづいて軍拡がすすめられ、主力艦、空母が続々と建造されていく。

同三六年八月七日、首相、外相、陸相、海相、蔵相の五相会議が、無条約時代の日本の国家戦略として「国策の基準」を決定した。国策の基準は、⑴根本国策とその基準大綱、⑵国防軍備の整備、⑶政治行政機構の刷新改善及び財政経済政策の確立のための措置、の三つに分かれている。そして⑴根本国策は、「東亜大陸に於ける帝国の地歩を確保すると共に南方海洋に進出発展するに在り」としたうえで、次の四項目をあげている。

① 東亜における列強の覇道政策を排除する
② 東亜の安定勢力たるべき帝国の地位を確保するに要する軍備を充実する
③ 満洲国の発達と日満国防のためにソ連の脅威を除去するとともに英米にそなえ日満支三国の緊密なる提携をはかる

④　南方海洋、とくに外南洋（東南アジア）方面に経済的発展を策し、努めて他国に対する刺激を避けつつ漸次的平和的手段により勢力の進出をはかる

⑵国防軍備の整備では、陸軍はソ連が極東で使用できる兵力に対抗できること、海軍はアメリカ海軍に対して西太平洋の制海権を保つに十分であることを目標とする、としている。

これら国策の基準の内容は、対ソ戦軍備を要求する陸軍、対米軍備を主張する海軍という、陸海軍の競合的な主張を併記した南北併進論であったとされる［麻田　一九九三　二三〇頁］。だが、陸海軍の主張を併記したものではあるが、南北併進が国策となったという解釈には疑問がある。文章は、南北併進とも北守南進とも解釈できる玉虫色の内容である［黒野　二〇〇二　一七二頁］、といえる。

「北進」というが、国策の基準は満洲国の国防の強化をいっているのであり、ソ連への進出（北進）について述べているわけではない。また「南方への進出」の意味であるが、「大陸のみならず、南方を支配下に置く構想がはっきりと打ち出された」［北岡　一九九九　二六七頁］、といった類の解釈は正しいとは思えない。⑴④にあるように、南方へは「経済的発展」を策すと書いている。

国策の基準は「日満支の提携をはかる」としているが、日支は対立状態にあり、それをもたらしているのは日本の北支分治政策である。すなわち、北支分治政策をつづけながら日支の提携をはかることは、どだいできないことである。

国策の基準決定と同じ日に、首相、外相、陸相、海相の四相会談が「帝国外交方針」をきめた。それにおける国家別外交方針をみると、ソ連に対しては、「専ら平和的手段に依り、従来の懸案解決に努る」とし、「支那中央及地方政権」に対しては、「日ソ関係の現状に鑑み、まず速やかに北支をして防共親日満の

特殊地域たらしめ、かつ国防資源を獲得し交通施設を拡充するとともに支那全般をして反ソ依日たらしむることをもって対支実行策の重点とす」とし、アメリカに対しては、その「対支通商上の利益を尊重し……関係の増進を期し同国をして帝国の東亜政策遂行を妨害せしめざる様力《つと》むべし」とし、イギリスに対しては、「帝国が特に支那に於いて特殊かつ緊要なる利害関係を有することを尊重せしめ、また同国の在支権益を尊重」する、としている。

西安事件に向かう動き

陝西省北部に根拠地をかまえる共産党の討伐にあたったのは、蔣介石に命じられて三五年秋に陝西に移った東北軍一五万を率いる張学良と、兵力五万の西北軍の楊虎城であった。同三五年の十月初めから十一月末までの二ヵ月間の討共戦で、東北軍は強い抵抗にあって三個師団がほぼ全滅するという大損害をうけた。そのため東北軍内では、掃共戦のなかで使い捨てられ、抗日による東北奪還をはたせずに滅んでしまうのではないか、という若手将校たちの恐れと不満が張学良を突き上げた。張も東北軍の先行きについて再検討した。

他方、中国での革命運動をソビエトの拡大をめざすものから抗日民族統一戦線へと転換させる、というコミンテルンの通知が三五年十一月にモスクワから延安に届いた。これで中共は、十二月の瓦窰堡《がようほ》会議で、根拠地の存在をソビエト革命の推進によってではなく、抗日で共闘できる周辺の政治、軍事勢力との政治的提携によって保証する方針へと転換した。

そして翌三六年一月、中共は毛沢東、周恩来、彭徳懐ら二〇人の連名による「東北軍との連合抗日を願い、紅軍が全東北軍の将士に致すの書」を出して、東北軍に共同抗日を提案した。そこでは、「九・一八」以来華北から西北へと流亡を余儀なくされてきた東北軍は、結局蔣介石によって「消滅」させられようとしていると指摘し、「抗日反蔣」こそ唯一の活路であるとしている。また同月、中共軍と東北軍のあいだで相互不可侵の取りきめがおこなわれた［石川 二〇一〇 一五七〜一五八頁］。同じく掃共戦で消耗させられることに不満をもっていた楊虎城も、これに同調した。さらに三六年三月には、張学良、楊虎城の了承をえて、西安に共産党の代表が常駐するようになった。

三六年二月、中国共産党は、「抗日を実現するため黄河を渡って東征をおこなう」とし、紅軍が東隣りの山西省に侵攻した（紅軍の東征）。そして山西軍閥の閻錫山軍を破り一部地域を支配下に置いたが、援軍に来た国民政府中央軍の前に戦況は不利となって、三月末、山西省から撤退した。

ここで共産党は、従来の反蔣抗日から逼蔣《ひっしょう》抗日（蔣介石に抗日をせまる）へと方針を転換し、五月五日、国民政府に対して内戦を停止し抗日救亡の具体的方法を協議することを提案した（停戦講和一致抗日通電、通称五五通電）。国民政府は拒絶した。

また中共は、当初宋哲元を華北自治に組みする売国奴と位置づけていたが、一九三六年半ば以降は二九軍（宋哲元軍閥）を一致抗日を働きかける対象とし、ある程度の協調関係を築くにいたった［石川 二〇一〇 一四七頁］。このことは、共産党組織の二九軍内への浸透がはじまったことを意味する。

三六年四月九日、中共と張学良、楊虎城との友好関係の形成という状況のもとで、張学良と周恩来の秘密会談がおこなわれ、事実上の停戦が実現した。そして五月十三日の張学良と周恩来との第二回秘密会談において、張学良を首班とする反蔣抗日の西北国防政府を蘭州に樹立し、紅軍と東北軍による抗日連合軍を組織するという西北大連合構想が合意された［石川 二〇一〇 一五八頁］。そして五月二十日、中共軍は西の寧夏軍に対する攻撃を開始し、ソビエト区を西方に拡大した。

六〜七月、西遷以来中断していたコミンテルンと中共の電話連絡が回復し、陝北とモスクワとの直接連絡が可能になった［田中 二〇〇二 二六頁］。そこで中共はコミンテルンに西北大連合構想に関する報告をおこなった。これに対し、八月十五日、コミンテルンは反蔣抗日ではなく、蔣介石をふくめた統一戦線を結成するように中共にもとめた。そこで中共は西北大連合構想を放棄し、九月一日に党の方針は逼蔣抗日とすべきであると明確に決定した［池田ほか 一九九三 一二三頁］。中共は八月二十五日に「致国民党書」を出し、孫文の連ソ・容共・扶助工農の三大政策を回復、三民主義を実行して全民族統一戦線を結成し、共同して民族共和国を樹立するようにもとめた。国民党はこれに応じなかった。

蔣介石は、十月二十一日、紅軍に対する第六次包囲討伐戦を発動し、陝西と甘粛に軍を進めた。同時に、十月二十二日、自ら西安に飛んで張学良、楊虎城に対して紅軍への攻撃を督促した。これに対し張学良は、楊虎城、閻錫山とともに、蔣に内戦停止、一致抗日を十二月七日までくり返し訴えたが、蔣は耳を貸さなかった。その間の十一月二十三日、国民政府は全国各界救国会の指導者七人を逮捕した。

西安事件

十二月十二日の早朝、張学良と楊虎城は蔣介石を逮捕、監禁し、その日の夜、全国に向けて彼らの主張を通電した。この通電は、蔣介石に最後の「諫言」をおこない、その安全を保障するとともに反省をうながすとして、以下の八項目を主張した。

一　南京政府を改組して各派を入れて共同で救国の責任を負うこと
二　いっさいの内戦を停止すること
三　上海で逮捕された愛国指導者（全国各界救国連合会の指導者七人）をただちに釈放すること
四　全国のすべての政治犯を釈放すること
五　民衆の愛国運動を開放すること
六　人民の集会、結社およびいっさいの政治的自由を保障すること
七　総理遺嘱（生前の頼み）を遵守、実行すること
八　救国会議の招集

また各地の有力者に呼応をうながすとともに、毛沢東らにも打電して蔣介石を拘束したことを伝え、協力を要請した。

国民政府は張学良討伐を決定した。蔣介石は張の要求をはねつけた。張が同調を期待した実力者、山西の閻錫山なども呼応する動きをみせなかった。共産党の周恩来、国民党の宋子文（蔣の義兄）、宋美齢（蔣夫人）らが西安に来て調停にあたった。

十二月二五日午後三時、張学良は単独で蔣介石の釈放を決定し、また自分で蔣介石に付き添うことを楊虎城に通告した。楊虎城は反対したが、結局、三時頃、二人で宋子文らを飛行場まで送った。そして四時、蔣介石、宋美齢、宋子文らは、西安の飛行場から洛陽へ飛んだ。張学良も自分の飛行機で洛陽におもむいた［西村　二〇一五書名不明　二二三頁］。

蔣介石が無事南京へ帰還できたのは、彼が張学良らに何らかの交換条件を約束したからかどうか。中共

側は蔣が内戦停止、一致抗日を約束したといい、国民政府側は釈放に交換条件は一切なかったと反論している。その後の経緯から見れば、内戦停止、一致抗日を蔣介石が約束したとみなされよう。

洛陽に来た張学良は軍法会議にかけられ、十二月三十一日、「上官暴行脅迫罪」で懲役一〇年の刑に処せられた。判決後すぐ、蔣介石は国民政府に特赦を申請し、これをうけて国民政府は、翌三七年一月四日、特赦したうえで軍事委員会の「厳加管束」(管束に相当する日本語はない)に付することを決定した。ここに、その後五〇年にわたる張学良の監禁生活がはじまった[西村 二〇一五同前 二三四頁]。

一九三七年前半

翌三七年の二月十日、共産党は国民党に通電し(中共中央の国民党三中全会への通電)、内戦停止、対日戦争の準備促進、政治活動の自由などを国民党が認めるならば、次の四項目をおこなう用意があることを表明した。

(1) 国民政府転覆の武装暴動を停止する
(2) ソビエト政府を中華民国特区政府、紅軍を国民革命軍と改称して国民政府の指導をうける
(3) 特区政府区域内で普遍徹底せる民主制度を実施する
(4) 地主の土地没収政策を停止する

これをうけて、二月十五～二十二日に開催された国民党五期三中全会は、赤禍根絶決議を採択した。それが提示した「国共合作」の条件は次の四項目である。

(1) 軍隊統一のため、中共がいかなる名目の武力も取り消すこと

(2) 政権統一のため、ソビエト政府その他一切の機関を取り消すこと
(3) 三民主義と相容れない赤化宣伝を停止すること
(4) 階級闘争の停止

これは赤禍根絶という大義名分にもとづいて、共産党提案の四項目と同じ内容の条件を、今度は国民党が共産党に要求したものであり［中嶋編 一九九六 一五二頁］、中共提案を事実上うけ入れたものとされる［池田ほか 一九九三 一二二頁］。そしてここに第二次国共合作が基本的に成立したとされる［石島 一九八四 五三頁］。

国民党の赤禍根絶決議は、軍隊、政権統一のため共産党が自己の軍隊を放棄し、自己の政府機関を取り消すことを国共合作条件としている。共産党が約束しているのは、紅軍と中共の政府（特定政府）が国民党の指導をうけることだけである。すなわち、国共はたがいに相手の軍隊と政府を認めて合作（協調）したということである。

また国民党五期三中全会は、前年五月起草の憲法草案（五五憲章）にもとづき、国民大会を三七年の十一月十二日（孫文の誕生日）に開催すること、十月十日までに国民大会代表選挙を実施することを決定した。だが、選挙は進められたが、日中戦争の開始によって大会は延期となる。

日本では、一九三七年の初めから外務省、陸軍、海軍それぞれで対中国政策見直しの動きがあった。まず外務省では、二月二日に林銑十郎（陸軍大将）内閣が生まれ、三月三日、外務大臣には外交官として海外生活の長い佐藤尚武《なおたけ》が就任した。就任を引きうけるにあたって佐藤は、日中間の平等な立場における交渉と、中国に対する優越感の棄却を外交方針として確認することをもとめ、林首相、杉山陸相はこれに同

意した。

陸軍では、対ソ戦準備を優先させる参謀本部参戦部作戦課長（第一部長代理）の石原莞爾大佐が、華北への勢力拡張に反対して中国政策の転換を牽引していた。第一部は作戦を担当し、参謀本部の中核である。そして参謀本部作戦課作成の三七年一月六日付け「対支実行策改正意見」は次のとおり。

(1) 帝国の対支強圧的・優位的態度を改め友情的対等的たらしめる

(2) 北支特殊地域なる観念を清算し「五省独立」の方策を修正し、冀察政権の所管地域は当然中華民国の領土であり、その主権は中央政府にあることを明確にする

(3) 冀東地区はしばらく現状維持するが、適時支那に復帰すべきものである

華北の特殊化、分治を否定する意向を示したのである。

こうした方針変更の原因として、上記「改正意見」は、まず西安事件後の中国に内戦反対の空気が醸し出されたこと、および国内統一の傾向が強化したことを指摘する。そして抗日人民戦線運動を新中国建設運動に転化するためには、日本が従来の帝国主義的侵攻政策を放棄することである、としている。そして一月二十五日、参謀本部は陸軍省に対して「対支政策に関する意志表示」したが、そこには、「支那の統一運動に対し帝国はあくまで公正なる態度をもって臨み、北支分離工作は行わざること」、と明示した。

海軍側も、軍令部を中心に中国政策の修正を主張する空気が強かった。二月三日、軍令部第一部横井忠雄大佐は「対支方策再検討に関する意見」を提出し、そのなかで東洋人の東洋の実現、日支共存共栄を念ずるのだが、「この希望に対する最大障碍は今日支那全国に弥漫《びまん》する抗日意識」であるとした。そして民衆の抗日意識の一因は、「我が国従来の対支方策においてあまりに強圧的覇道的なもの多かりし事実」に

ある、と指摘した。二月五日、嶋田繁太郎軍令部次長は、広田内閣の総辞職「および西安事件を契機として、大局上の見地にもとづき日支国交を改善し公正なる国交を計」ることを提言した。三月五日に海軍省軍務局が作成した「海軍の対支実行策案」は、方針として「日支共存共栄を目標とする経済的および文化的融和提携の実現により両国関係の調整を図」るとし、対北支政策は「北支五省の分治を目的とする工作をやめるとともに、支那側に対し既成の現状を黙認せしめ」る、としている。

そして四月十六日の外務、大蔵、陸軍、海軍の四相会議が決定した「対支実行策」は、「北支の分治をはかり、もしくは支那の内政をみだす恐れがあるがごとき政治工作をおこなわない」、としている。また「南京政権並びに同政権の指導する支那統一運動に対しては、公正なる態度をもってこれに臨む」、としている。日本中央の指導者たちは、中国でのナショナリズムの高揚、反日意識の広まりに直面して従来の政策を反省し根本方針を変更したのである。前年八月の第二次北支処理要綱からの一八〇度転換である。

五月末、林内閣はわずか四ヵ月で近衛文麿内閣に代わり、外相としてふたたび広田弘毅が入閣するが、広田外相は、もはや広田三原則や広田内閣時代の有田外相の中国政策に固執しない方針をとり、佐藤前外相の新中国政策が継承されることになった［外務省百年史編纂会編 一九六九下 二七五頁］。

だが、関東軍は、林内閣佐藤外相の新中国政策に不満で、林内閣が五月末に総辞職すると、ただちに中国政策の再検討を要求した。六月上旬、関東軍は林内閣の消極性を「無智の支那民衆に対し日本与《くみ》し易しとの感を与え更に排日侮日の結果を招来す」と批判し、中国の情勢は対ソ作戦の見地からみて、「我武力之を許せば先づ之に一撃を加えて再び立つ能《あた》はざらしめ」るのが、もっとも有利な対策であると上申している。

他方中国側は、「北支分治」のような政治工作に対しては強硬な姿勢を示していたが、満洲問題をもち出す意図のないことを、前外交部長張群が四月に日本大使に、五月には汪兆銘が日本の代理大使に告げた。したがって、日中の交渉が妥結する可能性はこの時点ではあったといえる。だが七月に起こる盧溝橋事件と、それにつづく一連のできごとがこの可能性を消し去った。

三　日中戦争の開始

支那駐屯軍と二九軍

通説では、盧溝橋《ろこうきょう》事件が日中戦争へと連続する最初のできごとである、とされている。そして盧溝橋事件の主役は日本側が支那駐屯軍、中国側が宋哲元の二九軍である。前述のように、支那駐屯軍は一九三六年五月に三倍増されて兵約五六〇〇となり、北平の西南郊外の豊台《ほうたい（ほうだい）》にも四月から一大隊が駐兵するようになった。豊台は北平から天津、武漢へ向かう交通の要衝である。

共産党中央は、二九軍内に党の秘密のネットワークを広げよという指令を前年夏から末にかけて出し、かなりの実績をあげた［秦　一九九六　三五六頁］。二九軍副参謀長の張克侠《ちょうこくきょう》は中共の秘密党員であった。秘密党員に対して中共中央は、二九軍は妥協せず積極的な対日作戦をなすべきであり、群衆を発動させて抗日戦を支援させる、という指示を出していた［坂本　一九九七　五頁］。また二九軍では、絶えず大規模な「国恥」講演会を開いたり、部隊での朝礼の場で抗日精神を高揚させていた［坂本 一九九七書名不明三〜四頁］。

北平の南西一五キロに盧溝橋がある。この橋は、南北に流れる永定河を東西にまたいでいる。盧溝橋の北五〇メートルに橋と平行して盧溝橋鉄橋があり、その東二〇〇メートルに宛平《えんぺい》県城（盧溝橋城）がある。豊台は盧溝橋の東方七キロにあり、駐屯する日本軍が一九三七年四月から盧溝橋周辺で演習をおこなっていた。

一方宛平県城には、中国側の第二九軍第三七師一一〇旅（旅は師団の下、連隊のうえの部隊）の一大隊が駐屯していた。五月から同大隊の二個中隊が盧溝橋の下の中洲に、一個中隊が宛平県城外に配置され、また永定河西方の長辛店に同二九軍三七師の二個大隊が置かれた。宛平県城の大隊は、鉄橋から北方九〇〇メートルのあいだの永定河東岸堤防の散兵壕（兵士が一人ずつはいる壕）を改修増強し、また同堤防上の土砂に埋もれていた龍王廟の北のトーチカと龍王廟・鉄橋間のトーチカも掘り出した。龍王廟は鉄橋の端から一〇〇〇メートルのところにある（龍王廟は廟堂（祖先の霊をまつった建物））。六月下旬、その堤防の散兵壕の先、龍王廟とその南にも兵が配置された。

演習について、日本側は実弾射撃以外は中国側に通知する必要はなかったが、七月三日、中国側から、今後日本軍が空砲を使って演習する場合、とりわけ夜間演習のときには必ず中国側に通告してほしい、と要望があった。そこで北平の支那駐屯歩兵旅団部は、翌四日、七月六、七、九、十日の四日間、盧溝橋付近で昼夜空砲を使用して演習を実施することを通知した。

七月六日、二九軍第三七師の第一一〇旅長は、盧溝橋一帯を守備している第二一九団（連隊）に対して、日本軍の行動に注意し、これを監視するよう要求し、もし日本軍が挑発したならば必ず断固反撃せよ、と全将兵に命令した。また同日、宛平県城の大隊長は、各中隊に対して十分戦闘準備を整えるように要求し、日本軍が我が陣地一〇〇メートル以内に進入してきたならば射撃してよい、と命じた［この段落は坂本　一九九七同前　九〜一〇頁ほとんどそのまま］。

盧溝橋事件

一九三七年七月七日夜、七時三〇分頃から日本軍の一中隊が三小隊に分かれ、永定河堤防から四〇〇メートルほど東の地点からその東六〇〇メートルほどに置かれた仮想敵に向かって進む、という夜間演習をはじめた。午後十時三〇分頃、中隊が仮想敵から三〇〇メートルほどの地点に進んだところで、清水節郎《せつろう》中隊長は、翌朝の黎明攻撃演習まで休憩（野営）するため各小隊長と仮設敵司令に伝令を出し、演習中止、集合を伝達させた。すると仮想敵の軽機関銃が射撃をはじめた。といっても日本軍の演習は空砲（発射音だけの弾薬）でおこなわれるので実弾を発したのではない。この射撃は、伝令を演習上の敵と勘違いしてなされたものとされている。

そのとき、十時四〇分頃、清水中隊は龍王廟の方向から数発の実弾射撃をうけた。実弾の場合には空気を切り裂くヒューという摩擦音がするから、空砲との違いが分かるのである。そこで清水中隊長がラッパ手に命じて集合ラッパを吹かせると、今度は鉄道橋に近い堤防上のトーチカ付近から十数発の射撃をうけた。そして清水中隊長が集まった兵を点呼すると、伝令に出した兵一名が行方不明であった（二〇分後に帰隊）。これが当時の『清水陣中手記』、『大隊詳報』に記録された盧溝橋事件の発生である。

清水中隊長は伝令を出し、射撃されたことと兵一名行方不明を豊台の一木《いちき》清直《きよなお》大隊長に伝えた。深夜〇時二〇分頃に報告に接した一木大隊長は、北平の支那駐屯軍連隊長の牟田口《むたぐち》廉也《れんや》に電話で連絡した。そして牟田口連隊長は、豊台の一大隊を現地に出動させ宛平県城の二九軍の大隊長と交渉するよう指示した。そこで一木は自ら大隊主力を率いて盧溝橋方面へ出動した。そして行方不明となっていた兵が無事中隊に帰隊したことが、八日の午前二時過ぎには清水中隊長から一木大隊長に宛平県城東方約一五〇〇メートルの西五里店で報告された。そして一木大隊長は、午前三時二〇分、宛平県城東七〇〇メートルほどにあり、盧溝橋を見下ろす一文字山に大隊を陣取らせた。

その直後の午前三時二五分、一木大隊長は二キロ先の龍王廟方向に三発の銃声を聞いた。この銃声は、最初に豊台に伝令に出された第八中隊の二名が盧溝橋にもどったところ、中隊がすでに移動したあとで発見することができず、龍王廟付近をうろついていたところを二九軍兵に射撃されたものである。一木大隊長は中国軍がふたたび発砲したことを電話で牟田口連隊長に伝えた。それに対して連隊長は、三時二五分といえばすでに黎明の時刻で、彼我の区別がつくのであり、日本軍と知りつつ二度までも発砲するのは純然たる「対敵行為」であるから、戦闘を開始してよしとの攻撃命令を出した（『大隊詳報』）。午前四時二〇分のことであった。

そこで一木大隊長は、午前五時、大隊に龍王廟・鉄道線路間を永定河の線に向かって前進することを命じ、歩兵砲隊に龍王廟およびその南方トーチカに次いで鉄道橋への射撃準備を命じた。大隊主力は鉄橋東端と盧溝橋駅のあいだに進み、清水中隊は龍王廟に向かった。そこに連隊長代理の森田中佐ら軍使一行が到着した。牟田口連隊長の攻撃許可を知らない森田は攻撃を中止させた。森田は、今まさに第一撃を発しようとする歩兵砲の前に立ちふさがって制止する。敵前三〇〇メートルまで来ていた一木は、やむをえず前進を中止して、全員に朝食の乾パンをとるよう命じた。

だが清水中隊は、ひそかに北側から龍王廟北方約二〇〇メートルの堤防上に達し、廟へ向かって南下をはじめた。そして五時三〇分、清水中隊が龍王廟北側のトーチカに五、六〇メートルの距離に近づいたとき、中国側の一斉射撃があり、清水中隊もこれに応戦した。これをみて一木大隊長も大隊主力に攻撃を命じ、大隊本隊と鉄橋近くの中国軍も交戦し、激戦ののち大隊は永定河の中洲を越えて右岸（西岸）を占領した。この日の日本軍と中国軍の交戦は深夜までつづき、二日間の戦闘で死者は日本側は一一名、中国側は約一〇〇名とされる。

七月八日、中共中央は「日軍盧溝橋進攻」に関する通電を発し、そのなかで次のように訴えた。「日本帝国主義の平津華北武力侵攻の危機はすでにすべての中国人の面前にある。全中国の同胞よ！平津いまや危急！中華民族いまや危急！全民族が抗戦を実行することこそ我々の出路（のがれ出る路）だ」「我々は宋哲元将軍が全二九軍を即時動員し、前線出動、応戦することを要求す。我々は南京中央政府が即時かつ切実に二九軍を援助するとともに、……全国陸海空軍を動員し、応戦を準備」することを要求する。

このような中共の対応の早さは、盧溝橋事件を共産党の陰謀だとする説の論拠となっている。また九日、毛沢東、朱徳らは蔣介石に電報を打ち、紅軍全員が蔣委員長のもとで国家のために生命をささげる覚悟があることをアピールした。

停戦協定

宛平県城、次いで北平で交渉がおこなわれた結果、九日午前二時頃、北平特務機関長の松井太久郎《たくろう》と第二九軍副軍長の秦徳純とのあいだで、二九軍は永定河西岸へ、日本軍は豊台に撤退するという停戦協議が成立した（第一次停戦協定）。そしてお昼頃までに二九軍は県城内に一小部隊を残して永定河西岸へ、日本軍も二個中隊を監視のため一文字山に残して豊台へ引き揚げた。

同九日蔣介石は、河南省駐屯の二個師団と山西省駐屯の二個師団に対し河北省の石家荘《せっかそう》ないし保定への進軍を命じた。十日には石家荘行営（陣営）が設置され、保定、石家荘が北上中央軍の拠点となった。この国民政府の対応は、国民政府中央軍の河北省からの撤退を認めた一九三五年六月の梅津・何応欽協定に違反するものである。また国民政府が、この事件を交渉によってではなく武力によって解決する決定をくだしたことを意味するとされる［カワカミ 二〇〇一 一四三頁］。

十日午後四時、北平で支那駐屯軍参謀長の橋本群《ぐん》は二九軍側に次の要求を提示した。

⑴二九軍代表は日本軍に対し遺憾の意を表し、責任者の処分をおこない、事件の再発を防止する。

⑵永定河東岸には中国軍隊を駐屯させない。

⑶本事件が藍衣社、共産党その他抗日系団体の指導に胚胎するところに鑑み、これが対策取締りを徹底する。

このうちの⑴⑵項は、前日の夕刻に陸軍参謀次長から支那駐屯軍参謀長に発信された電文の停戦条件であり、⑶項は現地で追加したものであった。それはともかく、支那駐屯軍も陸軍参謀本部も戦闘拡大を意図しておらず、停戦しようとしていた。仮想敵国であるソ連との戦争準備に余念がない陸軍にとって、中国との戦争は避けるべきであった［井上 二〇〇八 一一八頁］。

ところが同十日午後五時頃、龍王廟付近にいた日本軍小隊（斥候部隊）が兵力約二〇〇の中国軍とのあいだで交戦し、死傷者を出した。それを知った牟田口連隊長は大隊を出撃させた。そして九時頃、日本軍大隊は龍王廟付近の堤防陣地へ突入、白兵戦となり、日本側は戦死者六人、中国側の遺棄死体は七〇余であった。国民政府中央軍の河北への移動の知らせが陸軍省に届いたのは、やはり十日の夜十一時であった。

十一日、近衛文麿内閣（六月に成立）は、午前に五相会議（首・外・陸・海・蔵相）、午後に閣議を開いた。五相会議の一致意見を引き継いだ閣議の決定は次のとおり。

(1) 今回の事件は全く支那側の計画的武力抗日である。

(2) 支那側が不法行為はもちろん排日侮日行為を謝罪し、今後かかる行為のないための保障をえる必要がある。よって関東軍の二個旅団（兵力約一万）、朝鮮軍の一個師団（兵力約一万）をもって支那駐屯軍を増援するとともに、内地より所要の兵力（五個師団、差しあたり三個師団）を動員し北支に急派する要あり。

(3) 今後とも局面不拡大現地解決の方針を堅持し、目的達成したときは速やかに派兵を中止する。

また閣議は事件の名称を北支事変とした。関東軍と朝鮮軍の北支への出動命令は、それぞれ同十一日午後六時台、午後九時台に出された。これをうけて関東軍の一旅団は山海関、一旅団は古北口（どちらも国境）に集結した。

同十一日夕刻、政府は華北派兵に関する声明を発表したが、そのなかで今次事件は「全く支那側の計画的武力抗日」だと断定し、その理由として次の事実を鑑みている。⑴一旦第二九軍側において和平的解決を承諾したにもかかわらず、突如七月十日夜にいたり、不法にもさらに我軍を攻撃した。⑵しかもしきりに第一線の兵力を増加しさらに西苑の部隊を南進させ、中央軍出動を命じるなど武力的準備を進める。⑶北平における交渉を全面的に拒否するにいたっている。

十一日夜、現地で日本側の松井特務機関長・和知鷹二《わちたかじ》参謀と、二九軍側の張治中・張允栄のあいだで第二次停戦協定がむすばれた。協定の内容は十日の支那駐屯軍の三項目の要求を認めるものであった。

停戦協定が成立したので、日本政府は内地師団の派兵を見合わせた。だが山海関に集結した関東軍の一連隊は十一日深夜に前進をはじめ十二日午前に天津に到着した。また十二日、古北口の一旅団も関内の非武装地帯へはいった。そして十八日には朝鮮の一個師団が天津に到着した。

日本軍への攻撃

七月十三日、北平の大紅門を通過中の日本軍（支那駐屯軍）天津砲兵連隊の修理班が、中国兵に襲撃されて四人が爆殺され、翌日には、天津騎兵隊の二等兵が中国兵に襲撃され殺害された。支那駐屯軍司令官らは、宋哲元（二九軍軍長、冀察政務委員会委員長）に対し、こうした「不法行為」を何とかしないかぎり二十日以後駐屯軍は自由行動をとる、と通告した。

十七日、日本政府は国民政府に対して挑戦的行動の即時停止、現地交渉を妨害しないこと、などにつき十九日までに回答するよう要求した。十九日、国民政府は日本の要求を拒否する旨回答した。

そして同十九日、蔣介石は十七日に廬山でおこなった演説を公表した。その演説は、もし盧溝橋が占領されれば北平は第二の瀋陽に変わり、冀察もまた昔日の東北四省となるであろう。次いで南京が北平に変わるかもしれない。「したがって盧溝橋事変の成行きは中国国家全体の問題であり、その終結如何は最後関頭の境界線である。……ひとたび最後の関頭に至れば徹底的に抗戦するほかない」、との「最後の関頭」演説であった（関頭は分かれ目、瀬戸際の意味）。また彼は演説のなかで当面の条件として、⑴いかなる解決も中国の主権と領土を侵してはならない、⑵冀察政権に対する不干渉、⑶中央政府派遣の地方官吏、たとえば冀察政務委員会委員長の宋哲元らの更迭を許さない、⑷第二九軍駐留地の制限拒否、の四原則をあげた。

同十九日夜十一時、第二次停戦協定の第三項排日取締りに関する細目協定が成立した。その内容は次のとおり。

⑴ 共産党の策動を徹底的に弾圧する
⑵ 排日色の強い人物を冀察政務委員会から追放する
⑶ 藍衣社、C・C団のごとき排日団体は冀察から撤去する
⑷ 排日運動、言論の取締り

同時に宋哲元は北平城内にいる第三七師団を自発的に他へ撤退させることを約束した。

十九日と二十日、撤退する予定の盧溝橋城の二九軍部隊から一文字山の日本軍砲兵陣地への砲撃があり、二十日、日本軍も盧溝橋城壁を報復砲撃した。日本政府は同日夜の閣議で、動員発令も事態が好転すれば復員するという条件付で、陸軍中央が前日に内定した内地三個師団の派兵を承認した。しかし翌日、現地に派遣していた軍務課長らが帰京し、支那派遣軍は満洲、朝鮮からの増派部隊で十分であるとの報告

をうけ、また支那派遣軍参謀長よりも、二九軍が十九日の細目協定を実行しつつあり、北平城内の部隊も保定方面への撤退を開始したことを伝えてきた。そのため陸軍中央は、二十二日、再度内地師団の派兵を見合わせることに決定した。

だが同二十二日、蔣介石は北平の宋哲元のもとへ使いを送り、北平一帯から部隊を撤退させないよう説得させた。使者との話し合いののち、宋は二十一日から開始していた第三七師の北平撤兵を停止させた。

二十五日、北平～天津鉄道沿いの廊坊で軍用電線を修理中の日本軍部隊（通信隊と護衛の一個中隊）に対し、二九軍第三八師団の部隊が機関銃、迫撃砲をまじえて攻撃し、日本軍も応戦した。日本側の死者は四人であった。この廊坊事件をうけて翌二十六日、支那駐屯軍は宋哲元に対し、盧溝橋付近の三七師の部隊は二十七日正午までに長辛店に後退させ、北平城内の三七師の部隊は城内から撤退し、西苑の部隊とともに二十八日正午までに永定河以西に移動させ、以後これら軍隊の保定方面への輸送を開始すること、さもなければ独自行動をとることを通告した。

また支那駐屯軍は、北平の居留民保護のため二十六日に一大隊を北平へ送ったが、同大隊は北京城門のひとつ広安門を通って城内にはいろうとしたとき、城壁から二九軍三七師の部隊から攻撃された（広安門事件）。

以上みてきたように、七月七～八日の盧溝橋での二度の攻撃、十三日の北平大紅門での襲撃、十九～二十日の盧溝橋城からの砲撃、二十五日の廊坊事件、二十六日の広安門事件というように、支那駐屯軍への二九軍からの攻撃がくり返された。この攻撃はなぜ起こるのか。攻撃している、あるいはさせているのは、⑴二九軍自体なのか、⑵二九軍内の藍衣社のような国民党系の組織か、それとも、⑶二九軍内の共産党組織なのか。

日中戦争の開始

広安門事件の翌日である一九三七年七月二十七日の午前、日本では緊急閣議が開かれ、陸相が内地三個師団の動員を提起した。外相から全面戦争に移るのではないかと憂慮する発言があったが、陸相は動員は平津地方の安定を目標とするもので、不拡大方針に変わりはないことを強調した。閣議は増派を決定、陸相が天皇の裁可をえて動員令をくだした。また同日、参謀本部は支那駐屯軍司令官に対し、平津地方の中国軍を膺懲し同地方の主要各地の安定をはかれ、との任務をあたえた。これをうけて支那駐屯日本軍は、二十八日、関東軍、朝鮮軍の増援部隊とともに二九軍に総攻撃を加え、三十日までに北平～天津間から追い払って作戦を終了させた。

平津地方での日本軍の総攻撃は、第一に、最初の大規模な軍事行動であり、それは戦闘ではなく戦争であった。第二に、華北の最重要地域北平・天津の占領である。

この間の二十九日、冀東自治政府の首都通州において、三〇〇〇人の支那人保安隊が駐屯日本軍の留守をねらって反乱し、日本人居留民二〇〇人以上を虐殺するという通州事件が起きている。

二十九日、蔣介石は「政府には全体計画あるのみであり、局部解決の考えは、もはやありえない」ことを声明した。蔣介石は平津地方での日本軍の総攻撃をみて、「いま最後の関頭に至った」との判断を示し［浅野・川井 二〇一二 九六頁］、対日全面戦争の決意を固めた［和田ほか編 二〇一〇第五巻 二七〇頁］のである。

八月にはいり、内蒙古における兵力行使を軍中央に強く要請していた関東軍は、参謀本部の抑止を押し切って五日多倫《ドロン》、八日張北に部隊を進出させた（どちらもチャハル省）。参謀本部は、九日、チャハル進攻作戦の実施を支那駐屯軍、関東軍に命じた。関東軍の独断進軍を追認したわけである。

八月七日、国民政府の国防会議（国防の大方針を決定する最高会議）は全面抗戦を決定し、持久消耗戦略の採用をきめた。

同じ八月七日、日本は陸・海・外三相会議で和平交渉（船津和平工作）をおこなうこととし、次のような停戦交渉案を国民政府に出した。

(1)塘沽停戦協定、梅津・何応欽協定、土肥原・秦徳純協定その他、華北に存する従来の軍事協定一切を解消する

(2)北平、天津をふくみチャハル省の満洲国連接地域に及ぶ範囲を非武装地帯とする、その行政首脳者は日支融和の具現に適当なる有力者を希望する

(3)冀東、冀察両政府を解消する

(4)日本駐屯軍の兵力を事変前にもどす

このなかで項目(2)は、塘沽停戦協定の非武装地帯に北平、天津をふくめるものである。

この和平交渉案による日華の最初の交渉がおこなわれた八月九日に、次に述べる大山事件が発生し、ために交渉は中止された。

八月九日、上海で海軍特別陸戦隊の大山中尉が、租界に準じる地域（越界路）を巡検中に中国の保安隊に射殺された（大山事件）。そこで同日、日本海軍陸戦隊が上海に上陸した。当時上海には租界防衛のた

め日本軍以外にも英・仏・米軍が各二〇〇〇人規模でおり、日本は海軍だが陸戦専門の部隊を駐屯させていた（日本が揚子江に軍艦を航行させる権利をえたのは一八九五年の下関条約である）。大山事件が東京に伝わると、十日、海軍は陸戦部隊の佐世保からの増派（約千人）を決定して、すぐに実施した。他方陸軍は、居留民保護の名目で内地から二個師団派兵することにし、十三日の閣議で承認された。

十一日、蔣介石は国防会議と国民党中央政治会議を合併して日本の大本営にあたる国防最高会議を設け、蔣介石が主席となり、作戦、指揮の最高責任者は蔣介石であることをはっきりさせた。十二日、蔣指揮下の中央軍二個師団が上海北停車場に到着し、越界路の日本の海軍陸戦隊本部を取り巻くように布陣した。

そして十三日、午前九時二〇分、中国軍の便衣隊がある空家から突如日本軍警備兵に機銃掃射をあびせた。この便衣隊の射撃が蔣介石指令下におこなわれたかどうか、蔣関連の史料では確認できない。また便衣隊が共産党員であったかどうか、共産党の史料は未公開のため確認できない［家近 二〇一二 一二一〜一二二頁］。

午後にも同じ射撃がおこなわれたが、日本軍は「不拡大方針にもとづき」［中村 一九九〇 四一八頁］応戦しなかった。だが夕方五時頃、中国軍が砲撃を開始したので、日本軍は本格的に介入して応戦した。この八月十三日の中国軍の攻撃が、日中間の大規模な戦争が開始された本当の発端であり、そしてこの戦争は、正しく中国側から仕掛けたものであるといわれる［北村・林 二〇〇八 九五頁］。

そして八月十四日未明、中国軍が大規模な交戦を開始し、上海での日中軍の本格的な戦闘がはじまった。これを共産党は第二次上海事変と命名し、蔣介石は上海戦と呼んだ。

前述のように、軍事行動を断続的な戦闘から戦争のレベルへと引き上げ、平津地方を占領した日本軍の行動を考慮すると、日中戦争開始に日本軍がはたした役割は大きい。平津地方は中華世界の中心地域の一角であり、それを占領してしまうことは、中華ナショナリズムの旗手である蒋介石・国民党軍を日本との戦争へと当然向かわせるものである。したがって七月二十八日の平津地方への日本軍の進攻が日中戦争の開始であったといえよう。

共産党が盧溝橋事件を日中戦争の開始としているのに対し、国民党は上海戦を日中戦争の実質的な始点とした［家近 二〇一二 一二一頁］。

八月十四日、中国空軍が上海付近（黄浦江）の日本海軍の軍艦出雲や陸戦隊本部を爆撃し、爆弾は租界内の南京路や歓楽街にも落下して、歓楽街では死傷者数百人に達する惨事となった。租界への爆弾落下は意図的なものでない盲爆であったとする見方がある［臼井 二〇〇〇 七九頁、森山 二〇〇〇 三三頁］一方で、上海における第三国の権益に損害をあたえることによって、第三国の対日非難を引き出そうと策略しているかに見うけられた、との見方もある［渡部 二〇〇六 二二八頁］。

上海の日本軍基地への爆撃計画は、宋美齢と米人顧問シェンノートによってひそかに進められてきたもので、蒋介石は十日にその準備完了を宋美齢からうけ取った。この空爆計画は、上海で日本軍が軍事行動を起こせば国際的制裁が日本にくだると期待したためのものであった、といわれる［和田ほか編 二〇一〇 一五九頁］。

八月十五日、日本海軍航空隊の爆撃機が長崎と台湾から飛び立ち、南京、南昌の飛行場を渡洋爆撃した。同十五日、日本は二個師団からなる派遣軍を上海に急派することにした。日本政府は「帝国としてもはや隠忍その限度に達し、支那軍の暴虐を膺懲し、もって南京政府の反省を促すため、今や断固たる措置をとるのやむなきにいたり」、と声明した。十七日の閣議は従来の不拡大方針を放棄し戦時態勢上必要な諸般の対策をとることを決定した。

二十三日、上海派遣軍の二個師団は強制上陸し、激戦を展開した。こうした経緯で八年間に及ぶ日中戦争ははじまった。

九月一日、広田外相は、事変の原因は支那側抗日政策にあり、その発端と拡大は常に支那側の挑発的行動によるものである。そして支那側背後にコミンテルンの策動がある、としている（植田駐満大使宛広田外相電報）。これが日中戦争開始についての日本側の見解である。

確かに、前述のように、七月七日の盧溝橋事件にはじまって、大紅門での襲撃、廊坊事件、広安門事件、通州事件、大山事件という一連の事件は、すべて中国側のイニシアチブでおこなわれた。そして八月十三日には中国軍は本格的な攻撃に移っている。だが中国側のイニシアチブの背後に、中国共産党（コミンテルン）の策動があったという確証はない。

戦闘は華北だけでなく華中にも広がったので、九月二日、日本閣議は「北支事変」を「支那事変」と改称することを決定した。もはや実体は全面戦争であり、宣戦の事由とするに十分な中国側の挑発行為も多々あったが、陸海軍の反対で宣戦は思いとどまった。その主たる理由は、公式の戦争となってアメリカなどが中立を守り、日本に軍需物資を売らなくなると日本は戦争遂行上困るということであった〔岡崎二〇〇〇 一八六頁〕。

九月五日、近衛首相は議会で施政演説をおこない、不拡大方針を終了し中国軍に徹底的に打撃をあたえて戦意をそぐ必要を訴えた。そして中国側が執拗に抵抗するなら長期戦も辞さない、と述べた。また近衛内閣は国民総動員実施要綱を提起し、難局打開のため国民が国家意識を高揚させ国家に奉仕することを訴えた。そして十一日には国民精神総動員運動が開始された。

日本軍の攻勢(1) 一九三七年

一九三七年八月五日に開始された内蒙作戦では、関東軍は八月二十七日に張家口（チャハル省省都）を占領し、九月四日同地に察南自治政府を樹立した。さらに平綏《へいすい》鉄道（北平〜包頭《パオトウ》）沿いに前進し、九月十三日に大同を陥落させ、十月十五日には大同を中心とする山西省の北部、内蒙長城線以北に晋北自治政府を成立させた。綏遠省政府主席傅作義の本拠である綏遠（現フフホト）は十月十四日に陥落し、十七日には平綏線の終点包頭も占領することになって、関東軍部隊による内蒙作戦は終了した。

そして十月二十八日に綏遠省に蒙古連盟自治政府を樹立した。十一月二十二日、関東軍は察南自治政府、晋北自治政府、蒙古連盟自治政府を統合して蒙疆連合委員会を設立し、占領行政を開始した。

同じく内蒙作戦を開始した支那駐屯軍は、八月三十一日に北支那方面軍と改組され、二個師団を方面軍直轄とし、それぞれ三個師団によって第一軍と第二軍を構成することになった。華北の戦線において北支方面軍は、九月十四日から大攻勢を開始し、同月中に保定、十月に石家荘、そして十一月に太原（山西省省都）を占領し、河南省にも侵攻した。そして十二月二十六日に済南（山東省省都）を占領した。

三七年八月中旬にはじまった第二次上海事変での戦いでは、日本軍は九月下旬から十月初めにさらに三個師団を追加投入したが、兵力は中国軍の三分の一ほどであって上海派遣軍は苦戦した。

十月二十九日、蔣介石は国防最高会議の席上で、上海戦の状況は困難であり、北方の形勢は不利であるとの報告をおこない、重慶への遷都をひそかに発表した（重慶移転の公式発表は十一月二十日）。日本軍は、十一月五日、さらなる内地からの増派二個師団と華北からの一個師団で第一〇軍を編成し抗州湾に奇襲上陸させ、上海の背後から中国軍を包囲する作戦を実施した。これで中国軍の戦線は崩壊し、ようやく十一月八日になって日本軍は上海占領を宣言した。この十一月に大本営が設置されている。

第二次上海事変に日本が投入した兵力は九個師団、犠牲者は戦死約一万人、負傷約三万人で、中国側の死傷者は七万人であった。この損害の規模は日清戦争を上まわるものである。

上海作戦をになった上海派遣軍と杭州湾から上陸した第一〇軍は、十一月七日に合わせて中支那派遣軍とされた。そして中支那派遣軍は十一月に蘇州に入城し、十二月十三日に南京を占領した。南京占領以前に、右記のように国民政府は首都を重慶に移した。

日中戦争開始と列強

日中戦争がはじまり、一九三七年八月二十五日に日本政府が中国沿岸の封鎖を宣言すると、米大統領ローズヴェルトは、合衆国政府所有船が武器や軍需品を中国に運ぶことを禁止するという、国民政府にとって不利な声明を発した。

中国は、九月十三日、連盟規約第一〇条（領土保全と政治的独立）、第一一条（戦争の脅威）、第一七条（非連盟国の関係する紛争）にもとづいて、国際連盟理事会に日本を提訴し、国際連盟が日本に対して制裁措置（規約第一六条の適用）をとることを要請した。十六日の連盟理事会は、この問題を極東問題に関する二三ヵ国諮問委員会（一九三三年設置）に付託した。九月二十一日開会した同諮問委員会は、米・独・豪・日・中五ヵ国に参加を呼びかけた。しかし広田外相は、日中両国の問題は日中間で解決するとして招請を拒絶し、ドイツも不参加を回答した。

十月五日、極東問題諮問委員会は二つの報告書を採択した。その第一報告書では、「中国に対する日本の軍事行動は紛争の原因となった事件とは絶対に比較にならぬ大規模なもの」であり、自衛権によって正当化されず、日本は九ヵ国条約および不戦条約で負っている義務に違反していると判定した。だが報告書は、日本を侵略国と名指しする表現は避けた。イギリスおよびフランスは、連盟による制裁実施を望まなかったのである。そして第二報告書は、この紛争は日本の条約義務違反をふくむから、日中両国の直接交渉で解決すべきではなく、国際法、諸条約規定に遵拠する必要があるとし、九ヵ国条約調印国による国際会議開催を勧告した。翌日の十月六日、連盟総会はこれらの報告書を自己の報告書として採択した。

同じ十月五日、アメリカ大統領ローズヴェルトは、二、三年前からはじまった世界的無法状態を伝染病にたとえ、宣戦されようがされまいが戦争というものは伝染病であるとし、その患者の「隔離」を主張し、「平和愛好諸国」の協力を呼びかけると同時に、アメリカは平和をもとめて活発に取り組む、という演説をおこなった（「隔離演説」）。隔離の対象がどの国を指すのか彼は明示しなかったが、ドイツ、イタリア、日本を指すことは明白であった。

隔離演説は、ローズヴェルトが、戦間期国際秩序に対する力による破壊の防止を、英仏などの民主主義国家と協力しておこなう意思を公の場で初めて表明したものである［細谷編　一九九五　一三四頁］。そして翌六日米国務省は、日本の行動は九ヵ国条約、不戦条約違反であり、アメリカも連盟総会と同じ結論に達したと声明した。

十一月三日、極東問題諮問委員会の決議にしたがって、ブリュッセルで九ヵ国条約会議が一九ヵ国が参加して開かれた。日本も招請をうけたが、日本は、日本を九ヵ国条約違反と判定した国際連盟の決議と関連する会議には出席できない。日本軍の軍事行動は中国の極端な排日、抗日政策の強行、とくに実力をもってする挑発行動に余儀なくされた自衛権の発動であって、これは九ヵ国条約の範囲外であると主張し、参加を拒否した。九ヵ国条約会議は、国民政府代表の対日制裁の要求を認めなかった。英仏だけでなくアメリカも対日経済制裁に反対した。会議は二十四日に閉会し、十二月イギリス政府は、連盟が制裁実施を決定しても連盟国は制裁を実施する義務を負わない、との態度をとる方針を決定した。

十二月十二日、日本海軍機が、南京付近で長江上の米軍艦パネー号を爆撃する事件が起きたが（パネー号事件）、日本の陳謝をアメリカ政府がうけ入れて大事にいたらなかった。この時期のアメリカは、日本との衝突を回避しようとしたのであった。

華ソ不可侵条約と第二次国共合作の成立

共産党を代表した周恩来は、盧溝橋事件数日後の一九三七年七月十一日、蔣介石が主宰する廬山の国防会議に招かれ、七月十五日には同会議に正式に参加できるようになった。そして同七月十五日、中国共産党は「国共合作宣言」を中国国民党に手交した。この宣言で中共は次のことを表明した（未公表）。
⑴ 三民主義の実現のために奮闘する
⑵ 国民党政権を破壊する一切の暴動政策および赤化運動を取り消し、地主の土地没収をやめる

(3) 現在のソビエト政府を取り消し政権統一を期する
(4) 紅軍の名義および番号を取り消して国民革命軍に改編し、国民政府軍事委員会の統轄をうける
また同日、中共は延安を首都とする陝甘寧三省政府を樹立した。そして蔣介石は十七日に陝甘寧三省政府を承認した。

一方、ソ連と国民政府のあいだでは八月二十一日に華ソ不可侵条約がむすばれ、両国は相互に攻撃しない、また締約国の一方が第三国より攻撃をうけた場合は、他の一方はその第三国を援助しない、などが約束された。この華ソ不可侵条約には、次のような内容の秘密の補足文書が付属した。

(1) 外モンゴルの首都ウランバートルに本部を置く支ソ共同防衛委員会を組織する
(2) ソビエト・ロシアは、中国に軍需物資を供給し、もし必要とあらば義勇兵と技術者を供給する
(3) 中国は、コミンテルンのスタッフが中国でさまざまな活動をおこなうことを認める
(4) 中国は、外モンゴルと新疆におけるロシアの軍事的・経済的・政治的活動の自由を認める
(5) 中国は、新疆と甘粛を経由して外モンゴルから中国本土へ通じる鉄道敷設権をロシアにあたえる
［この段落はカワカミ 二〇〇一 七四頁による］。

日本外務省は華ソ不可侵条約成立を重視し、次の見解を発表した。日本は中国がコミンテルンの魔手に踊らされていることを警告してきたにもかかわらず、中国は「遂に悪夢よりさめず容共抗日を国是となし、殊に西安事件以来は完全に赤魔薬籠中のものとなり、遂に今回の如き条約の締結を見るに至ったことは支那のために真に採らざるところ」である。九月一日、中国大使は広田外相を訪問し、この条約には軍事的密約の存在しないことを述べ、中国における共産主義宣伝の禁止は普遍であると通告した。

中共は八月二十二日に陝西北部の洛川《らくせん》で政治局拡大会議を開き、抗日救国十大綱領を採択した。その内容は次のとおり。

一、日本帝国主義の打倒

二、全国軍隊の総動員（傭兵制度から徴兵制度への切り替え）

三、全国人民の総動員（人民の愛国運動を束縛する一切の法令を排除）

四、政治機構の改革（人民を代表する国民大会を招集し、真正の民主的憲法を通過し、国防政府を選挙する。国防政府はすべからく各党各派および人民団体の代表を吸収し、親日分子を駆逐する）

五、抗日の外交政策（日本の侵略に反対するあらゆる国家と反侵略的同盟および抗日軍事互助協定をむすび日・独・伊の侵略陣営に反対する）

六、戦時の財政、経済政策

七、人民生活の改良

八、抗日の教育政策

九、漢奸、売国奴、親日派を粛正し後方を強固にする。

一〇、抗日の全民族は国共両党の合作の基礎の上に団結する。

毛沢東は合作宣言とは別の考えをもち、それを洛川政治会議で次のように表明した。

「国民党の反動の本質は決して抗戦により変わるものではない。中共は決して国民党に迎合し本気で合作するなどと夢見てはならない。自らの政治上の独立、軍事上の独立を必ず保持せよ。」

「自分の力を出すな。爪を研ぎつつも爪を隠すことを覚えておくのだ。小規模の山地ゲリラ戦、側面戦だけをやり、日本軍の大部隊と正面衝突する展開はよくない。まずは実力を温存し大きくすることだ。国民党の食糧、費用と装備で八路軍と新四軍を養い太らせ、国民党軍と日本軍が数年戦って共倒れになったころあいを見はからって、わが軍が出ていって局面を収拾するのだ。」

洛川会議に参加した党の指導者らは、全員、毛沢東のこの方略を支持することをこばんだといわれる。

八月二十二日、国民政府軍事委員会が中共紅軍の国民革命軍第八路軍への改編を発表した。八路軍は朱徳を総指揮、彭徳懐《ほうとくかい》を副総指揮とし、三個師団、兵力三万二〇〇〇で、第二戦区（司令長は山西軍閥首領閻錫山）の戦闘序列にはいった。九月六日、中共の陝甘寧三省政府は陝甘寧特区（のち辺区）に改称された。八路軍は陝西省から山西省北部、東部に移動し、九月二十一日、朱徳、彭徳懐らは八路軍本隊を率いて山西の太原に到着した。

こうした経過をへて、九月二十二日、七月十五日の中共の国共合作宣言が国民政府により公布され、翌日、蔣介石は中共の発表した宣言中にあげてある諸事項、たとえば暴動政策と赤化運動の放棄、ソビエト区と紅軍の取消しなどは、国民党三中全会の宣言（赤禍根絶宣言）および決議と相合している、と声明した。この声明は中共の合法的地位を是認し、共産党の合作宣言のうけ入れを表明するもので、ここに第二次「国共合作」（中共の用語）が成立した。

だが、中共の国共合作宣言は、政権統一についてはそれを「期する」だけであり、軍隊については、中共軍は国民政府の「統轄をうける」だけであって、赤禍根絶宣言が条件とした政権と軍隊の実質的統一ではない。

十月十二日、国民政府軍事委員会は、周恩来の要請をうけて華中、華南にいた共産軍遊撃部隊を国民革命軍新四軍に編成、葉挺を軍長、項英を副軍長に任命した。兵力は一万三〇〇〇であった。華中、華南の共産軍部隊とは、紅軍移動のときに根拠地に取り残され、ゲリラ戦を生きのびたものである。

こうして中国共産党は、共産党の政府・軍が形式的に国民政府の一部であることを認めたが、共産党の国民党との対等な関係、党の独立性は譲らなかった。そして延安は、共産党中央の所在地として、以後各地につくられる抗日根拠地全体の中心となった。

八路軍一一五師団（師団長林彪）が山西省五台山《ごだいさん》地域にはいり、十一月七日に晋察冀軍司令部を設置し、最初の根拠地が立てられた。

トラウトマン工作

蔣介石が重慶への遷都を内部で発表した一九三七年十月二十九日、ドイツの中国駐在大使であるトラウトマンが国民政府外交部長・陳介を訪ね、日本と中国の和平交渉を仲介する意志のあることを伝えた。

南京占領に先立つ三七年十一月五日、日本はトラウトマンを通じて中国側に和平提案をおこなった。その講和条件は、満洲についてはふれず、以下の六条件ほかであった。

(1) 内蒙古に自治政府を設立すること
(2) 満洲国の国境から北平、天津間に非武装地帯を設定すること
(3) 上海の非武装地帯を拡大し、国際警察隊で管理する
(4) 反日政策をやめること
(5) 日中共同しての防共

(6) 日本商品の関税引下げ
(7) 外国の権利の尊重

蒋介石はこの提案を拒否した。蒋はブリュッセル九ヵ国条約会議が日本に対する国際制裁を決定することに期待をもっていたのである。だがこの蒋の期待ははずれて、ブリュッセル会議が中立の立場を示して十一月二十四日に閉会すると、十二月二日、蒋介石はトラウトマンと会見してドイツの仲介をうけ入れる用意があると述べ、十二月七日にディルクゼン駐日独大使がこのことを日本政府に知らせた。だが南京攻略（十二月十三日）を目前にして、十二月八日、日本側では杉山元《はじめ》陸相が先の条件での講和に異議を言い出した。

日本陸軍では、十月から十一月にかけて、現地（北支那方面軍特務部）、陸軍省（軍務課）、参謀本部の一部（支那課）が華北新政権の樹立を方針とし、さらにその政権を地方政権ではなく、南京政府に代わる中央政府としようとする構想をもつにいたった。

このような気運のもとで、南京占領翌日の十二月十四日、北支那方面軍の支援のもとに中華民国臨時政府が成立した。この政府は、委員長の王克敏をはじめ、基本的に反国民党の旧北洋政府の官僚たちであった。臨時政府は、国旗にはかつての五色旗をもちい、首都は北平に定めた。この政府の行政範囲は河北、河南、山東、山西の四省と北平、天津、青島の三市とされたが、実際にその政令が及んだのは都市と鉄道沿線であり、農村部には及ばなかった。

同じ十二月十四日、対中国和平条約案を確定するために大本営政府連絡会議（十一月に設置）が開かれた。この会議では、参謀本部は和平を主張し、国民党政権がのみやすい条件の提示を主張したが、政府側の強行論に押されて次々に条件が加重された。条件加重の背景には、首都南京の陥落と、それに沸き立つ「暴支膺懲」の国民世論、さらに華北新政権樹立工作の進展があった［池井 一九九二 一八七頁］。

そして大本営政府連絡会議の内容に沿って、十二月二十一日、日本政府は新しい講和条件を閣議決定し、十二月二十六日、ドイツ駐日大使ディルクゼンを通じて中国側に提示した。その細目は次の九つであった。

(1) 支那は満洲国を正式承認すること
(2) 支那は排日、反満政策を放棄すること
(3) 北支および内蒙に非武装地帯を設定すること
(4) 北支は支那主権のもとに日満支三国の共存共栄を実現するに適当なる機構を設定し、これに広範なる権限を付与する（北支の特殊地域化）
(5) 内蒙古に自治政府設立、その国際的地位は外蒙に同じ
(6) 支那は防共政策において日満と協力すること
(7) 中支の占領地域に非武装地帯を設けること
(8) 日満支三国は資源の開発、関税、交易などに関し所要の協定を締結すること
(9) 支那は帝国に対し賠償をなすこと

この講和条件を南京占領以前のものと比べてみると、満洲国は暗黙の承認から正式承認へ、北支は満洲国国境に非武装地帯設定から全体の特殊地域化へと変えられ、さらに中支にも非武装地帯を設け、支那の資源、関税、交易などにおける特権的地位をもとめ、賠償金さえも要求している。これらは全体として戦

勝国として敗戦国支那を支配しようとするものである。

日本の新たな講和条件に対して、国民政府は回答を引き延ばした。講和条件を加重しなければ和平実現の可能性が大であったのだから、これで和平のチャンスは失われてしまった。和平条件の追加が和平の機会を失わせた最大の原因と思われる［軍事史学会編 一九九〇 一四三頁］。

一九三八年（昭和一三年）にはいり、一月十一日、昭和にはいって初めての御前会議が開かれた。当時政府やジャーナリズムは国民政府を相手にしなくても中国を屈服させられる、という論調であった。政府の強硬な政策に不賛成の参謀本部は、長期戦に対する戦力の限界を考え、和平策を保持していた。政府と参謀本部、軍令部の代表が参集する御前会議の開催は、天皇を味方につけることで和平策を担保しておこうとする参謀本部の提案であった。だが参謀本部のもくろみははずれ、御前会議は支那事変処理根本方針を決定した。これは十二月二十一日の閣議決定と同じ講和条件とし、国民政府がこの条件で交渉に応じればただちに交渉を開始するが、交渉に応じなければ以後は「新興支那政権の成立を助長し、これと両国国交の調整を協定する」。「支那現中央政府に対しては、帝国は之が潰滅を図り、または新興中央政権の傘下に収容せらるる如く施策す」、とした。

翌日（一月十二日）、日本側はドイツ側に対し、中国側が十五日までに回答するよう要求した。十四日に日本側に手渡された中国側の回答は、日本側の新しい条件の受諾か否かではなく、新しい条件のさらなる説明をもとめるものであった。

中国側の回答をうけて開かれた一月十五日の大本営政府連絡会議では、議論が紛糾した。政府側は中国側に誠意なしと述べ、交渉の打ち切りを主張した。大本営側は、陸軍も海軍も交渉打ち切りに反対した。

だが政権の存立が危惧されたため［北村・林 二〇〇八 一〇九頁］、参謀本部側が譲歩した、とされる。

その結果、翌日、近衛文麿《ふみまろ》首相は「帝国政府は爾後《じご》（この後）国民政府を相手とせず、帝国と真に提携するに足る新興支那政権の成立発展を期待し、これと両国国交を調整して更生新支那の建設に協力せんとす」、という声明（第一次近衛声明）を出した。これにより「トラウトマン工作」は打ち切られ、日中戦争の長期化が確定した。

そして三月、日本は南京に中華民国維新政府を成立させた。この維新政府も反国民党の旧北洋政客を基礎に成立しており、旧北洋政府の五色旗を国旗とした。維新政府の支配地域は華中の三省二市（江蘇省、浙江省、安徽省、南京市、上海市）に限られた。この政府は、中華民国臨時政府との合併を予定していた。

近衛声明がいう「新興支那政権」とは、張家口の蒙疆連合委員会、北京の中華民国臨時政府、そして中華民国維新政府などであるが、日本が占領地に直接の軍政を敷かず、こうした傀儡政権を表に立てざるをえなかったのは、日中戦争が「戦争」ではなく「事変」であったからである。

四　一九三八年～三九年八月

日本軍の攻勢(2)　一九三八年

日本側の国民政府との和平交渉は潰えたが、国民政府内には強い和平勢力があった。汪兆銘、蔣介石側近の周仏海《しゅうふつかい》、日本担当の外交部アジア局長の高宗武、日本課長の董道寧《とうどうねい》らであった。高宗武の命令で一九三八年二月にひそかに日本に向かった董道寧は、参謀本部に新設された謀略課の課長影佐禎昭《かげささだあき》大佐に会った。蔣介石はこのチャンネルでの和平交渉を許可し、長城以南は中国に返還することを絶対条件とした。すなわち満洲、蒙古という長城以北は交渉次第ということである［この段落は岡崎 二〇〇〇 二一四頁による］。

国民党は、三八年三月二十九日～四月一日に漢口で臨時全国代表大会を開き、新たに設けた総裁職に蔣介石、副総裁職に汪兆銘を選出した。国民党の党首である「総理」職は孫文の死後補任されないこととされていたため、「総理の職を代行」する総裁職が設けられたのである。蔣介石は総裁となることで名実ともに孫文の後継者であることを示し、国民党内における独裁的地位を制度的に確立した。中国国民党の規約によれば、総理に「全国代表大会の決議を再審議に付する権限」、「中央執行委員会の決議に対する最後決定の権限」が付託されており、独裁行使が容認されていたからである。

臨時全国大会が採択した抗戦建国綱領は、総則で、⑴三民主義と総理遺教を確定し、一般の抗戦行動および建国の最高基準とする、⑵全国の抗戦力量を本党および蔣委員長指導下に集中する、としている。また臨時全国代表大会は、三月三十日に国民参政会の設置も決議した。国民参政会は、国民大会が招集困難であるので代わりに開設されるものであり、民衆を団結し、その思想見識を集中して国策の決定、遂行に利するものとされた。参政会は職権が政府に対する提案、質問に限定されており、参政員は国民党執行委員会が各省・市や国防会議から提出された候補者名簿にもとづいて選任した。参政会は三八年七月から四七年六月まで、四期計一三回開かれる［この段落は味岡 二〇〇八 二六頁による］。

つづいて同三八年四月六〜八日に開かれた国民党五期四中全会は、中央執行委員会常務委員に戴季陶、孔祥熙、孫科、閻錫山、馮玉祥、陳果夫、何応欽ら一五人を選出している。

四月七日、日本軍大本営は北支軍（北支那方面軍）と中支軍（中支那派遣軍）を動員した徐州作戦を発動し、李宗仁指令下の総兵力四五万を徐州会戦で破り、五月十九日、徐州を占領した。

ソ連は、三八年三月と七月に各五千万ドルの借款協定を国民政府とむすび、これによって軍需品を国民政府に引き渡した。

ソ連の中国に対する支援は日ソ関係の悪化をもたらし、これに従来からの国境線の不明確さが加わって、一九三八年七月二十九日、日ソ間に張鼓峰事件と呼ばれる国境紛争が発生した。この事件では、まずソ連（沿海州南端）、朝鮮、満洲の三国国境に近い張鼓峰をソ連軍が占領した。そのあたりは無人の荒野で、満ソ両国が領有を主張していた。参謀本部は朝鮮軍の第一九師団を出動させたが、元老西園寺、宇垣外相、米内光政《よないみつまさ》海相らは対ソ戦争発生を危惧してこれに反対し、陸相の上奏に対して天皇も兵を動かすことを禁じた。そこで大本営は第一九師団に帰還を命じたが、師団長は独断でソ連軍を攻撃して張鼓峰を奪回した。しかしソ連軍は空軍および機械化部隊を出動させ、日本軍を敗北させた。そしてソ連は、八月十日の停戦協定でソ連側が主張した国境線を確保した。

三八年八月二十二日、大本営は武漢三鎮攻略作戦の実施を命令し、中支那方面軍九個師団、総計三〇万余を投入して十月二十七日に武漢三鎮を占領した。そして十月四日、三個師団、約七万をもって広東攻略作戦をはじめ、十月十二日、広東省のバイア湾に上陸、二十一日に広州を占領した。

これで北の綏遠省から南の広東省までの中国平野部の主要都市を日本軍は制圧したことになる。ここまでの一年余が日中戦争の緒戦で、日本軍の快進撃がつづいた。なおこの間の九月二十二日に、中華民国臨時政府と中華民国維新政府は合同して、中華民国政府連合委員会を成立させている。

一九三八年九月、国際連盟理事会は、各国の任意にまかせた形ではあったが、日本に対する経済制裁措置をとることを決議した。これで連盟は日本と全面対決の関係になったので、十月、日本政府は「帝国は国際連盟脱退後継続し来れる連盟諸機関との協力関係を終止す」、との閣議決定をおこなった。そして十一月、連盟あてに連盟への協力関係終止の通告をおこなった［この段落は三代史研究会 二〇〇三 九八～九九頁による］。

日本陸軍の師団数は、日中戦争開始までは一九二五年以来の常設一七個師団であった。戦争開始とともに陸軍は増強されて、三七年末には二四個師団（兵力九五万）となった。そして一九三八年末には三四個師団（兵力一一五万）となり、そのうち中国本土に二四個師団（兵力六八万）、満洲に八個師団、本土と朝鮮に各一個師団が配備されていた。

日中戦争開始時の中国共産党の支配地域（陝甘寧辺区）は、人口約二〇〇万、軍隊は八路軍と新四軍合わせて約三万にすぎなかった。しかし戦争がはじまると、八路軍は日本軍占領地区の後方にはいり込み、三七年中に晋察冀（山西・チャハル・河北）や魯中（山東中部）など四つの根拠地をつくり、三八年には冀中（河北中部）、冀東（河北東部）など五つの根拠地をつくった。そして八路軍は一五万六〇〇〇、新四軍は二万五〇〇〇に増加した。三八年十月に開かれた中共の拡大六中全会は、国民党に対する妥協主義を排し、党が自主的に抗日武装闘争を組織することを決定した。

東亜新秩序⑴　第二次近衛声明

前述のように、日本軍は一九三八年十月下旬に武漢三鎮、広州をも占領し、シナの要域を制圧した。そして直後の十一月三日、日本政府は「東亜新秩序」建設の声明（第二次近衛声明）を発表した。この声明は四段落からなり、それぞれのおもな部分は次のとおり。

第一段落：「今や帝国陸海軍は広東、武漢三鎮を攻略して、支那の要域を平定したり。国民政府は既に地方の一政権にすぎない。」「帝国の希求するところは、東亜（東アジア）永遠の安定を確保すべき新秩序の建設にあり、今次征戦究極の目的またこれに存す。」

第二段落：「この新秩序建設は日満支三国相携え、政治、経済、文化など各般にわたり連環の関係を樹立するをもって根幹とし、東亜における国際正義の確立、共同防共の達成、新文化の創造、経済結合の実現を期するにあり。」

第三段落：「国民政府といえども従来の指導政策を一擲《いってき》（一度に投げ捨てる）し、新秩序の建設に来たり参するにおいてはこれを拒否するものにあらず。」「帝国は列国もまた帝国の意図を正確に認識し、東亜の新情勢に適応すべきを信じて疑わず。」

第四段落：「東亜における新秩序の建設は、我が肇国《ちょうこく》（建国）の精神に淵源し、これを完成するは、現代日本国民に課せられた光栄ある責務なり。」

第一段落で日本は初めて日中戦争の戦争目的を表明した。それは東亜新秩序という日・満・支三国からなる地域秩序の形成であり、その内容は漠然としているが第二段落で示されている。第三段落は、この年の一月に出した「国民政府を相手とせず」とする声明（第一次近衛声明）の方針の変更を告げている。また列国が新秩序を敵視しないものとみなしているが、そうみなす根拠には言及していない。第四段落で日本国民に向かって戦争目的を示している。

そしてアメリカは、日本政府の第二次近衛声明を、九ヵ国条約を基礎にするアメリカのアジア権益を全面否定するもの、と認識した［北村・林 二〇〇八 一九三頁］。

第二次近衛声明に先立つ十月六日、米国務長官は、日本軍占領地域における米国の権益および門戸開放の侵害に関する強い抗議を日本政府に申し入れていた。この抗議に対し有田八郎外相は、十一月十八日、日中戦争以後の新たなる情勢において門戸開放という原則を文字どおり遵守することはできない、と返答した。日本はここに門戸開放主義を公式に否認したのであり、それは、中国に関する九ヵ国条約とワシントン体制の否定を宣言したことになる。

イギリス政府は、九ヵ国条約の主要な調印国である米仏の了承のうえで、一九三九年一月十四日、その基本的態度を外交的申し入れの形で日本側に伝えた。イギリスの明示した基本的態度は、力によってもたらされた変更は認めない、九ヵ国条約を順守する、という米国同様の不承認主義であった。

東亜新秩序(2) 影佐・高宗武協定と日支新関係調整方針

国民政府内部では、国民党副総裁の汪兆銘らは、共産党勢力と戦うことを第一とし、日本とは和平することを主張して、蔣介石らと対立していた。汪は、抗日戦争を利用して中共が勢力を伸ばすことを何よりも憂慮していた［中村 一九九〇 四六九頁］。そして汪兆銘側を代表する高宗武らと陸軍参謀本部の影佐禎昭らとのあいだで、八月下旬から上海でひそかに和平交渉が進められた。

汪兆銘側の和平計画は次のような構想であった。日中双方間に交渉が成立すれば汪は昆明（雲南省省都）におもむき、日本側は和平条件を公表する。汪は蔣介石に対する関係断絶を声明し、昆明からハノイをへて香港に向かい、そこで東亜の新秩序設定のため時局を収拾すべく正式に声明する。この汪の声明に呼応して、雲南軍がまず反蔣のうえ独立し、次いで四川軍も独立する。新政府に関しては、日本軍のまだ占領していない雲南省、四川省に独立政府を樹立し、また日本軍の一部撤退により、広西省、広東省を新政府の地盤とし、汪は両広（広東・広西）、雲南、四川の四省を範域として正式に新政府を樹立する。この構想を日本側は歓迎した。

そして三八年十一月十九・二十日両日、汪兆銘らと影佐は上海で会議を開き日華協議記録（影佐・高宗武協定、秘密）が二十日に調印された。これは前文で日華両国が東亜新秩序建設のため善隣友好、共同防共、経済提携を推進すると述べ、そのために次の六ヵ条を定めた。

第一条　日華防共協定を調印する。その内容は日本軍の防共駐屯を認め内蒙を特殊地域とすること

第二条　中国は満洲国を承認する
第三条　中国は日本人に中国内地における居住、営業の自由を承認し、日本は在華治外法権の撤廃を許容し租界返還を考慮する
第四条　中国は経済合作に日本の優越権を認め、とくに華北資源の開発利用については日本に特別の便利を供与する
第五条　中国は事変のため発生した在華日本居留民の損害を補償するを要するも、日本は戦費の賠償を要求しない
第六条　防共駐屯軍以外の日本軍は、日華両国の平和克服後即時に撤兵を開始し、二年以内に撤兵を完了する
了解事項：日本軍の防共駐屯は内蒙および連絡線を確保のため平津地方に駐兵する
他方で日本は、十一月三十日の御前会議において、東亜新秩序の建設を具体化した日支新関係調整方針を決定した。この方針は日・満・支三国結合の基礎となるべき事項として次の四つをかかげた。
(1) 善隣友好、防共共同防衛、経済提携の原則の設定
(2) 華北および蒙疆に国防上並びに経済上（とくに資源開発利用）の日支強度結合地帯の設定、蒙疆はとくに防共のため特殊地域とする
(3) 揚子江下流地域に経済上の日支強度結合地帯の設定
(4) 華南特定島嶼における特殊地位の設定
そして「善隣友好の原則」に関して、

①支那は満洲国を承認
②新支那の政治形態は分治合作主義に則るものとする
③蒙疆は防共自治区域、上海、青島、厦門は特別行政区域とする
④日本は新中央政府と強度結合地帯その他特定地域の所要機関に顧問を配置する
⑤日本は租界、治外法権などの返還を考慮する、とした。

「共同防衛の原則」に関しては、
①日支協同防共を実行し、そのため日本は所要の軍隊を華北および蒙疆の要地に駐屯
②日支両国は防共軍事同盟を締結
③①以外の日本軍の早期撤兵をはかる
④揚子江沿岸特定の地点および華南沿岸特定の島嶼に若干の艦船部隊が駐屯
⑤日本は駐兵地域の交通網に対し軍事上の要求権および監督権をもつ、とした。

十二月六日、陸軍はこれ以上の対中侵攻作戦の打ち切りを声明した。この声明は汪兆銘を中心とした新中国の建設を前提としたものである［和田 一九九一 三九一頁］。

東亜新秩序⑶ アメリカの対応・汪兆銘の重慶脱出

一九三八年十二月十五日、アメリカは国民政府に二五〇〇万ドルの借款を供与した。これは、これまでの不介入の政策から国民政府支援への政策転換であり、日中戦争において中国側に加担することである。国民政府はこの借款を使ってアメリカから軍需物資などを購入し、十一月に建設完成したビルマから雲南

をぬけて重慶に達する自動車道路ビルマ・ルート（援蔣ルート）を経由して、雲南省の昆明まで運ぶことになる。

なぜアメリカは国民政府への直接支援をはじめたのか。東亜新秩序は日本が占領中国を独占的に支配、経営するものであり、アメリカは、その中国進出の政治的基盤である蔣政権をささえる具体的行動をとる必要に迫られた。それが借款供与であった［岩波講座世界歴史 二八 一九七一 四九九頁］。

有田外相は、十二月十九日、東京の外国特派員に対して声明を発表し、日・満・支ブロックは共産主義に対する防衛として必要であり、また世界列国が経済的自給自足に向けて関税障壁をますます高くしている現状では、経済的にも必要である。このブロックにおいて東亜以外の国の経済活動が制限されることは認めざるをえない、と主張した。この門戸開放否認の声明に対し、ハル国務長官は、十二月三十一日、米国はいかなる第三国の要請や特殊目的があるにせよ、長年にわたって確立されてきた機会均等と公正な待遇をうける権利を専断的に奪う体制の樹立には同意できない、と応酬した。

影佐・高宗武の約定にしたがって汪兆銘は十二月十八日に重慶を脱出し、昆明をへて十九日にハノイに到着した。近衛首相は、汪の重慶脱出に対応して、十二月二十二日に声明を発表した（第三次近衛声明）。これは、はじめに「日満支三国は東亜新秩序の建設を共同の目的として結合し、善隣友好、共同防共、経済提携の実をあげんとするものである」とし、次いで日本の対中国和平条件を明らかにした。その和平条件の内容は、影佐・高宗武協定（日華協議記録）第一～第五条と同じであったが、第六条の日本軍の二年以内の撤兵という肝心なことには触れなかった。触れなかったのは、軍の士気におよぼす影響などを理由に陸軍が反対したためである［中村 一九九〇 四六九頁］。声明は末尾で「日本は支那の主権を尊重するはもとより、すすんで支那の独立完成のために必要とする治外法権を撤廃し、租界の返還に対して積極的なる考慮をはらうにやぶさかならざるものである」、と主張している。

十二月二十六日、蔣介石は第三次近衛声明への反対を発表した。また二十八日、蔣は、東亜新秩序は、目的は共同防共にありとの名目で中国を軍事的に管理し、東洋文明を擁護するという名目で中国の民族文化を消滅させ、経済防壁を撤廃するという名目で欧米勢力を排除して太平洋を独占するものだ、と述べて東亜新秩序を激しく非難した。

十二月二十九日、汪兆銘は国民党中央に日本との和平交渉に応じることを電報で呼びかけた（汪兆銘重大声明）。その要旨は、中国の主権と独立を尊重すると明言している第三次近衛声明を信頼して、日本との和平交渉にはいるべきである、というものである。汪の計画では、この呼びかけに雲南と四川の軍閥らが呼応し、雲南、四川、広東、広西を領域とする新政府を樹立するはずであった。だが呼応する者はなかった。これは汪の見通しが甘かったからとされる。重慶の国民党は汪を売国奴として党籍永久剥奪を決議した。

一九三九年一～八月

日本では、一九三九年一月、近衛内閣が辞職し平沼騏一郎《きいちろう》内閣が誕生した。同じ一月、国民党は第五期五中全会を開き、これまでの国防最高会議と中央政治委員会を合併させた国防最高委員会を組織した。そして、⑴党中央執行委員会の各部・会、国民政府五院、および軍事委員会所属の各部・会は、国防最高委員会の指揮をうける。⑵国防最高委員会委員長には国民党総裁が就任する。⑶委員長は党・政・軍一切の事務に対して命令権をもつ、と規定された。こうして蔣介石は、さらにその独裁化を固めたのである。国防最高委員会は抗戦中の最高権力機関であるが、共産党、民主同盟、知識人から委員を多数選出し、国民党一党独裁体制は改造される形となった。

汪兆銘は、三九年三月、蔣介石がハノイに送り込んだ国民党の特務工作員による襲撃をうけた。この襲撃は失敗したが、身に危険を感じた汪は仏印を脱出し、五月初め上海に到着した。そして五月末、日本に来て平沼首相らと会談した。平沼内閣は汪来日中の六月六日、日本の和平条件は近衛声明や、汪が重慶脱出の根拠とした影佐・高宗武協定ではなく、御前会議の日支新関係調整方針であることを確認した。八月、汪兆銘は上海で国民党第六次代表大会と称する会議を招集し、蔣介石を国民党総裁から解任し、自分が総裁に就任した。

平沼内閣は日中戦争の自力解決に自信を失い〔臼井 二〇〇〇 一一二頁〕、また戦争収拾の方途を独伊との提携にもとめるか、英米との協力にもとめるかで内部で対立した。そして五相会議で、独伊との軍事同盟の対象にソ連だけでなく、英仏をふくめるかどうかで議論をくり返した。陸相板垣征四郎は英仏を対象にふくめることに賛成したが、海相米内光政は、対英戦争は対米戦争に発展するとの見通しから、イギリスを対象にすることに反対した。独伊との軍事同盟締結を主張する板垣陸相は、五月七日の五相会議で、支那事変を解決できないのはソ連、イギリスが国民政府を支援しているからであり、支那事変解決のためには独伊と協定し、ソ連、イギリスを牽制することが必要である、と述べた。かくて五相会議は一月から七月まで七〇数回開かれたが、それでも合意にいたらなかった。

満洲国とモンゴル人民共和国（外モンゴル）のノモンハン付近の国境は、当時歴史的に確定されていなかった。両国はそれぞれハルハ川とノモンハン（ハルハ川支流ホルステン川沿岸）のあいだの地域は自国のもの、と主張していた。一九三九年五～八月、この地域において日本軍（満洲国軍少数をふくむ）とソ連軍（モンゴル軍少数をふくむ）のあいだで三次にわたる大規模な衝突があった（ノモンハン事件）。そして日本軍は、近代的装備のソ連軍機械化部隊の火力の集中攻撃にあって敗北し、ソ連軍が係争地域を占領して休戦となった。張鼓峰事件のときと同様、このたびもソ連軍は日本軍よりもすぐれた能力をもつ戦車、装甲車、火砲を投入した。車輌、重火器の投入量は日本側の四～五倍であった。そしてソ連は、やはりソ連側の主張した国境線を確保した。もっとも人的損害においては両者ほぼ同じで、日本軍の戦死、負傷、行方不明者の合計は一万七三六四（損耗率二八・七％）、ソ連軍の方は合計一万八七九三であった。

同三九年の四月、天津のイギリス租界で臨時政府要人暗殺の犯人引渡しを租界当局が拒否したため、日本軍は英・仏租界を封鎖した（天津租界封鎖事件）。この問題を解決するため、七月十五日から東京で日英の会談がはじまった。そして二十二日に諒解に達し、イギリスは日中戦争中は日本の特殊要求を認め、日本軍の行動を妨害する措置をさし控える旨の暫定協定がむすばれた（有田・クレギー協定）。イギリスは日本の東亜新秩序を事実上認めようとしたのである。ここでイギリスが日本に屈服することを危険視したアメリカは、七月二十六日、日米通商航海条約の破棄（失効は六ヵ月後の四〇年一月）を日本政府に通告した。アメリカのこの通告でイギリスは態勢を立て直し、日英会談は決裂した。

日米通商航海条約破棄は輸出制限や禁輸ではなく、貿易関係を無条約状態に置くことによって、いつでもアメリカが一方的に貿易を規制できる状態をつくっておく措置である。アメリカは、多くの資源をアメリカとの貿易に依存する日本には、経済的圧力をかけることで譲歩を迫ることができると考えるようになり、これはその政策の最初の一歩であった。

同三九年八月二十四日、独ソ不可侵条約が調印され、九月一日、ドイツ軍がポーランドに侵攻し、英仏が対独宣戦して第二次世界大戦がはじまった。

十章　太平洋戦争はじまる

一　大東亜共栄圏と三国同盟

南京国民政府の成立

一九三九年九月一日にドイツ軍のポーランド侵攻があり第二次世界大戦がはじまったが、シナ戦線では、一九三九年十一月中旬、日本軍は北部仏印から重慶に通ずる補給路を遮断するため南寧（広西省南部、省都）攻略作戦をはじめた。重慶の国民政府側は、この要衝の失陥は痛手となるので大兵力をもって反撃したが、十一月下旬、日本軍は南寧を占領した。十二月中旬、中国軍は北は蒙疆（内蒙古に接するチャハル省、山西省北部、綏遠省）から南は南寧にいたる全戦線で日本軍に対する攻勢に転じた。日本軍も反撃し、約一ヵ月激しい攻防戦がおこなわれた。

汪兆銘と日本のあいだで一九三九年十一月一日から上海で交渉がおこなわれた結果、十二月三十日に日華新関係調整要綱が協定された。その内容は次のとおり。

(1)防共のための日本の軍隊駐屯権。その地域は蒙疆のほか、山西省の正太鉄道（正定―太原）以北、河

北省、山東省の膠済鉄道沿線（済南を除く）。さらに治安確立まで揚子江下流域に駐屯
(2)駐屯地とその隣接地域の鉄道、航空、主要港湾、水路に対する日本の軍事上の要求権
(3)軍事顧問、教官による中国軍に対する日本の指導権
(4)特定資源の開発利用に関する企業権

これは、一年前に日本が約定した影佐・高宗武協定（日華協議記録、秘密）、そして第三次近衛声明ではなく、同時期の御前会議決定の日支新環境調整方針に沿ったものである。すなわち、内蒙と平津地方であった日本軍の駐兵が華北の広い範囲に拡大され、経済上でも、華北における埋蔵資源の開発に加えて、駐屯地とその隣接地域の鉄道、航空などに対する軍事的要求権を認めさせた。

このようなことは、日本側が第三次近衛声明の精神から逸脱する過大な要求を汪兆銘側に押しつけたのであり、信義にもとることであったと批判される［中村　一九九〇　四七二頁］。また翌一九四〇年一月、汪一派のうち高宗武は日本の要求を不満として上海を脱出して香港に帰り、日本側の提出条件を公開した。これによって日本の和平構想の実態が、中国だけでなく全世界に公表されることとなった。

一九四〇年三月七日、アメリカ政府は重慶政府に二〇〇〇万ドルの借款を供与した。近衛首相の東亜新秩序建設声明に対処した一九三八年十二月の二五〇〇万ドル借款供与に次ぐ、二度目の国民政府への直接的かつ軍事的援助である。

三月二十日、南京で中央政治会議が開かれた。政治会議は、主宰者を汪兆銘とし、国民党代表、臨時・維新両政府代表、蒙古連合自治政府（蒙疆連合委員会が三九年改組）代表などで構成され、国民政府の名称、南京への還都、国旗を決定した。そして三月三十日、汪兆銘は南京国民政府をつくり、北京の臨時政

府と南京の維新政府は解散した。しかし北京の臨時政府は名称を華北政務委員会と変えて事実上存続し、華北政務委員会が南京国民政府の委任により河北、山東、山西三省、および北平、天津、青島三市の政務を処理することになった。

重慶政府（国民政府）は、新政府は反逆政府であるとして、各国に同政府不承認を要請した。それに応じてアメリカは、国務長官ハルの声明によって重慶政府支持、新政府否認の態度を表明した。イギリス政府もこれに同調した。

大東亜共栄圏の提唱

ヨーロッパで一九四〇年五月にドイツ軍がオランダ進撃を開始すると、日本はオランダ政府に対して、オランダ領東インドから一定量の石油、その他鉱産物の日本への輸出を確約するよう要求した。そして九月十三日から、オランダ・ロンドン亡命政府とバタビアでの日蘭交渉がはじまることになる。また六月フランスがドイツに降伏すると、日本はイギリスにビルマ・ルートの閉鎖を要求し、ヨーロッパにおいて窮境に立つイギリスは、七月十七日、やむなくビルマ・ルートを三ヵ月間閉鎖する協定を日本とむすんだ。

ヨーロッパにおける一九四〇年四～六月のドイツの軍事的成功によって、日本では陸軍を中心に独伊枢軸との提携を強化し、南方に進出をはかろうという主張が高まった。南進論が高まったのは、オランダ領東インド（蘭印）とフランス領インドシナ（仏印）の宗主国はともにドイツに敗北し、ビルマとマラヤの宗主国イギリスの敗北も間近と思われたからであった。

ときの米内光政首相は、有田八郎外相とともに独伊との提携および南進はイギリス、そしてアメリカとの衝突を招くものだとして反対していた。しかし七月にはいり、十六日に陸相畑俊六《はたしゅんろく》が辞任し、陸軍が代わりの陸相を出さないため米内内閣は辞職するにいたった。そして七月二十二日、独伊提携推進派の松岡洋右《ようすけ》を外相とする第二次近衛内閣が成立した。

同内閣は七月二十六日に基本国策要綱を閣議決定した。これは根本方針を「皇国を核心とし日満支の強固なる結合を根幹とする大東亜の新秩序を建設するにあり」とし、国防国家体制確立のために「日満支を一環とし大東亜を包容する皇国の自給自足経済政策の確立」をする、とした。「大東亜」とは、「東亜新秩序」が対象とした日本、満洲、支那からなる東アジアに、さらに東南アジアを加えた地域を指す用語である。自給自足のため東南アジアが加えられねばならないのは、軍事に欠かせない石油、ゴム、アルミという資源が日満支には欠けているからである。

そして翌日の七月二十七日、大本営政府連絡会議は「世界情勢の推移に伴う時局処理要綱」を決定した。これは七月三日の陸軍省首脳部会議作成の同名の原案にもとづくものである。この時局処理要綱は支那事変処理、対外施策、対南方武力行使、国内指導の四ヵ条からなり、第二条の対外施策では「支那事変処理を推進すると共に対南方問題の解決」をめざして次の方針を決定した。

(1)独伊との政治的結束を強化し対ソ国交の飛躍的調整をはかる

(2)米国との摩擦はなるべく避ける

(3)仏印に対しては援蔣ルート遮断のための軍事利用を認めさせ、かつ帝国の必要とする資源の獲得に努める。状況により武力を行使することあり

(4)蘭印に対しては「暫《しばら》く」外交的措置により重要資源確保に努める。陸軍省部首脳作成の原案では「状

況により武力を行使し」重要資源獲得という目的を達成することもある、とされている。
(5)南太平洋上の旧独領および仏領はできれば外交的措置により日本の領有となるよう処理
(6)南方のその他諸国に対しては友好的措置により日本の工作に同調させるようにする
さらに時局処理要綱は第三条の対南方武力行使で次のように定めた。
(1)支那事変終了後は南方問題解決のため好機をとらえて武力行使
(2)支那事変終了までは「第三国と開戦に至らざる限度に於いて施策する」が、情勢がとくに有利になれば武力を行使することもある
(3)武力行使にあたっては相手を極力イギリスに局限するよう努め、香港および英領マレー半島を攻略す。ただしこの場合でも対米開戦が避けられないこともあるので、その準備に遺憾なきを期す
ここでは武力行使の地域を仏印・蘭印と英領に分け、前者に対しては施策実行の状況により武力を行使して、重要資源の獲得に努める、としている。後者のイギリス領に対して武力を行使するのは「情勢がとくに有利になれば」である。それでは「情勢がとくに有利」なる事態とはどのような場合であろうか。陸軍主省部首脳作成の原案が想定したのは、イギリスへのドイツ軍の上陸であった。

八月一日、基本国策要綱の公表にあたって、松岡外相が日満支を根幹とする経済自給圏を「大東亜共栄圏」と呼んだ。大東亜共栄圏は日本にとっての自給自足経済（アウタルキー）圏を意味しているが、日・満・支だけでは自給自足できないので東南アジアを加えたものであった。そして大東亜共栄圏の構想は、米英が主導するワシントン体制を打破して日本が主導する大東亜新秩序を構築しようとするものであった。

英仏米の三国は自己の自給自足経済圏を構築した。ならば日本が自己の自給自足圏をつくることは当然であり正当である、といえるだろうか。この「正当化」は、リアリズムの立場からいえば正しくはなかろう。当時、オランダはイギリスに依存し、イギリスはアメリカに依存し、中国も自己をアメリカとむすびつけた。こうした国際関係のなかで、日本が戦略物資を確保するために東南アジアに勢力圏を拡大することは、アメリカとの衝突、戦争をまねくことになる。そして戦力の基盤である工業力において日本はアメリカに遠くおよばない。負ける可能性大の戦争、国を亡ぼす戦争は選択すべきでない。つまり日本は自己の自給自足圏をもとめるべきではなく、英米からの戦略物資輸入に甘んじるしかなく、それに相応する対外政策をとらざるをえない。

イギリス、アメリカ並みの大国になることは、資源の乏しい日本には所詮かなわぬ夢なのだといえよう。長期歴史的にみれば、日本が海外領土をもつイギリスのような資源大国になれなかったのは、徳川幕府の鎖国政策によって東南アジアに進出する機会を失ったことの結果であろう。

日本の南進開始と三国同盟の成立

第二次近衛内閣の外相となった松岡洋右は、すぐにドイツの意向を打診し、ドイツは特使を派遣してきた。一九四〇年九月四日、松岡外相は、首相・陸相・海相・外相の四相会議に日独伊三国同盟案を提出し、会議はドイツとの交渉を了承した。松岡とドイツ特使とのあいだで試案がまとまり、十九日には御前会議で成文の審議がおこなわれた。

九月二十三日、中国重慶政府への仏印経由の補給路を断つため、日本はフランスのビシー政府とのあいだで日本軍部隊の北部仏印への進駐をフランスが認める松岡・アンリ協定をむすんだ。この協定で日本は、(1)仏印の領土保全と仏印に対するフランスの主権を尊重すること、(2)日本への軍事的便宜の供与は支那事変解決のための臨時的なもので、事変終結とともに消滅すべきものであること、(3)便宜供与は中国に隣接するトンキン州のみに限られること、(4)右便宜供与はフランス軍の監理下におこなわれること、などを約した。そして同二十三日、日本軍が北部仏印にはいった。日本の「南進」のはじまりである。

これに対しアメリカは、現状を破壊し、かつ威圧により達成された行為を認めないという日仏協定不承認声明を出したうえで、二十六日、屑鉄の対日輸出を全面禁止する政策を発表した。アメリカはその前日には、三月につぐ対中国追加借款として二五〇〇万ドルの供与も発表していた。

一九四〇年九月二十七日、アメリカが屑鉄の日本への輸出を禁止した翌日、日本、ドイツ、イタリアは六ヵ条の日独伊三国同盟条約をむすんだ。その主要部分は次のとおり。

第一条　日本はドイツおよびイタリアのヨーロッパにおける新秩序建設に関する指導的地位を認める

第二条　ドイツとイタリアは日本の東アジアにおける新秩序建設に関する指導的地位を認める

第三条　いずれかの一国が欧州戦争または日支紛争に参入していない一国により攻撃されたときは、三国はあらゆる政治的および軍事的方法により相互に援助すべきことを約束

第五条　ソビエト連邦とのあいだに現存する政治的状態に影響を及ぼさないことを確認する（ソ連に対する除外規定）

第三条がアメリカを対象としたことは明白であるが、付属議定書では日本海軍の要求が反映され、米独戦争が起きたときは日本は自動的にではなく自主的判断にもとづいて参戦する、という条件がつけられ

た。第五条に関して、付属文書でドイツが日ソ両国の「友好的了解」を増進し、「周旋の労」をとると定められた。つまり、日独伊とソ連の提携がめざされていたのである。

日本としては、日独伊三国提携の目的はアメリカの譲歩を引き出すことによる対米国交調整であり、その結果としての支那事変解決であったといわれる（近衛首相の手記による見解）。ドイツの意図は、日本にアメリカの対独参戦を牽制させ、アメリカが参戦した場合には、その戦力の大半を太平洋方面に向けさせることであった。

だが、日本の期待に反して、アメリカ大統領フランクリン・ローズヴェルトは三国同盟を激しく非難し、同盟に対抗する決意があることを明らかにした。アメリカ政府は、十月四日の閣議で三国同盟の目的はアメリカの対英援助制約にあるとみなした。そしてアメリカにとって対英援助が第一であり、それに全力を注ぐためには、米英がアジアでも戦うことになるのをふせがねばならなかった。したがってアメリカは、日本が行動に出るのを戦争にならない方法で抑止することにした。その方法は、⑴アメリカの軍事力をデモンストレートする、⑵日本を「窮鼠《きゅうそ》」としない程度に経済的圧迫を強化する、⑶そのなかで日本と貿易正常化と日中戦争解決をテーマに外交交渉をおこなう、であった。このうち軍事力誇示は、演習で真珠湾にいた艦隊をそのまま真珠湾に駐留させることでおこなわれた。経済的圧迫の強化は、鉄および屑銅の対日輸出禁止でなされた。外交交渉は十一月末に日本に打診をはじめた［この段落は岡崎・粕谷・小島編 一九八四 七二〜七三頁による］。

日本の陸軍本部は、汪兆銘の承認をえて、重慶政府との和平交渉を一九三九年十二月から香港で開始した（桐工作と呼んだ）。重慶側の代表は宋子文の弟宋子良を名乗った。戦後に判明したところでは、重慶側は蔣介石の直接の指揮下にあり、宋子良を名乗る人物は宋子良本人ではなく藍衣社のメンバーであった。

一九四〇年五月初め、日本軍は漢江両岸地区の国民政府軍に対して攻撃する宜昌《ぎしょう》作戦を開始し、六月中旬に宜昌を占領した。宜昌は四川省入口の関門であり、漢江平野西端の要衝である。この作戦と並行して、陸海軍航空部隊は奥地進攻作戦をおこない、五〜十月に重慶をくり返し爆撃し、敵中枢部に打撃をあたえた。

七月、半年間の日中交渉の結果、支那派遣軍の板垣総参謀長と蔣介石が八月に長紗で和平会議をおこなうことで合意に達した。蔣介石が一度は拒否した和平交渉の再開を承諾したのは、日本軍による重慶爆撃、六月の英仏連合軍のドイツ軍への敗北、七月のイギリスによるビルマ・ルートの閉鎖などで、前途に対し悲観的になったからだといわれる。

このようななかで八月二十日、中共軍（八路軍）は華北の主要な鉄道などにいっせいに奇襲攻撃を加えた。日本軍が反撃したが、九月二十二日からは山西省北部の日本軍警備隊を急襲した。これも日本軍が反撃し、十一月下旬まで中共軍の根拠地を徹底的に攻撃した。中共側の作戦参加兵力は一一五団（連隊）、四〇万で、自らこの作戦を「百団大戦」と称した。百団大戦の意図は、国民政府の悲観にもとづく日本との和平ムードを吹き飛ばすためであったともいわれる。だがこの大規模な攻勢は失敗におわった。

この百団大戦以外には共産党軍が正面から日本軍に戦いを挑むことはなかった。そして中国共産党は、日本軍と国民政府軍が戦っているあいだに勢力を飛躍的に拡大させ、一九四〇年末には支配地域（辺区、解放区）の人口約六〇〇〇万人以上、八路軍四〇万、新四軍一〇万となっている。

日中の和平交渉は、結局のところ、重慶側が汪兆銘との合作に関する日本側の方針が不明である点などを問題としたため進展せず、陸軍参謀本部による和平交渉は九月末に失敗におわった。

九月下旬、日本は北部仏印に進駐し、日独伊三国同盟をむすぶことで米英との対立を深めていった。そうした情勢のなか、十月十七日、イギリスは七月から封鎖していた蔣介石援助のビルマ・ルートを、三カ月の閉鎖に関する日英協定の更新を拒否して再開した。

十一月になると、蔣介石はイギリス（二日）、アメリカ（九日）に具体的な中・英米協力案を提出した。アメリカへの提出が遅れたのは五日に大統領選挙があったからである（ローズヴェルト三選）。この案は、英米の対中国援助として、総額二億ないし三億ドルの借款供与、アメリカの飛行機の供与（年五〇〇機ないし一〇〇〇機）、および英米の軍需物資の供与、英米の軍事・経済・運輸使節団の中国派遣、を要望している。

十一月十三日に開かれた御前会議が決定した支那事変処理要綱は、重慶政府との和平基礎条件を次のように定めた。⑴満洲国の承認、⑵抗日政策を放棄し日本と共同して東亜の防衛にあたること、⑶蒙疆および北支三省に軍隊駐屯、海南島および南支沿岸特定地点に艦船部隊駐留、⑷前項地域における国防上必要資源の開発利用、⑸揚子江下流三角地帯（上海—南京—抗州）一定期間保障駐留。そして汪・蔣政権の合作は国内問題として処理することとし、経済問題は平等主義、形式的には支那側の面子を尊重するものとした。そして、政府自体が重慶平和工作を年末までと期限を限って実施するとした。この工作を担当したのは、七月に成立した第二次近衛内閣の外相松岡洋右であった。

十一月十七日、重慶からの特使が香港に来て、シナにいる日本軍の全面撤退の原則的承認と汪兆銘政権の承認取消しを日本側が確約すれば和平交渉に応じる、と回答してきた。日本政府は重慶との和平実現に努力したが、成果はえられなかった。

そこで日本は、引き延ばしていた汪兆銘政権の承認を十一月二十八日に決定し、十一月三十日、汪兆銘国民政府と日華基本条約（日本国中華民国間基本関係に関する条約）を調印し、同政府を中国中央政府（中華民国国民政府）として正式に承認した。日華基本条約は、前文で東亜新秩序建設を共同の理想として提携することを唱えたうえで、次のことを定めた。

(1) 領土主権の相互尊重
(2) 共同防共、そのための日本軍の所用期間蒙疆および華北の一定地域での駐屯
(3) 華北、蒙疆の資源について日本国に十分な便宜を供与
(4) 治外法権の撤廃と租界の返還

英米はただちに汪兆銘政権を認めないと声明し、十一月三十日、アメリカは対中国一億ドル借款に関する協定を発表した。これはアメリカから中国への最大の借款であった。同時にアメリカは中国に五〇機の飛行機を供与し、アメリカ人飛行士および飛行教官の中国派遣も認めた。アメリカは、ドイツ、日本に対する二正面作戦を回避する必要から、当面は日本を日中戦争の泥沼に落ち入らせておこうとし、国民政府への援助を一挙に拡大したのである［北村・林 二〇〇八 一九六頁］。

イギリスもまた、十二月十日に国民政府への一〇〇〇万ポンドの借款供与を表明した。このように米英

は対日政策において同調した。

オランダもまた同調した。蘭領東インド当局は、米国の支援を期待して、バタビアでの日本との交渉で石油利権に対する日本の要求を拒否し、日本の要求をはるかに下まわる石油を日本に売却することを提示した。

石油売却という商業的利益を犠牲にしてまでオランダはなぜこうするのだろうか。オランダ亡命政府の望むことは、本国がドイツの支配から解放されることである。そのために英米と歩調を合わせたということであろう。

十一月末、蔣介石は、日独伊三国に対し米英両国と完全に統一行動をとることを決定、以後、米国との連合政策を決定的なものとして重視し、日本からの和平提案はすべて拒否すると宣言した。これには、アメリカが中国への本格的援助を決定したことが大きく作用している。

アメリカの本格的支援をうけることになった蔣介石は、日本に対してだけでなく中共に対しても強硬な態度をとった。山東省、江蘇省の各地で国共両軍が衝突していたので、十二月九日、蔣介石は中共が長江以南の新四軍を長江以北に移動させるよう命じた。中共軍がこれに従わなかったので制裁命令を発し、一九四一年一月、新四軍主力を解体させた（皖南《かんなん》事件）。これに対して中共中央軍は新四軍を再編し国民政府に対抗した。ここに国共合作は事実上崩壊した。

二　石油禁輸と戦争の開始

一九四一年前半

ドイツの動き、とくにバルカン進出の本格化に脅威をおぼえたソ連と、アメリカとの対立を強める日本は、四一年四月十三日、日ソ中立条約をむすんだ。この中立条約の内容は次のとおり。

⑴平和友好関係の維持と領土の保全、不可侵
⑵締約国の一方が第三国の軍事行動の対象となった場合、他方は中立を守る
⑶期限五年とし、その一年前に破棄通告がなければ五年間自動延長

そして付属声明書で、日本はモンゴル人民共和国の領土保全を尊重し、ソ連は満洲国の領土保全を尊重する旨、記された。

日ソ中立条約は、日本の対中国戦略の一環でもあった。ソ連はこの条約の締結によって中国に対する軍事援助を停止した。

中立条約に対するソ連の意図は、日本の南進政策を積極化させることにより日米の対立を激化させ、対独戦にそなえて極東への力の配分を軽くすることにあった［黒野 二〇〇二 二〇四頁］。

アメリカでは、一九四一年初めの時点では日本政府とのあいだで何らかの調停がおこなわれるとみられ

ていたし、それは可能だと思われていた。戦争に賛同していたアメリカ人の大多数にとって敵はドイツであり、日本との戦争を回避することはきわめて望ましいことだった。なぜなら、そうすればアメリカの力をヒトラーとその同盟国を打ち負かすことに集中できるからだった［この段落はビーアド 二〇一 二四九〜二五〇頁による］。

一九四〇年後半の日本陸軍は、日本は好機を捕捉して対英ないし対英蘭戦争に踏み切るべきであり、その場合の前進基地として南部仏印の海空軍基地が必要だと考えていた。ここでの好機とされたのは、前述のように具体的にはドイツ軍のイギリス上陸であった。そして南部仏印に武力を行使してでも基地を獲得することが、一九四一年一月末に大本営政府連絡会議が決定した対仏印・泰施策要綱により国家方針となった。

三月中旬からの松岡外相のヨーロッパ歴訪もあって、基地問題に関する仏印との交渉が緒につかないでいたが、この間陸軍では、好機を捕捉して南方で武力を行使するという発想が清算された。それは海軍が対英武力行使は必然的に対米戦争につながるとして反対したからであり、また日本には対英米長期戦を戦い抜く力がないとの国力判断が出たからである。この時点での陸軍は国力を正しく判断し、その国力に見合った政策を発想していたといえよう。

そして大本営陸海軍部は四月十七日に次のような対南方施策要綱を概定した。

一　仏印、泰とのあいだに軍事的結合関係をつくり、蘭領東インドとのあいだに緊密な経済関係を確立し、その他の南方諸国とは正常の通商関係を維持することに努める

二　とくに速やかに仏印、泰との軍事的結合関係を設定する

三　前号の施策遂行にあたり、「英、米、蘭などの対日禁輸により帝国の自存を脅威せられたる場合」または「米国が単独もしくは英、蘭、支と協同で帝国に対する包囲態勢を逐次加重し帝国国防上忍びえざるに至りたる場合」には、「帝国は自存自衛のため武力を行使す」

軍部は南方軍事的進出を仏印、タイに限定し、南方武力行使を「自存（自己の生存）自衛」だけに限定した。また、南進をおこなえばイギリスだけでなく、アメリカと衝突することを確認している。

日米交渉が四一年四月十六日に本格的に開始されるが、そのときの交渉の出発点となったのは「日米了解案」であった。それは、⑴三国同盟による日本の義務は、同盟国がヨーロッパ戦争に参加していない国から積極的に攻撃された場合にのみ発動することを声明する。⑵アメリカは進んでヨーロッパの攻撃同盟に参加せず、自国の安全と防衛のみを考慮することを声明する。⑶アメリカは次の条件で国民政府に和平を勧告する。（イ）支那の独立、（ロ）日本軍の支那からの撤退、（ハ）支那領土の非併合、（ニ）非賠償、（ホ）門戸解放、（ヘ）蔣介石の重慶政府と汪兆銘の南京政府との合流、（ト）日本の大量移民の支那入りの自制、（チ）支那の満洲国承認、⑷日本の南進については、「武力に訴えることなく平和的手段による」ことの保障とアメリカの協力、支持である。

この日米了解案は日・米両政府とそれぞれ関係ある日・米民間人が非公式に作成したもので、米国務長官ハルは、⑴あらゆる国家の領土保全と主権尊重、⑵内政不干渉、⑶通商機会の均等、⑷平和的手段によらないかぎり太平洋の現状不変更、という「ハル四原則」を示し、これを日本が承諾したうえで了解案を会談の基礎としてもよい、と述べた。近衛首相らはこれを受諾する方向であった。

しかし、日ソ中立条約を締結して帰国した松岡外務大臣がこの日米了解案に反対し、日本政府は松岡の主張にしたがって三国同盟については日本の参戦義務の明確化、日中戦争については和平条件の削除、南進については「武力に訴えることなく」を削除した修正案を五月十二日に提示した。また中国に関して修正案は、汪兆銘政府との協定にもとづいて、日本軍の蒙疆、華北、揚子江下流域への駐屯、華南諸島への日本艦船の駐留、そして経済面でも、蒙疆、華北における国防上必要な資源の開発に関する協力などが盛り込まれた。アメリカはこれをうけ入れず、ために日米交渉は進展しなかった。五月にアメリカは対中武器貸与法を発令させて国民政府への援助を強化している。

四〇年九月にはじまった日蘭交渉の方は、この年の五月までつづけられたが不調におわった。蘭印側は、日本側の石油、ゴム、錫などの戦略物資の輸入要求は対独再輸出のためであると疑った。とくにゴムと錫がドイツに再輸出されることを恐れたので、ゴム、錫がタイ、仏印より対日輸出された場合は、その数量によって蘭印産品の対日輸出量を削減すること、また蘭印からの輸出量は、オランダが必要と認めるときはいつでも一方的に削減できることを要求した。日本側はこの要求を認めず、四一年六月十七日、日本は交渉打ち切りを蘭印側に伝えた。

六月十三日、すでに日蘭交渉は決裂が判明していたため、大本営政府連絡会議は、六月六日決定の大本営陸海軍部の対南方施策要綱をうけて、次の内容の「南方施策促進に関する件」を議定し、六月二十五日に上奏し裁可された。

(1) 蘭印派遣代表の帰朝に関連し、速やかに東亜安定防衛を目的とする日、仏印軍事提携をおこなう。
　その際日本がえるべきものは、航空基地と海軍基地ならびに南部仏印における軍隊の駐屯

(2) このための外交交渉開始

(3) 日本の要求にフランスまたは仏印が応じない場合は武力をもって目的を貫徹する

南部仏印進駐と対日石油禁輸

一九四一年六月二十二日に独ソ戦がはじまると、六月三十一日、ドイツから日本に対して正式に参戦申し入れがなされた。そして七月二日の御前会議は「情勢の推移に伴う帝国国策要綱」を決定した。ここでの「情勢の推移」とは、もちろん独ソ戦開始である。この国策要綱のなかの「要領」は次のとおり。

一　蔣介石政権屈服促進のためさらに南方諸地域より圧力を強化する

二　帝国は自存自衛上南方要域に対する必要な外交交渉を続行。仏印および泰に対する方策を完遂しもって南方進出の態勢を強化する。帝国はこの「目的達成のため対英米戦を辞せず」

三　独ソ戦には不介入とし、独ソ戦で有利な情勢になれば武力を行使して北方問題を解決する

四　前項遂行での武力行使は英米戦争の態勢に支障なきようにする

五　万一米国が参戦したときは三国同盟にもとづき行動し、武力行使の時機および方法は自律的にこれを定める

三によって松岡外相の即時北進（ソ連攻撃）がおさえられた。そして対ソ戦を当面見送る「代償」（近衛の表現）として、二（ほぼ原文のまま）によって、連絡会議が六月十三日に決定した日本軍の南部仏印進駐方針の実行が決定された。松岡外相は南部仏印進駐が対米英戦争につながる危険性を強調したが、近衛首相も陸海軍も、南部仏印進駐によりすぐに対米英関係が緊張することは予想していなかった［有賀二〇一〇書名不明 三七〇頁］。三ヵ月前には対英米戦はおこなわないとしていたのが、独ソ戦開始によっ

て対英米戦を辞せずへと転換したのである。

御前会議が対米戦も辞せずと決定したとの情報を、すでに暗号解読に成功していて七月八日にキャッチしたアメリカは、日米交渉を打ち切った。

七月十六日、近衛内閣は総辞職した。近衛は大命再降下によって日米了解案に反対した松岡外相の更迭を実行し、アメリカとの交渉を成立させようと決心したのである。七月十七日、重臣会議はふたたび近衛を推挙し、同日近衛に大命がくだった。翌日第三次近衛内閣が成立し、外相には日米交渉推進派の海軍豊田貞次郎が任命された。

七月二十一日、フランス・ビシー政府は、日本軍の駐屯が一時的なものであること、およびフランスの主権を尊重することを日本が公約すること、などを条件に日本の要望を受諾した。そして七月二十八日、日本軍は南部仏印に進駐を開始した。翌日調印された議定書で、ビシー政府はビエンホア、プノンペンなど八ヵ所の航空基地の使用、サイゴンとカムラン湾の海軍基地としての使用を日本に認めた。

日本が南部仏印に基地を獲得したのは、さらなる武力南進のためであるとする見方が多い。だが、日本に南部仏印進駐をうながした最大の要因は蘭印との交渉が不調におわったことであり、南部仏印進駐の目的は、蘭印当局に圧力を加えて再開されるべき交渉を有利に展開することであった。同時に仏印とタイににらみをきかせることにあった。

だが、南部仏印に海空軍の基地を確保することは、侵攻の意図の有無にかかわらず、英・蘭領への軍事攻撃の態勢をつくったということである。イギリスの領土喪失、勢力衰退をふせぐことを原則的政策とするアメリカにとって、それは許容できることではない。とすると、対米関係はすぐに緊張しないという近衛首相と陸海軍の甘い予測、楽観論はどこから出てきたのだろうか。第一に、日本はすでに北部仏印に進駐しているのであり、それが南部に拡大されただけである。第二に、この進駐はフランス側との協定にもとづいたものである。第三に、日本の軍事行動は限定的であり、他の地域への拡大の意図のないことを明らかにしていた［アジア現代史研究会 一九九一書名不明 三一六頁］。

日本の動きに対して、七月二十六日、アメリカは在米日本資産を凍結し、イギリスは七月二十七日に日印・日緬通商条約の廃止を決定し、蘭領東インドは七月二十八日に対日輸出許可制度を導入した。そしてイギリス、オランダも日本資産を凍結した。ここにアメリカ、イギリス、中国、オランダ四国が日本に対抗して提携した、いわゆるＡＢＣＤラインがつくられた。さらにアメリカは、日本軍の南部仏印進駐を待って、八月一日、日本への石油輸出を全面的に禁止する措置をとった。蘭領東インドもアメリカの要請をうけて八月二十八日に石油およびボーキサイト（アルミニウムの重要原料）の対日禁輸措置をとった。

日本の液体燃料消費量は一九三八年に四六〇〇万バレルであるが、国内産石油と満洲の工場でえられる合成石油を合計しても消費量の一五％にすぎず、八五％は海外からの輸入に依存し、そのうち三三五〇万バレルがアメリカから、四七〇万バレルが蘭印および英領東インド諸島からであると推算されていた［佐藤 二〇一五 二七七頁から孫引き］。

四一年八月一日の時点で日本全体の石油備蓄量は九七〇万トン。当時の年間消費量は民需もふくめて五四〇万トン。海軍全体の石油消費量は一日一万トンといわれたので、残りの石油をすべて海軍のために使っても、一年半で使い切ってしまう計算である。

石油は日本にとって最重要な戦略物資であり、日本がそれを入手できなくすることは、日本を戦争に追い込むこと、屈服するか戦争を決意させることであろう。そういう認識は米政府内にもあった。なのに、なぜこのような強硬な政策をアメリカ政府はとったのであろうか。

南部仏印進駐の時点で、日本側に東南アジア全域を支配下におさめるという計画はなかった。日本は援蔣ルート遮断と資源確保をめざしたのである。だがアメリカ側は、日本の東南アジア全域を制覇するための第一歩と解釈し、また英米の前進基地であるシンガポール、マニラ、香港への重大な脅威としてうけとめた［この段落はアジア現代史研究会 一九九一 三一六頁による］。

ハル国務長官が日本の南進を再三アメリカの安全保障を脅かす行動であると非難したが、アメリカは日本の南部仏印進駐を安全保障上の問題としてうけとめたとされる。ではなぜアメリカの安全保障が脅かされるのか。

① 説。ゴム、錫という戦略物資の大半を東南アジアからえているから

② 説。イギリスへの大洋州（オセアニア）からの物資補給を絶たれるとイギリスがドイツに敗北するから

③ 説。石油全面禁輸を発動した理由は今もって謎のままである［吉田・森 二〇〇七 一三頁］。

だが、この問題のもっとも妥当とみなされる見解は、南部仏印に基地を確保することの軍事的意味合いであろう。それは前述のように英蘭領への武力攻撃の態勢がつくられたことである。つまり軍事力の配置自体がもつ意味合いである。

日米会談

米大統領ローズヴェルトは、七月二十四日にフランス領インドシナ中立案を個人意見として日本に提案した。この提案に近衛首相は近衛・ローズヴェルト頂上会談で応じようとし、駐米大使野村に頂上会談打診を指令した。

八月十七日、大西洋上の会談からもどったローズヴェルト大統領は、日本の大使に次のように言った。「我政府はいまや、日本政府が武力または武力の威嚇によって近隣諸国を軍事的に支配する政策ないし計画に基づく施策をこれ以上わずかでも推進するなら、合衆国とアメリカ国民の正当な権利と利益を擁護するため、あるいは合衆国の安全と安全保障を確保するため、必要とみなすありとあらゆる措置をただちに講じなければならなくなる、と日本政府に通知する必要に迫られている」［ビーアド二〇一二　六五七頁からの孫引き］。この警告は、日本に対して中国やインドシナから全面撤退することも、中国の領土と行政の保全を遵守することも要求していなかった［同上　七三五頁］。さらに日米首脳会談に原則的に賛成する旨回答した。

近衛と会見した米大使グルーの報告書によれば、首脳会談で近衛がローズヴェルトに提示を予定していた条件は次のとおり［細谷編　一九九五　一四六頁］。

(1)　独米戦争の場合、敵対行動はとらない
(2)　日米間に協定成立後、一八ヵ月以内に日本軍の支那からの完全撤退
(3)　仏印からの日本軍の完全撤退
(4)　満洲の処理はヨーロッパ戦争の終了までその決定を延期。また両者間の合意条件は「勅諭」という形でラジオを通じて国民に伝える。

日本が八月二十八日に近衛の頂上会談要請書簡を提出すると、ローズヴェルトは「好意的にうけ取る」と述べた。しかし九月三日、ローズヴェルトは、近衛書簡への回答として、開催には事前に予備討議が必要であると、そういう予備討議のない政治的解決にこそ意義がある頂上会談を実質的に拒否する条件を伝えた。ローズヴェルトに和平の意志はなかったといえよう。彼の意志は日本を戦って屈服させることであり、そのための望ましい状況をつくることであったといえよう。

石油禁輸をうけて日本軍部内、とくに統帥部に強硬論が高まり、九月初め、陸・海軍は、石油の備蓄状態と季節的な天候条件から十二月までに南方での作戦準備を完成する必要があることで合意した。

そして九月六日の御前会議が、情勢の推移に伴う帝国国策要綱のうち南方に対する施策を定めた帝国国策遂行要領を定めた。その内容は次の三項目である。(1)帝国は自存自衛を全うするため対米（英蘭）戦争を辞せざる決意のもとにおおむね十月下旬をめどに対戦争準備完了する、(2)右に併行して米英に対し外交の手段をつくして帝国の要求貫徹に努める、(3)十月上旬になっても対米交渉成功の見通しがない場合には開戦を決意する。

同遂行要領は別紙において対米交渉で日本が獲得すべき要求条項として、(1)南京政権との基本条約に準拠しての事変解決を妨げず、重慶政権を援助しないこと、(2)日、仏印間の特殊関係を容認すること、(3)日本との通商を回復し、日本とタイ、蘭印の経済提携に協力すること、をあげている。そして(1)に関しては、事変解決すれば基本条約にもとづく以外の軍隊は撤退させてもよいとし、(2)に関しては、公正な極東平和確立後には仏印より撤兵する用意があるとしている。

御前会議の決定にしたがった対米提案は、九月六日、野村大使からハル長官に手交された。ハルはこの提案に冷淡で、従来より後退したと評した。

戦争の開始(1) 東条内閣成立と日米交渉

九月二十五日に開かれた政府大本営連絡会議は、九月六日の御前会議で決定した十月上旬の最終期日を十月十五日に確定した。近衛首相は、秘密裏にグルー大使と会見するなど近衛・ローズヴェルト会談の実現に全力をあげた。

しかし十月二日、米国務長官ハルは、相互に意見の食違いのあるまま首脳会談をおこなっても成果には疑問があるとして、首脳会談の「延期」を日本に通告し、覚書を手交した。このハル覚書は、ハル四原則を日本側が承認することを交渉の基礎として要求し、日本軍の仏印、支那からの撤退をもとめた。ハル四原則とはすべての国家の領土および主権の尊重、内政不干渉、通商上の機会均等、紛争の平和的解決、である。

十月十五日の期限を前にして、十月十二日に近衛私邸で開かれた荻窪会談（首相・陸相・海相・外相・企画院総裁）で、近衛首相と豊田外相は外交交渉の妥結をはかるべきだと主張したが、東条英機陸相が駐兵問題は陸軍としては一歩も譲れないと主張し、及川古志郎海相は決定を首相にゆだね、会談は決裂した。

二日後の十四日の閣議で近衛首相は東条陸相に駐兵問題について再考をもとめたが、東条は応じなかった。そのとき東条は、アメリカの主張に屈したら日中戦争の成果は壊滅し、満洲国も危うくなり、さらに朝鮮統治も危うくなる。日本は日中戦争に多大な犠牲を払っている。駐兵により戦争の成果を結果づけるのは当然である、と主張した。結局近衛首相は、勝利の見込めない対米開戦と、陸軍が譲歩しない限り妥協の可能性がない外交交渉のどちらも選択できず、十月十六日、総辞職した。

近衛の辞職によって、駐日英大使が「極東問題を解決する最大の好機」といった日米頂上会談は立ち消えとなった。なぜアメリカ政府は頂上会談に応じなかったのか。のちにハルは、「我々は日本が侵略と征服の政策に頑なに固執し、これを推進する一方で、合衆国政府がその基本的立場に譲歩しないかぎり、日本政府が会談して合意に到達できると真剣に期待して提案しているわけではないと判断した」[ビーアド二〇一二 六七七頁から孫引き]。すなわち日本の提案を本質的に誠意を欠いた、いい加減なものとみなした[同前 同頁]。ハルは頂上会談で近衛が仏印、支那からの全面撤兵をうけ入れることを知っていたはずである。それでも日本の提案を「いい加減なもの」とみなしたのはなぜか。

近衛辞職の翌十七日、重臣会議をへて東条英機に組閣の大命がくだるが、そのとき、九月六日の御前会議決定にとらわれることなく内外情勢を検討し国策を再検討するように、という天皇の意思が伝達された。十八日に東条内閣が成立し、東条は、天皇の意思に従って、十月二十三日から連日のように大本営政府連絡会議を開き、国策の再検討をおこなった。そして十一月一〜二日の連絡会議で、⑴臥薪嘗胆、⑵即時開戦決意、⑶外交交渉の推進と不成功の場合の対米開戦、の三つの選択肢から⑶を選択し、二日には新「帝国国策遂行要領」を採択した。

この連絡会議で東郷茂徳《しげのり》外務大臣は第一案の「臥薪嘗胆」策を支持して、日本がＡＢＣＤ連合軍と戦って勝ち目がないことは明白である以上、そのような戦争はすべきでない、またドイツが英国を屈服させる可能性もきわめて少ないと述べた。海軍を代表する永野修身《おさみ》軍令部長は、日本が臥薪嘗胆しているあいだ、米国は中国、ソ連への援助を強化し、その結果日本の包囲はさらに強まることになりかねない、その間日本は石油を消費しつづけ、米国の相対的優位が高まる一方である、長期消耗戦になったら日本の勝ち目は少ないが、最初の二年間に軍事的成果をあげるならば、日本は長期戦にそなえることができると述べた。陸軍の杉山元《はじめ》参謀総長も臥薪嘗胆に反対し、南方作戦が中国と外界との連絡を遮断して中国の屈服をもたらすことになると述べた。陸海軍の反対にあって第一案は放棄され、開戦決定の第二案か交渉継続の第三案かの二者択一となり、杉山参謀総長、永野軍令部長が第二案、東郷外務大臣と賀屋興宣《おきのり》大蔵大臣が第三案を支持して対立した。結局東条首相の要求に軍部が折れて第三案にきまった。

そして十一月五日の御前会議で、次の内容の新帝国国策遂行要領が正式にきまった。(1)帝国は、現下の危機を打開して自存自衛をまっとうし大東亜の新秩序を建設するため、対米英蘭戦争を決意し左記の措置をとる。①対米英蘭開戦の時期を十二月初頭と定め、陸海軍は作戦準備を完了する、②対米交渉は、まず甲案(全面協定案)でおこない、それがうまくいかない場合は乙案(暫定協定案)でおこなう、③独伊との提携強化を図る、④武力発動の直前に泰との軍事的緊密関係を樹立する。(2)対米交渉が十二月一日午前零時までに成功した場合は武力発動は中止する。

対米交渉の甲案は、(1)中国における通商無差別原則を無条件に承認する、(2)三国同盟条約の履行は、従来から説明しているように、日本の自主判断でおこなう、(3)撤兵問題では、①支那に派遣した日本軍は北支、蒙疆の一定地域および海南島に所要期間(おおむね二五年)駐屯させる(駐兵数は一割)が、他は平和成立と同時に撤兵を開始し、治安確立とともに二年以内に撤兵を完了する、②仏印の領土主権を尊重し、支那事変が解決すればただちに撤兵する、である。

乙案の内容は、次の条件で日本軍は南部仏印から撤兵するというものである。

(1) 日米両国は仏印以外の東南アジアおよび南太平洋地域に武力進出をしない

(2) 両国は蘭領東インドの物資獲得について協力する

(3) 両国は通商関係を資産凍結以前の状態にもどす。アメリカは所要の石油を日本に供給する

(4) 米政府は日支両国の和平に関する努力に支障をあたえない

同十一月二日夕、東条はこの決定を天皇に上奏し、五日に御前会議が開かれて原案通り可決、最終決定となった。

戦争の開始(2) 最後の日米交渉

十一月四日、日本政府は駐米野村吉三郎大使に交渉案を暗号化して打電したが、すでに日本の暗号の解読に成功していたアメリカの海軍と陸軍の情報部は甲・乙案二つの文書の内容を傍受、翻訳して政府首脳に伝えていた。またハル国務長官は、陸軍と海軍に対日戦争の準備が整っているかどうかをたずね、これに対し陸・海軍の指導者は、戦争準備をより十分にするための時間が必要であり、戦争行為はできるだけ先延ばしにするよう要請した。

十一月七日、駐米野村大使はアメリカ側の交渉者ハル国務長官に最後の譲歩案であるとして甲案を提出した。甲案における日本の譲歩は、(1)中国における通商無差別原則の無条件承認、(2)華中の駐兵と華南の艦船部隊駐留を要求しないこと、(3)満洲問題を議題からはずしたこと、である。だが、ハルは甲案に関心を示さなかった。それは支那駐留継続と対中援助停止に反対する米政府の立場からだともされる［井口

二〇〇八　一一八頁〕、
次いで野村大使らは、十一月二十日、乙案（暫定協定案）を示した。これに対し米側は、軍指導者が対日戦争の準備には数ヵ月必要と主張していたので、日本が南部仏印から撤退し北部仏印の兵力も二万五千以下におさえるならば、アメリカは限定的な対日貿易を再開し民需用の石油輸出を認める、という三ヵ月期限の暫定協定案を考えた。そして二十二日、これを日本に提示することについての同意を招集した英・中・蘭大使にもとめた。報告をうけたチャーチルと蔣介石は強く反対し、アメリカは暫定協定案を日本に提示しなかった。提示されなかった理由は、ＡＢＣＤ陣営の存続が最優先され〔入江　一九九一　二七二頁〕、中国とイギリスが反対したからだとする見解が多いが、提示されなかった背景ははっきりしない、ともいわれる〔吉田・森　二〇〇七　五〇頁〕。
もし乙案の線で妥協できたならば、日米戦争はあるいは回避できたかも知れないともいわれる〔ビーアド　二〇一一上　三二一頁〕。アメリカが暫定協定案を英中に提示すれば、英中がそれに反対することは明らかではないか。だから、英中への提示自体が日本と協定をむすぶ意志が初めからなかったことを示しているのではないのか。
十一月二十五日にホワイトハウスでひそかに開かれた米大統領、国務長官、陸海両軍の長官、陸軍参謀長、海軍作戦部長の会議は、ハル・ノートと呼ばれる最終案（「合衆国及日本国間協定の基礎概略」）を決定した。ハル・ノートは二項からなり、第一項は前記のハル四原則で、第二項は次の一〇項目からなる。
一　英、支、日、蘭、泰、ソ、米間の不可侵条約の締結
二　仏印の領土主権を尊重

三　支那および仏印からの一切の日本軍の撤退
四　蔣介石政権以外の支那における政府を支持しない
五　支那における一切の治外法権の撤廃
六　日米両国は新通商条約締結の交渉にはいる
七　資産凍結解除
八　円・ドル為替の安定
九　日独伊三国同盟の否認
一〇　以上諸原則を他国にも勧める

この一〇項目のうち第一項から第五項までは、従来の交渉において何ら言及されなかった新しい要求であり、日本に全面的屈服を強いる要求である。この会議に関するスティムソン陸軍長官の日記には、「問題は、我々に過大な危険を招かぬように配慮しつつ、いかに日本が最初の一撃を打たざるをえないように仕向けるべきか」だ、と記されている。

そして十一月二十六日、アメリカは国務長官ハルによって、野村、来栖《くるす》三郎両大使に対し、まず乙案が法と正義にもとづく平和に寄与しないとして拒否する旨を口頭で伝えた。乙案という暫定案は、アメリカの石油禁輸解除と日本軍の南部仏印からの撤退を骨子としているが、アメリカ政府はこれを拒否したのである。それからハル・ノートを手交した。

十一月二十七日、東条内閣はハル・ノートを最後通牒とみなした。

十一月二十九日、天皇は重臣（首相経験者）九人から意見を聞いた。その場で日米開戦に否定的な発言をしたのは、若槻礼次郎元首相、岡田啓介海軍大将、米内光政海軍大将の三人である。若槻は、物資の方面において長期戦に耐えられるかどうか慎重に研究する必要があると述べ、岡田は、物資の補給につき十分成算あるかはなはだ心配であると述べた。

翌日午前、天皇は、弟の高松宮（海軍中佐）に会ったのち、海軍はできるならば日米戦争は避けたいみたいだがどうなのだろうか、と木戸幸一内大臣にたずねた。そして午後、天皇は嶋田繁太郎海相と永野修身軍令部長の両海軍首脳を呼んで二人に先ほどの件をたずねたが、二人とも「相当の確信」があるとの答えだった。そこで夕刻、天皇は内大臣を呼び、予定どおり開戦の方向に進めるよう東条首相に伝えよ、と命じた。木戸はただちに電話でそれを東条に伝えた［この段落は黒羽 二〇〇四 五二〜五四頁による］。

十二月一日、御前会議が開かれ、「十一月五日決定の帝国国策遂行要領にもとづく対米交渉ついに成立にいたらず、帝国は米英蘭に対し開戦する」との決定をくだした。

戦争の開始(3)

アメリカ側では、日米交渉のときから「マジック」によって日本の暗号電報をほぼ解読していたので、日本がおそらく東南アジアで急襲に出るだろうと予測した。十二月一〜三日、ローズヴェルトはチャーチルの強い要請にこたえて、日本がイギリスあるいはオランダの領土を攻撃するか、またはタイに進出する場合には、アメリカはイギリス側に立って参戦するという確約をイギリス政府にあたえた。

日本も東条内閣成立後の国策再検討において、戦争相手を蘭のみまたは英蘭のみに限定することは政略上、戦略上の理由から不可能と断定した。政略上、米国は、(1)南西太平洋を自国の「発言圏内」としていること、(2)同方面よりの物資（ゴム、錫）を必要とすること、(3)フィリピンに対し重大脅威をうけること、(4)支那問題に対する発言権を失うに至ること、などから英国に加担して参戦するのは必至である。作戦上、(1)対英作戦のみに終始するのは自らもとめて敵に「割中」される戦略を作為するもので、フィリピンに対し作戦線の弱点を暴露するものであり、(2)対英米作戦は先制攻撃に拠らなければ実施が困難である、としている。

対米英蘭戦争開始当時の日本の主要海軍戦力は、戦艦一〇隻、空母一〇隻、重巡洋艦一八隻、軽巡洋艦一八隻であった。これに対し米海軍の太平洋配置艦隊は、戦艦九隻、空母三隻、重巡洋艦一四隻、軽巡洋艦二二隻であった（米海軍全体では戦艦一七隻、空母八隻）。そしてイギリスは東南アジアに戦艦二隻、重巡洋艦一隻、軽巡洋艦七隻を配置していた。航空兵力は日本が約二四〇〇機なのに対し、アメリカの対日正面配置兵力は約二六〇〇機と推定された（全体で約五五〇〇機）。なお巡洋艦は排水量一万トン以下で、重巡洋艦は口径六・一インチ（一五五㎜）以上、軽巡洋艦はそれ以下の砲を積んだ軍艦である。

しかし大本営の想定によると、開戦後の日本の艦艇建造能力は年三〇万トンが上限で、アメリカのそれは優に日本の三倍を超え、日米艦艇戦力比は、一九四三年に対米五割内外、一九四四年に対米三割以下に低下すると判断された。航空機に関する日米生産能力の予想は、一九四三年は日本（海軍のみ）四〇〇〇機に対しアメリカ四万七九〇〇機、一九四四年は日本（海軍のみ）八〇〇〇機に対しアメリカ八万五〇〇〇機である。以上の判断にもとづき、海軍の作戦は緒戦において米艦隊に痛撃を加えるとともに、その後も敵兵力の撃破に努めつつ、早期海上決戦をおこない、彼我兵力比の大懸隔をきたさないように着意する必要があった［服部 一九六五 一五五頁］。

一九四一年十二月八日、日本軍はハワイの真珠湾にあるアメリカ海軍基地への攻撃（真珠湾攻撃）と、フィリピンの米軍基地への空襲、英領マレー半島への上陸をおこない、アメリカ、イギリスに宣戦した。十二月八日午前に出された天皇の宣戦の詔書は「帝国は今や自存自衛の為蹶然《けつぜん》（勢いよく事を起こす）立って」と、戦争を自衛戦争であるとした。九月六日の御前会議が決定した「帝国国策要綱」も戦争目的は「自存自衛」であるとしていた。他方、同十二月八日午後おこなわれた「宣戦の布告にあたり国民に愬《うった》う」と題した内閣情報局のラジオ放送は、「アジアを白人の手からアジア人自らの手に奪い回《かえ》す」ことを訴え、戦争のアジア解放戦争としての側面を強調した。日本は戦争目的として自衛とアジア解放をかかげたのである。なお内閣情報局とは、言論や報道の指導・統制、戦時プロパガンダなどを管掌する機関として一九四〇年に設置されたものである。

ドイツ、イタリアもアメリカに宣戦して、戦争は全世界に広がった。九日、中国は日、独・伊に宣戦を布告した。

戦争の開始(4)

日本軍は、真珠湾攻撃に空母六隻、戦艦二隻、艦載機三五一機などからなる機動部隊を動員し、そのおもな戦果は、戦艦四隻の撃沈、戦艦四隻・軽巡洋艦三隻の大破、航空機二三一機の破壊であった。日本側の損害は航空機二九機のみであった。米空母三隻のうち二隻は輸送任務中、一隻は西海岸で修理中で、三隻とも無傷だった。

真珠湾攻撃でおこなった空母を中心とした機動部隊の編成と戦法は、日本海軍が世界に先駆けて編み出した作戦であった。だが軍令部も発案者の連合艦隊司令長官・山本五十六《いそろく》大将も、この作戦の結果が艦隊決戦戦略から空母中心の航空機決戦戦略への一大転換を意味していたという認識はほとんどなかった［黒川 二〇一〇 二一一頁］。

フィリピン、マラヤ、ボルネオ、ビルマ、蘭印を占領することを目的とした日本の南方作戦には、陸軍の兵力二一万（一一個師団）、航空機約七〇〇、それに海軍の小型空母一、水上機空母二、戦艦二、基地航空機五〇〇などが加わった。他方連合国側の兵力は約二二万、航空機約六一〇と推計された。

英マラヤ守備軍は総計八万八千、航空機一五八機であった。マレー半島およびシンガポール攻略にあてられた日本軍は総兵力約一一万、航空機五六〇機、戦車二一一輌であった。シンガポールの英要塞はワシントン会議後強化され、海上からの攻撃では難攻不落と考えられていた。そこで日本軍はマレー半島北部に上陸し、半島西岸を南下してシンガポールに向かって進撃する作戦をとった。そして十二月八日、山下奉文《ともゆき》陸軍中将指揮下の第二五軍（三個師団、二万六千）がマレー半島北部の三ヵ所に上陸した。そのうちのコタバルは英領マラヤ内であったが、他の二か所はタイ領内のシンゴラとパタニであった。このときタイは中立の状態にあり、日本軍のタイ領内侵入は国際法違反であった。

十二月十日、日本海軍の南仏印を基地とする航空隊八一機が、マレー半島東方海上でイギリス東洋艦隊の主力戦艦二隻を撃沈した。このイギリス東洋艦隊は八日夕方シンガポールを出港し、シンゴラに上陸中の日本軍船団を攻撃しようと北上中であった。このマレー沖海戦は、純粋に航空兵力だけで戦艦との戦闘に勝った初めてのできごとであり、軍艦に対する航空機の優越、海戦の主役はもはや艦砲射撃ではないことを実証したものであった。すなわち、大艦巨砲主義時代の終焉と航空戦力が主役となる時代の到来を告げたのである。

だが日本海軍はこの変化を認めなかった。一方、ハワイ、マレー沖海戦を見ていたアメリカ海軍はいち早くそれを認め、戦艦群を海上兵力の主力の座から降ろし、空母を核とした機動部隊を海上戦略の中心にすえていく。

フィリピンの米軍に対しては、台湾から発進する航空機によって制空権を確保し、そのうえで上陸する作戦であった。台湾に展開していた日本の航空兵力は陸海軍合わせて五〇〇機で、フィリピンの米軍は二〇〇機であった。十二月八日、台湾基地から飛び立った日本海軍航空部隊が、警戒態勢にあった米軍機がいったん基地に着陸したところを攻撃し、アメリカ空軍に壊滅的な打撃をあたえた。以後台湾から出撃する陸軍機一九〇、陸上基地から発進する海軍機三〇〇をもって日本軍が制空権をにぎった。そして十二月二十二日には、主力部隊四万三〇〇〇がマニラ北一二〇マイルのリンガエン湾への上陸を開始した。

北西部太平洋において、日本軍は十二月十日にマリアナ諸島の米領グアムを占領し、二十三日にマーシャル諸島北方の孤立した小島である米領ウェーク島に上陸した。グアム島にもウェーク島にも米軍の基地があった。

十二月十日に開かれた大本営政府連絡会議は、「今次対米英蘭戦争は……支那事変をもふくめ「大東亜戦争」と呼称する」と決定した。この決定にいう大東亜戦争とは戦域を示す単なる地域的呼称であり、戦争目的とは無関係であった。ところが十二月十二日の政府の情報局の発表は、「大東亜戦争と称するのは、大東亜新秩序建設を目的とする戦争なることを意味するものにして、戦争地域を大東亜のみに限定する意味にあらず」と発表した。この発表を聞いて大本営参謀原四郎少佐は「何を血迷ったかという外ない」と批判した。戦争目的について政府や大本営で思想統一がなされていなかったのである〔三代史研究会 二〇〇三 一三六頁〕。

翌四二年二月十七日公布の「法律第九号」は、「各法律中「支那事変」を「大東亜戦争」に改む」と定め、二月二十八日の大本営政府連絡会議において、大東亜の地域を日満支および東経九〇度より東経一八〇度までの間における南緯一〇度以北の南方諸地域」と規定した。

参照文献

【諸国史】

青柳　武『日本人を精神的武装蜂起するためにアメリカがねじ曲げた日本の歴史』ハート出版　2017

有賀　貞・宮里正弦編『概説　アメリカ外交史』有斐閣　1998

石井　修『国際政治史としての20世紀』有信堂高文社　2000

ウイリアム.A.ウィリアムズ『アメリカ外交の悲劇』お茶の水書房　1991

岡崎・粕谷・小島編『「アメリカの世紀」の盛衰』（文明としてのアメリカ5）日本経済新聞社　1984

軍事史学会編『第二次世界大戦 ― 発生と拡大』錦正社　1990

C.A.ビーアド『ルーズヴェルトの責任』上・下　藤原書店　2011

ウィリアム・H・マクニール『戦争の世界史 ― 技術と軍隊と社会』刀水書房　2002

ロバート・ダレック『20世紀のアメリカ外交 ― 国内中心主義の弊害とは』多賀出版　1991

【東アジア総論】

アン・ビョンウ『東アジアの歴史 ― 韓国高等学校歴史教科書』明石書店　2015

衛藤瀋吉『近代東アジア国際関係史』東京大学出版会　2004

鹿児島国際大学付属地域総合研究所編『1930年代の東アジア経済』（東アジア資本主義形成史）日本

評論社　2006
川島　真・服部龍二編『東アジア国際政治史』名古屋大学出版会　2007
杉原　薫『アジア間貿易の形成と構造』ミネルヴァ書房　1996
高光佳絵『アメリカと戦間期の東アジア』青弓社　2008
桃木至朗編『海域アジア史研究入門』岩波書店　2008
和田春樹ほか編『日露戦争と韓国併合　19世紀末—1900年代』東アジア近現代通史2　岩波書店　2010
和田春樹ほか編『世界戦争と改造 —1910年代』東アジア近現代通史3　岩波書店　2010
和田春樹ほか編『新秩序の模索 —1930年代』東アジア近現代通史5　岩波書店　2010
和田春樹ほか編『アジア太平洋戦争と「大東亜共栄圏」— 1935～45年』東アジア近現代通史6　岩波書店　2011
和田春樹他『東アジア近現代通史：19世紀から現代まで』上・下　岩波書店　2014
石見　徹『世界経済史 — 覇権国と経済体制』東洋経済新報社　1999

【中国（支那）】

カール・カワカミ『シナ大陸の真相 — 1931～38』展転社　2001
F. ショート『毛沢東 — ある人生』上下　白水社　2010
G.N. スタイガー『義和団 — 中国とヨーロッパ』光風社出版　1990（扶桑社　1967）

スラヴィンスキー『中国革命とソ連』共同通信社　2002
ラルフ・タウンゼント『暗黒大陸中国の真実』芙蓉書房出版　2007
ジョン・マクマリー『平和はいかに失われたか―大戦前の米中日関係のもう一つの選択肢―』原書房　1997
オットー・ブラウン『大長征の内幕―長征に参加した唯一人の外人中国日記』恒文社　1977
R.ミッター『五・四運動の影響―20世紀中国と近代世界』岩波書店　2012
『蔣介石秘録』上・下　サンケイ出版　1985
ジョンストン『紫禁城の黄昏』上・下　祥伝社　2005
區　建英ほか『最新教科書・現代中国』柏書房　1998
朴漢清編著『中国の歴史地図』平凡社　2009
ユン・チアン『西太后秘録―近代中国の創始者』上・下　講談社　2015
リン・パン『華人の歴史』みすず書房　1995
人民教育出版社歴史室編著『中国現代史―中国高等学校歴史教科書』明石書店　2004
浅野亮・川井悟『概説　近現代中国政治史』ミネルヴァ書房　2012
味岡　徹『中国国民党訓政下の政治改革』汲古書院　2008
足立啓二『専制国家史論―中国史から世界史へ』柏書房　1998
飯島　渉・久保　享・村田雄二郎編『シリーズ20世紀中国史1―中華世界と近代』東京大学出版会　2009

飯島　渉・久保　享・村田雄二郎編『シリーズ20世紀中国史2 ― 近代性の構造』東京大学出版会　2009
家近亮子『蔣介石と南京国民政府』慶応義塾大学出版会　2002
家近亮子『蔣介石の外交戦略と日中戦争』岩波書店　2012
池田　誠・副島昭一・西村成雄・安井三吉『図説中国近現代史』（新版）法律文化社　1993
石川禎浩『革命とナショナリズム　1925～45』（シリーズ中国近現代史3）岩波新書　2010
石島紀之『中国抗日戦争史』青木書店　1984
石島紀之・久保　亨編『重慶国民政府史の研究』東京大学出版会　2004
今井　駿『中国革命と対日抗戦』汲古書院　1997
入江曜子『溥儀』岩波書店　2006
上原一慶・桐山　昇・高橋孝助・林　哲『東アジア近現代史』有斐閣　1990
宇野重昭・天児　慧編『20世紀の中国　変動と国際契機』東京大学出版会　1994
衛藤瀋吉『衛藤瀋吉著作集20［20世紀の日中関係史］』東方書店　2004
NHK 取材班『毛沢東とその時代』恒文社　1996
大里・李編『辛亥革命とアジア』お茶の水書房　2013
大久保　泰『中国共産党史』上・(下)　原書房　1971
岡本隆司『属国と自主のあいだ ― 近代清韓関係と東アジアの命運』名古屋大学出版会　2004
岡本隆司『中国「反日」の源流』講談社選書メチエ　2008

岡本隆司『李鴻章』岩波新書 2011
岡本隆司・吉澤誠一郎『近代中国研究入門』東大出版会 2012
岡本隆司『近代中国史』ちくま新書 2013
岡本隆司『日中関係史』PHP 新書 2015
岡本隆司『袁世凱 ― 現代中国の出発』岩波書店 2015
岡本隆司『中国の論理 ― 歴史から解き明かす』中公新書 2016
岡本隆司『中国の誕生 ― 東アジアの近代外交と国家の形成』名古屋大学出版会 2017
岡本隆司『清朝の興亡と中華のゆくえ ― 朝鮮出兵から日露戦争へ』講談社 2017
奥村　哲『中国の現代史 ― 戦争と社会主義』桜井書店 1999
奥村　哲『中国の資本主義と社会主義 ― 近現代史像の再構成』桜井書店 2004
小野寺史郎『中国ナショナリズム ― 民族と愛国の近現代史』中公新書 2017
川島　真『中国近代外交の形成』名古屋大学出版会 2004
川島　真・服部龍二編『東アジア国際政治史』名古屋大学出版会 2007
川島　真『近代国家への模索 1894 ～ 1925』（シリーズ中国近現代史2）岩波新書 2010
菊池一隆『中国抗日軍事史― 1937 ～ 45』有志舎 2009
菊池貴晴『中国民族運動の基本構造』汲古書院 1996
菊池秀明『ラストエンペラーと近代中国』（中国の歴史10）講談社 2005
岸本美緒『中国の歴史』筑摩書房 2015

北村　稔『第一次国共合作の研究』岩波書店　1998
北村　稔『現代中国を形成した二大政党 ― 国民党と共産党はなぜ歴史の主役になったのか』ウェッジ　2011
倉山　満『嘘だらけの日中近現代史』扶桑社　2013
小島朋之『中国共産党の選択　五つの選択』中公新書　1991
小島晋治・丸山松幸『中国近現代史』岩波新書　1986
小玉新次郎『私の中国史』阿吽社　1997
小林一美『義和団戦争と明治国家』汲古書院　1986
斉藤哲郎『中国革命と知識人』研文出版　1998
斎藤道彦『五・四運動の虚像と実像』中央大学出版部　1992
桜井よしこ・北村稔編『中国はなぜ「軍拡」「膨張」「恫喝」をやめないのか』文藝春秋　2010
里井彦七郎『近代中国における民衆運動とその思想』東京大学出版会　1972
佐藤公彦『義和団の起源とその運動』研文出版　1999
佐藤次高ほか『改訂版　詳説世界史』山川出版社　2009
鹿錫　俊『中国国民政府の対日政策 1931―1933』東京大学出版会　2001
斯波義信『華僑』岩波新書　1995
辛亥革命研究会編『中国近現代史研究入門』汲古書院　1992
辛亥革命百年記念論集編集委員会編『総合研究　辛亥革命』岩波書店　2012

杉山裕之『覇王と革命 — 中国軍閥史 1915～28』白水社 2012
孫文研究会編『辛亥革命の多元構造 — 辛亥革命90周年国際学術討論会』汲古書院 2003
高木桂蔵『客家』講談社新書 1991
高橋伸夫『党と農民 — 中国農民革命の再検討』研文出版 2006
田中 仁『1930年代中国政治史研究 — 中国共産党の危機と再生』勁草書房 2002
田中比呂志『袁世凱 — 統合と改革への見果てぬ夢を追い求めて』(世界史リブレット) 山川出版社 2015
田原史起『20世紀中国の革命と農村』山川出版社 2008
中央大学人文科学研究所編『民国後期中国国民党政権の研究』中央大学出版部 2005
中国現代史研究会編『中国国民政府史の研究』汲古書院 1986
中国史研究会編『中国専制国家と社会統合 — 中国史像の再構成Ⅱ』文理閣 1990
塚瀬 進『溥儀 — 変転する政治に翻弄された生涯』(日本史リブレット) 山川出版社 2015
富澤芳亜・曽田三郎編著『近代中国と日本』お茶の水書房 2001
中嶋嶺雄編『中国現代史』(新版) 有斐閣 1996
中嶋嶺雄編『歴史の嘘を見破る — 日中現代史の争点35』文芸春秋社 2006
長堀祐三『陳独秀 — 反骨の志士、近代中国の先導者』(世界史リブレット) 山川出版社 2015
中村 哲編『東アジア専制国家と社会・経済 — 比較史の視点から』青木書店 1993
中村 哲編『東アジア資本主義の形成 — 比較史の視点から』青木書店 1994

並木頼寿『近代中国・教科書と日本』研文出版　2010
西村成雄『中国ナショナリズムと民主主義』研文出版　1991
西村成雄『中国の近現代史をどう見るか』（シリーズ中国近現代史6）岩波新書　2017
西村成雄『張学良』岩波書店　1996
野沢　豊『辛亥革命』岩波新書　1972
野沢　豊・田中正俊編『中国近代史　第二巻』（義和団事件）東京大学出版会　1978
野村浩一『中国の歴史9 ― 人民中国の誕生』講談社　1974
野村浩一『蔣介石と毛沢東』岩波書店　1997
野村浩一『近代中国の政治文化 ― 民権・立憲・皇権』岩波書店　2007
波多野澄雄・戸部良一編『日中戦争の軍事的展開』慶応義塾大学出版会　2006
姫田光義・阿部治平・上原一慶ほか『中国近現代史』上下　東京大学出版会　1982
姫田光義『中国革命に生きる』中公新書　1987
姫田光義・丸山伸郎・石井　昭・久保　亨・前田利招・阿部治平・岡部牧夫・中野　達『中国20世紀史』東京大学出版会　1993
平松成雄『張学良』岩波書店　1996
深町英夫『身体を躾ける政治 ― 中国国民党の新生活運動』岩波書店　2013
深町英夫『近代中国における政党・社会・国家 ― 中国国民党の形成過程』中央大学出版部　1999
深町英夫『中国議会100年史 ― 誰が誰を代表してきたのか』東京大学出版会　2015

藤井昇三・横山宏章編『孫文と毛沢東の遺産』研文出版 1992
藤田雄二『アジアにおける文明の対抗 ― 攘夷論と守旧論に関する日本、朝鮮、中国の比較研究』お茶の水書房 2001
藤村久雄『革命家孫文』中公新書 1994
北海閑人『中国がひた隠す毛沢東の真実』草思社 2005
堀川哲男編『アジアの歴史と文化5 中国史近・現代』同朋舎出版 1995
松丸道雄ほか編『世界歴史体系 中国史5』山川出版社 2002
松本ますみ『中国民族政策の研究 ― 清末から1945年までの「民族論」を中心に』多賀出版 1999
溝口雄三『中国の公と私』研文出版 1995
三石善吉『中国 1900年 ― 義和団運動の光芒』中公新書 1996
茂木敏夫『変容する近代東アジアの国際秩序』山川出版社 1997
森 時彦『20世紀中国の社会システム』京都大学人文科学研究所 2009
矢吹晋『毛沢東と周恩来』講談社現代新書 1991
横山宏章『孫文と袁世凱』岩波書店 1996
横山宏章『中国の異民族支配』集英社新書 2009
横山宏章『素顔の孫文 ― 国父になった大ほら吹き』岩波書店 2014
横山宏章『中国の愚民主義 ―「賢人支配」の100年』平凡社新書 2014
横山宏章『孫文と陳独秀 ― 現代中国の二つの道』平凡社新書 2017

吉澤誠一郎『清朝と近代世界　19世紀』（シリーズ中国近現代史1）岩波新書　2010

【満洲・モンゴル・新疆・チベット・台湾】

A.T. グルンフェルド『現代チベットの歩み』東方書店　1994
W.D. シャカッパ『チベット政治史』亜細亜大学アジア研究所　1992
李登輝『台湾の主張』PHP 研究所　2015
ロラン・デュ『チベット史』春秋社　2005
生駒正則『モンゴル民族の近現代史』（ユーラシア・ブックレット69）東洋書店　2004
伊藤　潔『台湾　四百年の歴史と展望』中公新書　1993
稲葉岩吉『満州発達史』日本評論社　1935
浦野起央『チベット・中国・ダライ・ラマ ― チベット国際関係史』三和書籍　2006
太田尚樹『満州帝国史「新天地」に夢を託した人々』新人物往来社　2011
小貫雅男『モンゴル現代史』（世界現代史4）山川出版社　1993
大村謙太郎『ティベット史概説』慧文社　2016
小松久男・荒川正晴・岡　洋樹編『中央ユーラシア史研究入門』山川出版社　2018
小峰和夫『満州 ― 起源・植民・覇権』お茶の水書房　2011
澁谷由里『馬賊で見る「満洲」― 張作霖の歩んだ道』講談社　2004
澁谷由里『「漢奸」と英雄の満洲』講談社　2008

橘　誠『ボグド・ハーン政権の研究 ― モンゴル建国史序説』風間書房　2011
田中克彦『ノモンハン戦争 ― モンゴルと満州国』岩波書店　2009
塚瀬　進『満洲国 ―「民族協和」の実像』吉川弘文館　1998
波多野　勝『満蒙独立運動』PHP 新書　2001
平野　聡『清帝国とチベット問題 ― 多民族統合の成立と瓦壊』名古屋大学出版会　2004
本田正『現代に伝えたい私の「満州」』志学社　2015
宮脇淳子『世界史のなかの満州帝国』PHP 研究所　2006
宮脇淳子『モンゴルの歴史』刀水書房　2002
村上信明『清朝の蒙古旗人 ― その実像と帝国統治における役割』風響社　2007
毛里和子『周縁からの中国』東京大学出版会　1998
矢野仁一『満州近代史』弘文堂書店　1941
山口瑞鳳『チベット』上・下　東京大学出版会　1987・88
横山宏章『中国の異民族支配』集英社新書　2009

【朝鮮】

アンドレ・シュミット『帝国のはざまで ― 朝鮮近代とナショナリズム』名古屋大学出版会 2007
『新版　韓国の歴史 ― 国定韓国高等学校歴史教科書』明石書店　2000
『朝鮮を知る事典』平凡社　1986

韓　洪九『韓洪九の韓国現代史』平凡社　2003
金　英達『創氏改名の研究』未来社　1997
姜　在彦『朝鮮近代史』平凡社　1998
池　明観『韓国近現代史 ― 1905年から現代まで』明石書店　2010
鄭　大均・古田博司編『韓国・北朝鮮の嘘を見破る ― 近現代史の争点30』文春新書 2006
李・宮嶋他編『朝鮮史2：近現代』（世界体系）山川出版社　2018
飯島　渉・霍章集編『東アジアの中の日韓交流』（日韓共同研究叢書20）慶應義塾大学出版会　2007
市川正明編『朝鮮半島近現代史主要年表主要文書』原書房　1996
岡本隆司『属国と自主のあいだ ― 近代清韓関係と東アジアの命運』名古屋大学出版会　2004
岡本真希子『植民地官僚の政治史 ― 朝鮮・台湾総督府と帝国日本』三元社　2008
糟谷憲一『朝鮮の近代』山川出版社　1996
糟谷憲一・並木真人・林　雄介『朝鮮現代史』山川出版社　2016
河合和男・尹明憲『植民地期の朝鮮工業』未来社　1991
酒井裕美『開港期朝鮮の戦略的外交』大阪大学出版会　2016
新城道彦『朝鮮王公族 ― 帝国日本の準皇族』中央公論新社　2015
杉本幹夫『植民地朝鮮の研究 ― 謝罪するいわれは何もない』展転社　2002
外村　大『朝鮮人強制連行』岩波新書　2012
武田幸男・馬淵貞利・宮嶋博史『朝鮮』朝日新聞社　1993

武田幸男編『朝鮮史』（新版世界各国史2）山川出版社 2000
朝鮮史研究会『朝鮮の歴史』新版 三省堂 1995
朝鮮史研究会編『朝鮮史研究入門』名古屋大学出版会 2011
月脚達彦『朝鮮開化思想とナショナリズム ― 近代朝鮮の形成』東京大学出版会 2009
中塚 昭・井上寿一・朴宗根『東学農民戦争と日本』高文研 2013
浜口裕子『日本統治と東アジア社会 ― 植民地朝鮮と満州の比較研究』勁草書房 1996
原田 環『朝鮮の開国と近代化』渓水社 1997
水野俊平『韓国の歴史』増補訂正版 河出書房新社 2017
水野直樹『創氏改名 ― 日本の朝鮮支配の中で』岩波新書 2008
宮田節子・金英達・梁泰昊『創氏改名』明石書店 1992
山本有造『日本植民地経済史研究』名古屋大学出版会 1992

【日本】

現代史資料7 満州事変 みすず書房 2004
現代史資料11 続・満州事変 みすず書房 2004
現代史資料31 満鉄1 1923年 みすず書房
現代史資料32 満鉄2 1924年 みすず書房
現代史資料33 満鉄3 1925年 みすず書房

黄　文雄『近代中国は日本がつくった』ワック出版　2005
黄　文雄『日中戦争真実の歴史』徳間書店　2005
黄　自進『蔣介石と日本 — 友と敵のはざまで』武田ランダムハウスジャパン　2011
ソーン『満州事変とは何だったのか — 国際連盟の外交政策の限界』草思社　1994
ソーン『普及版　太平洋戦争とは何だったのか』草思社　2005
ビーズリー『日本帝国主義　1894—1945』岩波書店　1990
マーク・ピーティー『植民地 — 帝国50年の興亡』（20世紀の日本４）読売新聞社　1996
朝河貫一『日本の禍機』講談社学術文庫　1987
浅田喬二編『「帝国」日本とアジア』吉川弘文館　1994
麻田貞雄『両大戦間期の日米関係』東京大学出版会　1993
麻田雅文『満蒙　日露中の「最前線」』講談社選書メチエ　2014
麻田雅文『シベリア出兵 — 近代日本の忘れられた七年戦争』中公新書　2016
阿川弘之・中西輝政・福田和也・猪瀬直樹・秦　郁彦『20世紀　日本の戦争』文春新書　2000
荒野泰典・石井正敏・村井章介編『アジアのなかの日本史Ⅱ　外交と戦争』東大出版会　1992
粟谷憲太郎『東京裁判への道』上・下　講談社選書メチエ　2013
伊香俊哉『満州事変から日中全面戦争へ』（戦争の日本史22）吉川弘文館　2007
井口武夫『開戦神話』中公新書　2008

五百旗頭真『日米関係史』有斐閣 2008
一ノ瀬俊也『旅順と南京─日中五十年戦争の起源』文春新書 2007
伊藤正徳『加藤高明』下 加藤伯伝記編纂委員会 1929
井上馨侯伝記編纂会『世外井上公傳』5 原書房 1968
井上寿一『危機のなかの協調外交』山川出版社 1994
井上寿一『日本外交史講義』岩波書店 2003
井上寿一『アジア主義を問い直す』ちくま新書 2006
井上寿一『昭和史の逆説』新潮新書 2008
井上寿一編『日本の外交 第1巻 外交史戦前編』岩波書店 2013
井上光貞・児玉幸多・永原慶二・大久保利謙編『革新と戦争の時代』(『日本歴史体系17』) 山川出版社 1997
猪木正道『軍国日本の興亡』中公新書 1995
入江 昭『新 日本の外交』中公新書 1991
入江 昭『太平洋戦争の起源』東京大学出版会 1991
臼井勝美『満州国と国際連盟』吉川弘文館 1995
臼井勝美『日中外交史研究』吉川弘文館 1998
臼井勝美『新版 日中戦争』中公新書 2000
内田尚孝『華北事変の研究』汲古書院

海野福寿『韓国併合』岩波新書 1995
海野福寿『韓国併合史の研究』岩波書店 2000
江口圭一『昭和の歴史(4)十五年戦争の開幕』小学館 1982
江口圭一『十五年戦争小史　新版』青木書店 1991
江口圭一『十五年戦争史論』校倉書房 2001
江口圭一『盧溝橋事件』(ブックレット) 岩波書店 1988
大江志乃夫『東アジア史としての日清戦争』立風書房 1998
岡崎久彦『幣原喜重郎とその時代』PHP研究所 2000 (1998)
岡崎久彦『重光・東郷とその時代』PHP研究所 2001
岡崎久彦『陸奥宗光とその時代』PHP研究所 2006
岡崎久彦『小村寿太郎とその時代』PHP研究所 2009
大杉一雄『日中15年戦争』中公新書 1996
大杉一雄『日中戦争への道 ― 満蒙華北問題と衝突への分岐点』講談社学術文庫 2007
緒方貞子『満州事変 ― 政策の形成過程』岩波書店 2011
大谷　正『日清戦争』中公新書 2014
外務省編『日本外交年表竝主要文書』(上・下) 原書房 1965
外務省百年史編纂会編『外務省の百年』上・下 原書房 1969
片山慶隆『小村寿太郎 ― 近代日本外交の体現者』中公新書 2011

加藤聖文『満鉄全史 ― 国策会社の全貌』講談社選書メチエ 2006
加藤陽子『満州事変から日中戦争へ』シリーズ日本近現代史5 岩波新書 2007
加藤陽子『模索する一九三〇年代 ― 日米関係と陸軍中堅層』山川出版社 2012
加藤陽子『戦争の日本近現代史』講談社 2006
加藤陽子『それでも日本人は「戦争」を選んだ』朝日出版社 2009
貴志・谷垣・深町編『模索する近代日中関係 ― 対話と共存の時代』東京大学出版会 2009
北岡伸一『政党から軍部へ ― 1924～1941』中央公論新社 1999
北岡伸一『官僚制としての日本陸軍』筑摩書房 2013
北村 稔・林思雲『日中戦争』PHP研究所 2008
北村 稔『南京事件の探求』文春新書 2001
黒岩比佐子『日露戦争（勝利のあとの誤算）』文芸春秋社 2006
黒川雄三『近代日本の軍事戦略概史』芙蓉書房出版 2003
黒野 耐『帝国国防方針の研究』総和社 2000
黒野 耐『日本を滅ぼした国防方針』文春新書 2002
黒野 耐『大日本帝国の生存戦略』講談社選書メチエ 2004
黒羽清隆『太平洋戦争の歴史』講談社学術文庫 2004
黒羽 茂『日英同盟の軌跡』上・下 文化書房博文社 1987
小林啓治『総力戦とデモクラシー ― 第一次世界大戦・シベリア干渉戦争』（戦争の日本史21）吉川弘文

館　2008
斎藤聖二『北清事変と日本軍』芙蓉書房出版　2006
坂本夏男『盧溝橋事件勃発についての一検証』国民会館　1993
佐藤元英『近代日本の外交と軍事』吉川弘文館　2000
佐藤元英『外務官僚たちの太平洋戦争』NHK出版　2015
阪本多加雄・秦　郁彦・半藤一利・保阪正康『昭和史の論点』文藝春秋新書
三代史研究会『「明治・大正・昭和」30の「真実」』文藝春秋　2003
清水馨八郎『大東亜戦争の正体（それはアメリカの侵略戦争だった）』祥伝社　2006
高橋秀直『日清戦争への道』東京創元社　1995
高原秀介『ウィルソン外交と日本　理想と現実の間　1913～1921』創文社　2006
田中秀雄『日本はいかにして中国との戦争に引きずり込まれたか』草思社　2014
田保橋　潔『近代日朝関係の研究』上　原書房　1940　復刊1973
筒井清忠『昭和戦前期の政党政治 ― 二大政党制はなぜ挫折したのか』ちくま新書　2012
筒井清忠『満州事変はなぜ起きたのか』中央公論新社　2015
筒井清忠編『昭和史講義』ちくま新書　2015
東北大学高等教育開発推進センター『植民地時代の文化と教育』東北大学出版会　2013
富岡幸一郎『新大東亜戦争肯定論』飛鳥新社　2006
永井　和『日中戦争から世界戦争へ』思文閣出版　2007

長田彰文『日本の朝鮮統治と国際関係』平凡社　2005
長田彰文『世界の中の近代日韓関係』慶応大学出版会　2013
中山隆志『関東軍』講談社選書メチエ　2000
中見立夫『満蒙問題の歴史的構図』東大出版会　2013
奈良岡聰智『対華二十一ヵ条とは何だったのか——第一次世界大戦と日中対立の原点』名古屋大学出版会　2015
中村　粲『大東亜戦争への道』展転社　1990
秦　郁彦『盧溝橋事件の研究』東京大学出版会　1996
波多野勝『満蒙独立運動』PHP 新書　2001
波多野澄雄『太平洋戦争とアジア外交』東京大学出版会　1996
服部卓四郎『太平洋戦争全史』原書房　1965
服部龍二『東アジア国際環境の変動と日本外交　1918—1931』有斐閣　2001
服部龍二『幣原喜重郎と二十世紀の日本　外交と民主主義』有斐閣　2006
原田勝正『日本近代史読本』東洋経済新報社　1988
原田啓一『日清・日露戦争』シリーズ日本近現代史3　岩波新書　2007
原田啓一『日清戦争』（戦争の日本史19）吉川弘文館　2008
半藤一利『日露戦争史1』平凡社　2012
半藤一利『日露戦争史2』平凡社　2013

半藤一利『日露戦争史3』平凡社 2016
半藤一利『世界史のなかの昭和史』平凡社 2018
坂野潤治ほか『明治憲法体制の展開』上・下（『日本歴史体系14・15』）山川出版社 1996
平間洋一『第一次世界大戦と日本海軍』慶應大学出版会 1998
藤田久一『戦争犯罪とは何か』岩波新書 1995
藤原 彰『天皇の軍隊と日中戦争』大月書店 2006
古川万太郎『近代日本の大陸政策』東京書籍 1991
別宮暖朗『軍事のイロハ』並木書店 2004
別宮暖朗『帝国陸軍の栄光と没落』文春新書 2010
星 徹『私たちが中国でしたこと』緑風出版 2006
細谷千博『日本外交の軌跡』NHKブックス 1993
細谷千博・本間長生編『日米関係史』有斐閣選書 新版 1991
細谷千博編『日米関係通史』東京大学出版会 1995
正村公宏『世界史のなかの日本近現代史』東洋経済新報社 1996
松浦正孝『大東亜戦争はなぜ起きたのか ― 汎アジア主義の政治経済史』名古屋大学出版会 2010
松村正義『日露戦争百年』成文社 2003
宮田昌明『英米世界秩序と東アジアにおける日本 ― 中国をめぐる協調と相克 1906～1936』錦正社 2014

宮地正人編『日本史』（新版世界各国史1）山川出版社 2008
森　久男『日本陸軍と内蒙工作 ― 関東軍はなぜ独走したか』講談社 2009
森山康平『図説 日中戦争』河出書房新社 2000
森山茂徳『日韓併合』吉川弘文館 1992
森山茂徳・原田 環編『大韓帝国の保護と併合』東大出版会 2013 専門論文集
森山 優『日米開戦の政治過程』吉川弘文館 1998
安井三吉『盧溝橋事件』研文出版 1993
安井三吉『柳条湖事件から盧溝橋事件へ』研文出版 2004
山田 朗『軍備拡張の近代史 ― 日本軍の膨張と崩壊』吉川弘文館 1997
山田 朗『世界史の中の日露戦争』（戦争の日本史20）吉川弘文館 2009
山室信一『キメラ ― 満州国の肖像 増補版』中公新書 2004
山室信一『日露戦争の世紀 ― 連鎖視点から見る日本と世界』岩波新書 2005
横手恒二『日露戦争史』中公新書 2005
吉田 裕『アジア・太平洋戦争』シリーズ日本近現代史6 岩波新書 2007
吉田裕・森 茂樹『戦争の日本史23 アジア・太平洋戦争』吉川弘文館 2007
吉野 誠『明治維新と征韓論』明石書店 2002
和田耕作『歴史の中の帝国日本』1991
和田春樹『日露戦争 ― 起源と開戦』上・下 岩波書店 2010

渡部昇一解説・編『全文リットン報告書　ビジネス社　2004』
渡部昇一『反日に勝つ「昭和史の常識」』　ワック　2006
渡部昇一『日本の歴史5　明治篇』　ワック株式会社　2010
渡部昇一『日本の歴史6　昭和の大戦への道』　ワック株式会社　2010
渡辺惣樹『日米衝突の根源　1858～1908』　草思社　2011
渡辺惣樹『アメリカの対日政策を読み解く』　草思社　2016
渡辺惣樹『日米衝突の萌芽　1898～1918』　草思社　2013
渡辺惣樹『朝鮮開国と日清戦争：アメリカはなぜ日本を支持し、朝鮮を見限ったか』草思社　2014
渡辺惣樹『朝鮮開国と日本』　草思社　2016

著者略歴

奥《おく》　保喜《やすき》

1940 年　生まれ
1962 年　早稲田大学第一文学部卒業
1965 年　一橋大学社会学研究科修士課程中退
2000 年　東京都立高等学校（世界史教諭）を定年退職
2000 年　東京電機大学情報環境学部非常勤講師（～ 2016 年）

著　書
高等学校検定教科書『世界史Ｂ』清水書院　1994 年
『冷戦時代世界史』柘植書房新社　2009 年

日本帝国期東アジア史

2020 年 2 月 20 日　初版発行

著　者　奥《おく》　保喜《やすき》

発行者　奥　保喜
発行元　株式会社　清水書院
東京都千代田区飯田橋３－ 11 －６
印刷所　萩原印刷株式会社

ISBN 978-4-389-50115-0